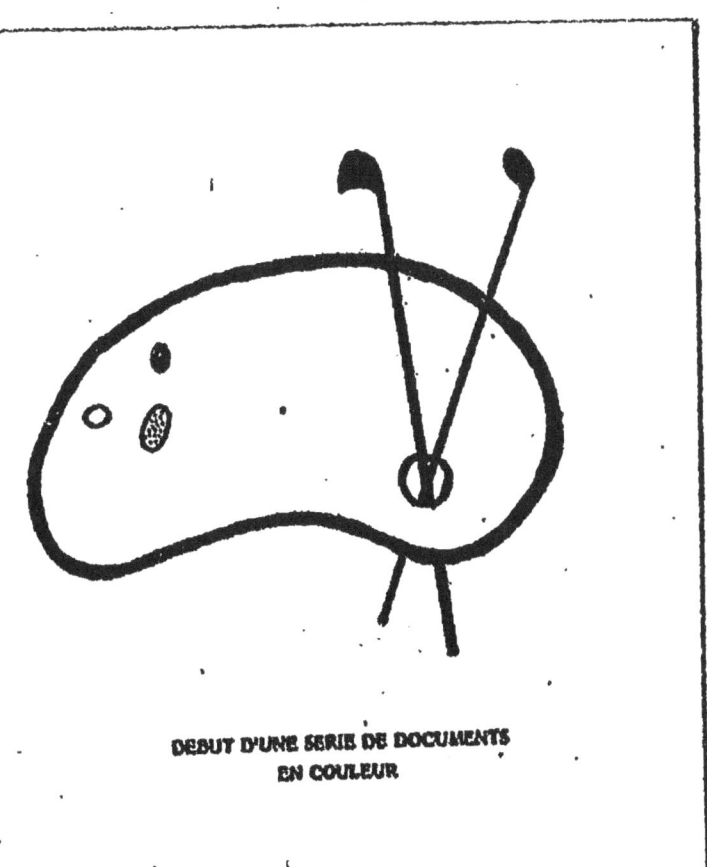

DEBUT D'UNE SERIE DE DOCUMENTS EN COULEUR

BIBLIOTHÈQUE D'HISTOIRE RELIGIEUSE

HISTOIRE DES RELIGIONS
ET
MÉTHODE COMPARATIVE

PAR

George FOUCART

PROFESSEUR
A LA FACULTÉ DES LETTRES DE L'UNIVERSITÉ D'AIX-MARSEILLE

PARIS
LIBRAIRIE ALPHONSE PICARD ET FILS
82, RUE BONAPARTE, 82

1912

BIBLIOTHÈQUE D'HISTOIRE RELIGIEUSE

L'Église de Paris et la Révolution, par P. PISANI. I. 1789-1792. — II. 1792-1796. — III. 1796-1799. — IV. 1799-1801. Chaque volume........ 3 fr. 50

Études sur la Réforme française, par P. HAUSER, professeur à l'Université de Dijon. 1 vol. in-12. 3 fr. 50

De l'Humanisme et de la Réforme. — Un nouveau texte sur Aimé Maigret. — La Réforme et les classes populaires. — Étude critique sur la « Rebeine » de Lyon. — Les consulats et la Réforme. — La Réforme en Auvergne. — Petits livres du XVI⁰ siècle. — Une source importante du martyrologe de Crespin.

Luther et le Luthéranisme, étude faite d'après les sources, par H. DENIFLE, traduit de l'allemand avec une préface et des notes par J. PAQUIER. Tomes I et II. 2 vol. in-12. 7 fr.

Histoire du Bréviaire romain. 3⁰ édition refondue par Mgr PIERRE BATIFFOL. 1 vol. in-12. 3 fr. 50

Pour paraître prochainement :

Un culte dynastique avec évocations des morts chez les Sakalaves de Madagascar. Le « Tromba » par HENRY ROSILLON. Introduction par RAOUL ALLIER. 1 vol. in-12. 3 fr. 50

Luther et le Luthéranisme. Tome III.

L'Église Wisigothique au VII⁰ siècle. Discipline et institutions, par E. MAGNIN.

La théorie de la Guerre Sainte au moyen âge, par PISSARD, élève diplômé de l'École des Hautes Études.

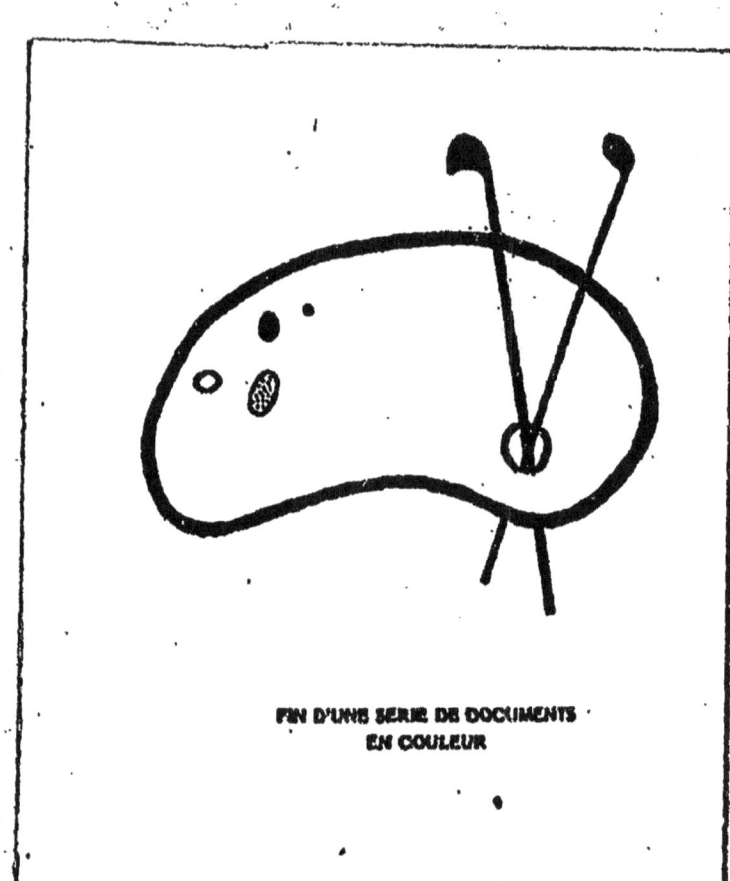

HISTOIRE DES RELIGIONS

ET

MÉTHODE COMPARATIVE

MACON, PROTAT, FRÈRES IMPRIMEURS.

BIBLIOTHÈQUE D'HISTOIRE RELIGIEUSE

HISTOIRE DES RELIGIONS

ET

MÉTHODE COMPARATIVE

PAR

George FOUCART

PROFESSEUR

A LA FACULTÉ DES LETTRES DE L'UNIVERSITÉ D'AIX-MARSEILLE

PARIS

LIBRAIRIE ALPHONSE PICARD ET FILS

82, RUE BONAPARTE, 82

1912

A Monsieur Gaston MASPERO

Membre de l'Institut,
Directeur Général du Service des Antiquités de l'Égypte,
Professeur au Collège de France.

INTRODUCTION

Le premier essai de cette *Méthode* a été épuisé l'année même de sa publication. D'autres travaux m'ont obligé à différer de près de trois ans une seconde tentative, munie des corrections ou des additions les plus nécessaires. Aussi bien ce délai m'a-t-il permis de prendre connaissance d'appréciations, dont beaucoup n'ont paru que tardivement en plusieurs revues — jusqu'au milieu de 1910. A lire attentivement les nombreux comptes rendus qui ont critiqué cet essai provisoire, j'ai eu la grande satisfaction de voir que, d'une façon générale, mon travail avait reçu bon accueil, et qu'en tous cas, il avait été, la plupart du temps, examiné avec intérêt. Le nouveau livre que voici m'a semblé une bonne occasion de m'expliquer sur les points où il apparaissait que je ne m'étais pas fait bien comprendre, et aussi de répondre aux principales objections qui m'avaient été faites.

Mais auxquelles ? La *Méthode comparative* a été soumise au jugement des ethnologues et des anthropologues des diverses écoles, à celui des historiens, des classiques, des exégètes, des orientalistes, et des spécialistes de l'histoire générale des religions. L'embarras était assez grand, à première vue, de choisir dans une série aussi longue de réserves, de suggestions, de rectifications, enfin d'assertions contraires aux miennes — et bien souvent aussi opposées entre elles. Tout bien pesé, il m'a semblé que l'essentiel de tout ce qui m'avait été objecté pouvait cependant se ramener, en fin de compte, à deux groupes distincts. Au premier appartient ce qui m'a été signalé en fait d'erreurs ou d'omissions : tantôt sur des points de détail matériel; tantôt sur telle ou telle thèse religieuse considérée en particulier. Le second groupe réunit les objections de fond sur la méthode elle-même, soit qu'il s'agisse de la possibilité même d'une méthode comparative comme instrument d'enquête, soit que l'on critique la façon dont j'ai entendu une telle méthode ou enfin le type de religion que j'ai mis en première place. Ce second groupe est naturellement le plus important, et de beaucoup, à examiner. Du premier, je ne dirai que l'indispensable.

Des erreurs ou des omissions portant sur tel ou tel point spécial, il ne peut être question de se justifier pas à pas en une préface, sous peine de la transformer en un nouveau volume. Chaque spécialiste avait son mot à dire, et l'a dit avec la supériorité de sa compétence particulière dans la science qui est la sienne. N'avoir pas lu ou point cité tel ou tel ouvrage est au reste une disgrâce qui m'est commune avec plusieurs de ceux mêmes qui — et à bon droit — m'ont signalé par ailleurs de trop nombreux oublis. Je ne puis que les remercier d'avoir pris cette peine. Elle me permettra de procéder peu à peu aux additions les plus nécessaires, et la sûreté de la méthode en sera affermie.

A côté des omissions de bibliographie, on m'en a signalé d'autres portant sur le fond même des matières à examiner. Ici encore, je dois savoir grand gré à ceux qui me mettent ainsi à même de rectifier et d'élargir par la suite le chemin que j'ai peut-être tracé le premier. De telles omissions étaient inévitables au début. Sera-t-il permis de dire qu'elles ne sont pas toujours aussi involontaires que quelques-uns ont pu le croire ? Je n'avais pas le dessein — comme il semble qu'on l'ait pensé en plusieurs comptes rendus — de tracer un cadre de l'histoire des religions, ni de donner le programme de son enseignement total, avec la liste complète des questions à traiter. Et sans doute ai-je manqué à m'expliquer là-dessus assez clairement. J'ai voulu seulement exposer le plan d'une *méthode*, en l'illustrant de quelques applications, et non point du tout énumérer, à ce propos, toutes les espèces. Il y a donc eu tout simplement, d'abord pour les éléments constitutifs des religions, puis pour leur évolution combinée — les deux parties de ce petit livre — un certain nombre de spécimens proposés à titre d'exemple, en vue de la vérification possible de la méthode proposée : rien de plus. La liste peut s'allonger indéfiniment. J'ai été le premier à regretter de n'avoir pu la faire plus longue. A étudier les travaux parus depuis tantôt trois ans, ou à pousser plus avant mes recherches personnelles, je m'assure qu'une place plus considérable aurait pu être réservée à la critique des diverses thèses les plus récentes en date sur les différentes manières de concevoir le préanimisme ; et notamment aux « dynamismes » variés qui, sous un titre ou un autre, et quelques ingénieux déguisements qu'ils prennent ici ou là, reviennent finalement à des propositions de fond partout identiques sous les divergences apparentes de surface. Encore, je tiens à le bien faire remarquer, ne se serait-il pas agi de les étudier à part et pour eux-mêmes (ç'eût été aborder un sujet entièrement distinct de celui que j'ai voulu traiter ici), mais de les discuter à propos des cas choisis pour l'illustration de la méthode. J'ai tenté de le faire cette fois-ci, dans la mesure où le plan initial le permettait. Mais je ne sais si je me trompe : aux thèses ou aux problèmes que l'on me signale comme omis ou comme trop négligés, je préférerais cependant d'autres questions que j'ai également passées sous silence — et je le regrette, — et que je ne vois encore signalées nulle part comme il conviendrait. Ce sont moins des théories générales sur les origines que les matériaux des premières assises — qu'il s'agisse de modifier plus ou moins les systèmes actuellement proposés, ou qu'il y ait même possibilité d'en concevoir un autre assez différent. Ainsi la part de la croyance aux forces astrales dans la formation des mondes divins; le rôle qu'elle a joué dans l'élaboration de la première magie-religion ; les combinaisons qui l'ont associée à la zoolâtrie ou à l'animisme purement terrestres ; l'influence de l'astrologie sur l'évolution et le progrès des destinées funéraires ; l'avance due aux progrès du calendrier astronomique, là où il a su être constitué, pour élargir la conception du dualisme, et, par voie de conséquence, les progrès accomplis parallèlement dans la formation de la morale : voilà toute une première série. Les incohérences compliquées et les multiples perceptions contradictoires du « moi-conscient » ; les premiers balbutiements qui s'ensuivirent pour tenter de s'imaginer, puis de dénommer la force vitale ou les séries de « personnes » qui meuvent un corps d'homme, ou de tout être vivant en ce monde ou en l'autre, visible ou invisible ; la langue spéciale qui en résulta nécessairement, lorsque l'homme se risqua à désigner les âmes, les esprits, les forces, enfin le monde divin : voilà une seconde série de questions non moins fondamentales. A ne citer que ces questions parmi les plus urgentes à étudier, il est clair que j'aurais dû leur réserver meilleure place, sans prétendre, bien entendu, les traiter à fond dans mon livre. Mais les proposer comme cas typiques en cette nouvelle tentative obligeait à les examiner avec l'appareil nécessaire de comparaisons ; et non seulement la documentation actuelle m'a paru fort pauvre, mais c'était encore bouleverser de fond en comble le cadre des exemples précédemment choisis. Je me suis donc tenu au plus indispensable, en soulignant, chaque fois qu'il était nécessaire, l'importance qu'ont dans l'histoire comparée des religions ces éléments de formation, et en les faisant contribuer soit à confirmer les démonstrations, soit à mieux justifier telle ou telle assertion ; le tout sans trop toucher à l'ordre précédemment adopté. En ce qui regarde plus particulièrement la formation des définitions de début sur la vie et les « âmes » ou sur les « forces », on verra dans le texte même pour quelles raisons je me suis décidé à ne pas en faire le premier des chapitres de cette *Méthode*, où sont proposés des exemples comparatifs, et comment ce n'est point du tout par souci d'éluder cette question si difficile. La crainte de dérouter le lecteur en commençant par l'exposé d'une matière aussi compliquée, et aussi dépourvue d'une terminologie accessible, a été le véritable motif. Ma conviction s'affermit chaque jour que la prétendue simplicité rudimentaire des religions les plus basses de niveau (qu'il s'agisse de « primitifs » ou de « non-civilisés ») est une assertion commode mais gratuite, et qu'elle résiste de moins en moins aux constatations de fait. Et de vrai, c'est le contraire qui semble logique a *priori*. L'effort le plus considérable et le plus fertile en conséquences du travail intellectuel de l'homme semble bien avoir été la conquête très lente, mais incessante, de la notion du plus simple, et sa marche vers la connaissance de l'unité, se substituant aux perceptions désordonnées d'une multitude de sensations ou de chocs qu'aucun lien rationnel ne reliait ni ne coordonnait. Pourquoi en serait-il autrement dans ces premiers essais de traduction des perceptions du monde sensible (ou de rapports organisés avec les êtres ou les forces de ce monde) qui ont constitué les premières religions ? Plus on parvient à remonter haut vers les origines, plus les notions religieuses apparaissent en fait à la fois compliquées, subtiles, déconcertantes et décourageantes pour nous d'incohérences apparentes, parce que ni les catégories, ni les termes pour les désigner ne correspondent plus à rien de ce que nous manions aujourd'hui avec notre mentalité de civilisés. En sorte qu'il n'y a probablement pas de croyances plus chargées de raffinements étranges à notre sens, ni de plus inextricablement difficiles à comprendre pour nous que celles des hommes les plus anciens ou celles des « moins-civilisés ».

Examinons à présent les objections de fond.

Sur un assez grand nombre de points, je me suis trouvé en désaccord tantôt avec l'un et tantôt avec l'autre des auteurs des comptes rendus critiques. J'ai été un peu rassuré en constatant que sur aucun de ces points cependant, je n'avais réuni contre ma manière de voir l'unanimité de la critique. Tel qui me reprochait une assertion déterminée était le premier à me donner raison sur la suivante, tandis qu'à l'inverse j'avais, pour me reprocher celle-ci, un de ceux qui m'approuvaient sans réserve d'avoir formulé celle d'avant. Si donc je n'ai jamais été d'accord complet avec personne, je n'ai jamais été non plus en désaccord jusqu'au bout avec aucun de mes juges.

Et tout d'abord on admettra que je ne puisse ouvrir ici une série de discussions ou de justifications portant non pas sur l'utilité de la méthode comparative en elle-même ou sur le point de départ que j'ai adopté, mais sur une infinité de questions indépendantes du plan général de cet essai, et revenant, en somme, à des questions de fait : les sauvages ne sont pas des dégénérés ; il n'y a pas de non-civilisés qui soient les héritiers rétrogrades de grandes civilisations disparues ; la cosmogonie est une idée primitive ; la zoolâtrie initiale n'est pas démontrable, etc. A l'inverse, on m'a reproché ailleurs et sur ces mêmes points de n'avoir pas été assez affirmatif : par exemple de n'avoir pas généralisé ce qui avait trait au zoomorphisme hellénique. Le débat prenait parfois une ampleur qui le plaçait du coup au-dessus de toute tentative de discussion dans un petit livre comme celui-ci : la morale n'est pas indépendante des religions des non-civilisés ; l'animisme est un *a priori*.....

Il était impossible qu'il en fût autrement. J'ai touché nécessairement à des sujets sur lesquels le désaccord persiste depuis qu'il existe une science des religions, et j'ai été obligé de donner — fût-ce en passant — ma manière personnelle de voir sur chacun de ces points. Il était inévitable d'avoir comme adversaires tous ceux qui, de longue date, ont combattu les thèses auxquelles je me ralliais le moment venu. La seule originalité de mon cas, c'est de n'appartenir à aucune des écoles actuelles dûment munies d'une étiquette, en sorte qu'étant tantôt d'accord et tantôt en désaccord avec chacune d'elles suivant les questions examinées, j'ai eu tour à tour pour alliés et pour adversaires à peu près tout le monde. Je crois que ce qu'il convient de dire de toute cette masse d'objections peut se résumer très-simplement : pas plus que je n'ai ouvert le débat sur aucun de ces sujets, je ne puis avoir la prétention de le fermer à moi tout seul. Non seulement j'entrerais dans une série inutile d'interminables discussions ; mais je sortirais aussi de la question véritable. Il ne s'agit pas de savoir si, après d'autres, j'ai eu tort ou raison à propos de telle ou telle thèse particulière, mais bien de décider si on doit, oui ou non, accepter le principe général de la *méthode de recherches* que j'ai proposée, et si, ce principe admis, le mode pratique d'exécution de ces recherches, tel que je l'ai compris, peut donner satisfaction suffisante.

C'est donc aux objections qui m'ont été formulées sur ces points essentiels qu'il est nécessaire de consacrer un examen plus approfondi. Veut-on me concéder que je commence par m'expliquer directement sur ce que je me suis proposé dès le début ? La discussion des critiques en sera, je crois, facilitée.

Tout le monde parle aujourd'hui de la méthode comparative en histoire des religions, et prétend aujourd'hui l'appliquer. Qu'il me soit permis de rappeler qu'il n'en était pas encore question, en France tout au moins, dans l'enseignement de la science des religions, lorsqu'en 1906 se produisit au Collège de France la vacance de la chaire d'Histoire des Religions. C'est lors de l'exposition des titres des candidats à cette chaire que la méthode, dont ce livre est un résumé, fut présentée à l'Assemblée des professeurs au Collège de France. Jusqu'à cette date — et les intitulés des cours professés l'établissent assez clairement — l'enseignement de cette science avait été compris d'une autre manière. Pendant quelques années, le premier titulaire de la chaire, Albert Réville, s'était cru obligé de traiter successivement de la religion des divers peuples. Comme nul ne saurait prétendre en cette matière à une compétence universelle, la plupart de ces monographies ne pouvaient être que la vulgarisation des résultats déjà obtenus par les spécialistes. Ce fut seulement lorsqu'il en vint à l'histoire du christianisme que le Professeur se retrouva sur un terrain qui lui était familier ; et jusqu'à la fin, ce fut l'unique sujet de ses leçons. Sans critiquer en aucune façon la valeur de cet enseignement, il me parut qu'il y avait peut-être autre chose à faire, et que rapprocher les diverses religions, en étudiant tantôt les divers éléments qui les composent, et tantôt l'ensemble de leur évolution permettrait de dégager quelques vues générales, pour arriver peu à peu à établir une science des religions, et non plus une série d'histoires de diverses religions sans lien entre elles.

Autant que j'en ai pu juger, une recherche ainsi comprise n'existait pas davantage hors du Collège de France, ni chez nous ni à l'étranger. Les mots de *méthode comparative* peuvent avoir été prononcés de bonne heure à propos de l'histoire des religions, et presque dès le début de cette science nouvelle. Mais ni les ouvrages publiés, ni les plans suggérés, ni les programmes des cours professés ne semblent indiquer qu'on ait fait une application pratique de la comparaison à une histoire générale des phénomènes religieux, traités suivant un certain ordre méthodique. Imprimés ou enseignés oralement, les manuels de séries monographiques ont continué à constituer le plus clair de cette science des religions. Dans la majorité des enseignements de titre synthétique — *Histoire des Religions, Histoire Religieuse*, etc., — il y a eu même tendance à considérer l'étude générale des religions diverses comme une sorte de prolégomène, peut-être obligatoire, mais en tous cas nécessairement bref, à l'enseignement du fondamental, qui était soit l'histoire du christianisme, soit un exposé purement théorique de l'éthique, ou celui du phénomène religieux considéré en lui-même au point de vue abstrait de la philosophie ou de la sociologie. Je ne veux pour exemple des tendances de cet enseignement que les divers programmes — réels ou suggérés — qui ont paru à ce propos dans notre *Revue de l'Histoire des Religions* depuis sa fondation, ou qui ont été dernièrement réunis dans le II° volume des *Croyances, Rites, Institutions* de GOBLET D'ALVIELLA. Des tentatives isolées, et sans lien d'ailleurs avec l'enseignement pratique, qu'essayait ici ou là l'anthropo-ethnologie, je dirai plus loin le nécessaire. Une méthode comparative sortant des généralités de pure théorie, s'attaquant par des procédés déterminés, et avec un ordre certain, à une série de manifestations du sentiment religieux chez les divers peuples, pour en tirer des lois ou au moins des propositions de principes nettement formulés, je ne vois pas qu'il en ait été positivement question nulle part. Mais tout d'abord, une telle méthode d'enquête était-elle possible par définition ?

Il est évident qu'on ne pouvait arriver à aucun résultat sérieux, en comparant au hasard les religions les plus disparates, pêle-mêle et sans ordre. Comparer est une idée qui est venue naturellement à la pensée de quiconque s'est occupé de l'histoire des religions humaines. C'est la façon de procéder à la comparaison qui est tout. Il n'y avait pas non plus à chercher une prétendue « clef » des religions, c'est-à-dire une religion qui expliquerait toutes les autres — espérance chimérique qui a égaré bien des savants et qui paraît tenter encore quelques-uns des adeptes de l'école anthropologique. Ce qu'il fallait avant tout, c'était un point de départ, ou plutôt une base solide, sous forme d'une religion, bien homogène et bien étudiée, qui pourrait servir de premier terme certain à toute comparaison immédiatement subséquente.

Histoire des Religions.

J'ai proposé la religion de l'Égypte. En le faisant, je savais qu'on me rappelerait en souriant — parfois aussi avec moins de bonne humeur — que j'étais égyptologue. Je prie mes lecteurs de croire que ce motif n'aurait pas suffi. Je dirai tout à l'heure quelles raisons m'ont amené et me font persister à croire que la religion égyptienne est le meilleur prototype. Pour l'instant même, je voudrais exposer sommairement comment je fus amené à considérer l'Égypte comme le meilleur point de départ possible pour une enquête comparative — quitte à m'assurer ensuite par des expériences pratiques du bien-fondé de cette hypothèse.

Mes recherches m'avaient amené à étudier, puis à inscrire au programme de mes conférences l'histoire de la formation et de l'évolution de l'écriture égyptienne. La constatation de début avait été partiellement faite dès les débuts de l'égyptologie, mais avait été depuis singulièrement renforcée par les publications des plus récentes découvertes épigraphiques : c'était le caractère exclusivement national et local de tout le répertoire d'images et de tracés pictographiques d'où était progressivement sorti le corps des signes de la notation écrite : faune, flore, ou aspects de la nature, outils, armes, objets de culte, bref l'appareil général de la civilisation matérielle, administrative ou religieuse. Une abondance véritablement unique de signes de toute espèce, allant des vases ou objets de la période néolithique, dite de Neggadèh, jusqu'aux inscriptions hiéroglyphiques des temples romains de Dendérah ou d'Esnèh, permettait de suivre pas à pas l'évolution, et tout ce que nous savons par ailleurs de la civilisation égyptienne éclairait les causes de toutes sortes qui avaient tour à tour engendré telle ou telle modification, tel ou tel progrès, ralenti ou précipité le changement. En cette histoire si attachante d'une des plus importantes manifestations de l'activité spéciale à l'homme, des constatations générales se dégagèrent bientôt de l'examen de détail des milliers de faits isolés : à côté des phénomènes dus aux circonstances locales, à la nature de l'Égypte, à ses produits (répertoire national des images-signes, procédés imposés par la matière réceptrice des signes, les instruments du pictographe, etc.[1]), les raisons d'ordre psychologique apparaissaient comme ayant joué le rôle principal. Leurs diverses manifestations arrivaient à se grouper en faisceaux homogènes, et les résultats matériels s'ajustaient assez bien les uns aux autres pour qu'il n'y eût pas eu de doute sur la réalité scientifique de cette véritable *histoire* de l'écriture égyptienne. Cette notation de la pensée, si ingénieusement, mais si péniblement aussi dégagée, elle n'était rien de ce qui ressemble aux systèmes importés tout faits de l'étranger, ou empruntés ici ou là au dehors, puis adaptés aux besoins locaux. Ici, on suivait le travail incessant de l'homme, les milliers et les milliers d'efforts anonymes des générations pour créer, améliorer, simplifier,

---

1. Voir à la page 10 de la présente *Méthode* la note, où j'ai essayé, en me plaçant à un autre point de vue, de condenser le plus essentiel des classes et des éléments de formation du corps des signes destinés à la notation convenue de la pensée.

rendre l'instrument plus souple, plus précis. L'écriture de la vallée du Nil était, dans toute la force du terme, un produit de l'esprit humain, élaboré sans plan préconçu par des bonnes volontés infinies en nombre, agissant individuellement, jamais coordonnées ou soumises à la révision théorique de quelque groupe directeur [1], — en un mot un des phénomènes sociaux les plus dignes d'être étudiés. Il y avait là surtout un exemple remarquable quand il s'agissait de la somme de travail psychologique qui s'était dépensée à propos des signes-images et de leur perfectionnement. La loi du moindre effort avec toutes ses applications secondaires (la partie pour le tout, le geste ou le membre du corps essentiels à l'action seuls figurés, l'abréviation ou la suppression des détails internes, etc.), n'était que la plus grossière et la moins curieuse des constatations. Les « tropes » et l'allusion symbolique (cause pour effet, effet pour cause, et surtout l'acte ou le geste essentiel supposant, dans le temps ou dans l'espace, la perception par le « lecteur » de la série antérieure et de la série subséquente des actes ou des gestes) fournissaient un contingent d'opérations et de raisonnements plus intéressants, et témoignaient plus d'ingéniosité originale. Dans les images prises par allusion à des mœurs ou coutumes supposées connues de tous, à des superstitions locales, aux répertoires magiques des pre-

---

1. Il m'est impossible d'admettre à aucun moment de cette histoire une de ces prétendues assemblées dont on a suggéré parfois la réunion pour expliquer de cette façon les progrès de de l'écriture égyptienne à telle période déterminée.

miers cultes (talismans, amulettes, fétiches, vertus, ou aspects supposés « des esprits »), éclatait le plus visiblement tout ce qu'il avait fallu d'adresse et, en même temps de raisonnements accumulés, puis acceptés par les générations suivantes, pour en faire des signes évoquant, avec le moins d'amphibologie possible, des idées de valeur clairement définie, — puis un jour même des sons, par allitération ou autrement. Je laisse ici la justification de détail d'un sujet aussi éloigné en apparence de l'histoire des religions. Le résultat final fut de dégager d'une part les procédés mentaux ou psychologiques, et de l'autre la série des procédés matériels de traduction, imposés par les outils, les matériaux de l'écriture, ou suggérés impérativement par l'aspect de la vallée du Nil, par celui de ses êtres et de sa civilisation : en un mot par la géographie de ce coin de la Terre, son climat, ses eaux, son sol et tout ce que ces conditions primordiales y avaient engendré de toute nécessité.

Mais cet élément mental ou psychologique, le premier des deux en intérêt, était-il certainement ce qu'il semblait être d'après le corps des écritures égyptiennes ? Les groupes ou les classes de faits psychologiques étaient-ils bien ce qu'ils m'avaient apparu être sur le vu de ces seuls documents ? et cela avait-il été une manière de penser et de progresser spéciale à la race égyptienne ? Il devenait nécessaire de procéder à une vérification, en rapprochant les résultats obtenus de ce que donnerait l'examen d'autres écritures pareillement autonomes, c'est-à-dire nées — au moins jusqu'à preuve contraire — dans le pays même, et ayant, comme celle de l'Égypte, tous les caractères dont je viens de parler à propos du système graphique élaboré dans la vallée du Nil.

L'épreuve porta sur ce que nous savons actuellement des plus anciens répertoires de signes de la civilisation chaldæo-assyrienne, de celle de l'Extrême-Orient, des *codices* ou autres documents de l'Amérique précolombienne, et des inscriptions de l'Empire Etéen ou Hittite. J'y ajoutai, malgré les difficultés de la bibliographie, tout ce qu'il me fut possible de réunir en fait d'essais d'écriture des non-civilisés, principalement en Asie centrale et en Afrique [1]. Malgré la pauvreté rela-

---

[1]. Voir à titre d'exemple, pour les contributions récentes à cette enquête encore tout à fait à ses débuts, les signes des *Nsibidi* de Nigéria reproduits et expliqués brièvement par DAYRELL, *Man*, t. X (1910), n° 67, p. 113, l'écriture syllabique des *Vaïr* publiée par MIJEOD dans le *Journal of the African Society*, t. VIII (juillet 1909), les caractères idéogrammatiques signalés par la Mission Zeltner dans la haute vallée du Sénégal, ainsi que ce qui est dit par DESPLAGNES, *Plateau Central Nigérien*, des écritures idéogrammatiques retrouvées chez les *Nankanas* du Gouronsi et les *Soumbas* de l'Atakara, et par LE HÉRISSÉ, *Ancien royaume du Dahomey* (1911), pl. 1, 2, 3, 8, 20. Parmi les documents relativement plus anciens dont je m'étais servi auparavant, consulter principalement les signes des piliers pictographiques du Bas-Congo reproduits dans les *Annales de l'État du Congo*, Section ethnographique, fascicule de la *Religion*, p. 153 et pl. LVII, et surtout les exemples si remarquables cités par DENNETT en son *At the back of the black man's mind*, p. 72-77 (la série la plus curieuse), p. 194, 224, etc. Pour les écritures embryonnaires des hiéroglyphiques de l'Asie centrale ou du Thibet, voir LACOUPERIE, *Beginnings of writing in central and Eastern Asia* (1894). Je laisse de côté : 1° les écritures inventées d'un seul coup (et avec réminiscences des systèmes graphiques modernes) par tel monarque ou tel peuple africain; 2° les écritures mnémotechniques ou les notations par objets, quoique pour ces dernières, il y ait des compositions à valeurs fixes et conventionnelles pouvant être qualifiées de véritables

tive de la documentation, comparée à l'égyptienne et au bien petit nombre de travaux parus sur les débuts de ces écritures, les conclusions de ces recherches eurent une fermeté et une ampleur suffisantes. Partout on retrouvait les deux classes de causes créant, puis perfectionnant le corps des signes de ce qui tâchait d'être et serait parfois une écriture : l'appareil local mis par la nature à la disposition de l'homme, et les procédés mentaux mis en activité par celui-ci. Et partout l'homme, en présence de certaines nécessités ou de certains besoins, avait raisonné de la même façon ; partout il s'était ingénié, par des procédés identiques, à surmonter les difficultés, s'était efforcé de perfectionner ou d'épargner l'effort inutile, en dégageant de mieux en mieux, en son esprit, ce qui faisait l'essentiel du geste, de l'acte, de l'idée à exprimer par la pictographie. Le jeu combiné des deux catégories d'éléments constitutifs, l'une imposée par la nature et partout différente, l'autre née de l'homme même et toujours semblable, se retrouvait et s'expliquait dans toutes ces civilisations, partout au moins où la documentation était suffisante. Par la géographie, le climat, les eaux, l'aspect du ciel, les animaux, et les plantes ; par la civilisation engendrée de ce milieu, par les institutions et par les croyances qui s'en étaient suivies, on comprenait la création et les modifications des signes-images ; on reconstituait les causes principales qui avaient ralenti ou précipité le progrès,

---

signes d'écriture. Telles celles que JOYCE a bien voulu me montrer à Londres, en 1910, parmi les monuments encore inédits de la section ethnographique du British Museum.

ou celles qui, en trop de cas, avaient paralysé, dès le début, l'universelle tentative de toutes ces sociétés vers la possession d'une notation de la pensée. Bref, ce n'était plus seulement la vérification de ce qui avait trait à la formation de l'écriture égyptienne. La possibilité apparaissait d'une *histoire comparée* des écritures, conçue sur un plan général, et avec une méthode à elle propre.

Mais l'écriture n'a été qu'une des manifestations principales de l'esprit humain. Ce qui était vrai de celle-ci ne le serait-il pas des autres, et, en particulier, de l'élaboration synthétique des essais de rapports de l'homme avec le monde sensible, de la définition et de l'utilisation de ses êtres et de ses forces, c'est-à-dire de cette magie-science, d'où s'est dégagé ce que l'on appellera un jour la religion? Et ne pouvait-on procéder à la vérification d'après la même méthode — avec les changements pratiques nécessaires, bien entendu — que pour ce qui avait trait à l'histoire comparée des écritures? Pareille hypothèse se présentait d'elle-même. Et là encore, pour les raisons que je donnerai le moment venu, l'Égypte m'apparut comme la meilleure civilisation à choisir comme premier terme des comparaisons à établir sur ce plan.

Telle a été la genèse de la méthode comparative appliquée que j'ai soumise au jugement des historiens des religions. Il ne m'a pas paru hors de propos de la résumer comme je viens de le tenter. On comprendra mieux l'esprit dans lequel elle a été conçue, et ceci me permettra de discuter maintenant plus brièvement ce qui m'a été objecté — parfois à tort — sur la possibilité d'une telle méthode, sur les principes dont elle s'inspirait, ou sur le but qu'elle se proposait.

Plusieurs comptes rendus ont cru — ou voulu croire — qu'en proposant un tel programme de méthode comparative, et en instituant, comme point de départ, l'analyse du phénomène religieux dans une religion prise comme type, j'entendais reconstituer, à ma façon, une sorte de prototype de religion universelle, unique, dont la civilisation que je choisissais était l'exemple le plus clair. Je me serais proposé ensuite d'y ajuster, de gré ou de force, comme n'étant que des cas identiques, tous les phénomènes religieux de même classe du monde entier. Ou bien j'aurais été résolu à l'avance à expliquer par la même religion les particularités de toutes les autres[1]. A me placer ainsi en cette mauvaise posture, il n'était que trop aisé ensuite de me convaincre victorieusement d'avoir émis des prétentions injustifiables, d'avoir voulu coucher sur un lit de Procuste les diverses croyances de l'univers entier, et d'avoir commis, en tout cas, une grosse faute de méthode. Chacun a pu, tout à l'aise, citer des cas typiques où, en effet, ni le phénomène envisagé n'était explicable par quoi que ce fût d'égyptien, ni n'était susceptible d'évoquer un cas présentant une analogie quelconque en Égypte.

C'est porter le débat où il n'était pas, et me prêter des thèses que je n'ai jamais proposées. Il y a là un exemple de ce « *old trick of polemics* » dont m'accuse,

---

1. RIGNANO, *Scientia*, 1909, p. 19. J. BRICU, *Nouvelle Revue*, 15 mai et 1ᵉʳ juin 1910, p. 256 f. et 379 f., etc...

pour ma part, M. S. Hartland [1]. Je croyais avoir dit tout autre chose, dès le commencement, et l'avoir dit en termes assez clairs. Cependant quelques auteurs ont été jusqu'à suggérer, plutôt qu'affirmer, ma prétendue inclination à regarder toutes les religions actuelles comme les déformations d'une religion unique, pour en conclure que je m'apparentais aux théologiens [2]. Comme c'est exactement le contraire de ce que je voudrais démontrer, j'aurais aimé, au moins, qu'on citât une phrase explicite où j'aurais manifesté une telle opinion.

La majorité des autres critiques a fait le procès d'un prétendu « code » de la religion-type que j'aurais soi-disant voulu rédiger. Je laisse la rédaction de « codes » de ce genre aux « totémistes »; l'expérience a prouvé à leur sujet que ces intitulés impérieux ne portaient pas chance. Question de titres mise à part, je tiens à spécifier que rien ne serait plus contraire à l'esprit du présent essai que des codifications. M. Hébert a parfaitement raison de dire qu'il n'y a pas d'explication unique et exclusive pour tous les faits religieux appartenant à un même groupe; mais il n'a pas raison de discuter comme si je l'avais soutenu [3]. De même, je suis le premier à penser, comme Oltramare [4] qu'il n'existe pas d'« unité » en histoire religieuse. Mais où voit-il que je l'ai prétendu ? ou que je m'aviserai jamais

---

1. *Man*, 1910, n° 51, p. 95.
2. Van Gennep, *Mercure de France*, 1909, p. 509.
3. *Revue de l'Université de Bruxelles*, avril 1909, p. 558.
4. *Revue historique*, 1909, p. 185.

de vouloir à toute force expliquer le triomphe romain par le couronnement du Pharaon [1]? Également, je concéderai d'autant plus volontiers au P. Schmidt que l'Égypte n'est pas un cadre universel [2] et qu'il existe « des formes qui en aucune façon ne peuvent être réduites à celle de l'Égypte » qu'en soutenant le contraire, je rapetisserais singulièrement l'idée fort grande contenue dans les termes mêmes : Histoire comparée des religions. La méthode comparative est quelque chose d'autrement souple. J'avais cru dire assez nettement que le mot *comparer* signifiait bien noter les ressemblances, mais aussi noter les différences ; qu'il voulait dire rechercher les réels caractères fondamentaux d'un phénomène, tâcher de voir où ces caractères pouvaient se retrouver sous des apparences superficielles différentes ; mais non point du tout être déterminé à l'avance à les retrouver partout.

Je m'étais donc efforcé de bien exposer, en commençant, cette idée que pour établir ces caractères essentiels, nous ne procéderions pas par le raisonnement pur, et que nous ne chercherions pas à nous figurer théoriquement ce qu'avait dû ou pu éprouver l'homme « primitif » en telle circonstance, pour en chercher ensuite la preuve dans la série des diverses religions. Nous devions, à meilleur droit, prendre la religion où le plus grand nombre d'exemples, de monuments et de textes explicites, répartis sur la plus longue durée, nous permettrait de démêler le plus

---

1. *Revue historique*, 1909, p. 186.
2. *Anthropos*, IV (1910), p. 576.

sûrement les idées directrices qui avaient engendré le phénomène religieux étudié. Nous dégagions ainsi celui-ci, dans toute la mesure du possible, des éléments adventices ou purement locaux. Ceci fait, nous reprenions le même phénomène dans une autre civilisation — voisine, si possible — et nous cherchions à voir si, les éléments locaux éliminés, on ne retrouvait pas les mêmes principes directeurs. Si d'autres se révélaient à l'analyse, nous devions les constater également, sans chercher en rien à dissimuler leur valeur, et nous tâchions d'établir les causes de ces divergences. La comparaison, en pareil cas, devait contribuer à mieux savoir mener l'enquête, et à dégager encore mieux l'accessoire du principal. Bien souvent, elle devait avoir pour résultat d'attirer plus fortement l'attention sur des divergences fondamentales, qui avaient pu, à première observation, se dissimuler sous de trompeuses analogies extérieures [1].

---

[1]. C'est précisément le résultat auquel je suis arrivé, pour plusieurs ressemblances supposées, et frappantes à première vue, entre certaines manifestations de la vie religieuse d'un bon nombre de peuples de l'Afrique équatoriale ou occidentale contemporaine, et celles de la civilisation égyptienne. Entreprises au début dans le dessein de vérifier la parenté possible des origines, ou tout au moins des similitudes assez réelles pour la faire supposer à bon droit, ces recherches m'ont donné, en nombre de cas, des résultats bien différents. J'étais disposé, en les abordant, à étendre et à fortifier les ressemblances extérieures déjà signalées sur un certain nombre de points, et dans bon nombre de récentes publications égyptologiques, entre autres celles d'Amélineau, de Budge, de Petrie. Je crois aujourd'hui qu'il convient d'être beaucoup plus réservé, et les hardiesses du travail de Budge, qui vient de paraître, (novembre 1911) sur les origines « sauvages » de l'Osiris égyp-

Enfin la méthode de comparaison que je défendais ne négligeait pas du tout, ainsi qu'on l'a assuré, le rôle de l'élément psychologique comme valeur explicative du phénomène religieux [1]. Je n'entrerai pas ici dans la discussion de son importance relative, — c'est une tout autre question. Il s'agit de savoir si je lui ai fait une place. Il me semble que les premières pages de cette *Méthode* et les exemples du dernier chapitre donnaient clairement ma pensée là-dessus. Seulement, à la place de reconstitutions d'une psychologie supposée de tel ou tel peuple, fondée sur l'hypothèse ou le raisonnement, j'ai préconisé une méthode historique, justifiée pas à pas par des monuments et des textes, expliquée par les conditions de climat, de géographie, de milieu, en un mot, par la série précise des divers facteurs dont cet état psychologique est le produit chez tel peuple déterminé. Je crois que l'on acquiert ainsi plus de précision et de fermeté pour les conclusions qu'il est permis d'en tirer ensuite.

tion m'incitent à l'être plus encore. Mais si les parentés ou les influences historiques directes et réciproques deviennent de plus en plus difficiles à affirmer, et si les similitudes purement externes révèlent, à l'analyse, des modes de formation différents, suivant qu'il s'agit de la vallée du Nil ou des bassins des autres grands fleuves africains, des conclusions plus générales et d'une portée plus haute pour l'histoire de la civilisation s'entrevoient déjà. Elles mettent mieux en évidence certains traits des premières civilisations de l'Egypte, tout comme elles éclairent, dans l'autre direction, ce qui se rapporte aux sociétés de l'Afrique noire. Affranchies du souci de la relation historique absolue, ces études montrent chaque jour avec plus de clarté l'action réciproque des deux éléments généraux dont je viens de parler, et la part exacte des conditions locales imposées par la nature au travail mental de l'homme.

1. Cf. M. HEBERT, *Revue de l'Université de Bruxelles*, p. 658.

Si le principe est admis d'une méthode comparative ainsi entendue, une nouvelle objection surgit, et elle m'a été faite à plusieurs reprises. Pourquoi une religion-type, et pourquoi toujours la même durant toute l'enquête ?

Il est cependant évident que la comparaison ne pouvait consister à prendre l'une après l'autre les diverses religions, pas plus qu'il n'avait pu être question, par définition, d'analyser successivement ni l'histoire ni les éléments fondamentaux de chacune d'elles, pour recommencer de la même façon avec la suivante. On ne pouvait pas non plus prendre une religion, en étudier les éléments de formation, puis l'évolution, et, à chaque chapitre, prendre la série des religions humaines et comparer. C'eût été une lourde faute de méthode et aller à l'encontre de ce que je me proposais. Car la façon dont les éléments constitutifs se sont groupés, puis combinés, dépend précisément, pour chaque pays, des circonstances essentiellement spéciales à ce pays, et on ne les retrouvera jamais identiques ailleurs. J'aurais procédé ainsi à la réfutation de mon propre système.

Il ne saurait davantage être question de recourir à un procédé en apparence plus aisé, mais qui ne semble pas mener bien loin : partir de la constatation d'un petit fait religieux quelconque pris dans une civilisation donnée, et tenter d'en donner directement l'explication, pour tâcher ensuite de retrouver des faits matériellement identiques, empruntés pêle-mêle à toutes les religions, sans ordre préconçu, au hasard de renseignements résultant de la collection de milliers de fiches ; partir alors de ces prétendues similitudes pour élargir la base d'enquête, énoncer l'hypothèse d'un rattachement de ce fait secondaire à une classe plus générale de phénomènes religieux et en formuler les principes supposés ; procéder sur ce nouveau terrain à la même accumulation d'innombrables petits faits pris de tous côtés ; élargir derechef l'hypothèse synthétique, et ainsi de suite, de façon à arriver finalement à une sorte de construction au rebours d'une histoire générale de la religion. L'exemple le plus net de cette façon de procéder apparaît dans le *Golden Bough*, qui n'est certainement ni une reconstitution des origines, ni une « histoire des religions ». Je ne sais si on a jamais défini ce que ce type d'ouvrage entendait être.

Il m'a paru qu'il serait préférable d'étudier successivement — dans l'ordre le plus rationnel possible, et en partant des manifestations les plus simples — un certain nombre de phénomènes religieux bien déterminés ; puis de procéder ainsi pour chacun d'eux successivement : déterminer la nature intime et le mode de formation, dans la religion prise comme premier terme ; passer de ces premiers éléments d'information à des précisions plus grandes, en vérifiant les ressemblances ou en notant les dissemblances, dans la série des autres religions successivement envisagées, et toujours en s'en tenant au phénomène religieux présentement examiné. Donné qu'en règle ordinaire, il s'agissait de passer du connu à l'inconnu, et de s'élever progressivement du cas particulier à la généralisation scientifiquement démontrable, deux conditions semblaient donc indiquées : garder en tête de chacun des chapitres la même religion choisie comme type, et maintenir, dans la mesure du possible, l'ordre adopté dans la série des civilisations soumises ensuite à la comparaison. Pour le gain de facilités momentanées, et à changer ici ou là de religion-type, on risquerait de perdre beaucoup plus pour la compréhension totale du sujet. Il n'est jamais bon quand on rapproche et que l'on compare, de changer sans cesse de mesure ou d'étalon.

Quant à l'avantage de suivre en principe un certain ordre dans l'énumération des religions envisagées ensuite, il n'est pas besoin d'insister. S'il s'agit pratiquement de l'ordre que j'ai suggéré en cette *Méthode*, je ne prétends aucunement qu'il soit bien le meilleur, ni qu'il existe de règles absolues à cet égard. Il m'a seulement paru que le mieux serait, pour donner plus de solidité aux premiers rapprochements, de commencer par les religions qui se rattachent de plus près, dans le temps ou dans l'espace, à celle qui servait de début aux constatations de fait. Si, comme je l'ai fait, c'est l'Égypte qui est choisie, l'Égypte, puis la Chaldée doivent pouvoir fournir dans de bonnes conditions un premier terme de comparaison ; de là, et malgré l'état précaire de nos renseignements actuels, il apparaît qu'il serait bon de passer aux religions de l'Asie-Mineure et des civilisations égéennes ou méditerranéennes, de manière à grouper peu à peu tout l'Ancien Orient, puis aux religions du monde « classique ».

Les religions de l'Inde mèneraient aux grandes civilisations, en apparence indépendantes, de l'Extrême

Orient (ce terme comprenant, bien entendu, la civilisation malaise et ses ramifications vers le Nord ou en Polynésie). On terminerait l'examen par les religions tout à fait indépendantes — au moins jusqu'à nouvel ordre — des deux Amériques (Toltèques, Aztèques, Mayas, Péruviens, etc.). Quant aux peuples dits « barbares » ou « non-civilisés » de tout temps et de tous pays, ils ne viendraient pas plus en dernière qu'en première place. Leur rôle apparaît différent, et il ne convient pas de créer une section aussi artificielle avec ces centaines de nations ou débris de nations de tous les points du globe. Je dirai, à propos de l'ethnologie, comment j'entends pour ma part la contribution, au reste considérable, qu'ils peuvent fournir en observant une méthode convenable.

J'insiste sur cette remarque que ce n'est là qu'un ordre dépourvu de tout caractère impératif. Il en fallait bien un, fût-il provisoire, dans une façon nouvelle d'examiner l'histoire des religions. L'avenir, évidemment, peut enseigner à modifier les rangs dans la série qui vient d'être esquissée.

Nous voici arrivés à la question finale de la religion la plus propre à constituer le prototype des comparaisons. On s'imagine aisément que les objections n'ont pas manqué contre le choix que j'avais fait de la religion égyptienne. Elles peuvent se ramener, en fin de compte, à un assez petit nombre, sous des apparences premières fort variées : pourquoi ne pas prendre une grande religion vivante ? pourquoi ne pas avoir préféré telle autre religion déterminée des anciennes civilisations disparues ? pourquoi ne pas partir d'une religion primitive, telle que peut la reconstituer, à l'aide de ses diverses ressources, l'anthropo-ethnologie ? Je vais tâcher de répondre en quelques mots aux deux premières. La troisième, de beaucoup la plus importante, vaut de constituer à elle seule la seconde partie de cette Introduction.

Je n'ai pas pris de religion actuellement vivante, pour les raisons que j'ai exposées quand j'ai parlé des religions qui avaient été l'œuvre d'un fondateur, et que l'on désigne ordinairement sous le terme de « révélées ». Car je suppose que quand on me suggère une religion contemporaine comme premier élément d'enquête, personne ne songe à une des religions « naturelles » subsistant en ce monde. M. S. REINACH a cru à un autre motif, et supposé que j'avais quelque crainte « sans doute parce que les religions encore existantes sont *tabou* [1] ». Je n'ai pas, comme lui, une telle préoccupation du *tabou* qu'elle puisse me déterminer sur le choix d'une méthode d'enseignement général, et je croyais l'avoir montré en cet essai même. Qu'à ce que j'ai dit dès mon premier travail sur ce point, il me suffise d'ajouter une seule remarque nouvelle à l'appui de ma thèse : les religions mortes peuvent seules donner l'histoire d'une évolution complète ; seules, elles peuvent montrer tout ce qu'est capable de produire une donnée initiale, puisqu'elles seules ont accompli entièrement leurs destinées. Il faut entendre qu'il s'agit de religions mortes de vieillesse — comme cela a été

---

[1]. *Revue Archéologique*, 1909, t. 1. p. 191.

le cas pour celle de l'Égypte — ayant achevé comme d'elle-mêmes leur existence, et non point de celles que des causes historiques ont brusquement mises à mort, — telles celles des civilisations précolombiennes. Je me borne à renvoyer au surplus à ce que MASPERO a si éloquemment dit à ce propos sur le compte de la religion de l'Égypte [1]. Entre les diverses religions du passé, j'ai donc choisi celle, ou plutôt celles de l'Égypte.

Les uns se sont bornés à demander pour quelles raisons. Je pense les avoir données assez explicitement pour n'avoir pas à y revenir. Je puis assurer que les arguments que j'ai exposés ne constituent que les plus importants, et que pour chacun d'eux, les preuves de détail que j'ai citées à l'appui ne représentent pas le dixième de ce que j'aurais pu citer. Ce n'est pas parce que je les ai longtemps étudiées, ces religions égyptiennes, ni parce que je pense les connaître mieux que d'autres ; ce n'est pas, comme le croit M. GOBLET D'ALVIELLA, parce que je suis « orfèvre [2] ». Ce sont des raisons moins intéressées qui m'ont guidé dans mon choix, et je les ai données, il y a un moment. Il serait beaucoup plus juste de reconnaître que c'est, à l'opposé, en voyant le parti que l'on pouvait en tirer pour l'histoire générale de la religion que j'ai tourné mes efforts, voici maintenant bien des années, vers les matières religieuses de préférence aux autres branches de l'égyptologie. Je me borne à prier le lecteur de vouloir

1. Cf. p. 57 de la présente édition.
2. *Revue de l'Histoire des Religions*, 1909, t. II, p. 83 (= *Croyances, Rites, Institutions* (1911), p. 266 f.).

bien se référer dans le texte à l'abrégé très condensé des raisons qui militent en faveur du choix de l'Égypte. Les reprendre ici ne serait que répéter avec plus ou moins de détails des arguments qui me paraissent toujours aussi solides. Je suis peut-être seulement plus convaincu encore aujourd'hui qu'aucune autre civilisation ne réunit un pareil ensemble de conditions favorables à une première étude sur la nature et l'origine des principaux phénomènes religieux.

Au reste, bien peu de critiques de cette *Méthode* ont-ils songé à contester positivement que l'histoire des religions de l'Égypte constituât une série tout à fait hors de pair dans l'ensemble des religions connues dans le monde entier. Et surtout personne ne s'est résolu, en somme, à proposer positivement comme capable de tenir le même rôle un quelconque des groupes de religions organisées ayant existé dans l'histoire. C'est tout à fait en passant que quelques-uns ont suggéré que les religions de l'Asie antérieure ou celles de l'Inde donnaient plus de renseignements que l'Égypte sur tel ou tel point — ce que j'admets bien volontiers et ce qui ne compromet en rien ma méthode — ou que l'Égypte ne peut pas tout expliquer — ce que je n'ai jamais osé prétendre — ou qu'il y a des manifestations religieuses dont l'Égypte n'offre aucun équivalent — à quoi je souscris sans la moindre difficulté. Au fond, et sous une forme modifiée, ces objections se rattachent toutes à la thèse, supposée mienne, qu'il existe une religion-type qui explique toutes les autres, et à laquelle toutes les autres ressemblent. Et on me cite alors — un peu au hasard — des groupes de faits, irréductibles en effet à l'assimilation avec un phénomène religieux appartenant à l'Égypte. C'est revenir à une question préalable de méthode sur laquelle je me suis expliqué, il y a un moment, et je me borne à me référer à ce que j'ai dit alors.

Ailleurs, l'objection a été plus subtile et plus spécieuse. On ne conteste aucune des supériorités positives de la civilisation égyptienne : durée absolue, enchaînement des séries principales de la préhistoire à l'Empire Romain, ampleur de l'évolution, richesse unique de la documentation. Mais on me dit : vous ne pouvez prendre comme prototype qu'une religion entièrement et exclusivement nationale, indigène, et celle de l'Égypte ne l'est pas. Elle renferme des éléments étrangers, et vous ne pouvez plus expliquer par l'Égypte seule, par la race, le climat, le pays, en un mot par la civilisation nationale, les faits dont vous prétendez justifier la formation.

Une discussion approfondie est impossible ici-même, mais l'essentiel peut s'énoncer en quelques mots. Telle qu'elle m'a été faite, l'objection n'est ni bien ni clairement posée.

S'agit-il, en effet, comme je crois le discerner en quelques-uns des comptes rendus [1], d'éléments étrangers qui auraient été introduits dans les cultes égyptiens à l'époque historique ? On n'a jamais pu, à ma connaissance, en établir la démonstration pour un seul

---

1. *Oriental. Litter. Zeitung*, 1909, p. 253-256.

d'entre eux. Tout se réduit pour les divinités d'âge classique à quelques hypothèses non vérifiées. Quant aux croyances mêmes, personne n'a jamais songé, parmi les égyptologues, à attribuer une origine étrangère de date historique à aucun des dieux qui sont la substance même de la religion nationale. Même le célèbre épisode des croyances d'Amenhôtep IV et du culte d'Atonou l'Amarnien est aujourd'hui reconnu comme le produit purement indigène du vieux fonds égyptien. Que s'il s'agit du rôle joué en Égypte par les dieux étrangers qui s'y sont installés, il a été nul jusqu'aux derniers siècles — aussi bien au point de vue de l'évolution de la théologie qu'à celui de la formation des mythes.

Veut-on objecter alors — et c'est bien ce que j'ai lu en termes exprès en plusieurs revues — que la formation de la race et de la religion de l'Égypte unifiée est faite d'éléments préhistoriques très divers et ethnographiquement tout à fait dissemblables : asiatiques, lybiens, soudanais, éthiopiens, etc. ? Mais ceci est trop évident. A ce compte, on n'arrivera jamais dans l'histoire du monde à une race et à une religion dont on puisse assurer qu'elles sont autochtones et pures de tout mélange depuis les origines de l'homme. Je puis même ajouter, comme égyptologue, que bien probablement l'Égypte n'a pas été formée simplement des quatre ou cinq races dont on veut faire état contre ma thèse, mais beaucoup plus vraisemblablement de bien d'autres éléments ethniques, qui étaient eux-mêmes le produit composite d'une multitude d'éléments plus anciens, et ainsi de suite indéfiniment en remontant dans le temps. Ce qui est suffisant, et ce que j'assure pouvoir être établi avec tous les détails nécessaires est ceci : dès qu'apparaissent les plus anciens témoignages religieux susceptibles d'être recueillis — en pratique dès la période néolithique — nous avons en Égypte une civilisation et avec elle une religion entièrement homogènes, semblables, dès ce temps-là, en tous leurs éléments, à ce que l'on trouve par la suite et sans l'indice, à aucun moment, du moindre élément étranger inséré ultérieurement. J'ai tenté à plusieurs reprises de l'établir dans des articles techniques, non pas seulement sur tel ou tel détail d'histoire religieuse, mais aussi aux points de vue de l'écriture, du mobilier funéraire, et de la sépulture, etc., qui ne sont, après tout, que des dépendances et des aspects de détail d'une civilisation religieuse. Depuis le premier essai de cette *Méthode*, d'autres égyptologues, tels REISNER et DE BISSING, sont arrivés à des conclusions identiques, sous la forme catégorique de constatations matérielles faites sur des collections d'objets ou sur des séries de monuments [1].

Le plus certain est en somme qu'on a surtout reproché à la religion égyptienne de n'être pas un prototype parfait, satisfaisant à toutes les exigences et répondant directement à toutes les questions. J'en savais les imperfections inévitables en commençant. Mais j'ai estimé que c'était sans conteste le meilleur instrument de ceux qui sont pratiquement à notre disposi-

---

1. Cf. l'opinion de BISSING en ses magnifiques *Denkmäler* de la sculpture égyptienne, à propos des origines de l'art de l'Égypte, et celle de REISNER comme conclusions à ses fouilles des nécropoles de Naga-ed-Deir.

tion, et personne, je le répète, n'en a trouvé un meilleur à proposer. Personne n'a donc soutenu expressément que dans l'état de nos sciences il existait quelque part une religion plus en état que l'égyptienne de servir au premier établissement des éléments dont se compose un phénomène religieux, et à l'étude continue de son évolution.

Je ne devrais pas dire personne. Il y a eu une exception, et la religion mexicaine a été proposée, cette unique fois-là, comme pouvant jouer le rôle de religion type [1]. L'idée est plus originale que susceptible de résister à un sérieux examen. Il n'est pas inutile de noter tout de suite qu'elle ne vient pas d'un américaniste. Nul ne voudrait moins que moi sembler faire petit cas des civilisations précolombiennes. Jamais je ne songerais, comme on l'a fait dans bien des « manuels » d'histoire de religions — celui de CHANTEPIE DE LA SAUSSAYE, par exemple, pour ne citer que le plus connu — à classer sommairement ces religions parmi celles des non-civilisés (!). Il est évident que nous devons tenir le plus grand compte des résultats obtenus en ces études américaines. Ils sont d'autant plus précieux qu'ils nous révèlent graduellement, pour un vaste ensemble de civilisations ou d'organisations sociales parvenues à un très haut degré de civilisation [2], des

---

1. WIEDEMANN, *Orient. Litt. Zeitung*, 1909, n° 6, p. 255.
2. On doit saisir cette occasion de protester contre cette assimilation trop fréquente de ce qui nous est parvenu de ces grandes civilisations américaines aux séries ethnographiques des peuples « sauvages ». Classer au même rang des empires tels que ceux des Mayas, des Toltèques, des Aztèques, des

modes de développement religieux inconnus du reste du monde, et, suivant au moins les apparences actuelles, évolués en toute indépendance de celui-ci. On pourra donc y trouver un inestimable moyen de contrôle pour vérifier les lois que l'on pensera avoir pu dégager en étudiant les religions de l'ancien monde. Il y a longtemps déjà qu'à mes auditeurs de la Faculté j'ai proposé, entre les concepts de l'Orient classique et nombre de faits empruntés à l'Amérique précolombienne, des rapprochements et des comparaisons que je crois utiles : notamment pour ce qui a trait au caractère divin de la Monarchie, aux cultes solaires, aux drames mimétiques, à la zoolâtrie, au mobilier funéraire, et surtout aux faits se rattachant soit à l'astrologie générale, soit à la théorie du calendrier stellaire. L'ensemble de ces civilisations précolombiennes m'a paru assez important dans l'histoire générale des religions pour mériter l'étude spéciale de quiconque formait le dessein d'aborder un pareil enseignement — et je saisis cette occasion d'exprimer ici ma respectueuse gratitude au duc de LOUBAT pour tous les conseils et toute l'aide scientifique par lesquels il a bien voulu me faciliter la tâche.

Mais c'est une tout autre chose que de vouloir faire de ces sciences américanistes non plus un excellent

---

Incas — pour ne citer que les mieux étudiés pour l'instant — ce n'est pas seulement leur faire une dédaigneuse injustice complètement imméritée — aussi imméritée que si l'on agissait de même vis-à-vis de la civilisation chinoise. C'est aussi commettre *a priori* une des plus grosses fautes de méthode, puisqu'il s'agit là de systèmes religieux *évolués*.

instrument d'enquête ou de comparaison, mais le point
de départ des recherches ou la mesure commune à
laquelle on doit ramener les divers phénomènes observés sur le reste du globe. L'incertitude et la brièveté
de la période historique proprement dite connue de
nous ; l'impossibilité de remonter solidement vers les
origines, le manque de chronologies bien suivies, la
disparition de classes entières de monuments religieux
indispensables à une enquête complète, l'état matériel
de trop des séries subsistantes, le problème non résolu
des écritures mayas : voilà, sinon pour toujours au
moins pour très longtemps encore, des obstacles insur-
montables. Mais il y aurait quelque impertinence de ma
part à vouloir prétendre à une compétence de spécialiste sur la possibilité d'un tel rôle à donner aux religions précolombiennes. N'est-il pas beaucoup plus
satisfaisant de se référer à l'opinion des américanistes
eux-mêmes ? Or, aucun des savants qui se sont dévoués
aux recherches sur les civilisations de l'Amérique n'a
soutenu jusqu'ici, à ce que je sache, que les religions
du Nouveau-Monde pourraient servir de base à l'Histoire comparée des Religions. Même l'*Ursprung* de
Preuss n'a formellement rien énoncé de semblable.
Il faudrait au moins commencer par avoir une *histoire*
des diverses religions américaines. Malgré les beaux
travaux d'Édouard Seler, qui tient le premier rang dans
la science des choses de l'Amérique ancienne ; malgré
toute l'activité scientifique attestée en ce domaine par
la bibliographie des vingt dernières années, je constate
que les américanistes sont les premiers à nous dire
combien on est encore loin de compte pour l'instant.

et tel article rédigé par un spécialiste des sciences de l'Amérique, dans un recueil tel que l'*Encyclopædia of Religion and Ethics* de J. HASTINGS, fait assez nettement ressortir tous les éléments encore inconnus qu'il faudrait dégager au préalable, et surtout l'impossibilité d'aller plus loin que la constatation de la diversité d'origine des matériaux dont sont faites ces civilisations. Au reste, rien ne semblera plus péremptoire, je pense, que de me référer, pour ce qui a trait à l'histoire religieuse, à deux opinions irréfutables, puisqu'elles émanent de deux des maîtres de la science américaine. C'est d'abord ÉDOUARD SELER qui nous avertit qu'on trouve en ces systèmes « le résultat naturel de plusieurs sources très diverses et d'une civilisation vieille de plusieurs milliers d'années » sans nous dissimuler d'ailleurs que ces milliers d'années et ces sources originales sont inaccessibles [1]. C'est ensuite W. LEHMAN qui définit ailleurs la religion mexicaine comme « un grand cercle sans commencement ni fin » où « le développement très compliqué du culte, le *tonalamatl* des écritures à images parlent en faveur d'un âge très avancé, puisqu'ils supposent une évolution de longue date [2] ». Si brièvement que j'aie pu consacrer une partie de mon enseignement à l'étude de ces écritures à images, des compositions comme le *Fejérváry-Mayer* ou le *Codex Vaticanus* m'ont convaincu bientôt que s'il y avait des milliers de renseignements

---

1. *Mitteil. d. Wiener Anthrop. Gesellshaft*, XXXIV (1904), p. 274.
2. *Archiv für Anthropologie*, VI, 2, p. 162.

pour l'histoire comparée dans l'analyse détaillée d'un *Codex* précolombien, ce n'était certainement pas là que je trouverais le point de départ des comparaisons.

Voilà ce que j'avais à répondre touchant les raisons qui m'ont décidé à proposer cette *Méthode* et à faire choix de l'Égypte. Je tiens, pour ne laisser subsister aucune équivoque, à répéter une dernière fois deux choses que l'on n'a pas toujours su ou voulu voir dans ce que j'avais écrit : d'abord, jamais je n'ai présenté l'Égypte comme un type auquel on devait ramener les autres religions, mais *comme un point de départ* ; en second lieu, la méthode comparative, ainsi entendue, tient compte des différences tout autant que des ressemblances.

Je viens d'examiner en gros, ce qui a été objecté ou suggéré à propos du choix de la religion égyptienne par la majorité de ceux qui admettaient, dès le débat institué, que la base de la méthode comparative devait être une religion historique. Mais beaucoup plus nombreux ont été ceux qui ont réclamé, pour tenir ce rang, l'emploi de la science ethnologique, quelle qu'ait été au reste la façon dont ils concevaient le rôle pratique de l'ethnologie en cette enquête générale, et ce qu'ils considéraient comme faisant partie du domaine de cette science. C'est sur ce terrain que se sont manifestées le plus d'objections à ma *Méthode*, ou qu'ont été exprimées le plus d'opinions divergentes. C'est donc là, à n'en pas douter, le point important des débats ; il m'a semblé nécessaire de lui réserver une place spéciale. Non seulement il importe de bien s'assurer, entre deux routes proposées, que celle qui a été choisie est la plus sûre pour remonter avec sécurité aussi haut qu'il est possible dans l'histoire religieuse de l'humanité. Mais il y a eu aussi des équivoques et des malentendus qu'il serait indispensable de dissiper avant de se mettre à l'œuvre.

Je voudrais le tenter — sans nullement prétendre à rédiger je ne sais quelle sorte de manifeste ou à vouloir sembler instituer une nouvelle école de science des religions. Je désirerais simplement dire comment j'entends la coopération de l'égyptologie et de l'ethnologie, et à quelles conditions elle me paraît susceptible de résultats fructueux.

.·.

Les pages consacrées à l'ethnologie sont celles qui ont provoqué le plus d'observations ou de réclamations[1]. Il n'est rien de si naturel. J'avais tenté, dans le domaine des sciences religieuses, de défendre la méthode historique contre des prétentions exagérées. On m'a reproché là-dessus d'être parti en guerre contre l'ethnologie tout entière. Nullement, mais seulement contre une certaine ethnologie.

Je ne vois pas du tout que j'aie voulu contester les grands services qu'a rendus la science nouvelle des ethnologues. Et tout d'abord, elle a porté un coup

---

[1]. Cf. *Anthropos*, V, 576 ; *Archiv für Religionwissenschaft*, XIII, 309 ; *Globus*, XCV, 240 ; *Man*, XII, 94 ; *Rev. Hist. des Religions*, LIX, 82 ; *Revue de l'Université de Bruxelles*, février 1910, p. 333, etc.

décisif aux vieux systèmes faux, ou incomplets, qui avaient prévalu jusque-là, et qui fondaient exclusivement sur le raisonnement ou sur les définitions philosophiques du sentiment religieux — quand ce n'était pas sur la philologie — l'explication de l'histoire générale des religions.

Mais ce n'est pas une raison pour consentir qu'elle puisse à son tour devenir dangereuse, en prétendant reconstituer, à l'aide exclusive des non-civilisés, assimilés ou non *a priori* à des « primitifs », une prétendue religion « primitive » et universelle, pour en faire la clef de l'histoire de toutes les religions. J'ai protesté et revendiqué les droits des civilisations que nous pouvons connaître par des monuments, par des textes datés et qui sont répartis sur une longue série chronologique.

A l'étranger surtout, il semble que l'on ait trouvé la critique parfois un peu acerbe. Quelques chefs d'école — M. SIDNEY HARTLAND notamment — ont protesté courtoisement. A les entendre, l'ethnologie dont j'ai relevé les prétentions ou les erreurs de méthode, les outrecuidances ou les généralisations à outrance, serait presque une caricature que j'aurais inventée pour en faire ensuite justice tout à l'aise. Jamais la science qu'ils défendent ne serait tombée en ces excès ou ces partis pris exclusifs.

Il se peut, s'ils parlent en leur nom. Mais d'autres qui se réclament de la même science anthropo-ethnographique ont bien eu un tel programme et ont bien soutenu ces thèses-là. Et le malentendu premier vient peut-être de ce qu'il aurait été fort utile de pouvoir définir quelle est l'ethnologie considérée comme orthodoxe et quelle est celle qui ne l'est pas.

Quand nous disons : l'égyptologie ou l'assyriologie, nous avons affaire à des sciences dont le domaine est défini, les sources d'information délimitées, et les méthodes d'investigation certaines — quelles que puissent être les divergences des thèses ou des systèmes de tel ou tel. Mais l'ethnologie ? Qu'est-elle ? où sont ses limites, quel est son but exact, quel est son appareil scientifique ? Elle ne possède même pas encore un nom qui lui appartienne du consentement universel, puisque suivant les pays et même suivant les auteurs, on voit employer indifféremment les vocables ethnographie, ethnologie, anthropologie, ethnosociologie, anthropographie, et d'autres encore. Assurément, le mal est inévitable pour une science encore en voie de formation, et qui s'attaque à autant de vastes sujets. Et il est possible que les louables efforts faits pour assurer à chacun de ces termes un sens et un champ d'action précis finissent par aboutir, après une lutte qui dure depuis 1839, époque de la fondation de la société d'ethnologie de Paris. Force est bien pourtant de constater qu'on n'en est pas encore là. La lecture de l'excellent répertoire de J. Dieserud[1], et de tant d'efforts pour arriver à une terminologie définitive ; les définitions proposées dans les périodiques depuis près d'un siècle, ou les polémiques de terminologie qui se renouvellent

---

1. Juul Dieserud, *Scope and content of the Science of anthropology.* Chicago, 1908; voir surtout p. 5, 12, 36 et 44-52.

à chaque congrès¹ en sont, je crois, la meilleure évidence.

Un tel désaccord de dénominations préalables et certaines entraîne, comme on le pense, des divergences infinies d'ethnologue à ethnologue ; non pas, je le répète, sur les thèses ou sur les systèmes généraux (ce qui serait le cas habituel à toute science), mais sur les questions fondamentales de domaine, de but et de méthode. Il n'y a pas une école ethnologique, ni une ethnologie. Il y a autant d'ethnologies ou presque

---

1. Sur la définition du but et du domaine de l'ethnologie, les résumés ou historiques de BASTIAN, *Vorgeschichte der Ethnologie*, 1881, GOLLIER, *Ethnographie et Expansion civilisatrice*, 1903, Winternitz, *Globus*, 1900, 345, etc. (*Völkerkunde, Volkskunde und Philologie*), montrent tous les louables efforts tentés en vue d'arriver à des résultats, mais aussi toute l'inutilité des tentatives du dernier demi-siècle. La question prise du côté anthropologique, par exemple dans l'*Histoire de l'Anthropologie* de TOPINARD (1876), n'arrive pas à un meilleur résultat. Le débat a été repris depuis successivement par bon nombre de congrès ou d'ouvrages, ainsi que dans une infinité d'articles de périodiques, sans que la question semble avoir progressé. Ni l'exposé très détaillé, mais souvent trop confus, de SCHMIDT (*Anthropos*, t. I, 1906, p. 134 f., 318 f., 592 f., et 950 f.,), ni les discussions théoriques de la *Revue des Études Ethnographiques et Sociologiques* sur ce qu'il faut entendre par ethnographie, ethnologie et anthropologie ne montrent clairement quelque chose, hormis le manque absolu d'entente entre les représentants de ces sciences. L'effort le plus laborieux de JUUL DIESERUD (*The Scope and Content of the Science of Anthropology* [1908]) condense en une bibliographie à peu près complète les discussions des écoles, et donne chronologiquement, de MAGNUS HUNDT (1501) à nos jours, près de 240 définitions représentant l'effort intellectuel de l'Europe entière et des États-Unis (Part 3) ; il cherche à répartir rationnellement les divers sujets d'études en sa « classification » (Part 2) ; mais pas plus en son *Introduction*, qu'en sa discussion théorique (Part 1), il ne

qu'il y a de savants voués à ces études. Les programmes délimités avec le plus de soin comportent d'ailleurs un si vaste champ de recherches et abordent un si grand nombre de manifestations de l'histoire de l'homme qu'on se demande si on parviendra jamais à tirer du tout les cadres d'un plan d'études et de travaux susceptible d'exécution pratique.

J'entends bien que l'ethnologie se propose d'étudier tout ce qui a trait à l'histoire de l'homme, et que les phénomènes sociaux, c'est-à-dire la plupart des phénomènes religieux, en constituent une des plus importantes subdivisions, mais seulement l'une de celles-ci [1].

réussit à mieux qu'à bien mettre en lumière les divergences irrémédiables qui séparent les uns et les autres sur l'objet même et sur les limites de cette science. La nouvelle tentative de SCHMIDT (*Kulturhistorische Methode in der Ethnologie* = *Anthropos*, VI, p. 102), encore plus minutieuse et plus hérissée de discussions secondaires sur chaque point du débat, ne paraît guère susceptible d'éclaircir la situation. Quant à la *Methode der Ethnologie* (Heidelberg, 1911) de F. GRAEBNER, présentée en tête de la future bibliothèque ethnologique de W. Foy comme une sorte de *standard book,* elle est peut-être plus que tout ce qui a encore paru une démonstration de l'impossibilité d'arriver à jamais enserrer l'ethnologie dans une définition complète, pratique, et reconnue d'un consentement unanime, parce qu'elle est en somme beaucoup moins une science autonome que la philosophie dernière de cinq ou six sciences différentes.

1. Les exposés systématiques les plus récents des ethnologues reviennent à peu près à établir comme divisions principales : la somatologie, la psychologie, l'ergologie, l'histoire et les institutions, les civilisations matérielles, la sociologie et la linguistique. Le semblant d'accord cesse complètement dès que l'on aborde les subdivisions pratiques. Encore ai-je supposé vidé — ce qui n'est nullement la réalité — l'interminable débat entre l'anthropologie et l'ethnologie sur ce qui appartient à la

Histoire des Religions.

L. INTRODUCTION

Soit. Mais comment délimiter l'aire ethnologique pour chacune de ces sections ? Le domaine exact, pour ce qui se rapporte exactement à l'histoire des religions, est extrêmement difficile à apprécier, le phénomène dit « religieux » étant mêlé à la plus grande partie des manifestations de la vie de l'individu ou de la collectivité. A cette première difficulté, qui résulte du sujet même, s'en joint une seconde, non moins considérable, qui provient du défaut préalable de s'entendre sur ce qu'il faut comprendre ici par le terme « ethnologique ». Laissons de côté les ethnographies purement archéologiques, muséographiques ou monographiques, et ne considérons que les recherches ayant un caractère général et comparatif, les seules qui nous intéressent pour l'instant. Les divergences de programme se révèlent sur chaque point, d'auteur à auteur. Ici, on se bornera à l'ethnologie des peuples non-civilisés actuellement survivants ; là on y adjoindra le peu que nous savons d'eux pour les siècles passés ; ailleurs on fera appel au folk-lore et à l'anthropologie, et on réunira en parallèles les résultats fournis par l'ethnologie des sauvages d'aujourd'hui et ce que nous entrevoyons des sociétés préhistoriques, soit sur le

---

première et ce qui revient à la seconde. Or la majorité des ethnologues reconnaît communément, d'autre part, que la religion n'est pas une manifestation de l'esprit humain que l'on puisse considérer isolément. Faut-il donc décider qu'elle suppose la connaissance préalable et simultanée de toutes les sections ethnologiques ? Mais comment alors concilier cette exigence avec les désaccords préalables, persistants et fondamentaux, sur l'aire, les domaines et les méthodes propres à l'ethnologie, et comment sortir de ce cercle vicieux ?

même terrain géographique, soit pour l'ensemble du globe. Les uns s'interdiront toute vue comparative sur les civilisations du monde barbare ou civilisé des antiquités classiques Les autres s'attacheront, au contraire, et à toute occasion, à signaler les débris ou les survivances supposés des croyances des non-civilisés qu'ils assurent retrouver soit dans les civilisations anciennes, soit même dans nos sociétés modernes : croyances, rites, coutumes, superstitions, légendes populaires, etc.

Il n'y a donc rien de surprenant que dans une aussi considérable variété d'« ethnologies », n'ayant souvent entre elles que des ressemblances assez vagues, ce qui a trait aux unes ne puisse s'appliquer aux autres. Parmi tant de sortes « d'anthropo- » ou d'« ethnologies », je me suis préoccupé surtout, en présentant cette *Méthode* à des lecteurs français, de celles qui tenaient alors en France la première place, ou tout au moins qui y menaient le plus grand bruit.

Parmi toutes les autres — et quoiqu'en retard de plusieurs années sur le reste de l'Europe scientifique, — l'école « totémiste » française se présentait chez nous avec autorité, et même avec des allures impérieuses. Elle voulait imposer des thèses déjà vieillies ailleurs comme les résultats définitifs acquis par l'ethnologie ou l'anthropologie dans le domaine de l'histoire des religions. Un petit groupe s'était formé, qui avait recueilli à l'étranger un certain nombre de théories, au moment où elles tendaient déjà à y passer de mode, ou tout au moins à y perdre singulièrement de leur importance, quand ce n'était pas pour évoluer vers d'autres concepts et vers de nouvelles hypothèses. Ainsi, pour ne parler que du totémisme même, c'était justement l'heure où des aveux courageux comme celui de G. Frazer, accentués depuis en son *Totemism and Exogamy*, ne montraient pas seulement les variations des promoteurs du système sur le fondement même de leurs thèses, mais restreignaient déjà singulièrement l'aire supposée d'expansion des croyances « totémistes ». (Les cartes annexées au quatrième volume de Frazer en font foi.) Il n'était plus question, en tout cas, d'y voir une explication universelle. Tout autre cependant était à la fin de 1908 — et est encore — le cas en France. Le « tabou », le « totem », le sacrifice communiel étaient les principaux articles de foi, et l'explication inévitable à laquelle se ramenaient les phénomènes religieux.

Le monde français des sciences classiques s'était, à vrai dire, trop désintéressé, dans les trente dernières années, des recherches et des manifestes de ces nouvelles écoles d'ethnographie fondées à l'étranger, et il n'avait prêté que fort peu d'attention à leur apparition. Trop enclin à ne voir encore dans l'anthropologie, prise au vieux sens du mot, qu'une branche des sciences naturelles, ou dans l'ethnographie qu'une sorte d'annexe, plus ou moins pittoresque, de la géographie, il ne soupçonnait qu'assez mal les évolutions ou les déclins successifs des diverses thèses. Remaniées, amalgamées, et (comme c'est le cas inévitable en pareille occurrence) exagérées par des déductions poussant jusqu'aux dernières limites les conséquences des prémisses, nombre de propositions, déjà parfois désuètes en leurs pays d'origine, furent ainsi importées chez nous comme des découvertes nouvelles. Elles l'étaient seulement en ce qu'elles étaient présentées sous forme de lois inéluctables, et qu'elles tendirent à constituer une sorte de code, de rédaction trop souvent solennelle et impérieuse. On les vit proclamer non pas comme des hypothèses nouvelles, soumises, comme l'avaient été jadis celles qui les avaient précédées, au jugement du public, mais comme la reconstitution indubitable — on ajoutait : indiscutable — de ce qu'avait été universellement la religion primitive de l'humanité.

Cette école « française » — je sais que je me sers pour plus de commodité d'un terme impropre, car il y a plutôt des groupes assez disparates qu'une école proprement dite — ne semble avoir eu, hors de France, que bien peu d'influence ; je ne vois pas que ses travaux ou ses découvertes soient souvent cités au dehors. On se l'explique sans peine. Elle réimportait dans leurs pays d'origine, et en les outrant, des thèses déjà connues par les recherches originales auxquelles elle avait « emprunté » les principaux éléments de son système.

Chez nous, moins bien informés, les ravages furent considérables. Rien n'y échappait. Pour peu qu'un animal — ou un végétal — jouât un rôle quelconque, à un moment donné, dans une religion, un rituel, un monument du culte, une légende, il devenait un « totem ». Ni l'Égypte, ni le monde méditerranéen classique n'en furent à l'abri, pas plus que les non-civilisés de l'Afrique, de l'Asie, ou les vieilles religions barbares de notre Europe septentrionale. Partout, dieux et héros, mués en animaux « totems », étaient successivement victimes d'une interprétation qu'il est on ne plus aisé de faire fonctionner automatiquement à propos de tout, une fois la recette initiale formulée [1].

Je ne me suis attaché ici qu'à ce qui a trait au totémisme. Les mêmes traits, les mêmes prétentions trop intransigeantes, les mêmes procédés, la même ardeur au prosélytisme se retrouvaient pour les trois ou quatre propositions fondamentales, à l'aide desquelles on assurait pouvoir reconstruire toute l'histoire des premières civilisations, et y ramener toutes celles qui se sont développées ensuite : le tabou, les rites agraires et le sacrifice communiel.

Cependant, ni cette extension soudaine, ni ces ambitions démesurées ne parurent émouvoir les représentants des sciences classiques ou les corps savants. Sans doute ne crurent-ils pas utile de réagir — encore moins de protester — contre des thèses qui leur parurent sans danger. Ce fut un tort. Il n'aurait pas été mauvais que tout au moins dans chacun des enseignements des civilisations classiques, un spécialiste assumât la tâche de montrer à quel point la nouvelle science universelle en prenait à son aise avec les documents, les textes ou les résultats légitimement acquis. En égyptologie, par exemple, il eût été salutaire de relever, dès le début de ces incursions hardies, l'aisance curieuse avec laquelle des auteurs qui ne savaient ni lire un texte égyptien, ni dater un monument figuré, et qui n'auraient jamais pu discuter, documents à

---

[1]. Voir la spirituelle critique de ce procédé par GOBLET D'ALVIELLA, à la fin de sa conférence, à la *Summer School of Theology* d'Oxford (= *Revue de l'Université de Bruxelles*, février 1910, p. 337).

l'appui, un point de mythologie égyptienne, se servaient, à leur plein gré, de telle figure, de tel document ou de telle citation au troisième degré, pour renforcer l'une ou l'autre de leurs thèses. Imitant le système de démonstration employé par J. G. Frazer, on citait le plus souvent les assertions les plus douteuses d'auteurs grecs ou romains, sans qu'il semblât qu'il existait à la centaine, sur le même sujet, des documents nationaux vingt fois plus anciens, trop souvent, au reste, de signification diamétralement opposée aux dires des classiques. Ou bien, on prenait dans la masse des faits égyptiens tout ce qui semblait propre à justifier l'exposé de la religion primitive universelle. Mais on ne se préoccupait guère de rechercher le sens réel, par comparaison avec le reste des cultes locaux, des particularités citées. Et encore moins cherchait-on à justifier sur quoi s'était guidé le choix, et pourquoi on avait si délibérément écarté tous les faits ou tous les textes défavorables à la thèse.

L'indifférence ou l'inattention du monde classique enhardirent encore les intransigeances. L'alliance avec quelques-uns des maîtres de la sociologie française permit à quelques-uns d'estimer qu'ils avaient réellement créé la Science des Religions, et surtout qu'ils en étaient les détenteurs exclusifs pour la France [1]. Une

---

1. L'ethnologue R. R. Marett (*Treshold of Religion*, 1909, chap. v : *une vue sociologique sur la religion comparée*) a montré l'erreur de l'école sociologique française procédant par raisonnements accumulés, et torturant les faits pour arriver à un système tout artificiel, où le collectif seul compte et fait dépendre entièrement de lui l'individuel.

propagande, quelque peu bruyante, recruta vite nombre d'adhérents, comme y arrive assez aisément tout ce qui a la prétention de tout renouveler d'un coup. Il y aura toujours des esprits pour qui le signe évident du progrès se reconnaît à l'intention bien marquée de tout détruire et de remettre en question tout ce qui était acquis. Beaucoup se laissèrent aussi étourdir par le bruit que menaient les apôtres de la science nouvelle, quand ce n'était pas, plus simplement, silence de pure déférence pour les Maîtres. On vit même, en plus des articles et des conférences incessantes de vulgarisation, apparaître à profusion des « brochures de propagande », qui évoquent en notre esprit, et malgré nous, le souvenir irrévencieux des « tracts » distribués par certaines sociétés religieuses.

Tant et si bien que le terme « totémisme » a acquis droit de cité en France. Il est d'un emploi commode. Il est si mal défini qu'il s'ajuste à merveille à des centaines de cas divers, pour lesquels il semble fournir immédiatement une solution facile. En quoi il a le mérite de savoir plaire instinctivement, en vertu de la loi du moindre effort. Le plus regrettable en l'affaire est qu'il ait passé aussi rapidement dans les livres de vulgarisation. Les auteurs de manuels, même les plus estimables, l'ont accepté sans examen personnel, comme une acquisition définitive que la science ne contestait pas. Avec eux le « totémisme » a fait fortune ; le mot est devenu aujourd'hui familier à une foule de lecteurs qui retiennent moins les faits et les idées que les mots et les formules générales. Quand depuis longtemps le totémisme aura disparu des œuvres scientifiques, il faudra encore perdre le temps à démontrer au grand public l'irréalité de cette prétendue explication des premières religions.

Voilà pourquoi j'ai cru faire œuvre utile, dans la mesure de mes forces, en montrant que les faits contredisaient la soi-disant existence universelle des « totems » et qu'en Égypte, notamment, le culte des divinités animales en différait par plusieurs des caractères qui sont au nombre des caractères fondamentaux d'une croyance. Ainsi les Égyptiens ont débuté par l'animal unique comme incarnation du dieu, et c'est seulement dans les derniers siècles que tous les exemplaires de l'espèce à laquelle appartenait l'animal dieu ont été vénérés comme *sacrés* — mais non pas comme *divins*. Ceci n'a pas eu l'heur de plaire à M. S. REINACH. Je m'étais cependant borné, à l'aide d'une des civilisations qui sont du domaine de l'école historique, à opposer un fait précis à l'encontre des généralisations trop hâtives. « Un pareil processus, répond M. S. REINACH, est le contraire de la réalité; il est logiquement inadmissible [1]. » Voilà une affirmation bien catégorique — on dirait même un peu tranchante, si elle tranchait quoi que ce soit. Que signifie en effet « logiquement inadmissible »? Seulement ceci. Si les Peaux-Rouges adorent dans l'espèce « totem » tous les individus, et l'âme divine diffuse dans son ensemble, il n'est pas admissible que les Égyptiens aient pu procéder autrement. Oserai-je voir dans cette façon de raisonner un « paralogisme »? Il semblerait à première vue que ce qu'il

---

1. *Revue archéologique*, 1909, t. I, p. 191.

y aurait surtout de « logique » en l'affaire serait de conclure que les concepts égyptiens ne sont pas ceux des Peaux-Rouges. M. S. Reinach préfère assurer que le « processus » égyptien, entendu comme je l'ai dit, est le contraire de la vraisemblance. Peu importe, s'il est vrai, et si je puis défier tout « totémiste » de prouver que les Égyptiens n'ont pas commencé par adorer un animal divin unique, avant de vénérer l'espèce. Ceci peut être regrettable pour la théorie « totémiste ». Mais c'est tout.

Je me préoccupais surtout de la méthode générale, et non de traiter à fond toute la question. Je n'avais donc pas cru devoir allonger outre mesure, en réunissant les faits relatifs aux non-civilisés du continent africain. Je m'étais borné à indiquer comment les multiples liens qui existent entre certaines familles ou certaines tribus, et telles espèces animales ou végétales se rattachent à des idées très différentes de celles qui régissent le « totémisme » tel qu'on voudrait le définir, et parfois entièrement opposées entre elles. Les protestations exprimées dans quelques articles m'obligent à ajouter quelques précisions.

Les exemples ne manquent pas de cas où le soi-disant « totémisme » africain peut être étudié en ses origines, sa formation et sa définition avec la rigueur scientifique nécessaire. Appelé à m'occuper précisément de cette question à mon cours des deux dernières années à l'Institut Colonial de Marseille (*Religions des Peuples non civilisés des colonies africaines*), j'ai été obligé d'examiner à nouveau les faits avec quelque détail. La tâche est de mieux en mieux réalisable. L'appareil des références se perfectionne rapidement ; les progrès s'y marquent de jour en jour, et de plus en plus passent au second plan, comme sources documentaires, les anecdotes de voyageurs qui ont trop largement servi de références aux premières thèses « totémistes ». Rien que dans les trois ans qui séparent la présente édition de la précédente, la continuation de l'œuvre admirable entreprise en ethnographie congolaise par la Belgique officielle ou universitaire [1] (suite et élargissement, sous deux rubriques différentes, des splendides *Annales du Musée du Congo*, les huit volumes actuels des *Monographies ethnographiques*, la publication de la *Revue Congolaise*, pour ne citer que le plus important) ; les contributions apportées par l'*Anthropos* et sa bibliothèque ethnographique, par la Revue des *Études ethnographiques et sociologiques* (= *d'Ethnographie et de Sociologie*), ou par les nombreuses monographies parues sous diverses rubriques dans les volumes annuels de la grande *Encyclopædia of Religion and Ethics* de J. Hastings ; la dernière étude de Dennet sur la Nigeria (je ne cite que des exemples, sans songer un moment à dresser un répertoire bibliographique qui tiendrait plus de trois pages pour la seule ethnologie africaine des trois années 1909-1911), voilà assurément de quoi permettre à quiconque veut prendre la peine de les lire attentivement, de se faire une opinion motivée sur le « totémisme » africain qu'on prétend encore nous imposer.

1. Voir, pour plus de détail, et jusqu'à la date de 1908, la brochure de De Jonghe, *Activité ethnographique des Belges au Congo*.

Je ne citerai ici qu'un cas particulier à titre de spécimen. Il s'agit des Bambaras de notre Afrique occidentale. L'auteur [1] a vécu familièrement avec eux pendant sept ans. Il note que toutes les lignées des Bambaras ont à leur tête, comme protecteurs ou amis, des animaux ou des végétaux, et que les Européens les appellent des « totems ». Mais les définitions dogmatiques du « totémisme » peuvent-elles s'appliquer à ces protecteurs ? Les Bambaras les appellent des *Tnés*. Qu'est-ce qu'un *tné* ? Avant tout, un être bienveillant, ami (animé ou inanimé pour nos définitions de civilisés) qui a droit au respect, à la vénération d'une lignée, d'un clan, d'une famille, en considération d'un service signalé qui a valu jadis (*et quelquefois très récemment*) à la lignée, au clan, à la famille ou à son chef d'échapper à un grand péril, à une catastrophe, à l'anéantissement. Seule, la fraction intéressée établit avec l'être en question des relations de respect et de vénération. Seuls, certains Dambélés, par exemple, ne peuvent acheter, tuer et manger un chien noir — ce qu'ils font sans scrupule pour les chiens d'autres couleurs [2]. C'est qu'autrefois un gros chien noir a sauvé des flammes l'ancêtre de la famille, alors enfant et laissé seul en son berceau. Les descendants de cet homme ont pris pour *tné* le chien noir, en souvenir de cet épisode [3]. Mais

---

1. HENRY, *Les Bambaras* (Munster, 1910).
2. *Ibid.*, p. 23.
3. L'objection sera peut-être formulée que le fait est une forme mythique traditionnelle justifiant à sa manière un épisode se perdant dans la nuit des temps. Elle résistera mal aux constatations très précises recueillies un peu partout en Afrique d'ins-

ni ces Dambélés, ni les autres Bambaras ne se croient un lien de parenté physique ou réelle avec leur *tné* [1] ; ils n'expliquent leurs rapports avec les *tnés* par aucune des trois façons dont G. FRAZER expliquait autrefois successivement la formation du totémisme universel, ni par la quatrième qu'il vient de proposer, en place des trois autres, en son *Totemism and Exogamy*. Les Bambaras ignorent également l'exogamie, et l'on ne voit nulle part aucune prohibition matrimoniale entre les lignées d'un même *tné* ou de règles pour les alliances de groupes ayant des *tnés* différents. Quant au sacrifice communiel, il n'en est même pas question, pas plus que dans le reste de l'Afrique.

Que reste-t-il donc des caractères « totémiques » ? Je sais bien qu'obligés par les évidences, les rédacteurs du « code totémiste » ont peu à peu éliminé de leurs définitions les caractères d'abord présentés impérativement comme fondamentaux. Mais ils les ont même si bien adoucis ou diminués de nombre que peu à peu il n'en est plus subsisté un seul qui soit de rigueur. Seulement, à aller ainsi de concession prudente en concession forcée, il n'est plus rien resté du tout par quoi se puisse définir un « totem ». Rien,

---

titutions, exactement semblables, de rapports avec tel animal ou tel végétal, à l'occasion d'événements dont les héros sont encore vivants, ou ont été connus d'une partie des survivants actuels.

1. Cf. pour les *Mangbetu* les *Monographies ethnographiques*, t. IV, *Les Mangbetu* (1909), p. 337 : « Aucune parenté reconnue avec une espèce botanique ou zoologique. » Les séries ethniques que j'ai étudiées jusqu'ici ont toutes fourni, l'une après l'autre, la même réponse.

sinon un amas confus de notes éparses, de caractères vagues dont un groupement habile peut tirer les conclusions qu'il plait à chacun ; quelque chose, en un mot, d'aussi inconsistant que les caractères de ce *tabou* qui a été le second « palladium » de l'école. Le lecteur qui voudra juger par lui-même peut aujourd'hui contrôler, et comparer les assertions trop impérieuses du totémisme français aux résultats exposés par ceux qui mènent l'enquête sur place ou ceux qui font état d'une documentation plus précise et plus récente. J'ai déjà signalé — et on voit que je ne prends pas mes arguments exclusivement dans tel ou tel camp — l'abandon significatif consenti par G. FRAZER du continent africain en ses derniers travaux totémistes. Si nous passons à l'école dont SIDNEY HARTLAND est le chef, il est concluant de lire ce qu'il a écrit par exemple à propos des races Bantoues, dans l'*Encyclopædia* de HASTINGS (t. II, p. 223 ff.). L'opinion de l'éminent ethnologue est peu suspecte. Il est un de ceux qui souhaiteraient le plus retrouver les preuves d'un système universel, basé sur le totémisme, l'exogamie et le matriarchat, celui-ci formellement déclaré (*ibid.*, *article cité*) être une dépendance nécessaire du totémisme. SIDNEY HARTLAND est pourtant le premier à reconnaître à tout moment, avec son habituelle bonne foi, l'absence dûment constatée des caractères fondamentaux qui définissent et qui prouveraient l'existence certaine, autrefois et aujourd'hui, soit de cultes réellement « totémiques », soit d'une exogamie fondée sur les totems. Je pourrais, si besoin en était, multiplier les citations caractéristiques en cet ordre d'idées ; on les trouvera sans peine dans la plus récente bibliographie dont je viens d'énumérer quelques titres.

Ainsi, et pour m'en tenir à ce dernier exemple, des soi-disant interdictions « totémiques » comme celles tout récemment étudiées chez les *Golahs* de Libéria [1] s'expliquent peu à peu par des raisons subtiles peut-être, mais qui ne se rattachent ni de près ni de loin aux explications du « totémisme » doctrinal des ethnologues. L'interdiction relative aux « bush-goat » n'a rien d'un « tabou », et les liens qui existent entre le « bush-goat » et les jumeaux n'a rien de « totémique ». Il s'agit simplement d'un faisceau de quatre ou cinq croyances, que l'on retrouve isolées ou en groupe dans une bonne partie du continent noir : réincarnation d'une des âmes du mort dans un corps animal, pouvoir divinatoire surnaturel des jumeaux, perte de ces qualités spéciales en cas de rupture de certains états d'abstinence alimentaire, de cessation de continence charnelle, etc. Mieux étudiés sur place, les faits de ce genre apparaîtront de plus en plus clairement le fondement de la majorité des cas de soi-disant « totémisme » africain.

Pour les tribus australiennes, le fameux totémisme-exogamie de Spencer et Gillen, qui a été la substance même de tout ce qui s'est écrit chez nous sur la religion totémique est de plus en plus révoqué en doute

---

[1]. Cessau, *A propos du Totémisme chez les Golahs*. *Anthropos*, VI, 1037, où les faits sont présentés avec quelque obscurité, mais où on notera le peu de gravité de l'infraction alimentaire relative au « bush-goat » — ce qui est tout à fait en opposition avec la théorie « totémiste ».

par ceux qui depuis ont étudié ces régions. Il n'est pas jusqu'au *Message to anthropologists* de A. W. Howitt, résolu partisan des règles totémiques de l'Australie, qui ne contribue à accroître l'impression de défiance sur la valeur des renseignements relatifs aux coutumes matrimoniales fondées sur l'exogamie totémique[1]. En sorte que ni ce que nous savons du vieux monde oriental, ni l'Afrique, ni l'Australasie ne paraissent plus se laisser ajuster aisément aux règles, énoncées en termes d'un catégorique un peu effrayant, par le groupe des « totémistes » de la première heure.

C'est tout ce que je voulais établir pour l'instant. Il ne s'agit pas de voir, religion par religion, ce qui pourra subsister un jour du « totémisme ». Mon impression est que là où on le soumettra à un examen sévère, il résistera mal aux constatations précises. Ce qu'il s'agissait pour l'instant de montrer, c'est qu'il n'a rien de ce caractère universel et de cette unité prétendue qui auraient été les caractères pourtant nécessaires à cette religion primitive générale, dont on aurait voulu faire le point de départ d'une histoire générale des religions.

En résumé, je ne crois donc pas avoir à regretter d'avoir parlé sans révérence soit du totémisme, soit, en passant, de quelques autres thèses qui s'y rattachent. Chacun des travaux parus depuis sur ces matières confirme l'impression qu'on se trouve en présence non pas d'une théorie, sinon plus ou moins discutable, au moins fondée sur des bases scientifiques, mais en face de manifestations trop rapidement construites, plus

---

1. *Revue des Études Ethnographiques et Sociologiques,* 1908, p. 1.

originales que résistantes, et destinées à se démoder rapidement. Après tout, j'aurai contribué au moins, par cette discussion, à ce que M. Sidney Hartland reconnaît comme un des résultats les plus utiles amenés par les thèses aventureuses « vraies ou fausses ». Elles rendent service à la science « by focussing attention ».

Ai-je à regretter davantage d'avoir indiqué de quelle curieuse manière et avec quelle absence d'une suffisante critique avait été formé ce « conglomérat » de la religion « totémique » ? Réajuster des documents recueillis dans les travaux de l'étranger ; choisir — à l'étranger également — les thèses les plus audacieuses pour en composer un ensemble systématique, dont la plus grande originalité est le mode d'assemblage ; répéter à satiété un nombre, en somme fort restreint, de termes, de faits, de formules ; citer une bibliographie moins fournie qu'on ne l'eût souhaité, où reparaissent les mêmes rubriques, et les mêmes noms d'auteurs ou de peuples : tabou, totem, matriarchat, exogamie, endogamie, sacrifice communiel, esprits de la végétation, meurtres rituels ; les *Aruntas* de Spencer et Gillen, les *Native Tribes* de telle ou telle partie de l'Australie, le *Golden Bough* de Frazer ou les *Rites agraires* de Mannhardt ; manier des rapprochements assez superficiels, hardiment présentés comme fondés, entre les sauvages et l'antiquité classique ; chercher l'aide ultime du folk-lore: tel le cas des Indiens Pawnies, chez lesquels Lang avait retrouvé les mystères d'Eleusis...; tel encore le chameau de saint Nil, sur lequel Robertson Smith avait fait peser le lourd fardeau de la thèse générale du sacrifice [1]... je crois bien que voilà le plus clair du répertoire de la Nouvelle École. A constater ainsi qu'il fut pris de droite et de gauche, et qu'il fut accepté sans critique, n'est-il pas légitime et utile de signaler, sans plus attendre, et sa fragilité probable et la nécessité certaine de ne pas le prendre trop au sérieux ? J'ai pu, je l'avoue, manquer de la déférence convenable en parlant du sacrifice communiel, origine « indubitable » et « incontestable » du sacrifice. J'en aurais parlé autrement si on ne m'avait pas assuré, pour commencer, qu'il ne pouvait y avoir d'autre origine au sacrifice ; ce qui m'a suggéré de suite l'idée de vérifier ici ou là, et de constater qu'il n'était rien de moins établi. Ces libertés grandes m'ont valu dans la *Revue archéologique* quelques lignes où se décèle un peu d'impatience, et rédigées en tout cas sans bonne humeur. De la meilleure foi, je n'y puis découvrir cependant quelque chose qui soit une réfutation positive de ce que j'avais avancé. J'ai dit plus haut pourquoi l'« inadmisible » de la zoolâtrie égyptienne me semblait aussi « admissible » qu'avant. Et pour le chameau de saint Nil, je persisterai à croire qu'il ne mérite pas de porter sur son dos le poids des origines d'une partie de l'histoire des religions. M. S. REINACH s'est borné à assurer de nouveau que c'était « pourtant un fait de la première importance »[2]. La réfutation paraîtra un peu brève.

1. La thèse du sacrifice communiel, qui depuis a eu la fortune que chacun sait, a été dégagée pour la première fois en termes exprès par Robertson Smith en 1889, en son travail *Animal Worship and animal Tribes among the Arabs and in the Old Testament*.
2. *Revue archéologique*, 1909, t. I, p. 191.

Aux critiques des « totémistes » ou de leurs défenseurs, j'ai eu d'ailleurs une large compensation dans de précieuses approbations venues d'autres milieux scientifiques.

Ainsi, en France même, celle d'un savant comme M. Bouché-Leclercq[1], qui a toujours refusé de sacrifier aux théories nouvelles des idées qui pouvaient être traditionnelles, mais que maintes épreuves avaient vérifiées de longue date dans le domaine classique. Je serai heureux si aux systèmes anciennement établis, l'aide d'une religion aussi considérable que celle de l'Égypte peut apporter des arguments nouveaux. Dans des camps tout opposés, le témoignage de l'anthropologue anglais Marett s'est chargé, sans s'occuper directement de mon petit livre, de montrer comme je l'avais dit, mais sous une autre forme, l'inanité du raisonnement de l'école sociologique[2] ; et dans le domaine de l'ethnologie proprement dite, un spécialiste des plus estimés a bien voulu reconnaître que plusieurs des reproches que j'avais adressés à l'ethnographie étaient fondés[3].

Mais, ajoute Schmidt, ils le sont quand il est question d'apprécier la vieille école anglo-allemande — dont s'inspire exclusivement la « nouvelle » école française. Ils ne le sont plus si l'on parle de la plus récente ethnologie européenne, — ce qui signifie, je

---

1. *Comptes Rendus de l'Académie des Inscriptions et Belles-Lettres*, 1909, p. 87.
2. R. R. Marett, *The Treshold of Religion* (1909), chap. 5.
3. *Anthropos*, 1910, p. 577.

pense, qu'il ne faut pas confondre le totémisme ou la sociologie avec l'ethnologie sérieuse.

C'est tout à fait mon avis, et c'est là-dessus, je le reconnais volontiers, que je ne me suis pas expliqué assez complètement. Il n'est qu'équitable de tâcher d'y remédier dans les limites possibles de cette *Introduction*.

Qu'une nouvelle science de l'ethnologie soit bien réellement en voie de formation est hors de discussion. Il l'est non moins qu'elle soit de date extrêmement récente, et qu'un laps de temps aussi court que celui même des trois dernières années ait vu se produire des progrès et naître des précisions de méthode et de documentation dignes d'être signalées. Si je m'explique aujourd'hui plus clairement, ce n'est donc pas seulement parce que d'un premier travail à celui-ci, j'ai été à même d'examiner plus à loisir les méthodes ou les travaux ; c'est aussi parce que — la bibliographie en témoigne — l'appareil scientifique s'est accrû considérablement dans l'intervalle.

En France, où il y aura cependant bien à faire, pour regagner l'avance perdue sur le reste de l'Europe scientifique, les monographies récentes, de Delafosse, Desplagnes, Gaud, Le Hérissé, etc., l'apparition de revues spéciales, les fondations scientifiques en voie d'organisation, l'évolution notable attestée par des périodiques comme l'*Anthropologie ;* l'apparition, encore bien timide, des non-civilisés dans la *Revue* spécialement réservée à l'*Histoire des religions*, sont autant de signes qui permettent de beaucoup espérer en cet ordre de recherches. L'appréciation pessimiste de VAN GENNEP sur notre appareil muséographique ou bibliographique en matière d'ethnologie doit faire place à moins d'amertume. Ce n'est plus « une honte nationale », et il est peut-être excessif au reste de l'avoir jamais jugé à ce point inférieur au reste du monde. Il ne peut plus être question, en tous cas, de continuer à « conseiller à un de nos ministres de vendre les collections ethnographiques françaises aux Etats-Unis et à l'Allemagne ; ça rapporterait une trentaine de millions, et au moins les objets seraient époussetés, exposés et accessibles aux savants ».

Quant à l'étranger, il me suffira, pour l'activité qui s'y est déployée, de renvoyer le lecteur aux dépouillements bibliographiques des grandes revues ethnologiques, telles que le *Man*, le *Globus*, la *Zeitschrift für Ethnologie*, l'*Anthropos*, la *Rivista d'Etnologia*, le *Journal of Science* des Philippines, ou à signaler l'apparition de la vaste bibliothèque encyclopédique, *Kulturgeschichtliche Bibliothek*, dirigée par le Dr W. Foy, dont la double série se propose, parallèlement, d'examiner un à un tous les peuples ou les *Anfänge* de toutes les manifestations de l'activité humaine : arts, sciences, techniques, etc. Je ne tente nullement de faire ici un bilan[1] des acquisitions de la nouvelle science.

---

1. Il serait hors de propos de dresser un inventaire des périodiques. La liste ci-dessous est simplement destinée à permettre au lecteur de se faire une idée de l'orientation et des délimi-

Je veux seulement donner un aperçu de sa féconde activité, et je demande aux spécialistes de considérer que je m'adresse ici non pas à leurs lecteurs ordinaires,

tations récentes de la nouvelle ethnologie, en se référant aux périodiques que voici :

1° Pour la France : *Anthropologie* ; *Mémoires et Bulletins de la Société d'Anthropologie de Paris et de Lyon* ; *Revue d'Ethnographie et de Sociologie* ; *Revue de l'Ecole d'Anthropologie*.

2° Pour l'Allemagne et l'Autriche : *Anthropos* ; *Archiv für Anthropologie* ; *Archiv für Ethnographie* ; *Globus* ; *Mitteilungen der anthropologischen Gesellschaft de Vienne* ; *Verhandlungen der Gesellsch. für Erdkunde* ; *Zeitschrift für Ethnologie* ; *Zeitschrift für Volkskunde*.

3° Pour l'Empire britannique : *Anthropological Review* ; *Journal of the Anthropological Institute* ; *Man* ; *Science of man* ; *Transactions et Proceedings of the Ethnological Society*.

4° Pour les Etats-Unis : *Anthropological Papers of the American Museum of natural History*.

5° Pour les Pays-Bas : *De Aarde en haar Volken* ; *Tijdschrift v. h. Kon. Ned. Aardrijkskundig Genootschap*.

6° Pour l'Italie : *Archivio per l'Antropologia e la Ethnologia*.

Cette courte liste ne comporte que les revues spécialement consacrées à l'ethnologie générale. Elle laisse donc de côté : 1° les revues où l'ethnologie ne figure que comme une des sections des matières publiées, et notamment les revues s'occupant exclusivement de la science des religions ; 2° les revues ethnographiques ou ethnologiques spécialement consacrées à une colonie ou à un groupe ethnique déterminé, telles, par exemple, que la série des publications ou périodiques belges affectés à l'étude exclusive du Congo, celles consacrées en nombre toujours croissant, aux Etats-Unis, aux Indes, aux Indes Néerlandaises surtout, au Japon, en Australasie, soit à l'anthropologie soit à l'ethnologie des Indiens des deux Amériques, aux Hindous, aux peuples des colonies hollandaises d'Extrême-Orient, à ceux des Philippines, de l'archipel polynésien, etc. Il m'a paru peu utile, pour cette seconde série, de dresser une liste qui, bibliographiquement, risquerait d'être incomplète, et qui serait cependant fort longue, la seule série des publications de ce type dont j'ai connaissance dépassant le chiffre de quatre-vingts périodiques.

mais à un public plus considérable, assez peu au courant de cette bibliographie.

Tout ceci établi, ne nous préoccupons plus de vérifier si l'ethnologie [1] est ou n'est pas une science dont les frontières sont encore trop mal délimitées. Ne discutons ni Dieserud ni Schmidt ou Graebner dans leurs efforts pour les préciser. Ne cherchons pas davantage à apprécier le plus ou moins de justesse de la terminologie qu'elle emploie à son usage. Le plus certain est que son domaine actuel est beaucoup plus vaste que ce qui nous intéresse ici, c'est-à-dire les religions — même si l'on admet, et à bon droit, que le terme « religion » pour les non-civilisés, veut dire la majeure partie de leur organisation, de leur vie, de leur civilisation. L'étude des phénomènes religieux n'est donc, de toute manière, qu'une partie de la science ethnographique, et non toute cette science. C'est de cette partie que j'entends m'occuper exclusivement ici.

Qu'il soit bien convenu, par conséquent, qu'il ne s'agit en aucune façon, en tout ce qui va suivre, de prétendre me mêler d'apprécier les méthodes ou l'appareil des sciences ethnologiques, lorsqu'elles se meuvent sur leur terrain propre, et qu'elles ne poursuivent que leur enquête particulière. Rien ne serait plus déplacé de ma part. C'est seulement quand elles réclament leur

---

1. Il est bien convenu que sous ce terme, nous entendons non seulement l'ethnographie et l'ethnologie, mais aussi l'anthropologie, surtout dans le sens où l'école anglaise entend ce terme, et d'une façon générale toutes les branches où elle s'occupe des institutions humaines, soit dans le passé préhistorique soit chez les non-civilisés.

droit à enseigner, par voie comparative, l'histoire générale des religions que je crois avoir le droit d'examiner les instruments ou les programmes qu'elles nous proposent. C'est uniquement à ce point de vue que je me placerai en toute cette controverse. Et je dis, en premier lieu, que pour une pareille tâche, la documentation est trop incomplète — et ensuite, que fût-elle la plus complète qu'il soit possible d'imaginer, il lui manquerait encore deux ou trois des éléments indispensables à toute science qui veut essayer de reconstituer puis d'enseigner méthodiquement une histoire générale comparée des religions.

Nous supposerons donc définie la science de l'ethnologie religieuse. Nous supposerons de bonne grâce qu'il peut exister dès à présent, et assez bien délimitée au moins à ce point de vue, une science ethnologique munie de méthodes de recherches exactes, précises, et abondamment pourvue de monuments et de renseignements de toute sorte. Au point de vue de l'histoire générale et comparée des religions humaines, cette ethnologie est-elle en mesure de l'enseigner à elle seule, — ce que soutiennent les plus intransigeants? Ou est-elle au moins susceptible d'offrir la base, le point de départ à l'histoire des religions, la mesure-type à laquelle la comparaison devra ramener l'étude des autres religions — ce qu'assurent les plus modérés? Ni sur la première, ni sur la seconde question il ne me paraît possible de répondre par l'affirmative. En revanche, et sans se préoccuper de vaines questions de soi-disant prééminence, l'ethnologie bien comprise peut et doit être un des facteurs les plus considérables de la science des religions.

Examinons d'abord l'état actuel de la documentation. Il m'a semblé que sur ce point, la critique, très rapide, qui en avait été faite dans mon livre n'avait suscité que peu de contradictions. J'aurais cependant désiré recueillir l'opinion des ethnologues sur la valeur exacte des matériaux actuellement disponibles, sur leur nombre, leur qualité, les possibilités de contrôle.

Nul assurément ne songe à contester le progrès remarquable accompli à tous ces points de vue par la jeune science ethnologique. Ce qui a été signalé un peu plus haut — à propos des sources d'information concernant les sociétés africaines — pourrait s'appliquer, à quelques inégalités près, aux études sur les « non-civilisés » de toutes les parties de la terre. On peut dire que la recherche est dès aujourd'hui organisée scientifiquement. Parallèlement aux enquêtes menées sur des questionnaires rédigés sur un plan uniforme, ou de monographies méthodiquement traitées sur un plan général rationnel — tels les remarquables travaux de HOLLIS sur les peuples de l'Est africain britannique — les publications conçues sur un plan parfois un peu moins méthodique, mais généralement satisfaisant, abondent de plus en plus. Au voyage pittoresque ou à la relation décrivant, un peu au hasard d'un itinéraire, mille faits d'ordres trop divers [1], elles substituent le groupement

---

1. Ce n'est pas que le vieux modèle, conçu sous la forme d'un journal de voyage, soit entièrement délaissé, peut-être pour se rendre accessible à un plus grand nombre de lecteurs. C'est au dommage de la science, qui tout aussi bien qu'en géographie, en histoire naturelle ou en archéologie, préférerait en ethnologie un classement peut-être plus austère, mais plus précis, sur-

bien entendu des diverses questions. A côté de l'armée des périodiques spéciaux [1], des bulletins méthodiquement divisés comme ceux du *Journal of Science* des Philippines conçoivent les recherches synthétiques sous une autre forme qui complète heureusement l'œuvre générale. La part faite à l'ethnologie dans des revues consacrées en principe aux intérêts économiques ou politiques d'une région déterminée du monde colonial — ainsi la *Revue Congolaise* ou le *Journal* de l'*African Society* — atteste à la fois l'importance que l'on attache de plus en plus à ces questions, et la compétence spéciale que l'on exige de plus en plus des rédacteurs chargés de la documentation. Ce qui est vrai dans le domaine africain pour les livres consacrés par HENRY aux Bambaras ou par DENNET aux peuples de l'Ouest africain [2] l'est également dans les autres parties du monde où il subsiste des « non-civilisés ». C'est à des résidents, à des enquêteurs dû-

---

tout lorsqu'il s'agit de pays mal connus, parfois vierges de toute exploration. La bibliographie ethnographique des cinq dernières années montre qu'il paraît encore trop de livres sur le type des *Zwei Jahre unter den Indianen* de TH. KOCH-GRÜNBERG (Berlin, 1908-1910).

1. J'ai assez expliqué que je n'avais nullement en vue de dresser ici un inventaire de la bibliographie ethnologique des dernières années, ce qui n'est ni de mon ressort ni d'aucune nécessité pour le sujet qui nous occupe ici. Le relevé de l'activité de ces périodiques pourra être assez bien apprécié par le lecteur qui prendra la peine de consulter les bulletins bibliographiques de la *Zeitschrift für Ethnologie* ou de l'*Anthropos*.

2. On aimerait cependant un peu plus de clarté dans le plan suivi par le second de ces auteurs. La lecture, déjà assez difficile, est aussi très compliquée par l'abondance excessive du vocabulaire indigène inséré dans la phrase anglaise.

ment qualifiés par leurs connaissances ou leurs longs séjours dans le pays que l'on demande aujourd'hui les renseignements. Sous le titre, peut-être un peu ambitieux, de *Religion des Primitifs* (1909) — car il s'agit presque exclusivement de la religion des Bantous — le travail de Mgr LEROY représente vingt années de rapports avec les indigènes, tandis que les *Aïnos* de BATCHELOR équivalent à un effort égal, à l'autre extrémité du vieux monde. La muséographie complète en Europe l'effort accompli au loin par les enquêteurs, et souvent déjà — ce qui était le plus souhaitable — harmonise ses efforts avec les leurs. Le classement et la publication admirable de ce musée-type qu'est le musée de Tervueren, l'effort accompli au British Museum, l'organisation des sections comparées du Pitt-River d'Oxford, les merveilles accumulées à Leiden, à la Haye, à Haarlem (je ne veux citer ici que les musées ethnographiques qu'il m'a été donné d'étudier personnellement sur place, et je ne citerai les musées d'Allemagne, chaque jour mieux organisés et plus nombreux, que pour en louer comme il convient les bulletins ou les catalogues[1]) : tout cet ensemble atteste l'immense progrès accompli depuis les débuts du présent siècle.

1. Une liste de la muséographie ethnologique figure dans DIRSERUD, *ouvrage cité*, mais s'arrête malheureusement à la date de 1907. Elle doit être complétée par la nomenclature des nombreuses collections installées depuis, notamment en Allemagne et aux Etats-Unis, et pour laquelle il faut se reporter aux bulletins des périodiques cités un peu plus haut. Pour l'Allemagne, on est en droit d'attendre avec le plus vif intérêt l'ouvrage annoncé de W. FOY, directeur du Musée Ethnographique de Cologne, intitulé *Das Museum für Völkerkunde*. On consultera,

Ainsi de tous côtés depuis quelques années, et surtout depuis trois ou quatre ans, se multiplient les séries des documents clairs, rangés en bon ordre, de provenance assurée — au moins la plupart du temps — le tout accompagné de renseignements détaillés sur les circonstances de l'observation. Il y a certes loin des monographies conçues sur de tels modèles à ceux d'il y a quelques années. Enfin l'entrée en scène de l'ethnologie officielle chez la plupart des grandes puissances coloniales et le développement rapide de cet enseignement, ne montrent pas seulement que partout — sauf peut-être en France — une des tâches les plus urgentes qui apparaissent est celle de réunir *scientifiquement* le répertoire le plus complet possible de connaissances relatives aux mœurs, coutumes et religions des indigènes. Elles ont donné aussi une cohésion et une impulsion soudaines à des recherches que les explorations les plus habiles ou les rapports de mission les mieux étudiés ne permettaient pas de réunir et de coordonner en les centralisant. L'initiative de nos Instituts coloniaux ou de notre récent Institut d'Ethnographie doit

---

dès à présent, les *Abhandlungen* et les *Berichte* du Musée de Dresde, le *Jahrbuch* du Musée de Leipzig, les *Mitteilungen* du Musée de Hambourg, les *Veröffentlichungen* des Musées de Berlin et de Francfort. Aux Etats-Unis, les publications du *Bureau of American Ethnology* ou du *Smithsonian Institution* les *Publications in american Archæology and Ethnology* de l'Université de Californie, les *Mémoires* ou les *Archæological Papers* du *Peabody Museum*, les *Transactions* du *Museum* de Pensylvanie permettent d'apprécier l'effort des vingt dernières années. Quant aux Pays-Bas, il y a longtemps que l'éloge n'est plus à faire de leur muséographie ou de leur si importante bibliographie ethnologique.

pouvoir suppléer provisoirement à ce qui manque à nos institutions d'Etat, et arriver aux résultats si remarquables obtenus à Hambourg, par exemple, grâce aux efforts de l'éminent prof. Tilenius ou à Cologne sur l'initiative du Dr W. Foy.

Par conséquent, il n'est pas question de contester ni la valeur, ni le nombre imposant des récentes acquisitions de la science ethnologique, au moins pour la plus grande partie de ce qu'elle a acquis.

Mais je maintiens qu'à côté de toutes ces excellentes publications de caractère monographique ou qui portent, soit sur des faits soit sur des monuments isolés, la documentation à l'ancienne mode fait encore trop souvent les frais des systèmes d'ensemble, et cela dès que, de l'étude spéciale d'une tribu ou d'une fraction ethnique, la nouvelle science s'élève aux problèmes d'ensemble ou aux résumés synthétiques de l'histoire de la civilisation humaine.

Je soutiens que l'on ne tire pas assez parti, quand il s'agit de travaux synthétiques en ethnologie, de toutes les récentes analyses; que c'est sur un fonds trop vieilli ou de sécurité trop douteuse que s'étayent encore trop de théories générales, et que la bibliographie des trois dernières années est là pour le prouver. Des questionnaires établis, non pas en vue de confirmer une thèse construite d'avance, comme le fut celui qui fut envoyé dans le monde entier par G. Frazer, mais en vue d'avoir la connaissance entière de toutes les manifestations de la vie d'un peuple, exigeront sans doute plus d'efforts dans le dépouillement méthodique et pour le dégagement final du fait scientifique que les anciens répertoires de jadis. Il est probable que les généralisations souvent aventureuses ou les hardiesses trop aisées, dont LANG a donné des exemples, seront moins faciles à risquer en présence de ces milliers de faits précis. Des synthèses factices, comme celles de CRAWLEY en sa *Mytic Rose*, résisteront de moins en moins à la critique mieux armée des nouveaux ethnologues ; et quelques-uns d'entre eux ont déjà commencé à en montrer la faiblesse. Mais il est regrettable, je le répète, que, pour l'instant présent, nous continuions à voir suivre encore trop souvent les anciens errements, dès qu'il s'agit de vues générales. Il semble qu'il y ait en ethnologie deux classes de publications qui ne se pénètrent pas assez et où les méthodes s'opposent : celle des monographies analytiques et celle des théories synthétiques. La manière dont MAC-CULLOGH, par exemple, procède à la démonstration d'une thèse sur les origines ou sur l'évolution de tel ou tel point de l'histoire des religions, s'inspire presque exclusivement de la façon dont on se documentait il y a quelques années, et, en fait de méthode générale, reflète exactement les manières de faire de la « vieille école anglo-allemande » dont SCHMIDT nous parlait tout à l'heure. Il n'est pas jusqu'au savant travail de SIDNEY HARTLAND sur la *Primitive Paternity* qui, tout en tenant compte des recherches les plus récentes, ne groupe les faits et n'en tire des déductions, de plus en plus généralisées, à la façon dont PREUSS conçoit, en son *Ursprung der Religion und Kunst*, l'importance et la classification première des faits religieux.

En somme, on reste un peu étonné de voir qu'après

qu'il a fallu tant de temps pour en venir à exploiter méthodiquement les immenses ressources de l'ethnographie, on tire encore si peu de parti des plus récents inventaires, tellement supérieurs aux anciens. On sera surtout surpris de voir tenir aussi peu de cas de tout ce que peut fournir déjà le domaine africain, de voir préférer à ces religions d'Afrique aux organismes encore vivants et vigoureux, et à ces collectivités de millions d'êtres, d'interminables discussions sur les misérables débris agonisants de peuplades presque déjà inexistantes, comme celles de l'Australie.

Enfin, je persiste à croire que nombre d'inconvénients irrémédiables existent dans la documentation ethnologique, que ce qu'il a paru de plus récent tend à le souligner, de l'aveu même des auteurs, et que les plus récents articles ou mémoires montrent justement que les lacunes sont énormes sur les points quelquefois les plus importants. On est même obligé de renoncer en mainte occurrence à l'espoir de jamais les combler. Ce sont les auteurs des dernières monographies qui, mieux avertis que leurs devanciers, notent de plus en plus nettement — et en sachant de moins en moins s'en étonner — la difficulté à obtenir des renseignements de l'indigène, sa répugnance à s'expliquer sur certains sujets, les supercheries ou les faux renseignements qu'il imagine. Un jour est proche où l'on comprendra qu'*a priori* l'indigène ne peut pas, *ne doit pas* donner de tels renseignements à cet ennemi possible qu'est le questionneur, et où le renseignement qu'il fournira directement sera toujours tenu pour suspect jusqu'à contre-épreuve minutieuse[1].

Ce sont ces mêmes enquêteurs — ou les savants qui construisent les thèses à l'aide des matériaux nou-

[1]. Une étude psychologique sur l'ensemble des raisons qui justifient la répugnance des indigènes à renseigner sur leurs croyances serait grandement désirable. On a signalé un peu partout, et les enquêteurs le remarquent de mieux en mieux, les motifs les plus évidents : impuissance à concevoir d'une façon synthétique les pratiques fondées sur la coutume ; oubli des circonstances dans lesquelles, à une époque déterminée, tel usage a été emprunté à une race voisine, ou imposé par elle ; absence de toute codification précise, sous forme écrite, d'un rituel ou d'un formulaire. A mesure que les résidents, munis de questionnaires ou au moins d'indications directrices, attachent plus d'importance aux idées des indigènes sur les forces qui gouvernent le monde sensible, sur les esprits, en un mot sur les éléments essentiels de la religion, ils savent établir avec une précision croissante les motifs de cette espèce. Mais deux autres causes non moins fortes ont été jusqu'ici trop peu indiquées dans les diverses publications qu'il m'a été donné d'étudier. L'une est le danger qu'il y a, dans l'esprit du non-civilisé, à révéler des concepts, des formules, des rites et des « noms » qui sont l'héritage, lentement acquis, de tout ce que les ancêtres ont su accumuler de moyens de dominer et de conjurer les forces de ce monde. Pour eux, ce serait, en la plupart des cas, faire abandon de tout ce qui maintient la structure de l'appareil social, familial, ou de tout ce qui constitue les ressources de l'individu ; ce serait livrer à l'étranger un moyen de domination absolue, par magie ou autrement. La seconde cause tient à des raisons d'ordre infiniment plus difficile à mettre en évidence, et c'est de ce côté surtout que la rédaction des « questionnaires » pourrait réaliser les progrès les plus fructueux. Il s'agit de la prétendue « incapacité à raisonner », que l'on voit délibérément attribuer aux indigènes, et notamment à ceux du continent noir. Elle a tendance à passer en axiome, ou peu s'en faut, dans les travaux ethnologiques, et il semblerait, à première vue, que les assertions émanant d'indigènes instruits à l'européenne, et avouant la même impuissance à manier ou à rendre nos termes abstraits, sont un argument en faveur de cette expli-

veaux — qui signalent loyalement comment, sur tel ou tel point, il ne sera jamais possible de se procurer un renseignement certain ou de savoir la vérité sur l'âge

cation, qui a au moins le mérite d'être commode. (Cf. e. g. le curieux article rédigé dans la *Revue Congolaise*, t. I. p. 431, par un Beni Marungu élevé par des missionnaires.) Il y a là un malentendu de début, et je lui attribuerais volontiers les trois quarts de ces soi-disant impossibilités à comprendre ou impossibilités de se faire comprendre, ou surtout de ces contradictions qui foisonnent par milliers, sur les faits les plus précis du domaine religieux, dans les résultats produits par les différents enquêteurs. Je n'en veux pour exemple que les contradictions formelles, absolues, qui résultent du groupement, sous une rubrique commune, de tous les témoignages relevés par les *Monographies ethnographiques*, à propos de telle ou telle croyance ou explication de croyance. Le vice responsable de cet état de chose est beaucoup moins l'incapacité intellectuelle de l'indigène, et même moins son désir de ne pas répondre que le désaccord absolu des langages que nous manions, eux et nous — et il est évident que ce n'est pas au sens philologique que je prends, faute d'un autre, ce terme de « langage ». Entre nos mots et les idées, devenues quasi instinctives par hérédité, que recouvrent ces mots ; entre nos façons de construire une définition ou un raisonnement et la mentalité indigène, il y a un abîme infranchissable pour celui-ci ; et pour nous, à l'inverse, ses idées, ses façons de comprendre, d'interpréter le monde sensible, de raisonner, nous sont tout aussi impénétrables ; pour un peu, nous pourrions dire, comme il le fait en parlant des nôtres, que ces idées nous font « mal à la tête ». Je conseillerai de s'en faire un aperçu en lisant quelques-unes des idées exposées par les indigènes du *Black Man's Mind* de DENNETT. Quelques pages d'avertissement dans les questionnaires sur l'importance du sujet rendraient le plus grand service. Elles devraient avoir comme complément un certain nombre de questions rédigées avec le plus grand soin, tendant à faire dire aux indigènes comment ils se représentent la force, les sensations internes, les émotions, la structure des êtres, leur nombre d'« âmes » et leurs caractéristiques, ce qui fait le « nom » d'un être, ou sa vie, etc. La belle étude de CALONNE sur les *Ababua* constitue à cet égard un progrès qu'il convient de signaler.

Histoire des Religions.   vi

ou la provenance de tel document, de tel fait, de telle pratique.

Je ne veux point insister sur les défauts d'ordre secondaire, si nombreux cependant, de la documentation ethnologique. Qu'il me soit permis cependant de signaler encore les irréductibles contradictions qui y fourmillent. Il ne s'agit pas de détails sur lesquels on ne s'accorde pas. Il s'agit des sujets les plus importants, et le désaccord apparaît absolu suivant que l'on s'adresse à tel ou tel enquêteur. Un ethnologue m'a dit : « Peu importe ! Sur chaque point douteux nous pouvons envoyer missions sur missions chez tous les non-civilisés. Nous aurons au besoin dix, vingt enquêteurs nouveaux. » Voilà qui est plus tôt dit qu'exécuté. En attendant, les contradictions subsistent, et telles qu'elles arrêtent tout net la possibilité d'établir sur les points les plus nécessaires la constatation scientifique. Veut-on des exemples précis ? Que le lecteur veuille bien se référer à l'*Etude sur les Sources de l'Ethnographie Congolaise* du Prof. De Jonghe, et surtout aux *Monographies ethnographiques* où, numéro par numéro, a été dépouillée et confrontée la bibliographie totale de chaque sujet. A propos de faits tels que le totémisme, la survivance des morts, les caractères ou attributions des esprits ou des fétiches, l'absence ou l'existence d'un dieu suprême, des idoles, etc., on trouvera des assertions si diamétralement opposées, qu'une opinion moyenne est impossible à dégager. M. Van Overbergh a certainement rendu le plus précieux service à la science, en dépouillant cet énorme répertoire de faits ; il a dégagé, en épargnant la longue lecture des contextes, le renseignement précis, portant sur tel point déterminé, et nettement isolé de la vie sociale ou religieuse ; son travail n'aura pas contribué à donner confiance à l'historien des religions dans la solidité de la démonstration ethnologique.

Il ne s'agit pas, j'espère l'avoir assez montré, de faire un reproche à l'ethnologie de ne pas avoir un appareil scientifique assez complet, pour enseigner l'Histoire des Religions. Personne ne serait d'assez mauvaise grâce pour faire un semblable grief à une science récemment réorganisée et qui a, au contraire, témoigné d'une pareille activité. Il s'agit de savoir s'il répond aux exigences de la tâche. La très courtoise critique de S. HARTLAND m'accuse d'être trop exigeant, trop pressé. A l'entendre, ce ne serait que question de temps [1]. Je pourrais lui répondre qu'il faut bien cependant aborder l'histoire générale des religions, et qu'on ne peut attendre, encore cinquante ans peut-être, que les collections ou la bibliographie des non-civilisés aient été complétées. Ce serait rapetisser le débat. Je veux donc, pour aller plus avant, supposer déjà suffisantes les ressources de l'ethnographie, je veux estimer ses méthodes et sa documentation aussi parfaites que ce que l'on peut demander pratiquement à une science humaine. Eh bien ! une ethnologie aussi puissamment armée serait assurément le répertoire le plus intéressant du monde à consulter. Elle serait le meilleur auxiliaire de la science historique. Mais elle ne pourrait jamais, je le crois fermement, se substituer à elle

---

[1]. MAN, 1910, nos 50-51.

pour guider et diriger le chercheur, ni pour reconstruire, par ses seules ressources, les formations de la plus ancienne humanité religieuse, et encore moins la la série de ses évolutions [1].

---

1. J'aurais voulu parler comme il convient des « questionnaires », parce qu'il n'est probablement pas de sujet plus important. L'enquête ethnologique tout entière et, — pour ce qui nous occupe seulement ici — la compréhension exacte des religions des non-civilisés dépendent entièrement de la façon dont le programme d'enquête sera tracé. Sans doute DE JONGHE a-t-il raison de penser que l'enquête elle-même vaut moins par l'ordre adopté et par la rigidité méthodique des subdivisions que par les dons naturels et par les connaissances de l'observateur. Il n'en est pas moins certain que l'utilisation des renseignements susceptibles d'être fournis par les résidents est liée à la façon dont les questions seront clairement divisées, et à la netteté de la méthode générale des recherches. Il n'est rien de plus difficile que de rédiger d'une façon satisfaisante l'intitulé d'un questionnaire de ce genre. J'aurai l'occasion de revenir là-dessus, quand paraîtra le questionnaire ethnographique à l'usage des colonies françaises de l'Afrique, pour lequel l'Institut colonial de Marseille a bien voulu accepter ma collaboration. Les conseils de mes savants collègues d'Allemagne, d'Angleterre, de Belgique, des Etats Néerlandais, des Etats-Unis ; la collaboration si dévouée des officiers ou des fonctionnaires coloniaux, qui veulent bien s'inscrire au nombre de mes auditeurs, m'ont déjà donné une aide précieuse ; mais l'œuvre est assez difficile pour réclamer au moins encore deux ans de travail avant de présenter ce premier essai. Pour l'instant je me place ici exclusivement au point de vue de l'histoire comparée des religions, et je ne signalerai que le plus indispensable. Il est certain qu'envisagés sous cet aspect, les questionnaires actuels sont fort défectueux. J'écris ceci ayant sous les yeux la série principale des questionnaires rédigés dans les vingt dernières années, soit à la suite de congrès, soit à l'occasion de missions particulières, soit enfin sous les auspices d'un gouvernement à l'usage de ses fonctionnaires coloniaux — par exemple celui édicté par la Belgique pour le Congo, et qui est probablement le meilleur de tous. Le progrès est incontestable depuis le

Elle ne peut, en effet, prétendre légitimement à ce rôle que si, comme première condition, elle est capable d'expliquer les origines des phénomènes religieux et de reconstituer, avec les ressources dont elle dispose,

programme élaboré jadis par la *Société d'Anthropologie* de Paris. Mais avec quelle peine se dégage peu à peu la vision préalable des questions à poser et de la façon dont il faut les grouper quand il s'agit de phénomènes religieux ! Ainsi, dans les *Monographies Ethnographiques*, qui comprendront peut-être un répertoire total de cinquante volumes et plus de la moitié des non-civilisés du continent africain, la forme purement matérielle du fait observé a servi de base à la classification. Elle oblige souvent à lire toute la monographie pour dégager les renseignements essentiels. La section consacrée à la religion ne contient pas le dixième de ce qui est vraiment phénomène religieux. Les mets interdits ou défendus sont à l'*alimentation*, de même que l'anthropophagie (!) ; l'importante série des mutilations, cicatrisations et tatouages est dispersée sous diverses rubriques. Les coiffures sacerdotales ou celles des chefs, les masques de féticheurs (ceux-ci d'ailleurs à peine étudiés), nombre d'ornements ayant un caractère de talismans, mis à l'occasion de cérémonies religieuses, se trouveront aussi au *vêtement*. Les « initiations » des jeunes hommes, des féticheurs, des sorciers, des médecins, etc., figurent à l'*éducation* ; les pratiques ou les croyances animistes sont classées aux divers stades de la vie sociale (naissance, puberté, mariage, mort) ; trop souvent ce qui, dans le chant, la danse, la musique, les fêtes mimétiques, les figures ciselées ou sculptées, etc., a un caractère nettement magico-religieux est placé aux divers arts et métiers, comme si l'essentiel était l'exécution matérielle ou technique ; l'enquête sur la valeur interne de chacune de ces choses, de chacun de ces actes ou objets, est trop souvent négligée ou passe inaperçue. Enfin, aucune préoccupation n'apparaît de rechercher ou de noter ce qu'il subsiste de la vieille religion-magie dans l'exécution des actes techniques ou des manifestations de l'activité humaine, telles que la pêche, la chasse, l'agriculture, la vannerie, les métaux. A tout instant, on devine, à un détail fugitif, tout ce que l'on apprendrait d'intéressant si l'attention de l'enquêteur s'était portée de ce côté

la physionomie des plus anciennes sociétés. Et c'est bien à quoi tendent les travaux de l'école ; c'est bien le programme que la plupart expriment en termes plus ou moins formels. « La mythologie et la théologie des peuples civilisés, déclare Tiele, peuvent se retrouver presque entièrement dans les traditions et les idées des peuples sauvages, sans ordre et sans arrangement, il est vrai, mais sous une forme plutôt originelle et non développée que dégénérée. » L'opinion de Tiele est en fait celle de la majorité des ethnologues.

Elle résume le plus clair du raisonnement et du but de la majorité de celles des publications ethnologiques qui examinent une des questions générales de l'histoire des religions, sinon même le raccourci de cette histoire tout entière. Conçu en cet esprit, le travail ethnologique est bien obligé de présenter un tableau reconstitué de la culture primitive; il ne le peut qu'en établis-

---

avec une insistance suffisante. En somme, la question religieuse ne paraît pas avoir été comprise synthétiquement dans les définitions préalables qui ont servi de base à la rédaction des questions. La religion y apparaît réduite au minimum de l'observation matérielle de quelques rites et de quelques croyances sur le vieux plan des premières recherches des voyageurs d'autrefois, guidés par les *Conseils aux voyageurs*, les *Hints to travellers* ou les *Instructions* des anthropologues de l'ancienne école. Il n'est que juste, après ces critiques, de louer comme il convient le grand progrès des enquêtes de nature spécialement religieuse manifesté dans les derniers volumes parus, grâce au zèle de Van Overbergh. Progrès d'autant plus méritoire que par la force des choses, le plan général reste soumis à la répartition initiale des questions. M. Halkin a été le premier à y réformer ce que l'ordre qu'il avait proposé avait de défectueux (cf. t. VII, les *Ababua*) en multipliant les renvois nécessaires de section à section.

sant ce qu'était l'homme primitif, ses émotions, ses besoins, ses craintes, ses raisonnements exacts ou erronés, et les croyances ou les pratiques qui s'ensuivirent. Et ces divers traits du « primitif », c'est chez le « non-civilisé » qu'il assure les retrouver.

C'est ce qui m'avait amené à noter, sans insister, que les « non-civilisés » étaient regardés à bon droit par nombre de savants, non pas du tout comme des « primitifs », mais comme des dégénérés. Je m'étais borné à citer quelques faits à l'appui. Ce passage a été un de ceux qui ont suscité le plus de protestations parmi les ethnologues qui ont bien voulu s'occuper de ma *Méthode*. La contestation pure et simple était chose facile à prévoir. Contre ceux qui maintiennent purement et simplement la thèse ancienne du « non-civilisé », image fidèle de l'homme « primitif », il ne peut être question de recommencer un débat qui dure depuis l'apparition des premières vues d'ensemble de l'ethnographie. Autant vaudrait, s'il fallait traiter la question, commencer un nouveau volume, où toutes les preuves que l'on pourrait accumuler seraient d'ailleurs le point de départ de nouvelles discussions sans fin.

Ce qui est beaucoup plus important, et ce qu'il s'agit de mieux préciser, c'est la façon nouvelle dont une fraction importante de l'ethnologie, sans abandonner ses ambitions, semble entendre de plus en plus la reconstitution du « primitif » au moyen du « non-civilisé » non plus en posant *ex abrupto* l'équation de l'un à l'autre, mais en procédant par des moyens beaucoup plus spécieux.

Il n'y a pas de doute en effet qu'une assez grande

partie des chefs de l'ethnologie nouvelle ne reconnaisse qu'il est beaucoup moins aisé qu'on ne se l'imaginait, il y a vingt ans, de retrouver, fidèlement gardé pour notre instruction, et encore vivant, le prototype de l'homme des débuts. Les recherches scientifiquement menées ont révélé un peu partout les successions d'invasions, de mélanges de peuples et d'idées, avec la complication, toute dénuée de caractère « primitif », de nombre de rites, de croyances, de mythes. L'enquête récente de STREHLOW a montré, par exemple, sur les célèbres Aruntas et les non moins fameux Loritjas, que ces populations n'avaient aucun titre à revendiquer le rôle de spécimens des premières sociétés humaines [1]. J'ai parlé plus haut de ce dernier appel d'Howitt qui, au moment de disparaître, recommandait aux anthropologistes de n'accepter qu'avec les plus formelles réserves les coutumes actuelles de l'Australie comme des règles primitives [2]. Cela ne l'empêchait pas de continuer à croire à l'exogamie et au totémisme primitifs; seulement, il les rejetait plus avant dans le passé — un passé inaccessible —; ou bien il se plaisait à en retrouver les preuves ailleurs. Mais qui, à son tour, nous garantit le « primitif » de cet ailleurs ou de ce passé?

Nombreux en somme sont donc ceux qui, se rendant à l'évidence, consentent à admettre que le « sauvage »

---

1. *Mythen*, etc. *des Arandastammes in Zentral-Australien* (Francfort, 1909). Voir pour l'Australie en général l'article de KEANE dans l'*Encyclopædia of Religion* de HASTINGS au mot *Australia*.

2. *Revue des études ethnographiques et sociologiques*, 1908, p. 2.

est tout autre chose qu'un primitif. Plusieurs l'ont reconnu en parlant du présent essai, et déclarent à ce propos « que l'idée d'une dégénérescence, longtemps rejetée comme une hypothèse antiscientifique, reprend de plus en plus droit de cité dans les sciences anthropologiques, morales, philosophiques, historiques et religieuses »[1], et « au fond, déclare le P. Schmidt, M. Foucart a plus raison qu'on ne le croit généralement, de dire que les sauvages sont des dégénérés »[2]. En sorte, j'en suis persuadé, que de plus en plus le monde ethnologique lui-même arrivera à formuler, avec beaucoup plus d'autorité que je ne saurais le faire et cela pour l'ensemble des non-civilisés, une opinion identique à celle à laquelle je suis arrivé, pour mon compte, par ce que je puis savoir des religions des peuples du continent africain. Rien au reste ne saurait mieux la résumer que l'épigraphe du remarquable ouvrage de Dennett : *At the back of the black man's mind*. Cet auteur, un des meilleurs observateurs de la psychologie religieuse du monde noir, a déclaré au début de son célèbre ouvrage : *It may be happen that we shall have to revise entirely our view of the black races, and regard those who now exist* AS THE DECADENT REPRESENTATIVES *of an almost forgotten era, rather than as the embryonic possibility of an era yet to come.*

C'est pourtant ce qui a permis à M. Sidney Hartland

---

1. Deiber, *Revue des sciences philosophiques et théologiques*, juillet 1909, p. 564, note 1, citant à ce propos le *Making of Religion* de Lang, et, comme opinions plus récentes, celles de Lalande et de Haddon.
2. *Anthropos*, 1910, p. 577.

de déplacer fort habilement le débat, en me reprochant d'avoir dit qu'on se trompait du tout au tout en voulant faire des non-civilisés des « primitifs ». « Personne ne soutient qu'ils le soient, me répond-il, quoique « primitifs » puisse être employé en France comme signifiant « sauvages »[1]. Pas en France seulement, me semble-t-il, si je lis dans FARNELL ce qui y est dit de cette « *study of* PRIMITIVE OR SAVAGE *man, both in the past and the* PRESENT, *in respect of his physical and mental conditions*[2] ». Ce qui me paraît signifier assez clairement, je pense, que l'homme de la préhistoire et le « sauvage » d'aujourd'hui sont deux aspects identiques du même « primitif » supposé. C'est là que commence l'équivoque, parce que je n'avais pas bien compris la nouvelle façon de procéder, ou plutôt parce que je n'avais pas su assez bien distinguer les articulations d'un raisonnement qui n'est pas toujours très clair, et dont les points faibles ne sont pas mis volontiers en lumière. Tâchons donc de bien mettre les choses au point.

Que l'ethnologie, aujourd'hui comme hier, se propose bien de reconstituer la physionomie de l'homme primitif et l'histoire de la religion ou des religions primitives à l'aide des non-civilisés, je ne crois pas que personne de l'école le conteste. Il me semble bien que ce n'est pas seulement en France, mais partout, que j'ai vu citer, en tous ces ouvrages et par centaines de références, des faits récoltés chez les non-civilisés du

---

1. *Man*, 1910, nos 50-51.
2. FARNELL, *Evolution of Religion*, p. 5.

monde entier, pour en tirer ensuite la constatation que c'étaient là des survivances des temps primitifs, et pour édifier là-dessus la reconstruction des origines des religions. Il me paraît clair que si on nous donne ces manifestations des non-civilisés pour l'équivalent de celles de l'humanité primitive, les peuples chez qui elles sont constatées sont regardés eux-mêmes comme les équivalents des hommes primitifs.

Ou bien alors je ne vois plus où tendent ces efforts innombrables, qui, de toute part, cherchent à aboutir, par des moyens en somme identiques, à la définition des origines religieuses, ou au tableau supposé exact de la pensée religieuse de l'homme « primitif », qu'il s'agisse du *Seuil de la Religion*, de l'*Elaboration de la Religion*, du *Secret du Totem*, des *Origines et Développement de la civilisation* et des vingt autres titres (que je traduis ici en français pour plus de commodité) dont ont usé, depuis TYLOR jusqu'à MARETT et LANG, tous ceux qui se rattachent aux moyens d'enquête de l'ethnologie. M. BROS ne se propose pas autre chose quand il étudie la « Religion des peuples non-civilisés » ; et le volume qui porte ce titre, placé en tête de toute une bibliothèque de l'histoire des religions, indique assez clairement qu'il entend être l'introduction, l'explication des origines, le tableau du monde primitif, survivant chez les non-civilisés — ce que le texte lui-même cherche tout le temps d'ailleurs à établir. Le volume de Mgr LEROY le déclare sans ambages en s'intitulant : *La Religion des Primitifs*, et en reconstituant cette religion avec l'observation des Bantous et le résumé de son ancien volume sur les *Pygmées* — où s'élabora, il y a quelques années, sa théorie des peuples primitifs. Et ce que Schmidt fait avec sa *Stellung der Pygmäenvölker*, M. S. Reinach, en somme, le fait aussi dans la bonne moitié des articles dont la réunion a donné les trois tomes des *Cultes, Mythes et Religions* : reconnaître chez les non-civilisés des traits tenus pour être ceux de l'homme primitif, afin de les retrouver ensuite persistant chez les demi-civilisés ou les civilisés comme autant de survivances — ou bien procéder en adoptant l'ordre inverse dans les équations, ce qui revient exactement au même. Et que le non-civilisé représente le primitif, l'*homo sapiens*, ressort avec assez d'évidence de certains articles où, à propos de tabou ou de chasteté, par exemple, M. S. Reinach prononce résolument le nom du pithécanthrope, associé à certaines manifestations de la vie des non-civilisés contemporains.

En quoi consiste donc l'équivoque ? On ne dit plus, je le veux bien, ou plutôt on dit de moins en moins : le sauvage est un « primitif ». Mais on émet une proposition — sans y mettre la clarté nécessaire dans les termes — absolument équivalente, et qui peut en substance s'énoncer ainsi : c'est chez le non-civilisé que subsiste le primitif. On consent bien à admettre aujourd'hui que nombre de faits n'ont rien de « primitif », qu'ils sont des complications supposant nombre d'évolutions avortées et enchevêtrées, et que beaucoup représentent même de véritables régressions. Mais on affirme que dans l'immense agglomérat de croyances ou de pratiques, il y en a qui sont l'héritage intact des premières religions. Ou bien on assure que l'on peut distinguer, sous les traits actuels trop altérés, la figure exacte des faits primitifs. Ou enfin, plus hardiment, on fait une sélection parmi les non-civilisés et, au moyen de certaines définitions préalables sur ce que *doit* être le primitif, on déclare que tel peuple représente la civilisation et la religion des primitifs, tandis qu'on relègue le reste parmi les « sauvages » gâtés ou dégénérés au cours de l'histoire humaine.

Même en reprenant le débat sous cette forme modifiée, je ne crois pas avoir rien à changer à ce que j'ai dit. J'aurais dû seulement, en pareil cas, m'exprimer plus clairement et d'une façon laissant moins de prise à l'équivoque. J'aurais dû dire : Oui, le total de tout ce que l'enquête ethnologique, complète et sérieuse, nous apprend sur les non-civilisés constitue un immense inventaire de définitions, de rites, de croyances, de coutumes, de phénomènes religieux, un héritage de toutes les influences, de toutes les époques. Et dans cet ensemble énorme, il se peut, il est même très vraisemblable qu'il y ait çà et là des survivances directes et non altérées de ce qui a été la forme « primitive » générale du phénomène religieux. Et j'aurais dû ajouter :

Mais vous n'avez aucun moyen certain, capable de classer et de sérier les faits, aucune preuve décisive sur les dates relatives d'apparition des phénomènes soumis à votre examen. Vous ne pourrez jamais démontrer que tel élément est primitif, et tel autre ne l'est pas. Et rien de l'appareil scientifique de l'ethnologie ne pourra jamais remplacer ce que seules les sciences historiques possèdent : des textes et des monuments à l'aide desquels, soit par l'examen direct soit par l'exégèse, on établit une chronologie.

De ces trois moyens de discerner le primitif que j'ai énumérés tout à l'heure, et qui, je le crois bien, résument les principales manières dont procède le raisonnement des divers ethnologues, le troisième est certainement celui qui a donné jusqu'ici le plus de mécomptes. Je ne veux invoquer sur ce point que la seule autorité des ethnologues eux-mêmes. On prétend bien pouvoir et savoir choisir les peuples qui représentent encore aujourd'hui la primitive humanité, mais je remarque que personne n'est d'accord ni sur le choix, ni sur les principes généraux d'après lesquels il doit se faire : l'expérience de Mgr Leroy, complétant avec sa *Religion des Primitifs* ses recherches des *Pygmées*, et de Schmidt présentant avec ses *Pygmäenvölker* le tableau de la religion primitive, ont trouvé devant eux les contestations les plus rudes, et les critiques formulées quelquefois dans les termes les plus acerbes. Je ne citerai ici que les appréciations de Saint-Yves dans la *Revue ethnographique*, celles de Keath dans le *Man*, de Schwalbe dans le *Globus*, ou celles, fort adoucies, de De Jonghe dans la *Revue Congolaise*. Tout le monde a très bien compris que la question d'ancienneté absolue des Pygmées, des Andamans, des Négrilles d'Afrique, d'Asie ou d'Australasie, des « petits hommes » de tous les points du monde n'était que secondaire, si on se plaçait au point de vue strictement anthropologique, et que le vrai enjeu du débat, c'était les conséquences qui en découlaient pour toute l'histoire des religions, du moment où l'on admettait que les mœurs, l'état social et les croyances de tous ces nains était la survivance non altérée de ce qu'avaient été les plus anciennes sociétés d'hommes [1].

Je n'ai pas à prendre part au débat ni à savoir qui a

[1]. Avec les deux ouvrages classiques de QUATREFAGES sur la question, les publications citées ici de LEROY et de SCHMIDT constituent le plus important de la documentation actuelle, et présentent la question sous un aspect synthétique. On y trouvera l'essentiel de la bibliographie antérieure à 1906 et 1909, respectivement, et notamment ce qui en a été dit soit par les anciens voyageurs, soit par les relations, déjà relativement éloignées, d'ÉMIN, CASATI, VAN DEN GHEYN, HARTMANN, RECLUS, SCHWEINFURTH, JOHNSTON, JUNKER, STANLEY, Dr CAZE, FARINI, (Huit mois au Kalahari), etc. Il convient de citer parmi les récentes contributions de détail apportées à cette question si controversée : LENFANT, Découverte des grandes sources du centre de l'Afrique (Babingas); l'Anthropologie, 1909, p. 115 (Dr LALOY); ibid., 1911, p. 421 (Dr POUTRIN); ibid., 1911, p. 261 (Dr REGNAULT); Archivio per l'Antropologia et la Etnologia, t. XI (1910) (GUIFFRIDA RUGGERI); Anthropos, t. III (1908), 580 (d'après LANG); ibid., t. V (1910), p. 1033 (VIAENE et BERNARD); ibid., t. VI (1911), p. 132 (MABS); Globus, t. 94 (1908), p. 29 : Revue d'Ethnographie et de Sociologie, 1911, p. 73 (Dr OUZILLEAU); Revue congolaise, t. I (1910), p. 238, p. 373, et p. 510 (série de comptes rendus); les Notes sur la vie familiale et juridique, etc., série III, t. I, fasc. 1 des Annales du Musée de Tervueren, 1909; enfin la série des renseignements épars dans les Monographies ethnographiques, t. 2 (Basongé), t. 4 (Mangbetou), t. 5 (Warega). La recherche de la documentation est gênée par le nombre pratiquement indéfini des désinences locales que prennent ces peuplades (Akas, Babingas, Batoua. M'kalvba, Tikitikis, Warundis, Watembas, Wamboutis, etc., etc., sans parler des fractions australes des Bushmen. Hors le continent africain, une courte bibliographie relative aux Andamans du golfe du Bengale se trouvera dans l'article de TEMPLE, au t. I de l'Encyclopædia of Religion de HASTINGS ; cf. également JOYCE, Handbook, etc., éd. 1910, p. 78-80. Pour celle des Aetas des Philippines et des Semangs de Malacca, on se référera aux Pygmäenvolker de SCHMIDT et à l'ouvrage de SKEAT et BLAKDEN.

tort et qui a raison. Je puis, comme tout lecteur non prévenu, me demander si c'est vraiment un « primitif » que ce pygmée qui fait usage de tant de talismans et d'amulettes, comme les autres non-civilisés, qui connaît la complication des danses magiques, se peint le corps en rouge à leur occasion, et n'ignore même pas les charmes de la musique. Je puis aussi regretter de voir nier ou affirmer, suivant les camps, des phénomènes dont il serait pourtant de première importance pour la thèse d'établir dès le début l'ignorance ou l'usage chez nos possibles « primitifs », — par exemple les mutilations corporelles ou la pratique des fétiches. J'aime mieux ne retenir de tant d'articles et de désaccords aussi irrémédiables que ce qu'il y a de plus certain : ce n'est pas sur des bases aussi chancelantes que l'on peut édifier une histoire des religions.

Discerner, sous les contours actuels, la figure primitive des croyances ou des rites, d'après certaines recettes empiriques, ou par des rapprochements de caractères communs de non-civilisés à non-civilisés, n'a jamais produit davantage des constatations qui aient reçu l'approbation unanime des ethnologues. Il y a eu cent manières de procéder pratiquement, toutes plus ingénieuses les unes que les autres. Aucune n'échappe ni au reproche de fragilité ni à celui d'être artificielle. Depuis la brillante tentative de LANG pour démontrer un préanimisme qui aboutit, en fin de compte, à un homme primitif muni d'une révélation surnaturelle de certaines vérités, jusqu'aux thèses de l'*orenda* et du *mana* des dynamistes, des « magiciens » et des préanimistes de toutes les écoles, le désaccord reste absolu, entraînant avec lui la nécessité, en tout état de cause, de renoncer à fonder un enseignement comparatif sur des propositions de début aussi contestées au sein même de l'école.

C'est qu'on ne saurait insister trop fortement là-dessus : en présence de cette nécessité absolue de classer et de justifier en leur ordre de formation les éléments des phénomènes religieux, rien ne peut remplacer la certitude chronologique. A défaut de ces renseignements d'âge, impossibles à vérifier chez des non-civilisés, l'ethnologie est obligée de recourir à des procédés dont l'essentiel aboutit inévitablement à donner la première place au raisonnement, à la probabilité hypothétique fondée en dernière analyse sur la psychologie. Il n'est pas toujours facile de suivre dans leurs discussions et leurs évolutions si rapides les diverses fractions de l'armée ethnologique. Mais le plus clair qui apparaîtra au lecteur dénué de tout parti pris à l'avance sera la multitude des désaccords fondamentaux d'une science qui, par la nature des documents dont elle dispose, est vouée à porter son principal effort sur les questions d'origine abordées *de plano*.

On ne voit pas qu'elle soit parvenue jusqu'ici mieux que les autres à reconstituer avec évidence les premières phases traversées par le sentiment religieux. Les divers vocables de « naturisme », de « préanimisme », « dynamisme » reçoivent, suivant les auteurs, des interprétations trop variables, et le seul point commun est le désir identique d'arriver aux débuts de la religion et la ferme confiance d'y réussir. Le « dynamisme » de S. HARTLAND n'est pas celui de MARETT; ces deux « dynamismes » ne sont pas davantage celui des autres maîtres ; et on est en droit de se demander quelles nouvelles modifications apporteront aux uns et aux autres l'intervalle qui aura séparé le dernier congrès tenu à Oxford (Sept. 1908) de celui qui se tiendra bientôt à Leyde. Il serait oiseux de relever les divergences, si, comme dans les autres sciences, elles ne constituaient que des différences de méthode ou d'applications pratiques. Mais ce sont les fondements mêmes qu'elles ébranlent, les principes essentiels qu'elles mettent en question. La notion supposée, chez le « primitif », d'une grande puissance magico-religieuse, anonyme, impersonnelle, répandue dans le monde entier, antérieure à l'animisme, n'est ni démontrable directement, ni suffisante pour tenir lieu d'une de ces définitions préalables sur lesquelles on peut ensuite construire l'histoire des religions, quitte à différer sur les points secondaires. Car l'accord — si tant est qu'il y ait jamais accord sur ce préambule — cesse dès que l'on arrive, tout de suite après, aux façons dont cette force (de quelque nom iroquois ou polynésien qu'on l'appelle par extension abusive) s'est dissociée graduellement, à la manière dont elle s'est précisée en éléments mieux déterminés, forces bonnes ou mauvaises, *dawas* ou puissances spécialisées en certains êtres, ou dont elle a pu être déléguée (par pratiques, par artifice, par hérédité, etc.) à certains humains, tels que le chef, le magicien, le prêtre, etc. La nouvelle ethnologie a beau se séparer, avec une netteté croissante, du « totémisme » grossier ou de la sociologie, à quoi aboutissent ses efforts pour remplacer le « naturisme » vieilli, ou pour remonter plus haut que l'« animisme » ? Toujours à la spéculation pure sur des temps dont il ne reste aucun vestige, et dont rien ne nous garantit que ceci ou cela puisse être une survivance. Rien, sinon la psychologie — et une psychologie qui repose non pas sur l'observation directe, mais sur la spéculation théorique, sur l'énoncé préalable des définitions *a priori* d'un homme primitif supposé.

En ces dernières années, le savant ethnologue Schmidt a repris le même problème des origines vu sous un angle différent, mais en somme exactement par les mêmes méthodes que ceux qu'il critique, et comme eux, avec la même certitude confiante d'arriver au but. Les prolégomènes laborieux, mais complets, de ses *Origines de l'Idée de Dieu* ne laissent pas sans inquiétude sur la possibilité qu'il y ait jamais d'établir par de tels moyens les origines du sentiment religieux. Solide et bourrée de faits, tant qu'il s'agit des constations de pure ethnographie, sa vaste érudition et sa logique pressante ne réussissent pas à dissimuler la nécessité de procéder par le raisonnement pur, et par la logique théorique, dès qu'il s'agit d'aborder les questions d'origine. La revue critique qu'il passe, en cours de route, de tous les systèmes d'histoire des religions qui se sont succédé depuis un siècle, n'est pas seulement une excellente leçon pour ceux qui auront le courage de lire, ligne par ligne, plusieurs centaines de pages parfois un peu chargées. Elle laissera l'impression, encore plus marquée que par tout ce que je pourrais dire, que les auteurs ne diffèrent pas seulement sur l'interprétation des faits — ce qui serait bien naturel — mais sur l'existence même de ces faits — ce qui est encore plus grave qu'un désaccord sur leur ordre d'apparition. Et il en est ainsi, plus particulièrement, sur les vestiges affirmés subsister un peu partout — on l'aurait retrouvée en Afrique, en Asie, en Amérique, en Australasie, — d'une croyance à un être supérieur et personnel, auteur de la vie et de la mort, maître et créateur du monde, peut-être même doué de justice et de bonté. Nous voici loin du dynamisme...

Ailleurs le malentendu devient insaisissable et la discussion peut s'éterniser, du moment où l'on remet en question les définitions préalables les plus nécessaires. S'agit-il du totémisme? L'historien se fondera sur les règles du « code » formulé si récemment encore. Il montrera, par exemple, que ni le *tahoui* des princes dahoméens, ni le *lyela* des fractions Ababua ne s'y laissent ramener. Peu importe. Les faits deviendront prudemment, dans la bibliographie ethnologique, du « pseudo-totémisme » ou de l'« akhémisme » (?) ; ils évolueront vers le « tabou alimentaire », mais sans qu'on spécifie où s'arrête le totémisme tout court. Ou bien l'auteur nous dira que c'est bien là ce qu'il entend, lui personnellement, par le mot totémisme. Pourquoi donc ses confrères l'entendent-ils autrement? Un procédé beaucoup plus fréquent consistera à répondre que nos objections sont sans importance : les gens que nous citons ne sont pas des « primitifs ». Qu'on nous dise enfin où ils sont. Voilà que l'on commence à ne plus les chercher *a priori* chez les civilisations matériellement les plus basses. On admet que si des indigènes de Nouvelle-Guinée ignorent le métal, voire la poterie, ce n'est pas une preuve suffisante qu'ils soient l'image morale, sociale et religieuse de l'homme paléolithique [1]. Fort bien. Chacun, depuis Tylor, a ses listes de « régressés » et de « dégénérés ». Seulement il n'y a pas deux listes semblables. Alors où pourrons-nous étudier, avec nos méthodes et à côté des ethnologues, un « primitif » authentique ? Pourquoi chacun a-t-il les siens qui ne sont jamais ceux de tous les autres ? Et si l'on ne peut nous en indiquer, qu'au moins on nous enseigne fermement à quoi on peut les reconnaître, pour que nous allions à leur recherche. Car contestées ou non contestées — s'il en existe de ces dernières —, on néglige toujours de nous dire l'essentiel : par quels procédés *certains* une méthode peut dégager ces survivances des autres éléments impurs, attribués aux infiltrations étrangères, et comment on peut suppléer à la chronologie monumentale.

Si des questions d'origines, nous nous rabattons aux simples questions de dates relatives, ce sont encore et toujours les mêmes insécurités. Dépourvue de textes écrits, de monuments susceptibles de recevoir une date même approximative [2], l'ethnologie ne peut jamais

---

[1]. Ce sont pourtant les conclusions qu'on voit encore tirer de certaines découvertes récentes. Par exemple de ces sauvages inconnus « still living in the stone age », découverts en 1910 par l'explorateur H.-A. Lorentz dans le Central Snow Range de la Nouvelle-Guinée Hollandaise.

[2]. Il est bien entendu que je laisse de côté les exceptions archéologiques que peuvent représenter, en Afrique par exemple, des monuments de bronze du Bénin (xvie siècle) ou des statues de bois des Bushongos (xviie siècle), que M. Joyce a bien voulu me montrer au *British Museum*, et dont une au moins

affirmer avec les garanties nécessaires que chez tel peuple déterminé, tel mythe, tel rituel, telle croyance a cinquante ans ou cinquante siècles d'existence, et s'il est autochthone ou d'importation. Les revues ou les livres d'ethnographie sont pleins de faits qui montrent, au contraire, avec quelle rapidité se créent ou disparaissent tour à tour les pratiques prétendues totémiques, les modalités des rites d'« initiation », l'usage ou l'absence de la circoncision, les règles relatives à l'organisation de la famille, bref tout ce que l'on regarde à bon droit comme des caractères fondamentaux. Il n'y a pas cent ans que l'on étudie avec quelque soin les groupes africains, et, en ce laps de temps, on a constaté partout et à chacun de ces points de vue des changements radicaux. Les modifications les plus profondes se succèdent, tantôt dans un sens et tantôt dans l'autre, en un laps de temps parfois incroyablement court. Ceci se relie à cette rapidité déconcertante des invasions, et à ces successions de peuples détruits, dont les débris sont refoulés vers la mer ou la brousse, ou asservis et fondus dans un groupe ethnique tout différent : bref à tous ces faits que je m'étais contenté d'indiquer en passant (chap. II). A mesure que l'histoire, ou plutôt ce qu'il est possible d'en atteindre, est étudiée plus attentivement par les résidents officiels, il apparaît de mieux en

a été reproduite d'abord dans le *Man* (1910), puis dans les magnifiques *Annales* du Musée de Tervueren (les *Bushongos*, 1911). Ces exceptions ne sauraient pratiquement prévaloir contre la pénurie générale des documents datés dans l'ensemble des collections ethnographique, et ne remontent d'ailleurs qu'à quelques siècles au plus.

mieux à quel point, en ce continent africain, les modifications ethnologiques ont été perpétuelles et se sont succédé le plus souvent à des intervalles d'une brièveté incroyable. Les peuples signalés en 1850 comme la race dominante de la côte occidentale française à la ligne équatoriale, sont remplacés en 1876 par les Mpongwés, qui cèdent la place aux Fâns à partir de 1900, en attendant qu'une nouvelle poussée de l'intérieur refoule ceux-ci à leur tour. Mille faits de ce genre sont attestés pour le reste de l'Ouest ou de l'Est africain, ou pour l'aire congolaise [1]. Et le reste du monde non civilisé, hors d'Afrique, révèle peu à peu les mêmes enseignements. Soutiendra-t-on qu'il soit aisé de procéder à l'enquête et au classement, pour des peuples dont il est aussi difficile, sinon impossible, de discerner les origines, les migrations et les mélanges, sitôt qu'on veut remonter si peu que ce soit dans le passé ? Est-on seulement, je ne dirai pas d'accord, mais simplement orienté vers une solution communément acceptée, dès qu'il s'agit des origines et de la marche non plus de tel ou tel petit peuple, mais de civilisations, au sens relatif du mot,

---

1. Cf. ce qui est dit dans l'*Anthropologie* de 1911, p. 271 des changements constatés en quelques années chez les négrilles *Babengas*, et qui prouve qu'il en est des usages comme des peuples. En 1909, le D' REGNAULT voyait les campements composés de huttes arrondies comme une moitié d'œuf. En 1910, elles avaient été remplacées par des cases rectangulaires, à l'imitation des sédentaires, disposées en rangées parallèles. Il est peu probable que le cas soit unique, ni spécial à la demeure. Un certain nombre de travaux ethnologiques assurent cependant que la forme des habitations est un des signes les plus importants à noter pour les questions d'origines et de migrations ethniques dans le domaine africain.

aussi considérables, par exemple, que celle des Bantous ?

Entre temps, les peuples périssent et avec eux tout moyen de se jamais renseigner. Sur la côte française au nord du Congo, sur deux degrés de latitude, les débris de plus de vingt peuples de mœurs et de langues différentes vont s'éteindre. Un enquêteur a vu disparaître en cinq ans les derniers survivants d'une race. Est-il besoin de parler des indigènes de l'Amérique du Nord et de l'Australie ? Là où la civilisation ne les anéantit pas, les non-civilisés abandonnent leurs coutumes et l'appareil matériel qui les traduisait. Eux-mêmes ne savent plus le sens de ces objets dont nos Musées continuent à s'encombrer, sans que l'on en ait fixé, là où il était temps encore, l'usage et le sens précis, comme le déplore le baron de HAULLEVILLE, pourtant privilégié entre tous les directeurs de musées ethnographiques [1]. Le cri d'alarme de JOYCE est plus que justifié [2]. Oui,

---

1. DE HAULLEVILLE ET COART, *Annales du Musée du Congo*, 3ᵉ série. I, fasc. 2. *La Religion*, p. 209. Voir par exemple combien il manque de renseignements de première nécessité sur les « masques de féticheurs », un des sujets les plus importants à connaître pour la nature des cérémonies mimétiques. Et cependant le Musée de Tervueren est le seul qui possède sur ce point une série de quelque homogénéité.

2. *Handbook to the Ethnographical Collections* du British Museum, éd. 1910, *Introduction*, p. 43. Conçu sur un autre plan et dans un autre but que les publications techniques, ce petit ouvrage est particulièrement à recommander, pour qui veut être rapidement au courant des vues les plus récentes de l'ethnologie, grâce à l'*Introduction* rédigée par un savant aussi autorisé. Les vues comparatives sont grandement facilitées par le système du double index et par la largeur de l'illustration.

« chaque année les arts et industries primitifs sont annihilés par l'activité commerciale moderne ; et les peuples eux-mêmes sont mourants ou, comme les Tasmaniens, ils ont déjà disparu ». Encore un peu et l'occasion de pouvoir étudier le développement de la civilisation sera « irrévocablement passée ». Que pourront, à ce moment-là, les « enquêtes sur enquêtes » dont on nous parle toujours ? Que deviennent, pratiquement, ces plans de recherches, de jour en jour mieux devisés, dont nous entretiennent les remarquables *Introductions* de VAN OVERBERGH à chacun des volumes de ses *Monographies*? On aura été juste assez loin pour s'apercevoir qu'il manquait jusqu'ici le renseignement décisif, qu'on l'avait négligé, et qu'il n'est plus temps de le recueillir. Demain, les indigènes ne pourront plus le donner. Il n'y en aura plus ou ils ne sauront plus. Sur des débris matériels ou des attestations trop incomplètes ou trop contradictoires des premiers enquêteurs, les discussions stériles et indéfinies s'engageront, comme on peut le faire, en Amérique, sur la valeur du témoignage d'un Sahagoun ou d'un Diaz. Car ces demi-civilisations seront aussi mortes que les civilisations précolombiennes. Aussi mortes que celles de notre vieille Égypte. Mais l'Égypte nous parle encore par ses milliers de textes, et il n'y aura pas une ligne écrite pour nous dire la pensée du non-civilisé.

J'espère être arrivé à formuler avec une précision plus satisfaisante ce que j'objectais aux religions des non-civilisés. Je crois volontiers que nombre de ces religions et de ces sociétés détiennent encore, mais dans des proportions variables, des idées, des définitions, des terminologies, des organisations, et même des rites qui sont bien celles et ceux des plus anciennes religions humaines. Il n'y a donc là-dessus aucun désaccord fondamental avec les maîtres de l'ethnologie. Mais je crois aussi qu'elles y ont ajouté, inextricablement emmêlé, sinon même amalgamé, tout ce que les siècles ont pu accumuler de notions et d'idées issues de ces premiers éléments ; et là non plus, je ne pense pas être seul de mon avis, en face d'une opinion unanimement opposée de l'école ethnologique entière. Je pense enfin — et c'est là où la divergence finale apparaît — que justement parce que ces peuples, à la différence de nous-mêmes, sont restés des non-civilisés, des retardataires ou des dégénérés suivant les cas, les confusions, les impuissances, les régressions étranges, les complications les plus extraordinaires, les raisonnements les plus impénétrables à notre esprit moderne y sont de règle. Et je conclus que dans cet enchevêtrement de débris de toutes provenances, aucune des mille ressources les plus ingénieuses de l'ethnologie, ne peut assurer ce qui serait l'indispensable : la preuve que tel phénomène est le plus ancien, que celui-ci a donné naissance à celui-là, et que l'évolution, engendrée par telle combinaison a produit tels résultats déterminés, suivis de tels autres.

Cette impossibilité d'ordre pratique est si évidente que les ethnographes sont les premiers à la constater, dès qu'au lieu de chercher à reconstruire les origines des religions, ils s'attaquent à un groupe précis de manifestations de la vie religieuse ou sociale. Et il est assez curieux de constater à la fois, dans une même école, les affirmations hypothétiques les plus résolument audacieuses sur les généralités des débuts, et l'aveu loyal du manque de tout moyen d'analyse ou d'exégèse, dès qu'on est en présence des applications de détail. Le plus piquant serait si, quelque jour, c'était la méthode historique qui, en reprenant pour son compte les données fournies par l'enquête ethnologique, et en l'ajustant aux cadres de ce que nous ont laissé les « civilisés » arrivait à présenter les choses en bon ordre. Je ne proposerai ici qu'un exemple, et je l'ai choisi à dessein parmi ceux qui sembleraient justement échapper le plus à la compétence des historiens.

Il s'agit de ces sociétés d'initiation, encore si mal connues, et que, par une déplorable confusion de terminologie, on persiste à appeler encore « sociétés secrètes », au risque d'égarer à tout instant les recherches sur les réelles « sociétés secrètes », lesquelles n'ont aucune espèce de rapport avec les premières. Amené à faire de cette question, pendant tout le second semestre de 1910-1911, le sujet d'une de mes conférences à l'Université, j'ai pris comme point de départ de l'enquête l'excellente étude de mon éminent collègue DE JONGHE sur les *Sociétés secrètes au Bas Congo* (1907). Je crois avoir pris connaissance de la bibliographie qu'il a relevée avec tant de soin jusqu'à l'année où a paru son travail. J'y ai ajouté aussi complètement que possible celle qui correspond aux dernières années, et dont les *Annales* du Musée de Tervueren, la *Revue Congolaise*, les *Monographies ethnographiques*, l'*Anthropos*, le *Man*, la *Zeitschrift für Ethnologie* et les divers périodiques fournissaient les documents directs, ou signalaient, en leurs bulletins, les publications se référant à la question. Si deux années de recherches, lorsqu'il s'agit d'un tel sujet, ne peuvent avoir encore qu'effleuré une pareille question, je ne crois pas néanmoins trop m'avancer en estimant dès à présent qu'il est peu de problèmes aussi importants à résoudre, pour l'histoire comparée, que celui de l'origine et de l'évolution de ces cérémonies d'initiation du continent africain, et que tous les efforts devraient porter sur l'exposition justifiée de l'ordre dans lequel sont apparus les éléments successifs qui s'y sont accumulés, ou qui ont modifié en tel ou tel sens, suivant les peuples, les parties essentielles communes à toutes.

J'aurais bien volontiers laissé aux spécialistes un travail qui est, après tout, de leur domaine particulier, si je n'avais dû constater, dès le début, que les uns ne s'étaient pas un instant préoccupés de la question et que les autres avaient décliné la tâche ou s'en tenaient, comme H. WEBSTER, à l'explication trop étroite, trop mesquine et véritablement terre à terre de l'éternel système des « classes d'âges » ou des « rites de puberté »[1]. Et cependant plus on avance dans ces recherches, plus on est convaincu que, si DE JONGHE a parfaitement raison, en refusant de regarder chacune de ces initiations comme ayant rien de « primitif » sous leurs formes

---

[1]. On trouvera p. 288-292 de la présente édition l'indispensable des références bibliographiques du sujet. Le seul travail récent depuis SCHURTZ et FROBENIUS est celui de WEBSTER (1908), qui manque entièrement de vues synthétiques. La documentation laisse à désirer et les sources ne sont pas critiques. D'où certaines contradictions extraordinaires; par exemple sur la question capitale de savoir si une initiation est générale ou réservée à quelques-uns (cf. e. g., p. 10 et 74).

actuelles, il est non moins certain qu'il y a des éléments
« primitifs » qui ont subsisté, et qu'ils ont correspondu
peut-être aux premières et aux plus urgentes nécessités
de la vie sociale des plus anciens groupements humains. Entre toutes les sortes de *nkimba* (je ne prendrai pas l'énumération des désignations et des variantes
locales), toutes les espèces plus compliquées de
ndembo, les variétés plus évoluées encore d' « épreuves »
comme celles des Bushongo, et enfin des cérémonies
comme la *m'para* des Ouaréga, on discerne un fonds
commun ; on croit entrevoir, mais sans preuves péremptoires, les causes de milieu géographique ou d'organisation sociale qui ont modifié ou augmenté la série des
épreuves primitives ; on discerne, mais sans la possibilité
d'un contrôle pourtant nécessaire, comment les plus
anciennes sociétés, par instinct vital de conservation,
sont arrivées à élaborer cet appareil de préservation et
de défense ; comment elles ont édifié un pareil ensemble
de moyens pour assurer la perpétuité de la tradition
orale fidèlement gardée, à défaut de la ressource de
l'écriture ; pour léguer, de génération en génération, ce
« trésor de sagesse » accumulé par les fondateurs du
groupe, et où figurent pêle-mêle, sans divisions rationnelles, tout ce qui est à la fois « civilisation » et « religion » : magie et arts et métiers, magie et pêche ou
chasse, magie et médecine, magie et guerre ou offrande
aux esprits invisibles comme aux êtres visibles, science
des noms, science des choses, rudiments d'histoire
des hommes ou de la terre..... On s'imagine et on
devine, plus qu'on ne constate matériellement,
comment ou pourquoi le groupe des détenteurs de cette

réserve suprême de l'existence sociale a varié, en sa composition et en son recrutement, suivant la formation du groupe et suivant la nature du « trésor » à garder ; on soupçonne les raisons qui y ont inscrit tous les adultes, ou qui l'ont restreint aux hommes d'une condition déterminée ; qui n'y ont admis que les fils de chefs ou les candidats féticheurs, ou qui l'ont transformé en recrutement d'une oligarchie munie de grades, ou qui en ont fait une école de courage, ou même à la fin une cérémonie de pure tradition, dont le sens n'est plus compris, si même il n'est pas travesti grossièrement. C'est un chapitre entier de l'histoire sociale dont on manie les lambeaux. On *croit* entrevoir, on *croit* discerner, on devine, on imagine, on soupçonne... On voudrait *savoir*. En vain les hypothèses resserrent-elles plus étroitement le champ des recherches ; en vain les parallélismes avec les initiations des non-civilisés du reste de la terre dégagent-ils, en probabilités plus grandes encore, les caractères essentiels et l'ordre logique probable des modifications. La solidité de l'appareil scientifique dépendrait d'une armature qui fait défaut. Et nous n'avons là que la matière plastique.

Or, si loin que paraissent de ces institutions les religions historiques, il est fort possible qu'elles puissent un jour aider à reconstruire la naissance et les phases de la vie de ces cérémonies d'initiation. Je sais qu'il y a quelque soupçon de paradoxe à prétendre expliquer de telles institutions par une comparaison avec une religion-type comme celle de l'Égypte, où il serait assurément difficile de retrouver, sous quelque forme directe que ce fût, l'équivalent d'un *nkimba*, d'un *ndembo* ou d'une *m'para*. Mais ce me sera justement une occasion de montrer en quoi consiste une méthode comparative, et comment elle n'a rien de cet ajustement direct, un peu grossier, à une série de cas semblables matériellement, dont on s'est imaginé que je faisais mon inévitable instrument d'enquête. C'est par des séries de rapprochements à plusieurs degrés que j'ai bon espoir d'arriver, avant peu, à passer des constatations du cours de cette année à des conclusions plus fermes, dès l'année qui vient. Le procédé est trop compliqué pour pouvoir être clairement résumé ici. Je me borne à indiquer — pour sortir du vague — qu'il y sera fait usage en premier lieu des constatations que permet la civilisation égyptienne sur l'ordre dans lequel se sont formés, avant la rédaction écrite, les formulaires dont sont nés la médecine, le rituel divin, les appareils défensifs à l'usage des morts, les cérémonies mimétiques ; puis de l'étude des conditions sociales auxquelles correspondaient de tels enseignements ; enfin de l'examen des causes historiques qui ont modifié ou combiné le tout jusqu'à l'entrée dans le monde égyptien classique. L'ordre ainsi obtenu sera soumis à la contre-épreuve de ce que nous savons par les non-civilisés pour voir si, à conditions sociales ou besoins égaux ou identiques, on n'obtient pas des séries parallèles, *mutatis mutandis* bien entendu.

Revenons maintenant à la question de l'enseignement général de l'histoire religieuse et aux forces comparées dont peuvent respectivement disposer les deux sciences par leurs propres moyens.

Éclaircissons par un exemple, emprunté au groupe des croyances relatives aux destinées de l'homme après la mort physique. D'une part, les Égyptiens ; de l'autre les peuples étudiés par l'anthropo-ethnologie. Qu'apprennent-ils respectivement ?

D'un côté, les « non-civilisés » : chez bon nombre d'entre eux, voici des sépultures relativement perfectionnées, munies de mobiliers funéraires ; on peut assister de plus aux rites et aux cérémonies qui accompagnent le moment de la mort, les funérailles, les cultes post-funéraires ; on peut enfin, par les vivants — quoique beaucoup moins aisément qu'on ne l'imaginerait tout d'abord[1] — se faire idée de ce qu'ils pensent ou croient relativement aux destinées et aux séjours de leurs défunts.

De l'autre côté, l'Égypte préhistorique : aucun monument où l'on puisse constater encore de véritables *textes*, mais déjà cependant des signes ayant une valeur symbolique convenue, ou de véritables compositions pictographiques ; ces figures sont assez nombreuses pour attester des pratiques constantes, fixées

---

1. Voir page LXXX de cette *Introduction*, note 1. Les difficultés de toutes sortes que rencontrent de pareilles recherches, lorsque l'on veut justifier à fond les divers problèmes, ressortent mieux qu'ailleurs dans la très remarquable étude de CALONNE sur les Ababua (*Mouvement Sociologique international*, t. X, 1909, p. 285-431). Ce travail doit être signalé parmi les meilleures contributions récentes à l'ethnologie africaine. On peut le regarder comme un de ceux où les nouvelles questions ont été le plus sérieusement examinées, et où les relations existant entre des phénomènes en apparence indépendants ont été le plus clairement rattachées les unes aux autres par l'étude de la mentalité indigène. Voir notoirement ce qui y est dit à propos du *dawa*.

par la représentation des croyances avec des modes fermes d'expression, enfin une organisation religieuse bien constituée ; on peut classer des variétés de sépultures caractérisées, sur l'examen de milliers de spécimens : dispositif de la tombe, série du mobilier funéraire, position et traitement des débris humains ; on peut suivre une évolution clairement marquée dans les diverses sections archéologiques de cet inventaire général des nécropoles : construction de la tombe, modes de préservation du squelette ou du corps, premiers et successifs efforts pour assurer la conservation de tout ou partie des chairs ou des organes ; perfectionnement graduel de l'appareil de défense ou d'entretien de la vie pour ce qui subsiste de l'homme après cette vie (instruments, outils, armes, amulettes, talismans, vases ou fragments de mobilier, aliments simulés, figures modelées ou taillées de serviteurs ou d'animaux). Ces tombes et leurs contenus ne sont pas seulement en nombre immense, groupées par nécropoles compactes, et plus riches en bloc que tout ce l'on peut recueillir chez l'ensemble des non-civilisés d'aujourd'hui. Leurs séries, soit par leurs enseignements directs, soit par leur identité archéologique parfaite avec les séries principales qui les prolongent, évoluées et munies de textes explicatifs, dans la période historique de l'Égypte, mettent très clairement en lumière et le but auquel elles étaient destinées et les croyances dont elles sont la traduction [1].

1. Il est bien entendu que nous appelons *préhistorique égyptien*, tout ce qui appartient à la période antérieure aux thinites, sans entrer dans les subdivisions telles que préthinite (ou « pré-

De ces deux séries, quelle peut être la plus instructive pour l'histoire des religions ?

A les supposer inventoriées et analysées exactement, pratiques ou croyances des non-civilisés auront le très grand avantage d'exister encore. Un enquêteur averti, attentif, au courant de la langue, pourra recueillir les faits et les présenter avec fidélité. Les recherches pourront à volonté se multiplier et se contrôler; nous pourrons avoir la certitude de posséder la série entière des actes, la liste complète des objets matériels, déterminer (jusqu'à un certain point) les idées directrices, et savoir ce que croient ou pensent nos gens *actuellement* — non sans quelques difficultés.

Mais nous ne saurons guère aller plus loin. Les ancêtres de ces hommes ont-ils cru ou agi de la même manière ? ont-ils traité leurs morts de la même façon, imaginé pour eux les mêmes destinées ? comment le tout s'est-il formé jadis ? quels ont été les changements ? peut-on affirmer, pour un seul des points examinés, qu'il fait bien partie des éléments primitifs, ou seulement même qu'il existait dès le début des sociétés actuellement soumises à notre examen ?

Tournons-nous vers l'Égypte. Nous pouvons dire:

---

ménite »), prédynastique, neggadéen, etc. Cette longue période, dont les stations ou les nécropoles de Abydos, Ballas, Bet Khallaf, El Amrah, El Kab, Gebel-Tarib, Hamra-Dom, Hiéraconpolis, Hou, Kaïtarah, Kawamil, Mahasna, Neggadèh, Reqaquah, Toukh, Zawaïdèh, etc. offrent les spécimens les plus caractéristiques, comprend donc — sans parler des vestiges des stations paléolithiques — la période néolithique et la série des tombes où apparaissent les premiers échantillons de l'invention des métaux.

au vii⁰, au viii⁰ millénaire¹, en tel point de la vallée du Nil, les hommes prenaient déjà soin de leurs morts de telle façon, cherchaient à les préserver de telle manière de la destruction corporelle ; ils le faisaient dans tel but et s'imaginaient telles destinées, parce que l'époque historique a conservé des textes qui s'adaptent exactement aux constatations matérielles de l'époque préhistorique, et parce que des cavités ovales creusées dans le sol aux « maisons d'éternité », munies à l'époque historique de ces textes dont je viens de parler, l'enchaînement se suit anneau par anneau. Le classement *daté* (c'est-à-dire, bien entendu, par séquences archéologiques chronologiquement étagées et sans dates abolues), peut être déterminé avec précision ; des jarres en terre ou des cercueils ovoïdes, puis rectangulaires et de même matière, aux sarcophages en bois couverts d'écriture des protothébains, comme des premiers essais de préser-

1. Un mot seulement pour justifier ces dates et éviter de futures discussions sur ce point. Je crois avoir pris une position chronologique très modérée, en me bornant à additionner des évaluations généralement acceptées, et quoique j'estime beaucoup plus longue la durée de l'histoire égyptienne classée artificiellement par les anciens égyptiens sous la rubrique des trois premières dynasties. En écartant avec Maspero les partisans du « comput court », on pourra voir par le tableau comparé de Budge (*Book of the Kings*, Introduction, p. liv), et par la liste de Maspero (*Guide to the Cairo Museum*, fifth Edition, Nov. 1910, p. 1-2), que fixer approximativement à l'an 5000 le début des Thinites, symbolisé par l'avènement du mythique Menès, n'a véritablement rien d'excessif. En accordant 3000 ans aux cinquante et quelques « sequence dates » établies par Petrie (*Nagada, Diospolis Parva, El Amrah*), j'adopte simplement des chiffres communément reçus dans la bibliographie égyptologique ou même dans les articles de vulgarisation.

vation des restes humains à la momification parfaite, on peut constater les idées directrices, noter les progrès, les tentatives, le perfectionnement des pratiques, enfin la lente évolution des concepts. En particulier, les efforts pour soustraire le cadavre au néant, dépècement, grattage des os, essais de bitumer le squelette dépouillé ou non du derme et de l'épiderme, corps découpés, plongés dans des solutions à base de natron, enveloppés ou cousus, entiers ou par fragments, dans des étoffes ou des peaux... tant de tentatives impliquent la certitude — corroborée par les textes au surplus — que l'Égyptien, dès ce temps-là, estima nécessaire d'obtenir pour ses morts la conservation du corps la plus parfaite possible, de façon à assurer la survivance de ces éléments plus subtils, mais matériels, qui s'étaient échappés au décès de leurs enveloppes de chair, et qui continuaient quelque part la seconde existence de l'homme. Maintenant, cette autre vie et ce qu'ils en pensaient, les objets déposés près des défunts nous l'apprennent. Tantôt ils s'expliquent directement par eux-mêmes (aliments, outils, engins, armes, meubles, serviteurs) ; tantôt ils sont expliqués par les âges suivants, qui nous les présentent à nouveau, mieux finis, plus complets, accompagnés de représentations murales qui nous commentent leur usage ou leur destination, ou enfin élucidés en grand détail par les textes (instruments de défense magique, outils destinés à « ouvrir la bouche » des morts, pièces du costume magiques, talismans et amulettes destinés à la route de l'autre monde ou à ses royaumes funéraires). Du tout ressort la connaissance exacte, pénétrant dans tous les détails, d'un concept où l'autre vie apparaît calquée sur celle-ci, avec les mêmes besoins et les mêmes désirs, où les chemins d'outre-tombe sont connus, décrits, jalonnés de secours, et où les vivants peuvent venir en aide à leurs morts de vingt manières déterminées, le tout en vertu d'idées connues à fond dans leurs éléments de formation comme dans leur évolution.

Finalement nous sommes en mesure de dire : voilà ce que pensaient les hommes d'Égypte il y a huit ou dix mille ans, les hommes néolithiques de la vallée du Nil, et ce qu'il est advenu de leur pensée par la suite des siècles. C'est peut-être une faible antiquité pour ceux que préoccupent les croyances de l'homme d'il y quatre-vingt ou cent mille ans. Elle a quelque valeur. Si on n'atteint pas l'origine — et je n'ai jamais prétendu pouvoir l'atteindre plus que les autres, encore qu'il semble qu'on m'en ait fait le reproche — on voudra bien au moins reconnaître qu'on s'en est au moins tant soit peu rapproché, et que nulle part on n'est remonté aussi haut, ni avec ce luxe de détails, ni avec une semblable possibilité de souder aussi solidement la préhistorire à l'histoire par une série continue.

Tout compte fait, à ce parallèle, deux supériorités apparaîtront en faveur de l'Égypte, envisagée au point de vue de l'histoire générale des religions :

D'abord celle de permettre d'affirmer, pour certaines croyances, la certitude de leur existence à une période déterminée dans le passé. L'ethnologie ne peut jamais l'assurer, mais simplement le supposer avec plus ou moins de probabilités accumulées. En partant, au contraire, du concept égyptien, avec toutes ses garanties de sûreté, on pourra se flatter d'atteindre je ne dirai pas le « primitif », mais l'homme le plus ancien qu'il soit donné de pouvoir connaître avec quelque sûreté. On pourra, en étendant l'enquête par voie comparative aux autres religions, mieux dégager ainsi ce qui appartient chez toutes aux éléments fondamentaux. On saura mieux discerner ce qui s'en décèle encore chez les religions évoluées ou mortes, et ce qui en persiste, plus ou moins déformé ou incompris, chez les actuels « non-civilisés ».

En second lieu, c'est celle de garantir l'interprétation correcte des documents préhistoriques par les séries archéologiques subséquentes, qui les rattachent aux documents similaires d'âge historique, munis de textes ou de figurations non contestables. Là, les Égyptiens parlent d'eux-mêmes, ce qui vaut beaucoup mieux que toutes les explications du monde que nous pouvons tenter aujourd'hui d'après les vestiges des civilisations muettes.

Non, rien ne peut remplacer un texte ou un monument que l'on peut attribuer en toute certitude à une époque déterminée : ni les systèmes les plus ingénieusement construits ni les hypothèses les mieux déduites. Qu'arrive-t-on à établir solidement, par exemple, en ce qui regarde la circoncision africaine ? Je crois avoir lu à peu près l'essentiel de tout ce qui a paru sur la question, soit comme discussion, soit comme documentation proprement dite. Laissons ici ce qui a trait à la signification originaire de cette pratique, et ne nous occupons que du problème de son antiquité absolue.

Est-il besoin de prouver, avec détails à l'appui, à quel point l'ethnologie aboutit ici à des conclusions hésitantes, contradictoires, ou, chez les auteurs les mieux informés, à l'aveu loyal de l'impossibilité pure et simple de proposer aucune solution ferme ? Pour aucun rameau ethnique, la science n'est en état d'assurer que la circoncision s'y est pratiquée à une période tant soit peu reculée. Ici, l'anthropologie ordinaire est naturellement impuissante ; l'ethnographie ne peut que constater l'état actuel, interroger le mieux possible les traditions indigènes, rechercher dans les débris trop rares du passé les vestiges matériels, tels que les instruments rituels de circoncision, etc. Que trouve-t-elle ? Ici, la circoncision existait il y a trente, cinquante, cent ans, mais elle a disparu. On établit plus ou moins les circonstances de sa disparition, sinon les causes. Mais existait-elle avant depuis bien longtemps ? qui l'avait introduite ou imposée ? Ailleurs, c'est le contraire. Tel chef a institué la pratique de circoncire, il y a moins de deux générations ; tandis que chez les voisins, du même rameau ethnique, pareil usage demeure inconnu. Bref ce sont ombres de plus en plus épaisses à mesure que l'on s'enfonce dans le passé ; à quelques siècles de nous, ce sont les ténèbres absolues. Et à plus forte raison, pour aucun peuple d'Afrique, l'ethnologie ne peut rien affirmer, dès qu'il s'agit des temps anciens, sauf là où elle possède les quelques témoignages des auteurs classiques. Oserai-je rappeler — au risque de sembler toujours prôner l'Égypte à toute occasion — que le fait capital sur cette question d'antiquité est fourni par les monuments trouvés en Égypte, et que la chose n'a peut-être pas été retenue comme il convenait par les ethnologues? A peine d'ailleurs a-t-elle été remarquée en égyptologie, et l'occasion me paraît bonne de signaler l'importance de cette « palette » préthinite, où, dans une scène de guerre, les peuples ennemis des Égyptiens (peuples de l'Afrique Nord-Est, comme le prouvent les indices archéologiques : équipement, armement, physionomie caractéristique, etc.) sont figurés circoncis. Voilà donc une évidence qui vaut toutes les discussions. Le premier visiteur venu peut, en visitant le *British Museum*, aujourd'hui possesseur de cette « palette »[1], s'assurer que les personnages ciselés sur ce vieux monument sont bien circoncis. L'égyptologie peut également affirmer et prouver que la palette en question fait bien partie d'un groupe archéologique appartenant à la période préthinite. La circoncision existait donc chez les peuples du Nord-Est de l'Afrique dans la période préhistorique qui confine au néolithique ; et aucune discussion, aucune enquête, si laborieuse, si minutieuse qu'on veuille l'imaginer, ne pourrait remplacer ce que la contribution égyptienne a apporté sur ce point à la science.

Ainsi, d'une part, des documents incomplets ou insuffisants ou mal classés, et presque toujours impossibles à mieux classer ; de l'autre, la vie des non-civilisés, d'où qu'ils soient, image infidèle et aux traits trop confus des sociétés primitives ; voilà, pour tout résumer,

---

1. N° 20.790. Cf. G. FOUCART, *Encyclopædia of Religion and Ethics*, t. III, au mot *Circumcision* (Egypt).

deux des plus gros défauts de l'appareil, du moment qu'au lieu de s'en tenir aux recherches particulières de cette science, on veut faire de l'ethnologie la base d'un enseignement général, nous présentant l'histoire de la civilisation humaine et nous expliquant les secrets de son évolution.

Aussi, nombre d'ethnologues se sont-ils rendus compte de bonne heure que, bornée à la seule observation des non-civilisés, leur science se heurterait toujours à l'impossibilité de prouver l'antiquité de ce qu'elle assurait retrouver ici ou là des survivances des premières sociétés. La plupart ont donc songé à faire appel à l'aide de l'anthropologie — je prends ici le terme dans sa vieille acception, qu'il a gardée encore en France la plupart du temps, et je prie les ethnologues de ne pas susciter un débat sur la valeur respective des termes anthropologie et ethnologie, tels qu'on les définit depuis quelque temps; je ne trouve pas de termes plus précis. En comparant les renseignements fournis par les non-civilisés et les débris des sociétés préhistoriques, ils ont pensé trouver le moyen de prouver un certain nombre de survivances matériellement démontrables, et par conséquent, la possibilité d'assurer péremptoirement un nombre correspondant de caractères « primitifs ». Je ne veux pas dire que l'alliance de l'ethnographie et de l'archéologie préhistorique n'ait été faite qu'en vue d'arriver à ce résultat, ni que l'emploi combiné de ces deux subdivisions de la science de la connaissance de l'homme ait quoi que ce soit d'artificiel. Je veux simplement noter qu'on estima qu'entre autres avantages, l'étude simultanée des vestiges du passé le plus ancien et des mœurs et coutumes des « sauvages » d'aujourd'hui, présentait celui de fournir des arguments plus décisifs que les hypothèses les mieux déduites.

Affirmée de plusieurs côtés avec une autorité croissante, l'union finale de l'archéologie préhistorique et de l'ethnologie était, en effet, la conséquence nécessaire du magnifique effort scientifique commencé il y a quelque soixante ans en Europe. Amenée par la force des choses à la recherche de la reconstitution archéologique du passé antérieur à l'histoire, puis aux préoccupations plus générales de l'art [1], la science du préhistorique devait forcément, par cette voie encore, arriver à se préoccuper des questions de croyances, et apercevoir devant elle les rapprochements à faire avec les non-civilisés [2]. Une série parallèle de déductions devait amener l'ethnologie, de son côté, à chercher dans l'anthropologie les mêmes rapprochements entre non-civilisés et hommes de la préhistoire. Réalisée rapidement, cette coopération s'affirme complète dans les publications de recueils du type de l'*Anthropologie*, du *Globus*, du *Man*, par exemple.

Entre temps, les résultats acquis par les recherches faites en Europe, depuis longtemps menées parallèlement en Amérique, ne suffisaient plus. Il était indiqué

---

1. Cf. Grosse, *Les débuts de l'Art* (1902); Pottier, *Les origines populaires de l'Art* (Gazette des Beaux-Arts, 1908, p. 441-455); A. Della Seta, *Religione e Arte figurata*, 1912, p. 19-33.
2. Sur cette nécessité, envisagée à un point de vue en apparence différent, voir la *Notice sur les Travaux scientifiques du Dr Capitan*, 1911, p. 7 et 13.

que l'archéologie préhistorique s'étendît aux autres parties du monde, et portât notamment son effort dans les régions ouvertes par l'expansion coloniale, et qui constituaient l'habitat des actuels non-civilisés ou demi-civilisés. Ceux qui avaient été les fondateurs ou les maîtres de l'anthropologie archéologique pour l'Europe ou l'Amérique — (je ne citerai que la série française de MM. Breuil, Capitan, Cartailhac, Peyroni, Reinach et Rivière, en m'excusant de ne pouvoir la donner entière[1]) furent naturellement les promoteurs de ces nouvelles recherches. Ils s'adjoignirent de bonne heure la collaboration des explorateurs ou des savants spécialisés dans l'étude de telle région déterminée, et suscitèrent bientôt, en Extrême-Orient ou en Australasie, l'apparition de nouveaux enquêteurs et de nouvelles recherches. Peu à peu, après l'Europe méridionale, le monde méditerranéen[2] et l'Orient classique, les préhistoires de la vieille Asie, du Continent africain, de l'Australasie et de la Polynésie sont venues fournir d'incessantes contributions à l'anthropologie entendue dans le sens le plus large du terme. Il ne peut être question ici que de constater et de signaler, en renvoyant, pour la justification, à la bibliographie spéciale de l'anthropo-ethnologie.

1. Pour la bibliographie de l'archéologie « anthropologique » spéciale à l'Egypte, voir ce qui est dit un peu plus loin à propos des fouilles en Egypte. On me pardonnera de ne pouvoir citer ici avec les références bibliographiques les multiples contributions de Capitan, Cartailhac, Myers, S. Reinach, Thomson, Schweinfurth, etc.
2. Pour la préhistoire méditerranéenne en particulier, consulter l'importante contribution apportée par la série des articles parus dans les *Annales de l'Université de Liverpool*, t. I, fasc. 2 ; t. II, p. 27, 72. 149, 159 ; t. III. p. 1, 107, 118, 138, et t. IV, p. 11.

Assurément, il est permis d'attendre beaucoup de ces travaux. Le champ immense de l'archéologie préhistorique est à peine effleuré hors d'Europe. Déjà cependant de toutes parts affluent les découvertes, et il me serait impossible, fût-ce dans le domaine restreint de la préhistoire africaine, de songer à énumérer les résultats obtenus. Les constatations d'ordre historique ou anthropologique présentent l'intérêt le plus considérable. L'âge paléolithique est reconnu déjà simultanément dans les diverses régions du continent noir où l'on a pu porter les investigations : au Congo, en Afrique occidentale, en Afrique centrale, en Afrique orientale, et naturellement dans la vallée du Nil [1]. Le néolithique a été déjà retrouvé et étudié en Nigeria, en Guinée, dans le Haut-Sénégal, au Soudan, dans la région saharienne [2], et un peu partout en Afrique australe. Les sépultures préhistoriques de l'Ouest-Africain peuvent apporter non seulement des lumières inattendues sur les origines et les migrations des races actuelles, ou fournir les rapprochements les plus curieux avec les faits constatés dans l'Europe méridionale, par exemple à pro-

---

1. *Annales du Musée de Tervueren.* — *L'âge de la pierre au Congo*; ZELTNER, *Globus*, t. 93, p. 260 : *L'âge de la pierre au Sénégal* ; — pour le Zoulouland, le Natal, le Kalahari, la Rhodésia, le Katanga et leurs *flint implements*, je me borne à renvoyer aux notices parues dans le *Man*, le *Globus*, l'*Anthropos* et le *Journal de l'African Society* des cinq dernières années.
2. DESPLAGNES, *Plateau central nigérien* (1907); DESPLAGNES, *Gisements archéol. préhistoriques en Guinée* (= *Bull. Soc. Anthrop.*, t. VIII (1907); ZELTNER, *Troglodytes Sahariens* (= *Anthropologie*, t. VIII (1907); SCHWEINFURTH, *Brief aus Biskra* (= *Zeitsch. f. Ethnologie*, 1908, p. 87), etc. Voir en outre l'observation faite à la note 1 de la page précédente.

pos des tombes d'Alicante. Elles peuvent encore, jusqu'à un certain point, servir de point de départ à l'établissement de caractères communs relatifs aux croyances funéraires. Les résultats des explorations de Lenfant ou de Zeltner permettent d'entrevoir la possibilité de raccorder les résultats recueillis depuis le Sahara algérien jusqu'au Dahomey ou au Bénin, et d'édifier, peut-être, quelque jour, une vue d'ensemble. Me sera-t-il permis seulement de signaler que précisément en ce qui concerne les sépultures africaines la préhistoire, les constatations les plus intéressan. s'appuient sur les certitudes qu'ont pu fournir les relevés faits dans nos nécropoles égyptiennes de la période similaire, dite de « Neggadèh » ?

S'ensuit-il que tant de ressources ainsi mises en commun soient à même de présenter une reconstitution de l'histoire des religions ? Cela paraît peu probable. Si ingénieux que soit l'appareil et ses divers rouages (la « stratigraphie » et la « pétrographie », la paléontologie, l'évolution des formes industrielles, des produits de l'homme, les arts, les constructions, les sépultures, etc. [1]), je ne vois pas comment le tout, combiné à la méthode ethnologique, peut arriver à cette reconstitution satisfaisante du passé dont je vois escompter avec confiance le prochain avènement. Si nous nous plaçons au seul point de vue qui nous occupe ici, l'histoire comparée des religions n'a pu encore extraire que bien peu de toutes les découvertes de l'archéologie préhistorique. Les

---

1. Je prends l'ordre adopté dans le très clair petit résumé de la *Notice sur les travaux scientifiques* du Dr Capitan, 1911, p. 11.

documents utiles sont en petit nombre, les théories susceptibles d'en être tirées sont encore chancelantes, et le nombre des problèmes auxquels le document préhistorique, directement invoqué, ne pourra apporter aucun éclaircissement, reste considérable. Ni les sépultures, ni leurs contenus, ni le reste des témoignages, épars sur le sol ou sur les parois des rochers et des cavernes, de l'activité de ces âges reculés ne nous renseigneront jamais sur un certain nombre de phénomènes religieux, de rites ou de pratiques dont aucune trace directe ne peut subsister. Sur aucun de ces points, on ne peut remplacer les monuments des civilisations qui se sont continuées jusqu'à l'époque historique. Sortons de l'aire africaine, et considérons l'ensemble des acquisitions. A-t-on proposé jusqu'ici une méthode susceptible d'établir un lien satisfaisant entre ces témoignages du passé et ceux des peuples vivant actuellement dans les mêmes régions ? Force a été de les prendre pour eux-mêmes, de les comparer entre eux, et cela fait, de passer sans transition à des « survivances » dispersées dans le monde entier. Rien de moins décisif que les séries ou les groupements établis sur ce modèle. Aucune ingéniosité ne peut prévaloir contre le fait que, nulle part, les monuments de cette préhistoire ne se relient à des séries d'âge historique semblables, et où l'écriture viendrait finalement assurer le sens et la destination des premiers. Nulle part, sauf en Egypte. Et la différence est significative entre le bilan des inventaires les plus imposants réunis en Europe, en Amérique ou dans le reste de l'Afrique par l'anthropologie préhistorique, et les belles séries, de jour en jour plus complètes et plus explicites, constituées par les fouilles exécutées dans la vallée du Nil.

Mais il y a encore, je crois, un autre aspect de la question, trop négligé jusqu'ici dans tous les débats relatifs à l'enseignement respectif de l'ethnologie et de la science historique ; et là aussi, je crois tout aussi fermement que l'Égypte présente le meilleur des cadres pour entreprendre des recherches méthodiquement ordonnées. Si intéressant, si passionnant même que puisse être le problème des origines, il n'est pas le seul, comme il semblerait résulter trop souvent de tout ce qui a été dit à propos de ma tentative. Il y a aussi l'évolution. Toute étude complète d'un point d'archéologie comprend nécessairement deux parties : l'une consacrée à la recherche et à la détermination de la nature et de l'origine des éléments constitutifs, l'autre à l'exposé de ce que sont devenus ensuite ces éléments évolués. J'ai voulu, de même, dans une méthode se rapportant à l'histoire des religions, proposer le moyen de suivre un plan analogue, permettant d'embrasser autant que possible la totalité de cette histoire, depuis la formation de ses éléments simples des débuts jusqu'aux manifestations compliquées des produits obtenus en dernier lieu par l'évolution ou la combinaison de ces éléments. Par une série d'exemples, je me suis efforcé d'établir pourquoi et comment l'histoire des religions égyptiennes offrait les conditions les plus favorables, et je ne puis, sur ce point, que prier de se référer aux différents chapitres de cette *Méthode*. Même à la supposer en mesure de retracer fidèle et complète la formation des premiers éléments, — et je tiens à répéter combien je crois la chose peu réalisable — l'ethnologie ne peut remplir la seconde partie de la tâche par ses propres ressources. Pour le tenter, il lui faut essayer de retrouver, dans les religions évoluées, et plus ou moins altérés et défigurés, les dérivés de ces éléments constitutifs qu'elle prétendait dégager sous leur aspect « primitif » chez les « non-civilisés ». Elle passe donc brusquement de ceux-ci aux « civilisés » des religions du monde ancien classique ou du monde moderne et ne peut, somme toute, présenter un semblant d'histoire générale un peu suivie qu'en ajustant l'un à l'autre des lambeaux pris un peu partout, et provenant de périodes ou de peuples trop dissemblables. Je ne crois pas qu'il soit besoin d'établir un parallèle bien long entre ce que peut valoir un pareil mode d'enquête en regard de cette magnifique unité des milliers d'années des religions de l'Égypte, nous menant des formations les plus rapprochées des origines qu'il soit possible d'atteindre jusqu'à ces théologies subtiles, raffinées des derniers siècles de la vie nationale, jusqu'à ces préoccupations d'ordre moral ou social que nous révèlent les textes de l'Égypte immédiatement antérieure au christianisme [1].

Je viens de parler de l'alliance conclue entre l'ethnologie des non-civilisés et l'archéologie préhistorique. L'accord final entre la méthode « égyptienne » et les revendications des ethnologues y apparaît en germe.

---

1. Voir à ce sujet le curieux petit livre de Fl. Petrie, *Personal Religion in ancient Egypt*. London, 1910.

A les bien juger, que décèlent, en effet, et cette orientation de l'ethnologie comparée vers la recherche des civilisations disparues, et cette aide qu'elle demande au passé pour étayer la connaissance des non-civilisés actuels ? N'est-ce pas au fond reconnaître implicitement la nécessité absolue qu'il y a de posséder un cadre historique — si cet adjectif ne semble pas trop étrange quand il est question de préhistoire — et d'avoir — ne fût-ce que pour certains chapitres au moins de la civilisation — quelques éléments d'une chronologie tout à fait relative, d'une chronologie où il n'est pas question de siècles, ni même de millénaires, mais d'époques respectives, de dates relatives dans les séquences archéologiques, ou même, si faire se peut, dans les idées dont les monuments sont la traduction matérielle ? Et, pour l'histoire des religions, il importerait peu, après tout, qu'il y eût ou qu'il n'y eût pas de dates absolues. Il est d'assez mince intérêt de placer à tel siècle dans le passé plutôt qu'à tel autre l'apparition d'un phénomène ; tandis qu'il est d'une importance capitale de pouvoir établir qu'il a été précédé et suivi de tel ou tel autre. La faiblesse de la tentative n'est donc pas cette fois dans la méthode nouvelle imaginée. Elle est dans l'insuffisance des instruments qu'elle pouvait manier.

Je sais bien que devant l'évidence, il est de plus en plus question, en ethnologie, de recourir à d'autres procédés. L'anthropologie proprement dite, moins soucieuse de détenir l'enseignement des civilisations comparées, reconnaît franchement la nécessité du secours de l'histoire, ou au moins de la protohistoire [1]. L'ethno-

---

1. Cf. la *Notice* du Dr CAPITAN, déjà citée. Mais l'auteur a

logie parfois semble y acquiescer, mais avec de telles
réticences ou de telles limitations qu'il n'est pas facile
de voir au juste ce que signifient ces concessions. On
admet l'histoire ; seulement on ne dit pas assez précisément de quelle manière. On prononce les mots de
« méthode historique », et on affirme la nécessité d'employer celle-ci. Mais on l'oppose, tout à fait arbitrairement, à une « méthode comparative » qui appartiendrait en propre à l'ethnologie, et on prétend la restreindre au domaine étroit de l'observation du fait *local*,
envisagé dans sa genèse et son évolution, également
locales. C'est déplacer entièrement la question, en donnant a *priori* aux termes « comparatif » et « historique » des attributions et des limitations impératives
que rien ne justifie. Pourquoi l'histoire ne serait-elle
pas « comparative », et pourquoi ne serait-elle jamais
que « locale » en histoire des religions ? Il est aisé,
après avoir ainsi réduit son rôle et lui avoir défendu d'en
sortir, de faire triompher la prééminence d'une ethnologie qui se réserve le droit d'user de la comparaison.
Je crains d'ailleurs que toutes ces définitions ou ces
positions préalables ne soient que pures discussions académiques ; car d'applications pratiques de ces « méthodologies » qui s'en tiennent jusqu'ici aux principes, je
n'en connais pas encore. Que la nouvelle école ethnologique s'attache moins exclusivement aux déclarations

oublié l'Égypte dans la liste des anciennes civilisations dont il
demande le concours. Simple inadvertance, sans doute, si l'on
se réfère à ses publications données *ibid.*, p. 54 et 117 en abrégé,
et à ses articles du *Bulletin de l'Ecole d'Anthropologie* de 1902 à
1905.

de début, et qu'elle nous montre, sans plus attendre, à quoi elle parvient dans l'application réelle. Jusque-là nous resterons trop dans le vague.

Si je ne me trompe, il faut chez les ethnologues eux-mêmes trouver l'épreuve décisive. Revendiquer théoriquement le droit à reconstituer la science des religions est une chose. User de ce droit en est une autre. On a bien vu jusqu'ici des rapprochements, des hypothèses, des études monographiques fondées sur le système ethnologique. Je ne connais pas de plan d'une histoire comparée et générale des phénomènes religieux construit sur ce système et présenté avec quelque détail. Un seul, je crois, l'a tenté. Le savant professeur FARNELL, obligé de se rendre à l'évidence, a dû le reconnaître et le dire avec une bonne foi scientifique qui lui fait honneur : *Anthropology is only a part of the whole*[1]. Quatre ans plus tard, abordant enfin pratiquement la science des religions comparées à Oxford, il fortifiera singulièrement cette première constatation. Il s'adressera désormais à tout instant aux religions élaborées ; elles lui semblent définitivement la « touchstone », à l'épreuve de laquelle il lui faut soumettre ses constatations. Il se rend compte qu'il faut rechercher les « interconnections », et que ce n'est ni par l'archéologie préhistorique, ni par les non-civilisés, ni par le rapprochement direct avec tels ou tels « civilisés » suivant les cas. Il arrive en somme à la nécessité d'un cadre historique, après avoir déjà reconnu jadis qu'il fallait d'urgence « *a sympathetic and minute*

---

1. L. R. FARNELL, *The Evolution of Religion: An Anthropological Study* 1905, p. 81.

knowledge of at least two of the great world-religions[1]». Je n'ai pas à discuter ici la religion type choisie par FARNELL. J'ai exposé, au chapitre II de cette *Méthode*, les raisons qui me paraissaient s'opposer à prendre les religions helléniques comme un « *point of departure for wider excursions* ». Ce qui est beaucoup plus important au présent débat, c'est la question de méthode ; c'est de voir un spécialiste aussi autorisé arrivant, par la force des choses, à constater l'impuissance d'une science comparative fondée exclusivement sur l'appareil et les méthodes anthropo-ethnologiques, et mettant, à la base de son enseignement, l'étude d'une religion du type historique. C'est une reconnaissance bien nette, ce semble, de l'incapacité à arriver à quelque chose, en se bornant aux primitifs et aux sauvages « *both in the past and the present* ».

Mais, pourquoi ne pas aller plus avant en cette voie? Ces résultats que l'ethnologie et l'archéologie anthropologique n'arrivent à atteindre que si fugitivement en combinant leurs moyens, elles les obtiendraient beaucoup mieux en associant leur effort au nôtre. En raccordant leurs immenses inventaires de faits épars à la masse compacte et homogène des séries égyptiennes, les deux sciences, en se pénétrant et en se fortifiant mutuellement, donneraient à l'histoire des religions l'instrument scientifique le meilleur que l'on ait encore

---

1. L. R. FARNELL, *Inaugural lectures of the Wilde Lecturer in Natural and Comparative Religion*, 1909 ; cf. p. 9-10 ; cf. également, p. 4.

possédé. Une telle alliance donnerait les moyens de reconstituer, en avant ou en arrière dans la durée de l'évolution, nombre de chapitres que ni l'Égyptologie, ni l'Ethnologie ne peuvent présenter avec une certitude suffisante à l'aide de leurs seules ressources propres.

Nulle part ailleurs, l'ethnologie ne trouvera dans l'histoire des peuples un appareil aussi intact relativement, et qui, par autant de séries encore entières, s'ajuste aussi exactement aux diverses manifestations de cette vie sociale, dont elle recherche les modes de formation et les premières évolutions. Si, comme je le suppose, chacun s'accorde à reconnaître, comme définition de début, que la religion a été mêlée à toutes les manifestations tant soit peu caractéristiques de la première vie sociale, ou plutôt qu'elle était, de toute nécessité, partie intégrante de ces manifestations; si la religion a été et a dû être non seulement les rapports de l'homme avec les invisibles ou avec les très puissants, mais être aussi la pêche, la chasse, l'exercice des premiers arts et métiers, les premiers essais de vie agricole, les premières ébauches de n'importe quelle science, de toute médecine, de toute astrologie, de toute magie, de toute connaissance du monde sensible; si elle a été tout cela nécessairement, et pour les mêmes raisons que quand il s'agissait de n'importe quel formulaire ou de n'importe quel rituel à l'usage des esprits répandus dans l'univers entier, ou à l'usage des morts: alors il est permis d'entrevoir des résultats inappréciables dans l'entente cordiale que je viens de suggérer. Aucun anthropologue n'ignore la reconstitution magnifique qui s'est faite, dans les vingt dernières années, d'une

Égypte préhistorique. On y a réédifié une civilisation matérielle en ses diverses manifestations, une civilisation appartenant sans conteste à la période néolithique. Et aucun non plus ne s'est refusé à reconnaître que, sur aucun point du globe, on n'avait exhumé les témoignages aussi nombreux, aussi précis, d'une société antérieure à l'histoire. Mais ce que je doute que le monde de la science anthropologique ait assez nettement perçu, c'est à quel point ces découvertes faites en Égypte venaient donner de cohésion et de précision au reste des découvertes faites dans le reste du monde, parce qu'en Égypte, et là seulement, cette civilisation pouvait se dater, et parce que là seulement aussi elle se soudait aux séries historiques. Du coup, elle apportait à l'anthropologie la probabilité scientifique, la plus forte qui eût encore existé, qu'en organisant en séries parallèles les milliers de débris de toutes provenances récoltés un peu partout ailleurs, elle les présenterait vraisemblablement dans l'ordre approchant le plus de l'ordre historique véritable. Mais il y avait encore mieux que l'organisation uniquement matérielle de ces solides séquences archéologiques enchaînant ainsi la préhistoire à l'histoire. L'égyptologie — et là le concours des spécialistes s'imposait — pouvait assurer que nombre des textes qu'elle possède appartiennent précisément, comme date de formation, à cette civilisation préhistorique dont les fouilles exhumaient les restes : prières, rituels, description du monde céleste ou de l'autre monde ; activités des esprits des dieux ou des morts ; formules de toutes espèces, idées sur la nature de la vie, de la force ou des forces, sur la maladie, sur la mort, sur la naissance, sur la texture des êtres ; je n'en finirais pas s'il fallait seulement les énumérer. Ce n'était plus seulement l'objet matériel, semblable à celui retrouvé ailleurs, par l'anthropologie ou par l'ethnologie, chez les hommes du passé ou chez les « sauvages » d'aujourd'hui ; c'était encore la certitude de l'idée attachée à cet objet, et celle de sa destination ou des circonstances de son invention. Les deux sciences unies se rendaient réciproquement le service le plus utile en s'unissant et en se pénétrant. A tout instant, la pensée égyptienne, gardée par les textes, expliquait le sens et l'origine exacte d'objets ou de pratiques que les noncivilisés ont pu garder identiques, comme l'atteste la documentation ethnologique. Celle-ci, à l'inverse, détenait la possession de ce commentaire vivifiant qu'est la vue de l'objet matériel ou de son maniement. Elle en apportait tout le bénéfice à l'égyptologie, en tous ces cas trop nombreux où nous n'avons plus aujourd'hui que le texte, mais sans l'appareil matériel qui y correspondait jadis.

Il m'a bien semblé que l'anthropologie n'avait pas tiré tout le profit indiqué d'un ensemble aussi unique de circonstances favorables. Au lieu de rattacher solidement ses acquisitions à l'Égypte antéhistorique, puis celle-ci à l'histoire égyptienne, en donnant ainsi une solidité jusqu'alors inconnue à la reconstitution du passé, et en particulier du passé africain, on a vu se manifester la tendance inverse à détacher les origines égyptiennes de l'égyptologie, pour les classer dans le préhistorique considéré en lui-même, et pour les comparer exclusivement avec le reste des documents anthropologiques. Pour un peu, on nous eût contesté le droit de nous occuper de cette période des civilisations nilotiques, comme de quelque chose qui échappait à notre compétence ; et l'on vit l'égyptologie presque consentir, aux débuts, à laisser à d'autres le soin de tirer, des nécropoles ou des « stations » de la plus vieille Égypte, les conclusions générales.

En comparant *directement* le préhistorique égyptien aux autres préhistoriques, on procédait comme on avait coutume de le faire partout ailleurs, parce que nulle part ailleurs, en effet, il n'existe plus de lien entre l'histoire locale et les vestiges locaux des groupements humains antérieurs à l'histoire. Le préhistorique y est un document scientifique à étudier en lui-même, ou à réunir aux documents de mêmes périodes provenant de tous les points du globe. C'est ce que l'on a cru bon de faire pour l'Égypte, en appliquant une fois de plus le seul système possible à l'ordinaire : prendre de tous côtés mille faits matériellement semblables, sans se préoccuper des filiations réelles et surtout de l'ensemble auquel appartiennent les faits ainsi détachés. En un mot, on a appliqué la méthode anthropologique. Grave erreur. Le préhistorique égyptien n'a toute sa valeur que relié à l'histoire qui le continue, l'explique et le commente. On semble trop s'imaginer, dans les milieux anthropologiques, que la préhistoire égyptienne ne nous est accessible que par les témoignages directs des nécropoles. Voilà qui est tout à fait inexact. Avant les découvertes qui se sont succédé de 1896 à nos jours, l'Égypte de la préhistoire était connue indirectement par les textes ritualistiques ou funéraires, par la mythologie, l'iconographie, le matériel traditionnel du culte, l'archéologie générale, et même, à l'occasion, par la philologie ou la pictographie hiéroglyphique. Les fouilles et tout ce qu'elles ont exhumé ont eu pour précieux résultat de permettre de vérifier, de contrôler, de rectifier, et, bien entendu, de perfectionner largement l'état de nos connaissances. En aucun cas elles n'ont créé la série de toutes pièces, et je puis dire, sans paradoxe, que l'égyptologie préhistorique a plus reçu de l'égyptologie historique que celle-ci de celle-là. Le gain final le plus sérieux a été la possibilité d'établir désormais, avec la solidité nécessaire, les séries d'évolutions, jusqu'alors seulement entrevues, en matière d'archéologie ou de faits religieux. C'est donc par l'ensemble de ces séries que vaut finalement le préhistorique égyptien ; c'est de cet ensemble seul que l'on peut se servir utilement en matière comparative, et non du document isolé que l'on va chercher dans quelque cimetière « prédynastique ». Il est vrai qu'ainsi entendue, l'étude de l'Égypte préhistorique réclame le concours des gens de la partie. Ce peut être une gêne pour qui aimerait arriver rapidement aux généralisations finales ; elles sont plus faciles à entrevoir de bonne heure, quand il ne s'agit que de comparer entre eux des documents sans histoire comme sans textes. Mais qu'y faire, s'il faut bien arriver à constater qu'il est nécessaire, en bonne méthode, d'en appeler à l'égyptologie ?

Il serait grand temps de procéder d'une autre façon. Plus la reconstitution de l'Égypte archaïque achève de prendre figure nette, en même temps que se précisent et se resserrent les résultats obtenus parallèlement par

l'ethnologie, plus la conviction se fortifie de l'importance
de ce que l'on pourrait acquérir aujourd'hui, en cessant
de travailler isolément, et en ne se bornant plus à ces
communications momentanées, qui ne portent jamais que
sur quelque menu détail de l'archéologie religieuse. Rien
ne donne plus vivement cette impression, que la lecture
des récentes contributions du type « encyclopédique »,
où on a la bonne fortune de voir se manifester, en une
même rubrique et sur un point déterminé de la science
des religions, les opinions les plus récentes, sous la
signature, pour les différentes civilisations examinées,
des spécialistes de chacune d'elles. Telle, par exemple,
la gigantesque *Encyclopædia of Religion and Ethics*,
que publie en ce moment JAMES HASTINGS. Chacun y a
travaillé isolément, et la place tenue par l'ethnologie
atteste la situation actuelle détenue par cette science.
Et sur chaque question, l'évidence se manifeste, après
lecture de la série des monographies, que des résultats
bien autres seraient atteints, si ethnologues et orientalistes, se communiquant au préalable les résultats de
leurs recherches, avaient devisé de concert le plan de
recherches menées à communs efforts.

M. S. HARTLAND, avec beaucoup de bonne grâce,
m'assure que l'ethnologie ne demande pas mieux : « Il
n'y a pas d'anthropologistes, assure-t-il, qui feraient
objection à une enquête basée sur la documentation historique, là où il en existe. Au contraire, ils en font avec
joie leur profit[1]. »

Il se peut que des savants comme M. S. HARTLAND lui-

---

1. *Man*, 1910, 50-51.

même, comme MM. Balfour, Hollis, de Jonghe, Joyce, Keane, Maes, Leith, N. W. Thomas et plusieurs autres encore des chefs actuels des écoles anthropologiques belges ou anglaises soient en effet disposés à nous faire bon accueil, et que les mêmes sentiments de bienveillance dominent dans une partie de l'ethnologie allemande. A Londres, à Oxford, à Tervueren, j'ai eu l'honneur de m'entretenir encore récemment avec plusieurs de ces maîtres ; j'ai pu voir combien il serait aisé de s'entendre sur un plan général de coopération, et à quel point l'œuvre serait fructueuse. Elle serait réalisable dès demain, si d'égyptologie à anthropologie, on se mettait d'accord sur le mode pratique de la répartition du travail.

Mais la vérité m'oblige à dire que jusqu'ici, je n'ai pas encore constaté qu'on nous accueillît dans la littérature anthropo-ethnologique avec cette joie dont parle M. S. Hartland, ni qu'avec ou sans joie, on nous y fît bien large accueil. La part qui y est faite aux faits ou aux monuments provenant des vieilles religions égyptiennes ou de la civilisation *générale* de la vallée du Nil m'a paru plus que réduite, sinon entièrement inexistante, dans les grandes revues consacrées à l'anthropologie ou à l'ethnologie [1]. Il me faut ici préciser, pour ne pas avoir à engager par la suite d'interminables

---

1. Des revues comme l'*American Antiquarian and Oriental Journal* des États-Unis ou les *Annales* de l'Université de Liverpool pourraient se rapprocher un peu plus du caractère d'une revue unissant les recherches orientalistes à celles de l'anthropologie, si le programme était défini, et s'il y avait un plan préconçu de collaboration de ces deux sciences.

discussions. Que le lecteur veuille donc bien se référer aux index ou tables des matières de l'*Anthropologie*, du *Bulletin de la Société d'Anthropologie*, ou de la *Revue d'Ethnographie et de Sociologie* (ancienne *Revue des Etudes Ethnographiques et Sociologiques*) pour la France ; du *Globus*, des *Archiv für Ethnographie*, de la *Zeitschrift für Ethnologie* pour l'Allemagne ; du *Journal of the Royal Institute of Anthropology* pour l'Angleterre ; de l'*Anthropos* et des *Mittheilungen* de la Société Anthropologique de Vienne pour l'Autriche ; de l'*Archivio per l'Antropologia e la Etnologia* pour l'Italie ; du *De Aarde en haar Volken* pour les Pays-Bas. On verra bien figurer çà et là, parmi les rubriques un certain nombre d'articles, quelques comptes rendus, ou l'annonce, au jour le jour, de découvertes faites en Égypte, surtout pour l'Égypte préthinite. Ou bien — dans le *Man* britannique principalement — un trop petit nombre d'égyptologues décriront brièvement un monument égyptien récemment découvert, exposeront le bilan de leurs dernières fouilles, ou signaleront, mais plus rarement et sans insister, tel ou tel point de détail d'archéologie ou de mythologie. Au reste le nombre absolu des articles étiquetés sous la rubrique « Égypte » ne doit pas nous faire illusion : c'est, dans les trois quarts des cas, de la pure anthropologie préhistorique qu'il s'agit, soit étudiée pour elle-même en Égypte, soit comparée directement avec les archéologies préhistoriques des autres pays ; presque jamais d'une Égypte préhistorique reliée à celle de la période classique, et pouvant servir à dégager ou fortifier quelque loi d'histoire générale. De la craniologie, de l'anthropologie somatologique ou raciale, des problèmes de migrations, des constatations matérielles de technique ou de dispositifs funéraires, du détail ethnographique — je ne dis pas ethnologique : voilà le plus clair de l'inventaire. Peu de contributions, d'ailleurs, de quelque étendue. Ces articles, et ces séries de notices ou de notules, est-ce à cela que doit se borner la contribution de l'Égypte, et en restera-t-on à toute cette micrographie ?

Quelles qu'elles soient, ce ne sont là d'ailleurs que collaborations fugitives ; elles n'ont rien de commun avec le reste des travaux ou mémoires, et cela ne ressemble en aucune manière à une tâche menée de concert entre ethnologues et égyptologues [1]. Nous attendons encore qu'on nous montre une série homogène d'articles de quelque ampleur, étudiant des groupes de faits appartenant à l'archéologie préhistorique ou à l'ethnologie proprement dite, qu'ils viennent d'Afrique ou d'ailleurs, et les comparant à un ensemble de pratiques ou d'idées appartenant à la vieille Égypte ; par

1. On ne peut considérer davantage comme un effort commun l'adjonction à une série ethnologique publiée en monographies d'un ou de plusieurs volumes consacrés à l'ancien Orient. Par exemple, dans la prochaine *Ethnologische Bibliothek* de W. Foy, munie du sous-titre significatif : *Mit Einschluss der altorientalischen Kulturgeschichte*. Ce sont là des matériaux isolés réunis par des spécialistes. Le cas est identique à celui de ces séries d'histoires de religions, où figurent un volume de religion égyptienne et un de religion chaldéo-assyrienne, ce qui ne fait pas une histoire comparée des religions. Il y a là néanmoins un indice intéressant de l'importance que l'ethnologie allemande attache à la comparaison des non-civilisés et des « cultures » du vieil Orient.

exemple un parallèle entre les données sur l'autre monde chez tel groupe ethnique, comparé aux données fournies par un formulaire égyptien du type du « Livre de la Mort » ; ou bien une comparaison entre tel rituel funéraire et le livre égyptien de l' « Ouverture de la Bouche »[1] ; ou encore une enquête comparative sur les

---

1. La tâche inverse — celle de signaler des ressemblances avec les non-civilisés à propos d'un fait ou d'un texte égyptien — a été esquissée en ces dernières années, comme je l'ai dit un peu plus haut (cf. *Introd.*, note 1, p. xxx) principalement par Budge et Petrie, à propos, par exemple, du « Rituel de l'Ouverture de la Bouche » ou de la fête du *Sadou*. La tentative s'est bornée, de ce côté aussi d'ailleurs, à quelques rapprochements de faits, suivis sans transition de conclusions hardies et vraisemblablement prématurées, donné le petit nombre des faits envisagés. J'ai signalé (*Sphinx*, 1910, p. 122-143, et *Journal des Savants*, 1911, p. 137) l'inconvénient de ces généralisations trop sommaires. La préface de l'*Osiris* de Budge accroît mes inquiétudes sur cette tendance, manifeste en une partie de l'école, de chercher des rapprochements *directs* chez les non-civilisés. « I have endeavoured to explain [them] by the evidence which is afforded by the Religions of *the modern peoples who live on the great rivers of East, West and Central Africa*... I have grouped about the history of the God *the facts in modern African religions which are similar* (Préface d'*Osiris and the Egyptian Resurrection*, novembre 1911). Déjà visible en son grand ouvrage sur l'*Egyptian Sudan* (1907), et en son *Book of the Kings* (1908), où le sujet même ne permettait que peu de vues comparatives, cette préoccupation de l'auteur de l'*Osiris* s'est graduellement affirmée en sa *Liturgy of Funerary offerings*, son *Book of opening the Mouth* (1909) et sa réédition du *Book of the Dead* (1910), pour aboutir à la volumineuse documentation du dernier ouvrage (*Osiris*, etc., t. II, notamment les chap. 17 à 25). Les références sont au reste puisées en général aux meilleures sources. C'est plutôt la méthode qui me paraît susceptible de mener à des mécomptes. Moins peut-être que celle de Petrie, cherchant à élucider quelques faits égyptiens, non par des faits similaires pris chez les non-civilisés d'Afrique, mais par les vues générales tirées

mobiliers funéraires de certains « non-civilisés » passés ou présents et les inventaires des nécropoles égyptiennes classiques ou préthinites..... Ces recherches portant encore sur des points secondaires permettraient bientôt de s'élever plus haut. A la vérité, j'ai bien trouvé, ici ou là, des rapprochements, mais signalés tout à fait en passant et surtout avec l'Égypte antéhistorique ; j'ai bien noté aussi — et ceci est de bon augure — qu'ils tendaient à se faire plus nombreux, plus nourris dans les dernières publications [1]. Nulle part, cependant, on ne dépasse encore la constatation isolée d'une ressemblance

de l'hypothétique système de G. FRAZER (cf. notamment *Gurneh* (1909) p. 5, et *Memphis*, t. II (1909), p. 8), dont BUDGE, avec raison, n'a pas voulu faire état en un seul cas (sauf une citation au tome I*er* de l'*Osiris*, p. 385, à propos d'un point de détail et sans discussion). Au total, l'égyptologie anglaise semble commettre la faute de méthode que je signalais à propos de la façon dont, à l'inverse, l'anthropologie abordait les comparaisons avec l'Égypte. Quels que puissent être provisoirement ces inconvénients, inévitables au début, de pareilles tentatives témoignent d'un grand progrès, et préparent la voie à des recherches mieux coordonnées. Elles font encore regretter davantage que notre école française se soit trop désintéressée de l'ethnologie africaine, et n'ait pas continué à se préoccuper de rapprochements que MASPERO a proposés le premier, en un temps où ces vues comparatives étaient totalement étrangères aux études égyptologiques (cf. les *Forgerons d'Horus* et une série de remarques en ses *Études de Myth. et d'Archéologie*).

1. Il faut citer comme d'un intérêt particulier les études consacrées aux origines de la céramique africaine par A. DE HAULLEVILLE dans les *Annales du Musée du Congo à Tervueren*, et les rapprochements particulièrement féconds faits à ce propos avec les procédés de la vieille Égypte. Cette belle monographie est un excellent exemple de ce que pourrait donner la collaboration organisée de l'égyptologie et de l'ethnologie, fût-elle restreinte pour commencer à l'examen de questions de détail de ce genre.

portant sur l'appareil matériel, sur un geste du détail rituel, sur une pièce de costume; c'est de la comparaison matérielle, et non de la comparaison d'idées, de la comparaison analytique, et non de la comparaison synthétique. De ces rapprochements d'un moment, sans cohésion, sans aperçus d'ensemble, j'ai trouvé enfin un assez bon nombre dans les traités de date récente sur les religions des non-civilisés, parfois aussi dans les enquêtes méthodiques instituées par l'ex-État indépendant du Congo ou par les éditeurs des *Monographies Ethnographiques*. Beaucoup sont fragiles, plusieurs doivent être déclarés franchement inexacts[1] ; aucun en tous cas ne décèle l'application d'un plan de comparaison méthodique conçu avec quelque ampleur et poursuivi avec suite. Il nous faut autre chose.

Résumons le débat en le considérant de plus haut. Bien au-dessus des petites critiques de détail, des divergences sur les points secondaires, des omissions ou des partis pris que l'on signale en ce que j'ai dit, une question beaucoup plus intéressante a été en somme le fond de la discussion : de l'ethno-anthropologie ou

---

1. Notamment pour ce qui a trait aux ressemblances du matériel funéraire. La tendance à conclure des similitudes à des filiations ou des parentés entre l'Égypte ancienne et l'Afrique équatoriale (e. g. dans le tome I, fasc. 2 des *Annales* précitées, consacré à la *Religion*) paraît bien hasardeuse. L'identité des moyens employés résultant de l'identité des concepts et de conditions de milieu similaires, sans nulle parenté historique, est peut-être une explication meilleure, et tout aussi intéressante au point de vue de la philosophie de l'histoire des religions.

de l'égyptologie, laquelle des deux sciences est capable de mener à la connaissance des croyances les plus anciennes de l'homme?

Ni l'une ni l'autre, assurément, si on prétend arriver à déterminer rigoureusement le début même de ce que l'on entend par le terme « religion ». C'est vouloir me faire dire ce que je n'ai jamais soutenu, quand on argumente comme si j'avais revendiqué pour l'égyptologie une pareille mission — ce qui eût été bien outrecuidant — ou comme si j'avais rejeté délibérément l'ethnologie comme un instrument sans valeur — ce qui eût été aussi puéril que déplacé. Il ne s'agit ni d'exclusions, ni de dédains qui n'ont rien de scientifique ; il ne s'agit pas davantage d'assez mesquines questions de prééminence — et là-dessus aussi je regrette que le malentendu se soit révélé en plusieurs comptes rendus de cette *Méthode*. J'ai seulement constaté, et pour des raisons données en ordre aussi précis que possible, que la religion égyptienne semblait réunir les meilleures conditions pour être le premier terme auquel on soumettrait les résultats obtenus par l'étude des autres religions ; qu'elle avait les mêmes titres à fournir un cadre convenable aux principales subdivisions rationnelles des phénomènes religieux, et qu'enfin ce rôle paraissait d'autant plus devoir lui être réservé que les autres civilisations des peuples passés ou présents étaient incomplètes dans le temps ou dans l'espace. Non seulement je ne vois pas qu'il y ait là prétention à tout expliquer par l'Égypte — encore moins par l'Égypte *seule*; mais encore il me semble qu'un tel plan supposait la plus large part faite à une science comme l'ethnologie, dont la documentation est recueillie dans l'ensemble du monde entier, et nous apporte ainsi les débris de civilisations — au sens le plus large du mot — provenant de tous les temps et de toutes les formes de sociétés. Le point essentiel est de s'entendre sur la façon dont elle peut coopérer le plus utilement à l'enquête — et nullement de contester un moment qu'elle y puisse grandement coopérer.

Dédaigner l'ethnologie était si peu ma pensée, au reste, que quelques mois plus tard, j'ai au contraire essayé de définir, dans un article du *Sphinx*[1], les bienfaits qui résulteraient de rapports mieux définis et d'efforts mieux harmonisés, en vue d'une tâche commune, entre l'ethnologie et nos études égyptiennes. Il y a peu d'apparence que je me sois déjugé à si court intervalle. Mais je n'ai présenté en cet article qu'un des côtés de la question. Écrivant dans une revue technique d'égyptologie, et m'adressant à une autre catégorie de lecteurs, je me suis attaché surtout au point de vue qui intéresse le plus notre science : l'urgence qu'il y avait pour nous à suivre avec plus d'attention les découvertes ou les théories dernières de ces nouvelles sciences de l'homme, et le danger qu'il y avait à continuer à travailler isolément en s'enfermant dans la vallée du Nil.

Il serait hors de propos de reprendre ici les raisons que j'ai données alors tout au long, en parlant à ce moment au seul point de vue des intérêts de l'égyptologie. Tout ce qu'il importe d'en retenir peut tenir en

---

[1] T. XIII, *Egypte et Ethnographie*, p. 122-143.

deux propositions : L'égyptologie ne peut plus ignorer l'ethnologie, et il est peu admissible que l'ethnologie prétende traiter l'histoire de la civilisation en ignorant, comme elle l'a fait jusqu'ici, l'égyptologie.

Qu'il n'y ait en ce programme rien auquel les ethnologues ne puissent volontiers souscrire, j'en appellerai finalement au témoignage d'un des plus distingués d'entre eux. M. L. H. JORDAN est, lui aussi, un partisan de la méthode comparative. Il l'avait défendue déjà en une publication que je m'excuse de ne pas avoir citée [1]. Trop ouvert pour s'enfermer dans la seule ethnologie, et pour admettre les prétentions exclusives ou les dogmatismes tranchants d'une partie de l'École, il a suivi attentivement l'apparition des plus récents travaux qui touchent à l'histoire des diverses religions passées ou présentes. Il a bien voulu prendre la peine d'examiner et de peser consciencieusement la méthode nouvelle que je proposais, et les raisons que j'avais données pour justifier mon choix [2]. Je le remercie de ne pas s'en être tenu à la rédaction ordinaire d'un « compte rendu », et d'avoir cherché à résumer, avec un grand souci d'exactitude, l'essentiel de la thèse que je défendais. Venant après une lecture aussi attentive, son jugement favorable était donc d'autant plus précieux à recueillir. Je laisserai de côté — dans un sentiment

---

[1]. L. H. JORDAN, *Comparative Religion : its Genesis and Growth*, Edinburgh, 1905. Cf. du même auteur *Comparative Religion : its Method and Scope*, London, 1908.

[2]. L. H. JORDAN, *Comparative Religion. — A. Survey of its Literature. Second Section* : 1906-1909. Edinburgh, Schulze, 1910.

que l'on s'expliquera aisément — son appréciation sur les résultats respectifs qu'ont pu atteindre et la présente *Méthode* et celle que préconisent les publications de M. S. Reinach[1]. Qu'il me soit permis seulement de noter les passages où, après une intéressante comparaison entre mon premier essai et les vues de Farnell sur la comparaison en histoire des Religions, il veut bien reconnaître l'exceptionnelle qualité de l'appareil égyptien comme instrument d'enquête[2], et celui où, agréant les principes qui ont été défendus ici même, il relie les conclusions auxquelles j'étais arrivé pour ma part à celles auxquelles il était parvenu pour son propre compte par une voie différente[3].

Conçue en cet esprit, une méthode comparative se préoccupe, on le voit, de tout autre chose que de réclamer la première place comme importance pour telle ou telle religion, ou je ne sais quel monopole en faveur de cette religion. Elle fait place à toutes les religions et accueille tout ce qu'elles apprennent. Mais elle demande, dans l'ordre d'examen des faits, le premier rang pour celle qui lui paraît offrir le type le plus complet, le mieux suivi, le plus long de durée absolue, de manière à mieux mettre en valeur ensuite tout ce que nous apprennent les autres systèmes religieux. Et cette position scientifique, uniquement question de méthode, n'entend préjuger en rien de l'importance

1. Cf. *ibid.*, p. 29.
2. *Ibid.*, p. 26.
3. *Ibid.*, p. 30.

intrinsèque de la masse de faits que peut apporter ici ou là la contribution de telle ou telle science particulière des civilisations religieuses.

Ainsi, ne parlons plus de prééminence, mais d'un emploi combiné et d'un effort simultané. La vieille Égypte fournit sa trame continue. Là où nous n'avons ailleurs que lambeaux et fragments épars, le canevas égyptien garde encore, par si larges places, scènes ou figures de la composition générale que la restauration, sur son modèle, de l'histoire des peuples sans histoire aujourd'hui, devient, sinon possible par définition préalable, au moins très raisonnablement possible à tenter. Il y aurait assurément quelque exagération à soutenir que l'appareil égyptien a pu, de son côté, traverser intact tant de milliers d'années ; et bien des déchirures existent incontestablement. De portions trop considérables, il ne subsiste çà et là que traits brisés ou couleurs trop effacées, les mailles se sont même rompues sur plusieurs points. En mainte occurrence, les « non-civilisés » de naguère ou d'aujourd'hui, serviront donc, à leur tour, à assurer à ces morceaux détruits de la peinture de la vieille Égypte la certitude d'une restauration fidèle. Si bien qu'en somme les religions de la vallée du Nil offriront le modèle d'une évolution historique complète, où les successives survivances enchevêtrées des non-civilisés pourront retrouver leur place et leur date — ou plus exactement, leur ordre relatif d'apparition ; et à l'inverse, les particularités égyptiennes trouveront dans les similitudes ou dans les commentaires de ces religions encore vivantes des « non civilisés », l'éclaircissement ou la confirmation de nombre de détails, où nous savons bien déduire et conjecturer l'origine ou le sens primitif, mais sans trouver dans la seule Égypte un faisceau de preuves suffisant à justifier le bien fondé de nos hypothèses. Le rôle de l'ethnologie ainsi entendu sera d'éclairer, de commenter, de vivifier à tout instant, avec un luxe de preuves qu'elle seule est en état d'apporter, les séries préalablement dessinées d'après le modèle égyptien.

C'est bien ainsi que j'avais compris les choses. Il m'est donc arrivé à plusieurs reprises — et les résultats de l'enquête ne pourront que multiplier à l'avenir les occasions — de rapprocher des religions anciennes des faits empruntés aux « non-civilisés ». Sur quoi, à mon assez grand étonnement, plusieurs de mes critiques ont assuré que je faisais de l'anthropologie ou de l'ethnologie sans le savoir. Et par une confusion analogue, M. GOBLET D'ALVIELLA assure que mon petit livre revient en somme à confirmer la thèse de TIELE — ce qui est vrai, à condition de renverser exactement les termes de la thèse en question [1]. J'aime à m'assurer, au contraire, que j'ai fait de l'ethnologie en le sachant. Recommandant la méthode comparative, c'était bien le moins que de prêcher d'exemple; après avoir dégagé quelques constatations par l'étude préalable des religions historiques de l'ancien Orient, il était indiqué de chercher à les confirmer, et disons-le sans crainte, de chercher à les rendre plus claires sur certains points en faisant appel aux pratiques ou croyances des « non-civilisés ». Celles-ci, à leur tour, ne pouvaient que

1. Voir plus haut, page LXXXVI.

gagner à se voir ainsi soutenues et mises en pleine valeur par les certitudes apportées, grâce aux témoignages d'ordre historique. Je ne vois rien, au total, qui constitue la contradiction qui m'a été reprochée, ni cette « candeur dépouillée d'artifice » que signale M. A. Bros avec quelque ironie[1]. Et ceci me permet de mieux répondre à l'observation de M. S. Hartland qui, avec sa courtoisie habituelle, me fait remarquer que somme toute, j'arrive par ma méthode et par l'Égypte aux résultats mêmes auxquels parvenait déjà l'ethnologie par ses moyens propres.

Assurément, les solutions proposées ont pu être parfois identiques. Mais je maintiens que la différence des procédés employés reste très nette, et qu'avec elle le degré des certitudes obtenues demeure non moins visiblement distinct. L'anthropologie arrive à des probabilités, à des hypothèses fragmentairement vérifiables ; l'égyptologie part de la démonstration de faits scientifiquement prouvés ; elle trouve ensuite dans l'anthropologie de nouveaux moyens de compléter et de généraliser les preuves de détail, ou de fortifier la rédaction des définitions théoriques déjà proposées.

Y a-t-il en tout ce qui vient d'être dit un désaveu de ce que j'ai écrit dans mon premier travail ? C'est, je crois, tout le contraire. Je viens de reprendre, en les précisant, des explications que j'avais déjà eu l'occasion de proposer dans l'article du *Sphinx* de 1910, dont j'ai parlé un peu plus haut, et j'ai dit les raisons qui m'avaient obligé alors à me placer avant tout au point

---

1. *Revue du Clergé Français*, t. LVIII, p. 81.

de vue purement égyptologique, beaucoup plus qu'à celui de l'enseignement des religions. Il semble que cet article ait été pris par quelques-uns comme une « amende honorable » faite à l'ethnologie, et c'est sous cet aspect que M. SCHMIDT l'a présenté à ses lecteurs. Je lui demande de vouloir bien prendre les pages qui précèdent comme l'exposé plus complet de ma manière d'entendre les choses. Je désire même préciser jusqu'au bout, de façon qu'il ne subsiste aucun malentendu; et en attendant que paraisse dans le *Sphinx*, sitôt que faire ne pourra, un second article sur l' « Égyptologie et l'Ethnographie », je tiens à le dire en cette *Introduction* : en dehors d'études monographiques sur tel point spécial — un mythe, une formule, un culte local, etc. — il ne me paraît plus possible de traiter des religions égyptiennes sans posséder de sérieuses connaissances sur les religions et les sociétés des non-civilisés. En d'autres termes, je crois que l'on ne peut plus faire d'égyptologie religieuse tant soit peu approfondie sans avoir étudié l'ethnologie. J'en donnerai bientôt les raisons de détail dans l'article annoncé. On me dispensera de les exposer en une introduction qui s'adresse à un public beaucoup moins restreint que celui de nos lecteurs de publications égyptologiques, et qui éprouverait quelque peine à suivre une argumentation purement technique.

Est-ce donc trop que de demander le traitement réciproque, et de déclarer qu'à l'inverse, les ethnologues devraient faire d'une connaissance plus solide de la civilisation égyptienne une des conditions préalables de leurs tentatives de reconstructions du passé de l'humanité religieuse?

Mais arrivé à cette rédaction finale du point en litige, il me semble bien que l'on doit être tout près de trouver la formule d'une entente définitive. Et les termes d'un accord préalable ont déjà été excellemment proposés, en somme, par un des maîtres de la Science des Religions, que notre revue française de l'*Histoire des Religions* s'honore de compter au nombre de ses plus anciens et de ses plus autorisés collaborateurs.

M. Goblet d'Alviella peut être un fidèle disciple de Tiele; il a trop de largeur de vues et de modération pour refuser d'admettre les thèses nouvelles et la possibilité de renouveler les anciennes méthodes de recherches. Rendant compte de ce que j'avais tenté pour ma part [1], il veut bien admettre que l'enquête comparative débute par l'Égypte ; « tout ce que nous réclamons, ajoute-t-il, c'est le droit d'y faire figurer, en temps et lieu, le témoignage de l'ethnographie, aussi bien que ceux de l'archéologie et du folk-lore. » Avec une réserve expresse touchant le folk-lore, il n'y a rien de si légitime que la revendication de M. Goblet d'Alviella. Il n'est rien qui s'accorde mieux avec l'esprit dans lequel j'ai compris cette méthode, et avec la place très large que j'ai entendu y réserver aux témoignages des non-civilisés. L'union de la science de l'Égypte et des autres « sciences de l'homme » est tout aussi indiquée — je dirai tout aussi nécessaire — que cette solidarité des sciences historiques et des sciences naturelles dont l'un des maîtres de notre égyptologie vient de si bien exposer

---

1. *Croyances, Rites, Institutions* (1911), t. II, 266. Cf. *ibid.*, t. II, p. 105.

les avantages[1]. Qu'il soit seulement bien entendu, avant tout, que l'ethnologie — ou bien plutôt une certaine école d'ethnologie — renonce à la prétention de tirer uniquement de son fonds ou de ses ressources exclusivement, accrues de la contribution de l'anthropologie, du folklore, de la sociologie ou de rapprochements trop sommaires avec les religions classiques, la matière de ses reconstitutions, et le droit à détenir le monopole d'un enseignement d'une prétendue religion primitive de l'humanité. Il sera aisé de s'accorder sur le reste, et de répartir pour le plus grand bien commun les tâches respectives.

A travers les divergences prévues, les jugements respectifs qu'ont portés sur le fond de ce débat MM. Goblet d'Alviella, S. Hartland, Schmidt, m'autorisent à croire que les chefs des véritables écoles ethnologiques voudront bien souscrire à ces conclusions. Si telle est bien leur manière de voir, il est peu douteux que nous n'ayons les chances les plus sérieuses de constituer définitivement la science des religions, et que nous n'arrivions à dégager clairement les lois suivant lesquelles le fonds commun de ce qui constitue la nature humaine a été modifié, suivant les époques et les pays, par les conditions spéciales du milieu historique ou géographique.

---

1. Edouard Naville, *La solidarité des Sciences historiques et des sciences naturelles* (Séance annuelle de l'Université de Genève, 5 juin 1911).

⁂

Je me suis étendu surtout sur le débat relatif aux valeurs respectives de l'égyptologie et de l'ethnologie. Et j'ai voulu entendre par ce second terme — il est nécessaire de le répéter — l'histoire comparée des diverses civilisations religieuses, ou des civilisations sans épithète, sous quelque rubrique spéciale qu'elle se couvre présentement : anthropologie, ou ethnographie, ou « géographie humaine » ou l'un quelconque des vocables divers, et encore hésitants, que prend comme titre la nouvelle science. C'est que ce débat a constitué, ainsi que je l'ai dit, le fond de presque tous les comptes rendus. C'est aussi qu'au moment où la Science des Religions et son Enseignement prennent figure définitive, il importe de décider s'il faut chercher dans une civilisation comme celle de l'Égypte ou bien chez les non-civilisés, la route la plus sûre pour remonter aussi haut que possible dans l'histoire religieuse de l'humanité. Je viens de dire comment je comprenais le rôle et la coopération possible des deux sciences, ainsi que les conditions auxquelles devait être soumise une telle coopération pour être fructueuse.

Mais je voudrais faire observer que cette question n'occupe cependant qu'une petite partie de mon livre. La méthode que j'y ai proposée embrasse l'ensemble de l'Histoire des Religions et peut — je le crois au moins — s'appliquer à tous les sujets qui sont de son domaine. Plusieurs ont été indiqués en ce livre à titre d'exemple et présentés sous un aspect qui, à ma connaissance, n'avait pas encore été envisagé. Par exemple pour ce qui a trait à l'intervention graduelle des dieux dans les sanctions de la morale. Tel encore le chapitre de la magie, un des plus propres à mettre en lumière tous les avantages que possède pour la méthode comparative une religion comme celle de l'Égypte. On a beaucoup écrit sur les magiciens et les sorciers. On a généralement abouti à des explications à la fois trop rudimentaires et trop compliquées. C'est qu'elle a été étudiée jusqu'ici, tantôt dans ses manifestations de basse époque, dans les grimoires ou livres de recettes, tantôt dans l'appareil puéril ou monstrueux des « non-civilisés ». La magie-religion et la magie-science, indissolublement unies dans les plus anciennes religions de la vieille Égypte, donnent une idée plus vraie et plus noble de la magie primitive. J'ai essayé de les montrer en action dans quelques cérémonies parmi celles qui tenaient dans la vie religieuse une place constante et de première importance. J'ai tenté de la faire revivre, quand, aux fêtes du couronnement, elle transformait le Pharaon en un dieu véritable, ou quand, aux funérailles, elle transformait le mort en un être muni de tous les moyens de résister à l'anéantissement, ainsi que de toutes les ressources nécessaires à mener une nouvelle existence, pourvue de mieux en mieux, par la suite, de tout le nécessaire. L'Égypte encore m'a permis de remonter aux idées sur lesquelles la croyance à l'efficacité tenue pour certaine des actes magiques faisait reposer ses théories ou ses principes : idées quelquefois justes, plus souvent erronées en elles-mêmes ou en leurs conséquences ; mais conformes, en tous les cas, au reste des grands éléments du reste de la foi nationale de ce temps-là, et à la connaissance pseudo-expérimentale des forces personnifiées en des êtres qui régissent ce monde. Dans les monuments comme dans les inscriptions de la Vallée du Nil, elle m'apparaît intimement unie à la religion comme à la science, ou bien plutôt ne faisant qu'un avec elles ; s'efforçant comme elles et avec elles, de mettre à la disposition de l'homme les forces et les ressources de la nature ; se heurtant enfin à l'impossible, en cet effort audacieux, mais n'ayant jamais et *ne pouvant jamais* prendre conscience des causes fatales de ses échecs.

J'aurais voulu traiter avec plus d'étendue plusieurs des sujets que j'ai présentés en abrégé dans la seconde partie, et qui ont trait aux *formes comparées* de l'évolution religieuse. J'ai dû y renoncer, en constatant que, si je sortais de la question de méthode et de l'illustration par l'exemple strictement nécessaire, pour montrer que dans l'histoire de l'évolution, l'Égypte était également le meilleur point de départ des recherches, chacun de ces problèmes exigeait un volume à lui seul. Je me suis borné pour l'instant à renforcer par un plus grand nombre de comparaisons les exemples qui sont relatifs aux classes les plus importantes des phénomènes religieux, et à augmenter de cinq à six cas la liste de ceux-ci. J'ai aussi insisté davantage sur d'autres, déjà proposés dans mon premier essai, mais qu'il m'a semblé pouvoir renouveler en les traitant plus à fond dans l'esprit qui a inspiré cette *Méthode*. Ainsi j'ai cru bon, notamment, de consacrer quelques pages nouvelles au chapitre du dualisme, parce que nulle part encore on ne s'est préoccupé d'étudier ce qu'il fut dans la religion égyptienne. Celle-ci nous offre cependant l'exemple le plus instructif des phases par lesquelles a passé en ce pays, plus particulièrement favorisé par la nature, l'idée dualiste balbutiante des débuts. Chez les peuples à peine civilisés qui occupaient la vallée du Nil, aux temps qui échappent encore à l'Histoire, il y eut un dualisme rudimentaire, presque inconscient, tel qu'il apparaît ou tel qu'il tente d'apparaître dans tous les groupements humains, dès les premières tentatives d'organisation d'un corps de notions « religieuses »; tel, en somme, que celui dont on devine ou dont on retrouve les traces chez les non-civilisés. Mais tandis que ceux-ci non seulement n'ont pu modeler plus nettement les premières ébauches, mais les ont au contraire changées en images confuses ou informes, la race égyptienne eut pour elle ses qualités propres et les circonstances exceptionnelles du milieu où sa civilisation s'élaborait. Elle aboutit, par une série de progrès que l'on peut suivre dans les monuments et les textes, à l'idée d'un dualisme *moral*, d'une lutte entre les puissances du bien et celles du mal. Ainsi l'exemple de l'Égypte ne fait pas voir seulement ce qu'auraient pu devenir les centaines de dualismes frustes, incohérents, inorganisés, bornés à la lutte matérielle et individuelle des milliers d'êtres ou d'esprits qui bataillent autour des non-civilisés. Il ne montre pas seulement jusqu'où ceux-ci auraient pu s'élever par eux-mêmes, s'il avait été départi à ces hommes de posséder les qualités exceptionnelles qui formèrent l'esprit national. Une pareille étude peut aussi, je le crois, suggérer de nouvelles idées générales, auxquelles il ne semble pas que personne ait encore songé, sur les causes premières qui ont présidé à la formation du concept dualiste et sur celles qui ont gouverné ensuite son évolution.

Enfin, au dessus des questions de méthode, des vues d'une portée plus haute peuvent déjà se dégager, jusqu'à un certain point, des constatations ou des précisions de détail acquises par les exemples proposés à cette occasion. Cet enseignement d'ordre général, je n'ai voulu ni le formuler expressément ni même le suggérer au cours des différents chapitres de mon livre. J'ai désiré m'en tenir strictement à l'objet de ma démonstration. Ce que j'ai à en dire en cette *Introduction* peut s'énoncer, pour l'essentiel, en quelques mots.

On a cherché à se figurer l'homme primitif. Beaucoup l'ont représenté tremblant, terrifié au milieu de la nature et n'osant toucher à rien. M. S. Reinach a imaginé qu'il avait été libéré en partie par la religion. En déclarant *tabou* un certain nombre d'êtres, d'actes ou de choses, elle aurait ainsi réservé la part des forces ou des maîtres mystérieux de ce monde. Elle aurait ainsi inspiré aux humains la confiance d'user du reste sans danger.

Tout examen attentif d'une série quelconque de *tabous* atteste l'impossibilité de les rattacher tous au fondement unique qui justifie pareille thèse. Les recherches découvrent, à la base des interdictions, vingt origines sans lien entre elles, et dont un grand nombre relèvent de l'observation ou de la pseudo-expérimentation scientifique. Tel le cas des innombrables variétés des *tabous* alimentaires, permanents ou temporaires, d'âge, de sexe, de classe sociale, de fonctions, etc. D'autre part, ce qui a été exposé au cours de cette *Méthode* autoriserait plutôt à se figurer les choses d'une manière tout opposée. Les besoins et la témérité propres à l'homme l'auraient poussé à mettre hardiment la main sur tout ce qui était à sa portée. Ses échecs comme ses châtiments furent fréquents. Il dénomma *tabous* ce qui lui avait été occasion ou cause de souffrance ; à lui-même comme aux siens, il en interdit le risque, et s'assura ainsi qu'il évitait le danger.

La reconstitution de ce « primitif » restera toujours dans le domaine du conjectural. Mais si l'histoire comparée passe de cet inaccessible aux temps les plus anciens où il lui est donné d'atteindre le témoignage de l'homme, des constatations plus fermes apparaissent. Que l'on veuille bien réunir les résultats isolés auxquels nous mène ici l'examen de questions, telles que la magie, la morale, la lutte contre la mort, le sens final du sacrifice, l'observation du ciel ou l'élaboration du dualisme. On y notera certainement le caractère commun, par lequel les races, comme celles dont l'Égyptienne reste le meilleur exemple, se distinguent partout des non-civilisés. Si leur magie-science, qui fut magie-religion, les a faites ce qu'elles ont été dans le monde, c'est à la constance et à l'opiniâtreté des millions d'efforts individuels qu'elles l'ont dû ; l'appareil dont elles disposaient ne l'emportait en rien d'abord sur aucun des autres.

La leçon d'énergie que ces peuples ont donnée au cours de leur histoire montre le gain final de ceux qui n'ont pas craint de mener la lutte, et de la rendre sans cesse plus efficace contre les forces ou les puissances hostiles, de quelques noms qu'ils les revêtissent. L'*évolution créatrice* des races qui ont fondé les grandes religions organisées, et avec elles les grandes civilisations, s'y oppose clairement à l'évolution stérile ou atrophiée des non-civilisés. L'Histoire, et l'Histoire seule, peut revendiquer la tâche de l'assurer et de le prouver.

Le présent livre, comme le premier, ne peut être encore qu'un essai. J'ai l'espoir qu'en continuant, dans le même esprit, mes recherches à travers les religions de l'Égypte, je serai à même de présenter plus tard de nouveaux exemples de tout ce qu'une telle civilisation peut fournir à l'Histoire comparée des Religions.

Dans la magistrale série de conférences au Collège de France (1905), où le professeur NAVILLE a présenté le raccourci de ce qu'avait été la pensée religieuse de la vieille Égypte[1], il est une page réellement émouvante à lire. L'éminent égyptologue évoque, en citant les termes mêmes, la vision de l'auteur de l'Asklepios ; passage si pathétique, en vérité, qu'il nous semble entendre encore cet Égyptien des dernières années de la Foi nationale, quand, sentant venir le déclin de sa patrie et de ses croyances, il pleure en songeant aux jours où il n'y aura plus en Égypte que des monceaux de ruines, dont les barbares ne comprendront même plus le sens : « O Égypte ! Égypte ! il ne subsistera donc plus rien de ta religion que de vagues fables auxquelles les hommes refuseront

---

1. Parue en volume sous le titre : NAVILLE, *La Religion des anciens Égyptiens*, Paris, 1907. Traduction anglaise par *Colin Campbell* sous le titre : *The Old Egyptian Faith*, 1909.

de croire ; rien qui saura dire ce que fut ta piété, sinon des mots gravés sur la pierre...... Tu pleures, Asklepios ? Et cependant il y aura des choses plus tristes encore..... »

A ce cri de douleur poignante, à cette vision désespérée d'une Égypte dont les temps sont accomplis pour jamais, et qui est désormais ensevelie dans les ténèbres du passé, elle dont la gloire rayonna jadis sur le monde entier, l'égyptologie ne peut-elle répondre? N'est-il pas permis de songer qu'un jour approche où, par les travaux inlassables de notre science, le monde, de nouveau, viendra rendre justice à la grandeur de la pensée égyptienne, et saura enfin tout ce qu'elle fut pour l'histoire de la civilisation? Alors, ce jour-là, nous pourrons ressentir ce qu'éprouvaient les vieux Égyptiens dont nous a parlé Callisthène [1], et nous dirons ce qu'ils dirent alors : εὐφημοῦντες δὲ καὶ χαίροντες· « πάλιν ἄρχει Αἴγυπτος » ἔλεγον.

George Foucart.

Ploumanac'h, septembre 1911.

---

[1]. Dans le pseudo-Callisthène, II, 27. Ed. Müller-Didot, p. 81.

Pour le contrôle il a paru utile de présenter dans la liste ci-dessous la série des principales publications où ont paru les critiques ou les objections faites à mon premier travail, et dont il a été parlé au cours de cette *Introduction*.

Anthropos, t. V (1910), p. 576. (G. Schmidt.)

Archiv für Religionwissenschaft, t. XIII (1910), p. 399. (K. Th. Preuss.)

Athenæum, 19 juin 1909, p. 573. (F. Legge.)

Comparative Religion. A Survey of its recent Literature, second section, 1910, p. 26 f. (L. K. Jordan.)

Comptes rendus de l'Académie des Inscriptions et Belles-Lettres, 1909, p. 87. (Bouché-Leclercq.)

Expository Times, t. XXI, oct. 1909, p. 28. (J. Hastings.)

Egypt Exploration Fund. Annual Report, 1908-1909, p. 39. (F. L. Griffith.)

Globus, t. XCV (1909), p. 240. (Preuss.)

Man, 1910, n° 51, p. 94 f. (E. Sidney Hartland.)

Mercure de France, 1909, p. 507 f. (Van Gennep.)

Nouvelle Revue, t. XV, 15 mai et 1er juin 1910, p. 256 f. et 379 f. (J. Brieu.)

Orientalistische Literaturzeitung, 1909, n° 6, p. 253 f. (A. Wiedemann.)

Revue archéologique, 1909, t. I, p. 191. (S. Reinach.)

Revue du Clergé Français, t. LVIII (1909), p. 80 f. (A. Bros et O. Habert.)

Revue de l'Histoire des Religions, t. LIX (1909), p. 82 f. (Goblet d'Alviella.) (Cf. *Croyances, Rites, Institutions*, 1911, t. II, p. 266 f.)

Revue Historique, 1909, p. 181 f. (P. OLTRAMARE.)
Revue des Idées, 15 avril 1909, p. 357 f.
Revue de l'Instruction publique en Belgique, t. LII (1909), p. 32-36. (F. CUMONT.)
Revue Internationale de l'Enseignement, 15 février 1909, p. 185. (E. PICAVET.)
Revue des Sciences Philosophiques et Théologiques, 15 juillet 1909, p. 562 f. (A. DEIBER.)
Revue de l'Université de Bruxelles, avril 1909, p. 552 f. (M. HÉBERT), et février 1910, p. 333 (GOBLET D'ALVIELLA).
Scientia, 1909. *Bollettino di storia delle religioni*, p. 19.
Sphinx, XIII, fasc. 2 (octobre 1909), p. 77 f. (E. ANDERSSON).

LA MÉTHODE COMPARATIVE

DANS

L'HISTOIRE DES RELIGIONS

I

OBJET DE L'HISTOIRE DES RELIGIONS
NÉCESSITÉ DE LA MÉTHODE COMPARATIVE

L'Histoire des Religions a pris, depuis un demi-siècle un développement considérable. Si elle n'a pas encore réalisé les espérances qu'on était en droit de concevoir, c'est peut-être faute de s'être formé une idée assez nette de l'objet exact de ses recherches, et faute d'avoir fixé la méthode à suivre.

A la bien juger, elle ne doit pas être l'exposé successif des systèmes religieux qui ont prévalu chez les différents peuples. Traiter, l'une après l'autre, les religions de tel ou tel groupe ethnique, c'est faire *des histoires de religions*, et non *une Histoire des Religions*.

D'autre part, il convient de réserver aux philosophes la théorie du phénomène religieux considéré en lui-même, et aux sociologues l'étude, encore un peu nébuleuse, des rapports existant entre les faits religieux et les faits sociaux.

L'objet essentiel et le but final d'une Histoire des Religions nous paraît être de rechercher si les religions sont nées et se sont développées au hasard des influences extérieures ; ou bien si leur évolution a été déterminée par des lois générales constantes ; ou bien enfin si elles ne seraient pas le produit complexe de deux éléments : la nature de l'esprit humain et les circonstances contingentes ; en ce dernier cas, de déterminer, si faire se peut, en quelles proportions les deux éléments se sont combinés.

Plusieurs systèmes se sont succédé qui ont eu chacun la prétention de donner la clef des Religions. Les deux plus connus, qui ont dominé pendant la plus grande partie du XIX° siècle, le symbolisme de Creuzer et la méthode philologique de Max Müller n'ont, pour ainsi dire, plus de partisans.

L'étude des divers systèmes qui ont vu le jour de la seconde moitié du XIX° siècle à nos jours ne saurait rentrer dans le cadre de cet exposé. Un résumé historique de toutes ces théories, que l'on ne trouve nulle part, serait à la vérité instructif[1]. Mais on y relèverait en même temps les démentis

---

1. Il a été seulement esquissé dans la *Völkerpsychologie* de WUNDT, t. II, 1re partie (1905); et malgré sa date relativement récente cet essai paraîtra déjà vieilli, tant est considérable la masse des travaux parus depuis sur l'Histoire des Religions. Voir la bibliographie sommaire insérée en appendice à la fin du présent chapitre (p. 15).

et les critiques, justifiés pour la plupart, que se sont infligés tour à tour les chefs des diverses écoles animistes ou préanimistes, « mythiques » ou « magiques »; on constaterait aussi les abandons successifs qu'ils ont faits eux-mêmes de leurs premiers systèmes — et G. Frazer en est l'exemple le plus manifeste. La méfiance est légitime sur la solidité scientifique de tant de thèses si rapidement édifiées et si promptement battues en brèche, surtout si l'on constate que les coups les plus rudes sont venus parfois des adeptes les plus fervents des premières années, — tel le cas de Lang. Aussi bien n'entreprenons-nous pas ici une histoire de l'Histoire des Religions, ni un examen critique des diverses positions prises en cette matière. Notre but est non pas, pour l'instant, de proposer une nouvelle théorie, mais une méthode de travail et les instruments de cette méthode. Nous nous bornerons donc à examiner deux des théories les plus récentes[1], en tant qu'elles ont rapport aux éléments essentiels de nos procédés d'enquête.

Le totémisme, dont la vogue fut plus restreinte, est déjà assez démodé[2]; néanmoins, comme ses

---

1. La théorie, ou plutôt les théories fondées sur le « mythe astral », étendu du « panbabylonisme » à l'ensemble des religions, ne constituent pas réellement un système d'*histoire* des religions synthétiquement conçu. L'essentiel en sera dit au chap. vii (l'Evolution) de cette *Méthode*.

2. C'est à Lang que nous emprunterons cette appréciation qu' « un jour est proche où il sera juste aussi convenable de parler de totémisme en dehors de l'Amérique du Nord que de désigner la ville de Cannes des Alpes-Maritimes pour le théâtre de la victoire d'Hannibal ».

adeptes continuent à le propager avec un zèle passionné, au moins en France, on en parlera un peu plus loin avec quelque détail. Enfin, en ces dernières années, un groupe de sociologues a inauguré une méthode nouvelle qui ne paraît pas devoir conduire à de meilleurs résultats. On examinera au chapitre de la « Magie », ce qui a trait à la théorie proprement dite, — il s'agit simplement d'une adaptation de la vieille thèse de King et de Jevons, rajeunie et remaniée en Angleterre et en Allemagne, sur la force « magico-religieuse » considérée comme origine prétendue des religions. Au point de vue strict de la méthode, qui nous occupe seul en ce moment, les études que cette école a inspirées — et qui ont été publiées, pour la plupart, dans l' « Année Sociologique » — suffisent à mettre en lumière la double erreur sur laquelle repose l'ensemble du système. Il sera bon de la signaler dès à présent pour prévenir les dangers d'une application plus étendue.

C'est, en premier lieu, la part excessive faite au raisonnement, en dédaignant les données positives de l'Histoire. On s'attache à définir *a priori*, par l'analyse logique, au lieu de résumer, dans une définition, les connaissances acquises par l'étude des phénomènes ; on veut tracer d'avance les cadres encore vides dans lesquels les faits à découvrir ultérieurement devront être répartis. Tout au contraire, c'est l'étude préalable des faits qui devrait aboutir ensuite à une classification *naturelle* et non artificielle. Ce système n'est pas conforme non plus à une saine philosophie : c'est une prétention inadmissible que de vouloir édifier une théorie générale sur la comparaison de deux ou trois religions choisies arbitrairement, comme celle des Hindous, des Hébreux ou de quelques non-civilisés, assez mal choisis d'ailleurs en fait[1], tandis que l'on ignore ou que l'on néglige les deux plus vieilles nations du monde, l'Égypte et la Chaldée-Babylonie-Assyrie. Que peut valoir un schéma tracé sans tenir compte des religions qu'ont pratiquées, pendant soixante siècles à notre connaissance, les empires les plus puissants?

Une seconde erreur de méthode est d'avoir procédé par l'examen de pratiques particulières, telles que prière, magie, sacrifice, en les isolant de l'ensemble des croyances dont elles sont nées. Il est évident que la prière, en présentant un fonds

1. Les derniers travaux de l'école totémiste et exogamiste (qui, combinée avec l'œuvre « magique » de King et de ses successeurs, a servi à former l'essentiel des théories adoptées ne France par l'école sociologique) continuent à faire des inévitables tribus australiennes du Sud-Est le miroir de l'humanité primitive et comme le point de départ obligatoire de ces études. Les remarquables articles de N. W. Thomas et de Keane sur le dernier état de l'ethnographie australasienne (*Encyclopædia of Religion* de Hasting, t. I, aux mots *Australasia* et *Australia* montrent à quel point ces races sont, dès la préhistoire, un amalgame de peuples envahisseurs qui se sont refoulés ou mélangés sans trêve ; et moins que jamais, les cultes ou mythes australiens ne peuvent apparaître comme des éléments « primitifs ». Le *Totemism und Exogamy* de Frazer (1910) et son explication de l'origine des totems fournit l'exemple le plus remarquable de tours de force laborieux pour ajuster bon gré mal gré à ces peuples les phénomènes religieux du monde entier (voir au chap. II).

général chez tous les peuples, doit offrir des différences fondamentales, suivant la manière dont chacun de ces peuples a conçu ses dieux, et le degré de dépendance dans lequel il a cru être à leur égard. Et cette conception est très loin d'être la même. Ainsi, l'Égyptien met en ses dieux une confiance empreinte d'une affection profonde ; il invoque leur autorité « comme celle d'un père ». Le Sémite vit dans la crainte de ses dieux, maîtres absolus ; il se courbe sous leur puissance tantôt bienfaisante et tantôt destructrice. Les Perses considèrent Ormazd et ses ministres comme leurs chefs qu'ils ont à suivre dans la lutte qu'ils soutiennent sans relâche contre Ahriman et l'armée du mal. De plus, dans une même religion, sous l'apparence immuable du culte, les sentiments ne cessent de se modifier, en progrès ou en régression, suivant le cas. La prière a subi nécessairement l'influence de ces modifications. Il est non moins évident qu'en suivant l'ordre des temps, en commençant par les plus reculés, on discerne plus clairement les caractères spécifiques des phénomènes religieux que si l'on décomposait, par le pur examen logique, les diverses parties qui les constituent. Qui étudie la magie d'une manière abstraite, par exemple, et tente de la définir en déterminant théoriquement par quels caractères propres elle se distingue de la religion et de la science, en arrivera à appeler magie « tout ce qui ne fait pas partie d'un culte organisé » et magicien « un individu isolé qui travaille sur des phénomènes sociaux ». Tout au contraire, pendant toute la durée des premiers âges, la magie a imprégné la vie entière. On a fait usage de la magie aussi bien dans l'exercice de la médecine ou du art manuel que dans les cérémonies de la religion ; la magie se mêlait à tout, parce qu'elle n'avait pas de caractère plus surnaturel que le reste. Et nul n'aurait été capable de distinguer la « prière » sacrificielle d'une « incantation ».

En somme l'Histoire des Religions n'a rien à espérer de la méthode sociologique. Celle-ci a revêtu l'appareil de la philosophie. Elle n'en a pas l'esprit.

La méthode que nous proposons, comme la seule capable de conduire au but avec sûreté, n'a rien de nouveau par elle-même. Elle est en usage depuis longtemps dans les sciences naturelles. La nouveauté sera de l'appliquer à l'Histoire des Religions en l'adaptant aux conditions particulières du sujet.

Les phénomènes religieux sont, aussi bien que le langage et l'écriture, des manifestations de l'activité humaine. Il est donc admissible qu'ils soient, à ce titre, susceptibles d'être étudiés scientifiquement, comme on le fait pour ceux-ci[1].

---

[1]. Dans une de mes conférences, j'ai voulu tenter d'appliquer cette même méthode à l'histoire des écritures, et j'ai traité ce sujet pendant deux années. J'aurais voulu donner ici, à titre d'exemple, les résultats obtenus. J'ai dû y renoncer, pour éviter une digression qui aurait fait longueur ou qui, condensée en trop peu de lignes, aurait perdu toute précision scientifique. On ne peut qu'indiquer les constatations essentielles. Ce sont, d'une

Le premier point est d'observer les faits, en sachant les isoler des circonstances multiples au milieu desquelles ils se produisent, et de les décrire fidèlement sans les plier à aucun système préconçu.

L'analyse distinguera ensuite la part qui revient aux deux facteurs qui ont concouru à la genèse et au développement du fait religieux. L'un est d'ordre psychologique. C'est l'homme lui-même, ses sensations, ses instincts, ses besoins, son imagination, son raisonnement, ses manières de sentir et d'interpréter la nature qui l'enveloppe. L'autre, c'est le milieu ambiant dans lequel l'homme est plongé : les aspects des astres qu'il

part, l'universalité des tentatives humaines pour noter le langage en signes convenus, la constance des procédés mentaux, l'identité des efforts ou des raisonnements pour arriver à séparer l'image du son, et passer de la pictographie au phonétisme. Ce sont, de l'autre, les variétés dues au milieu géographique, les influences des matériaux et des instruments employés pour écrire, et celles des procédés conventionnels du dessin national. Le système hiéroglyphique égyptien, en raison de sa durée et de sa richesse épigraphique, avait servi de terme de comparaison, et j'ai cherché à ramener à cette mesure la pictographie des Hittites, des Chaldéens, des Aztèques, etc., ainsi que les tentatives des non-civilisés des diverses parties du monde. Une fois démontrée l'action simultanée des deux éléments cités plus haut, la méthode comparative m'a permis de classer les développements chez les différents peuples en séries rationnelles. Une première partie des signes a fourni les images des objets figurés pour eux-mêmes, puis la pictographie, les variétés et les combinaisons des abréviations croissantes, les « tropes », les signes dits « symboliques, » la prédominance graduelle du son sur l'image, le phonétisme, enfin la marche du syllabisme vers l'écriture alphabétique.

voit, puis observe ; la configuration géographique du pays où il se meut, avec tout ce qu'elle produit : climat, phénomènes météorologiques, régime des eaux, produits de la faune et de la flore ; plus tard, les formes de la vie économique, sociale et enfin politique, qui résultent de ces causes naturelles ; en un mot, c'est l'histoire et la géographie, entendues dans le sens le plus large. De là, selon les temps et les lieux, des variétés infinies dans les formes que les religions ont revêtues, mais sous ces apparences changeantes, se cache une série de manifestations de l'esprit humain qui sont identiques, obéissent à des lois constantes, et tendent vers la même direction.

La seconde partie m'a mené à une constatation que je crois nouvelle : une partie des signes imaginés pour noter la pensée en valeurs fixes et convenues ne procède en aucune façon de la pictographie pure et simple des êtres ou objets usuels, plus ou moins abrégés ou interprétés symboliquement par la suite. Dès la première heure, le *corpus* des écritures s'est formé partiellement d'éléments de caractère purement magique ou religieux : talismans, amulettes, fétiches ou parties d'objets fétiches, signes faisant allusion à des forces ou à des manifestations des esprits, à leurs formes supposées, à leurs couleurs, à leurs affinités, etc. ou encore aux pratiques de leur culte, combinaisons de lignes, expressions de nombres mystiques, etc. La magie et l'écriture apparaissent confondues aux débuts, et il se pourrait, en fin de compte, que la première destination des essais de notation écrite ait un caractère beaucoup plutôt mystérieux ou « religieux » ou « magique » qu'un but descriptif ou mnémotechnique au sens ordinaire où on l'entend. Cette thèse, que j'ai seulement indiquée en passant à propos de la notation des combats célestes dans l'*Encyclopædia of Religion and Ethics*, t. III au mot *Calendar* (Egyptian) sera exposée ultérieurement comme il convient en ce même ouvrage au mot *Writing*.

Le travail consistera alors à apprécier exactement la part qui revient à chacun des deux éléments constituants, ou, si l'on veut, à faire la synthèse des deux éléments qui composent la religion de tel ou tel groupe humain.

Pour y réussir, la comparaison est l'instrument nécessaire qui remplacera ici l'expérimentation. Après que, dans une religion convenablement choisie, on aura étudié, aussi précisément et aussi complètement que possible, soit un rite important, soit une croyance, soit encore une série bien nette de modifications dans les pratiques du culte ou dans le fond d'une idée religieuse, on devra comparer à ces faits, sûrement démontrés et établis, ceux qui y correspondent dans d'autres religions. Quand on aura trouvé que les caractères générateurs du rite ou de la croyance sont les mêmes, ou quand on rencontrera, à plusieurs reprises, la même évolution se produisant, je ne dis pas sous une forme extérieure identique, mais dans le même ordre et sous l'action de causes analogues, il y aura bien chance qu'on ait réussi à dégager une des règles constantes du développement religieux. Plus les exemples qui serviront à cette comparaison seront nombreux, de façon à faire varier la donnée avec les différents peuples et les différents moments de l'histoire, mieux on pourra généraliser avec confiance.

D'autre part, il faut se garder d'imiter les errements de l'école anthropologique. Elle a dédaigné l'histoire et la géographie ; elle a voulu expliquer les croyances et les pratiques de tous les peuples par des lois constantes fonctionnant également partout et en tout temps. D'où viendrait alors la variété infinie des religions naturelles, et pourquoi n'en trouve-t-on pas deux qui soient semblables ? Il faut insister fortement sur cette idée que les causes extérieures et variables ne suppriment pas les lois générales, mais qu'elles accélèrent ou ralentissent leur action, et surtout qu'elles peuvent les modifier, au point de sembler avoir la plus grande part dans la formation et le développement des religions. Ainsi, la curiosité naturelle de l'esprit a poussé tous les peuples, à un moment donné, même les moins civilisés, à se demander quelle était l'origine du monde et celle de l'homme. Si partout il s'est ainsi produit des essais de cosmogonie, et si partout néanmoins ces cosmogonies diffèrent entre elles, c'est que la configuration du sol, le voisinage de la mer, la présence de grands fleuves, de grands marais, de hautes cimes, et mainte autre particularité de la géographie physique se sont joints aux phénomènes locaux de la climatologie, de la météorologie, de l'aspect de la voûte céleste et ont diversifié les systèmes imaginés La faune et la flore locales enfin, ont joué leur rôle dans l'élaboration des formes que l'on a prêtées, sur terre ou dans l'espace aux agents démiurges[1]. La tendance générale cependant est par-

---

[1]. Ainsi la Vache-Ciel Nouit ou le dieu-Ciel Hirou, l'Epervier, dans les plus vieilles religions de l'Egypte, sont empruntés à la faune du pays.

tout identique; mais les objets ou les êtres du monde sensible ont revêtu cette tendance d'autant de formes qu'il y a de milieux différents.

Les événements historiques, les conquêtes, les relations commerciales, l'unité ou le morcellement du pouvoir politique, l'existence d'une caste ou d'une classe sacerdotales sont autant de causes secondes qui n'ont pas agi avec moins d'efficacité, et dont il importe de suivre les répercussions sur les lois générales. Ainsi, en Orient, la formation de la monarchie égyptienne, la prépondérance d'Héliopolis et de Râ, puis celle de Thèbes et d'Amon, les défiances politiques d'Amenhâtep IV ont eu une répercussion tangible sur l'élaboration de la cosmogonie, sur le syncrétisme égyptien, sur la donnée funéraire, sur la codification des dogmes relatifs au Soleil, etc.

Il est donc nécessaire de séparer par l'analyse, pour les réunir ensuite par la synthèse, d'abord, l'élément psychologique qui imprime à l'Histoire des Religions une marche uniforme sous des apparences variées, puis l'élément historique et géographique d'où naît la diversité des pratiques et des croyances, et le degré de rapidité ou de lenteur de l'évolution.

APPENDICE

Une bibliographie pratique de l'histoire des religions a été demandée de plusieurs côtés à la suite de la première édition de cette *Méthode*.

Le but de la liste d'ouvrages donnée ci-dessous n'est en aucune manière de dresser l'inventaire de l'effort scientifique accompli, depuis une période de temps déterminée, en cette branche de recherches. La plupart des lecteurs se préoccupent surtout d'être renseignés sur les points suivants : 1° En quoi consiste l'histoire des religions ? 2° Quels sont les principaux chefs d'école, les principales théories, les principales méthodes ? 3° Quelles sont les questions à l'ordre du jour et leurs conséquences possibles ? 4° Quel est l'état actuel de cette science des religions ? L'énumération des publications qui est proposée ici même peut répondre en une certaine mesure à ces questions. L'adoption de l'ordre chronologique a paru offrir en plus l'avantage de permettre de mieux apprécier les changements de thèses, les prééminences successives des diverses écoles, les influences ou les emprunts et de mesurer les progrès accomplis. Le point de départ, forcément conventionnel, a été pris à la publication de Tylor (1865) considérée comme inaugurant définitivement la création d'une recherche sur l'histoire générale des religions, indépendante de l'anthropologie, de la philologie, de la mythologie ou de la philosophie.

Le but ainsi défini, on comprendra qu'il n'ait pas été donné de place, en cet inventaire fort sommaire, aux manuels de toutes espèces, si détaillés fussent-ils, comme par exemple celui de Chantepie de la Saussaye, le plus connu de tous, qui constituent non pas une histoire des religions, mais l'étude des diverses religions considérées successivement en série, et étudiées tour à tour isolément. L'immense bibliographie spéciale à telle religion déterminée était naturellement exclue elle aussi *a priori*. Les recherches publiées à propos des religions des non-civilisés ont paru devoir figurer à quelques reprises, par exception, en raison des vues générales que les auteurs y émettaient, à l'occasion, sur l'ensemble des religions de l'humanité, ainsi que le cas est fréquent dans les œuvres de la jeune science ethnologique. Un tel choix a été nécessairement arbitraire et, je le reconnais tout le premier, sujet à critiques. Je me suis efforcé de citer surtout ceux dont les thèses paraissaient constituer, à propos des non-civilisés, un système ou une méthode ayant un caractère nouveau et général qui intéressait l'histoire entière des religions.

Dans le même ordre d'idées, et pour les mêmes raisons, les publications qui n'examinaient qu'un point déterminé de l'histoire des religions, et ne débattaient qu'une question considérée isolément (prière, sacrifice, ordalie, etc.) ont été omises comme n'ayant pas un caractère assez général ; tandis que d'autres à l'inverse, qui traitaient également, en apparence, un seul des problèmes religieux, ont été insérées quand leur auteur, à propos de ce problème (tel la *Primitive Paternity* de Hartland) se trouvait amené à aborder et à traiter avec ampleur une thèse d'ensemble sur l'histoire générale des religions.

Cette liste exclut également les Encyclopédies même spéciales (telles que l'*Encyclopaedia of Religion and*

Ethics de J. HASTINGS en cours de publication, t. I, 1908, et sq.) ainsi que les études parues dans les périodiques sous forme de mémoires ou d'articles, et aussi bien les volumes qui ne sont que la collection, sous un titre général, d'articles précédemment dispersés en ces périodiques. Exception a été faite pour les *Cultes, Mythes et Religions* de S. REINACH (1905-1908), pour les *Croyances, Rites, Institutions* de GOBLET D'ALVIELLA (1911), et pour les publications de MM. HUBERT et MAUSS, où une vue synthétique de l'histoire générale des religions se dégage plus ou moins de la réunion des monographies. Le même motif a déterminé à considérer comme une thèse générale d'histoire des religions les séries continues des articles de PREUSS et de VIERKANDT dans le *Globus*, ceux de S. HARTLAND dans le *Folklore*, etc.

Sous toutes ces réserves et avec ses imperfections inévitables, la liste ci-dessous est proposée comme pouvant fournir au lecteur les renseignements nécessaires et jusqu'à un certain point suffisants sur l'évolution de l'histoire des religions depuis la constitution à peu près autonome de cette science, sur les plus importants des systèmes soutenus, sur les principales questions débattues et sur les diverses méthodologies proposées. Un astérisque (*) désignera les ouvrages qui devraient être abordés en première lecture ou qui sont à tout le moins indispensables pour une connaissance d'ensemble de ces questions.

1865. TYLOR, *Researches into the early history of Mankind* [1], London.
BASTIAN, *Beiträge zur vergleichenden Psychologie*, Berlin.
1870. *LUBBOCK, *The origin of civilisation and the*

primitive condition of Man (traduction française Barbier, Paris, 1877).

1871. F. Schulze, *Der Fetichismus*.

*Tylor, *Primitive culture* [1], (1903 [4]), London (traduction française Mme Brunet, Paris, Reinwald, 1876).

1876. H. Spencer, *Principles of Sociology*, 1876-1882, London (trad. française F. Cazelles: *Principes de sociologie*, 1882 [1]).

Tiele, *Geschiedenis van den Godsdienst*, etc. (trad. française Verne, Paris, 1880).

1877. Waitz-Gerland, *Anthropologie der Naturvölker*, (1860-1877), Leipzig.

1880. Powell, *Mythologic Philosophy*.

1881. *Réville, *Prolégomènes de l'histoire des religions*, Paris.

1882. *Lang, *Custom and Myth* [1], London.

1883. *Réville, *Religion des Peuples non-civilisés*, Paris.

Gloatz, *Spekulative Theologie*, Gotha.

1884. Mannhardt, *Mythologische Forschungen*.

1885. W. Schneider, *Die Naturvölker, Missverständnisse*, etc., Paderborn.

1887. Th. Scott Bacon, *Beginnings of Religion*, London.

*Lang, *Myth, Ritual, Religion* [1], (1906 [4]), London (traduction française Marillier : *Mythes, Cultes et Religions*, Paris, 1896).

1889. Von Orelli, *Allgemeine Religiongeschichte*, Bonn (= Part I. Sect. 2 de la *Sammlung theologischer Lehrbücher*).

1890. *G. Frazer, *The Golden Bough* [1], (1907 [3]), London (traduction française Stiebel et Toutain, t. I, 1903 ; t. II, 1908 ; t. III, 1911).

1891. S. Hartland, *The Science of fairy Tales*, London.
1892. Goblet d'Alviella, *Origin and Growth of the conception of God* (Hibbert Lectures) (*Édit. franç. : Idée de Dieu d'après l'Anthropologie et l'Histoire*, Paris, 1892).
J. H. King, *The supernatural ; its origins, nature, evolution*, 2 vol., London et New-York.
1893. Caird, *Evolution of Religion*, Glascow.
Siebeck, *Lehrbuch der Religionphilosophie*.
Gould, *Concise history of Religion*.
1894.}
1895.} *S. Hartland, *Legend of Perseus*, London.
1896. Keane, *Ethnology*, Cambridge.
1897. Lang, *Modern Mythology*, London.
Grant Allen, *Evolution of the idea of God*.
D. G. Brinton, *Religion of primitive Man*, London et New-York.
1898. Frobenius, *Die Weltanschauung der Naturvölker*, Weimar.
*Lang, *Making of Religion*, London.
S. Hartland, *The high Gods of Australia* (= Folklore, 1898).
1899. Tiele, *Einleitung in die Religionwissenschaft*, Gotha.
Spencer and Gillen, *Native Tribes of Central Australia*, London.
S. Hartland, *Australian Gods. A rejoinder* (= Folklore, 1899).
1900. *Marett, *Preanimistic Religion* (= Folklore, 1900).
Schultze, *Psychologie der Naturvölker*.

KEANE, *Man, Past and Present.*
BORCHERT, *Der Animismus*
1901. FR. BOAS, *Mind of Primitive Man* (= Smithsonian Institute, 1901).
LANG, *Magic and Religion*, London.
*LANG, *Myth, Ritual and Religion*, London.
STUCKEN, *Astral Mythen*, (1901-1907), Leipzig.
1902. CRAWLEY, *The Mystic Rose*, London.
*LANG, *Social Origins*, London.
1903. BOUSSET, *Das Wesen der Religion*, Halle.
1904. *PREUSS, *Ursprung der Religion und Kunst* (= Globus, 1904 et 1905).
1904. HOWITT, *Native Tribes of South-East Australia*, London.
*LANG, *Custom and Myth*, London.
HUBERT ET MAUSS, *Esquisse d'une théorie générale de la Magie* (= Année Sociologique, 1902-1903).
SPENCER AND GILLEN, *Northern Tribes of central Australia*, London.
1905. H. JORDAN, *Comparative Religion. Its genesis and growth*[1], Edimbourg.
FARNELL, *Evolution of Religion* (= Hibbert Lectures, 1905).
STENDES, *Entwicklung und Offenbarung*, Stuttgart.
*S. REINACH, *Cultes, Mythes et Religions*, t. I, Paris.
BREYSIG, *Entstehung des Gottesgedankens*, Berlin.
LANG, *The Secret of Totem*, London.
VAN GENNEP, *Mythes et Légendes d'Australie*, Paris.
1906. SÖDERBLOM, *Die Religionen der Erde.*

Guyau, *L'Irréligion de l'Avenir*[12], Paris.
S. Reinach, *Cultes, Mythes et Religions*, t. II, Paris.
Haddon, *Magic and Fetishism*, London.
G. Frazer, *Adonis. Attis. Osiris*, London (= la 4ᵐᵉ partie du *Golden Bough*, édition remaniée).
Wundt, *Völkerpsychologie*, 2 vol., Leipzig, 1905 et 1906.
*Pfleiderer, *Religion und Religionen*, München.
Schröder, *Wesen und Ursprung der Religion*, Munich.

1907. Vierkandt, *Anfänge der Religion und Zauberei* (= Globus, 1907).
Stuerkem, *Astralmythen* (1901-1907), Leipzig.
A. Bros, *La Religion des peuples non-civilisés*, Paris.

1908. Lehman, (dans la série Hinneberg), *Die Kultur der Gegenwart*, etc., Berlin et Leipzig.
S. Hartland, *Presidential address*, etc. (= *Transactions of the III*ᵈ *Congress for the History of Religions* (1908), t. I, p. 21 ff., Oxford).
L. H. Jordan, *Comparative Religion. Its method and scope*, London.
F. B. Jevons, *An Introduction to the Study of Comparative Religion*, New-York.
S. Reinach, *Cultes, Mythes et Religons*, t. III, Paris.

1909. *Van Gennep, *Rites de passages*, Paris.
Hubert et Mauss., *Mélanges*, Paris.
*Leroy, *La Religion des primitifs*, Paris.
R. R. Marett, *The Treshold of Religion*, London.

S¹ Clair-Tisdall, *Comparative Religion*, London.

1910. W. J. Thomas, *Source Book for Social Origins*, London.

Kurtz, *Studies in the Marvellous* (University of California).

*G. Frazer, *Totemism and Exogamy*, London.

Jordan, *Comparative Religion*, II, Édimbourg.

Dupuis, *Ursprung des Gottesverehrung* (réédition allemande à l'occasion du centenaire de l'auteur de l'*Origine des cultes*, Leipzig).

*S. Hartland, *Primitive Paternity*, 2 vol., London.

1911. Loisy, *A propos d'histoire des religions*, Paris.

Goblet d'Alviella, *Croyances, Rites, Institutions*, 3 vol., Paris.

G. Frazer, *The Golden Bough*. Nouvelle édition remaniée. Part. I: *Magic arts and the evolution of Kings*, 2 vol. Part. II : *Taboo and the perils of the soul*, 1 vol., London.

II

CHOIX D'UNE RELIGION POUR SERVIR DE TERME DE COMPARAISON. — AVANTAGES DE LA RELIGION ÉGYPTIENNE

Après avoir déterminé l'objet de l'Histoire des Religions et la méthode générale qui convient, reste l'application pratique. C'est toujours le plus difficile. Tout d'abord, il faut choisir la religion dont l'évolution servira de prototype auquel on pourra comparer les autres. Notons bien qu'il ne s'agit pas de les ramener de force au modèle, ainsi qu'on l'a tenté à tort pour les Vedas, ou comme on voudrait le faire aujourd'hui avec la thèse « totémiste ». Nous devons chercher à constater avant tout en quoi elles se ressemblent, et en quoi elles diffèrent. Ceci nous permettra déjà de distinguer entre les éléments essentiels et les éléments contingents des divers phénomènes religieux, et de délimiter soigneusement la part de chacun d'eux. Du reste de la méthode, nous indiquerons le principal, quand nous aurons donné les raisons qui nous dictent le choix de la religion que nous prenons comme type.

Ce choix doit porter *a priori* sur les religions

dites « naturelles », terme pris à défaut d'une terminologie consentie d'accord universel.

Une méthode prudente conseille en effet d'écarter le groupe des religions connues sous le terme de « révélées ».

Encore que nous les connaissions mieux et qu'elles nous touchent de plus près, elles ne sont pas propres à la recherche des lois naturelles qui font l'objet des enquêtes d'une Science des Religions. D'abord « des religions encore bien vivantes n'offrent point une matière aussi instructive que celle que fournissent les religions dont l'évolution est terminée ». Ensuite les règles morales et sociales qui en font partie intégrante compliquent dès le début un problème déjà bien assez malaisé par lui-même. Tandis que les religions naturelles, au moins dans leurs débuts, ne s'occupent ni de loi morale, ni de loi sociale, et que leur formation se développe lentement au cours des âges, celles qu'on appelle « révélées » formulent leurs prescriptions d'un seul coup ; et ce que l'on qualifie quelquefois d' « évolution » consiste à déduire d'un livre sacré les conséquences des principes qu'il contient, ou à formuler les dogmes qui y sont implicitement contenus, à ramener les interprétations à la source sacrée, à combattre les doctrines qui s'en écartent. Rien n'est assurément plus intéressant ; mais ce n'est pas le premier objet d'une Histoire des Religions. Celle-ci doit expliquer et montrer les origines. Si une méthode rationnelle prescrit, pour l'observation scientifique d'un phénomène, de l'isoler et de le dégager des circonstances qui le compliquent ou l'obscurcissent, on est amené à reconnaître qu'il faut bien commencer, pour le phénomène religieux, par l'étude des religions « naturelles » comparées, et prendre parmi elles un type réunissant les meilleures conditions pour l'observateur.

Ces religions, en effet, ont apparu par centaines, en tous lieux et spontanément, comme le résultat des impressions que l'homme éprouve au contact du monde sensible. Elles sont la traduction de ses premiers efforts pour régler ses rapports avec lui, et pour le définir dans la mesure de ses connaissances. Instinctivement, il l'a cru peuplé d'une infinité d'êtres vivant et agissant comme lui, mais supérieurs à ses forces propres. Il les a supposés partout présents : aussi bien dans des arbres, des animaux ou dans des objets inanimés pour nous, tels qu'un pic, un rocher, ou le tourbillon d'un fleuve que dans l'abîme des eaux, les profondeurs de la terre, ou les étendues de la voûte céleste[1]. Il les a tenus la plupart du temps pour invisibles aux regards ordinaires, quoique toujours à portée, toujours aussi, sinon malfaisants, au moins redoutables pour leur force, leur subtilité, leur intelligence supérieure. La « religion » est, à ce stade, un essai tenté pour reconnaître, identifier et jusqu'à un certain point, essayer de classer d'abord

---

1. La question du préanimisme a été réservée pour les raisons exposées dans la Préface.

tous ces êtres ; puis pour se concilier leur appui, ou pour les tenir à distance. Elle est le produit laborieux des réflexions et des expérimentations de l'humanité suivant ses forces mentales dans les diverses races ; et suivant aussi le temps de repos et de réflexion que la lutte contre la nature ou contre les hommes laisse à sa disposition pour méditer et pour édifier. C'est l'homme qui la crée lentement. C'est encore lui qui, dans la suite, la modifie et la développe suivant les tendances de la race, ses préférences, ses raisonnements, et suivant les conditions locales que la nature lui impose. Il n'y a pas de dogme, pas de préceptes impératifs, pas d'oppositions entre les instincts de l'homme et des règles immuables qui lui enjoignent de se faire violence. Dans les religions naturelles, tout est le fait de l'homme. Aussi est-ce là que le phénomène religieux s'offre à l'observateur dans sa plus grande simplicité, comme avec le moindre mélange d'éléments étrangers.

Nous voici donc en présence de la liste des religions « naturelles ». Elle est bien longue en apparence. Va-t-il falloir les passer toutes en revue avant de choisir ? Heureusement, au premier examen, le plus grand nombre s'élimine d'elles-mêmes. Elles constituent, à n'en pas douter, un objet d'études extrêmement captivant. Elles fourniront, pour leur part, des sources de renseignements et des éléments de comparaison. Mais personne n'a jamais soutenu qu'elles puissent servir de point de départ à une histoire générale du phénomène religieux, et encore moins servir de mesure commune à laquelle on ramènerait par comparaison les autres religions. Tantôt elles sont mal connues, sans qu'il y ait chance de les connaître mieux avant longtemps, ou même sans que l'on puisse espérer jamais en connaître assez. Ou bien, il ne subsiste rien de leur période ancienne ; ou encore elles n'existent plus que par fragments, trop isolés les uns des autres. Nous pouvons ainsi écarter, sans que l'on puisse nous le reprocher, les diverses religions des deux Amériques (voir la *Préface*), celles de l'Europe Septentrionale, le Sinisme d'Extrême-Orient, ou en Asie, des religions de l'Asie-Mineure telles que celle des Hittites, ou encore la religion iranienne avant Zoroastre [1]. La série qui subsiste devient relativement brève.

Nos souvenirs classiques nous porteraient d'abord à chercher chez les Grecs le type qui doit servir de terme de comparaison. Mais on voit bien vite

1. De récentes publications comme *The Land of the Hittites* de GARSTANG (1910), les quatre années parues des *Annals of Archæology and Anthropology* de l'Université de Liverpool (1907-1910), le « voyage » de THOMSON en pays hittites (P. S. B. A., t. XXXII, 1910), l'article de EVANS au mot *Ægean Religion* dans l'*Encyclopædia of Religion and ethics* (t. I. p. 141 ff.) ou enfin le beau livre de DUSSAUD, *Civilisations préhelléniques* (1910), montrent assez par elles-mêmes l'état encore hésitant de notre science vis-à-vis des problèmes historiques, archéologiques ou religieux que présentent les civilisations de la Méditerranée antéhistorique ou de l'Asie Mineure. Il est douteux qu'elles puissent jamais servir de mesure commune à une histoire comparée des religions. Elles ne le pourront pas en tout cas avant fort longtemps.

combien leurs religions sont impropres à jouer ce rôle.

Deux causes principales nous en détournent :

D'abord leur histoire n'est connue que pour une période extrêmement courte et d'époque assez basse. Avant le vi° siècle, les monuments et les inscriptions font défaut. Pour remonter plus haut, la tradition littéraire ne fournit que des mythes défigurés et obscurcis par les fantaisies des poètes ou des artistes, non moins que par les spéculations des systèmes philosophiques. Il est inutile de rappeler les échecs successifs des théories sur les religions de la Grèce, théories fondées, depuis un siècle, sur le symbolisme, les mythes solaires, ou la philologie comparée. On n'a réussi qu'à épaissir les ténèbres, à chaque expérience qui a mal tourné.

La seconde raison est la confusion qu'a produite l'amalgame des divinités venues de l'étranger. La moitié des dieux n'est pas indigène. Bien loin d'éclaircir l'Histoire des Religions, ce sont les religions helléniques qui ont besoin d'être élucidées par la comparaison avec d'autres, plus anciennes et moins mélangées.

Les religions de l'Inde ?

Au siècle dernier, la découverte de la littérature védique suscita dans le monde savant un enthousiasme dont il est difficile de se faire aujourd'hui une idée. On s'imagina posséder, transmis fidèlement par la tradition, les chants des pasteurs de la première humanité, célébrant leurs dieux en menant paître leurs troupeaux. C'étaient, croyait-on, les ancêtres des races aryennes, et dans leurs monuments, on allait trouver la clef de toutes les langues, de toutes les religions des peuples indo-européens. Celles de la Grèce eurent particulièrement à souffrir de cette illusion ; pendant cinquante ans, la méthode philologique qui avait la prétention de révéler la nature véritable des dieux helléniques, les mythes solaires, les phénomènes météorologiques empêchèrent tout progrès sérieux. Le mythe solaire, surtout, semble la maladie inévitable que traversent, pendant leur croissance, les sciences religieuses en formation. L'Égyptologie est encore infectée des rêveries fumeuses de la première école, dont on vit se perpétuer jusqu'en ces dernières années le galimatias mystique [1]. Pour les religions helléniques, les traités les plus récents sont encore tout imprégnés des vieilles erreurs propagées par MAX MÜLLER et son école. Cette tentative désastreuse n'est pas de nature à conseiller à personne de prendre la religion des Hindous comme terme de comparaison.

1. On sait à quel point les récents travaux d'histoire des religions tendent au contraire à ramener à une époque relativement basse tout système cosmogonique, mythique ou même religieux en général, basé sur la prépondérance du Soleil. Le fait constaté avec évidence pour nombre de non-civilisés (et particulièrement dans les religions de l'Afrique) a été établi récemment pour la Chaldée-Assyrie, où *Shams* n'est au début qu'une des planètes. Je crois pouvoir assurer que la démonstration parallèle est possible pour la vieille Égypte, où *Ra* n'est arrivé que très lentement à se substituer aux cultes de la voûte céleste, du dieu ciel (simple ou double), des astres, des constellations, et des génies ou esprits des « régions » du firmament.

Les travaux des indianistes nous en détourneraient également. Le premier engouement passé, on a vu les plus éminents d'entre eux avoir le courage de détruire eux-mêmes la légende de l'antiquité fabuleuse des Védas et le prestige qu'elle donnait à leur science [1]. Bien que ces monuments ne contiennent aucun élément d'une chronologie, les savants les plus autorisés sont à peu près d'accord pour dire que les hymnes les plus anciens peuvent remonter environ à l'an 1200 et que les plus récents descendent quelques siècles plus bas. Et ce qui est plus important, ils reconnaissent que ces livres sacrés de l'Inde n'ont aucun caractère primitif, mais qu'ils appartiennent à la fin d'une période religieuse. C'est une œuvre sacerdotale, ce sont des hymnes qui témoignent d'une culture raffinée. On y voit déjà chaque dieu invoqué hors pair et suprême. On lui attribue momentanément les prérogatives d'autres dieux, leurs caractères, leurs fonctions, leurs gestes.

Il sera très instructif de comparer la religion des Védas à la période correspondante de la religion égyptienne. C'est celle des théologies thébaines, c'est-à-dire quelque chose qui est presque à la fin de la série historique. Les analogies sont remarquables [2]. Ainsi, les hymnes où l'on défigure les

---

1. BARTH, *Religions de l'Inde*, p. 19.
2. Voir notamment les procédés de formation que révèle le dernier ouvrage de N. G. DAVIES, *Rock tombs of El Amarna*, t. VI. *Religious texts*, p. 25 ff. ou, pour la symbolique, les sarcophages de Deir-el-Bahri publiés par CHASSINAT (Mémoires Inst. Fr. Arch. Orient., 1910).

actes les plus simples, à force d'allusions mystiques ; où les objets usuels deviennent des symboles, où les phases les plus concrètes de l'offrande, encore reconnaissables dans les textes de la V° dynastie, deviennent le verbeux galimatias, dont le rituel d'Amon est un bon spécimen. On le voit, prises en elles-mêmes, les données religieuses des Védas ne font connaître qu'un moment, relativement assez bas en date, de l'évolution religieuse. Entre les Védas et les religions de l'Inde plus anciennes, dont on devine les traces [1], rien, en textes ou en monuments, ne peut servir à rattacher solidement les maillons de la chaîne. C'est autre part qu'il faut chercher la série complète des développements.

Ni les vieilles religions de notre Europe septentrionale, ni celles de l'Extrême-Orient ne peuvent nous la donner davantage. Les unes et les autres rentrent dans les groupes religieux que nous avons dû écarter dès le début, soit par perte des documents anciens, soit par insuffisance des travaux actuellement publiés sur la matière.

Ce rôle a été revendiqué par une nouvelle « religion », celle des peuples sauvages, ou « non-civilisés ». On risque parfois le mot « primitifs ». C'est le groupe de pratiques et de croyances que la bibliographie anglo-saxonne réunit à l'ordinaire sous la rubrique « ethnic religion », en l'accolant presque toujours — ce qui est significatif, — à la

1. BARTH. *Religions de l'Inde*, p. 157.

section « anthropologie [1] ». A la vérité, cette religion n'a jamais existé réellement, mais la ténacité subtile de ses fondateurs lui a communiqué une vie factice ; d'aucuns l'estiment même un peu bruyante. Cette « religion » a certainement un grand avantage sur les autres : elle n'exige pas les études préalables, toujours longues et difficiles, que réclame la connaissance des religions des peuples civilisés, pourvues de textes et de monuments. L'apprentissage des écritures et des grammaires, les déchiffrements pénibles, les traductions longuement débattues sont supprimées ; la connaissance des langues « sauvages » ne paraît même pas condition requise. Il semble suffire de lire les récits des voyageurs ou des résidents européens, et d'en extraire ce qui a trait aux croyances, pour édifier les systèmes ou les synthèses.

Assurément, l'étude des non-civilisés a rendu et peut rendre encore de grands services. Mais les par-

1. Ainsi dans la nouvelle *Encyclopædia of Religion and Ethics* de HASTINGS. Nous n'avons pas voulu entrer ici dans la discussion du sens exact et des limites réciproques des termes « ethnologie », « ethnographie », « anthropologie ». Aussi bien, non seulement les valeurs réciproques de ces termes varient-elles d'un pays à l'autre, mais encore pour la littérature d'une même nation, l'accord est-il fort loin de se faire entre les divers auteurs. Les débats relevés et suivis à ce sujet dans les trois premiers tomes de la *Revue d'Ethnographie et de Sociologie* de VAN GENNEP et surtout le précieux petit livre de JUNK DIESERUD, *Scope and content of the Science of Anthropology* sont significatifs à cet égard (cf. notamment p. 20 à 52). On voudra bien sur cette question, et pour ce qui a trait à la méthodologie générale, se rapporter à ce qui a été dit dans la préface de cette seconde édition.

tisans de cette école compromettent des résultats légitimement acquis, en prétendant envahir tout le domaine religieux et y tout expliquer. Cette exagération est surtout imputable aux disciples français de MANHARDT ou de FRAZER. Après avoir mélangé leurs doctrines de thèses secondaires empruntées à la fois à l'œuvre de LANG, aux propositions de PREUSS, de KEANE, de MARETT, de CRAWLEY, ils ont essayé de tirer de cet amalgame de théories générales, inconciliables entre elles, l'apparence d'une théorie d'ensemble ayant sa personnalité et son originalité. C'est, on le sait, le sort fréquent des fondateurs de doctrines philosophiques, morales ou religieuses que de susciter des disciples d'autant plus zélés à amplifier la lettre du nouvel enseignement qu'ils en pénètrent moins l'esprit réel. On devine ce que peut être le produit final d'une hybridation comme celle-ci.

Ces « disciples » de tant de maîtres si divers ont poussé à l'extrême les contradictoires théories de leurs multiples devanciers. Ils se flattent en fin de compte d'appliquer à la religion primitive la méthode qui a permis à la paléontologie de reconstruire avec une certitude scientifique les animaux antédiluviens. Il y a une grosse différence. Le mastodonte de l'Ecole Normale ou le Diplodocus du Muséum ont été recomposés avec des ossements trouvés dans le même gisement. Pour reconstituer la prétendue religion primitive, à laquelle on a donné quelque temps le nom de « totémisme », il a fallu récolter et rapprocher des débris épars dans toutes les parties du monde, en Australie, dans l'Amérique du Nord, dans les fêtes agraires de l'Allemagne. Il semble bien qu'on ait seulement réussi à mettre sur pied une Chimère qui n'a jamais vécu.

Quoi qu'il en soit, on peut résumer ainsi leur système : on pose en principe que les tribus sauvages encore existantes sont actuellement dans l'état où a dû être la société primitive. Elles en ont conservé les pratiques et les croyances avec une pureté bien plus grande que les religions qui ne sont pas restées stationnaires. Par conséquent, en recueillant de tous les côtés ces croyances et ces pratiques, on reconstituera une image assez exacte de ce qu'a été la religion primitive. On affirme même, et on se fait fort de prouver que les principaux éléments de cette religion (le *totem*, le *tabou*, le *sacrifice du dieu au dieu* plus récemment, la *mana* et l'*orenda*) existent partout, qu'ils doivent se retrouver chez tous les peuples de l'antiquité, et qu'ils forment encore, en réalité, le fond des religions actuellement existantes [1].

De telles prétentions ont naturellement provoqué de sérieuses objections.

On a plusieurs fois fait remarquer que considérer le sauvage comme le représentant de l'homme primitif était un postulat, et qu'il était peu vrai-

---

1. Ici, nous examinons seulement si la religion des non-civilisés peut servir de terme de comparaison pour l'étude générale des religions. Nous montrerons plus loin sur quelles erreurs fondamentales repose la théorie du totémisme.

semblable[1]. Bien loin d'être le type de la jeunesse humaine, il en représenterait plutôt la décrépitude. Les grands peuples qui ont joué un rôle dans l'histoire n'ont été, à aucun moment, pareils aux non-civilisés. Dès le berceau, ils ont eu le germe des qualités qui les ont conduits à la civilisation, tandis que les peuples sauvages sont au terme d'une évolution, mais d'une évolution manquée[2]. Il est impossible, en effet, d'admettre qu'une peuplade quelconque soit demeurée stationnaire pendant des milliers d'années, et soit restée dans l'état primitif, comme une espèce animale. Les non-civilisés seront plus justement considérés comme des pseudo-primitifs, des peuples atrophiés ou dégénérés.

1. Renouvier. *Philosophie analytique de l'histoire*, p. 1-4. Lalande. *Dissolution dans les sciences physiques et morales*, p. 254-270. Lagrange. *Études sur les religions sémitiques*, 2ᵉ édition, p. 5 et suiv. Aucune des réfutations tentées plus dernièrement à l'encontre de ces constatations (j'ai cité dans la Préface les plus importantes de celles qui m'avaient été adressées après la première édition de cette *Méthode*) n'a pu venir à bout d'en établir le non-fondé. La régression ressort au contraire avec une évidence de plus en plus grande pour nombre de peuples appartenant en Afrique à l'aire des peuples de langue bantoue.

Et les toutes dernières discussions, si passionnées, à propos des Pygmées, montrent en tous cas à quel point, suivant les besoins de la cause, tel ou tel peuple est déclaré par les uns un excellent exemple de primitif ou au contraire par les autres un cas sans valeur de peuple absolument régressé; cf. Keith, *Man.*, Aug. 1910, n° 74.

2. C'est ce que montre fort clairement la recherche des conditions qui ont manqué aux royautés nigritiennes de l'Afrique occidentale ou aux fractions conquérantes des Bantous de l'Afrique équatoriale pour constituer des sociétés capables d'édifier des civilisations religieuses et sociales comparables à l'œuvre des premiers.

Histoire des Religions.

Cette conception du primitif, pour ainsi dire
pétrifié dans les sauvages de nos jours, a bien l'air
d'une abstraction chimérique, pareille à celle du
citoyen type n'appartenant à aucun temps et à
aucun pays, qu'avaient imaginée les penseurs du
xviii° siècle. Tout d'abord, il faudrait admettre
que les non-civilisés n'ont jamais changé de place,
et qu'ils n'ont subi aucun contact d'autres peuples.
Or partout où l'histoire projette quelques lueurs
sur ces primitifs supposés, on peut reconnaître les
traces d'une influence étrangère, pacifique ou violente, ou bien constater des phénomènes de régression [1].

Jamais on ne l'a mieux vu que depuis quelques
années, pour l'immense domaine des non-civilisés
nigritiens, bantous ou hamito-noirs de l'Afrique,
grâce aux enquêtes ethnographiques menées méthodiquement depuis le début de ce siècle, et notamment au Congo Belge. On ne voit partout qu'invasions, migrations, races refoulées, asservies, amalgamées, ou se substituant les unes aux autres en
des laps de temps incroyablement courts — et cela
rien que pour les trois siècles d'histoire africaine
équatoriale qu'il nous est possible de reconstituer,
ou à peu près, ici et là.

---

[1]. Ainsi, pour ce qui a trait aux Australiens « All-Father »
dont il a été tant de fois parlé dans les travaux de l'école ethnologique, les travaux de Schmidt (*Anthropos*, 1908) et après lui
N.W. Thomas ont établi que l'on se trouvait en présence d'apports de croyances successives, dont il est impossible, faute de
documents, de discerner l'ordre exact.

Certaines croyances du Congo sont, déformées, des souvenirs de la religion chrétienne qui y fleurit à l'époque de la grande domination portugaise [1] — tout comme on retrouve en Rhodésia des souvenirs de la légende du Moïse Biblique, ou en Uganda des survivances déformées des récits de la Genèse jadis enseignés aux indigènes par les missions chrétiennes. — Si on supposait ces croyances étudiées par un savant n'ayant aucune idée des croyances chrétiennes, il pourrait parfaitement y voir des mythes indigènes « primitifs ». Qui nous dit que le cas n'est pas analogue, *mutatis mutandis*, pour vingt des peuples de « religion primitive » ? Nous voyons surtout en Afrique le phénomène du souvenir de la religion chrétienne, parce que les faits sont récents. Mais qui oserait soutenir qu'il n'y a pas des traces de l'influence d'anciennes religions de nations plus civilisées, qui ont gagné par infiltration jusqu'aux peuples les plus enfoncés dans les « ténèbres de l'Afrique » ? Les particularités signalées chez les Peuls, ou ailleurs, des cérémonies de couronnement et de funérailles, des usages de matériel funéraire recueillis un peu partout offrent

1. Ou des traditions de récits apportés autrefois par des blancs, et dont on finit par retrouver l'origine. Cf. *Annales de l'État du Congo*, t. II, fasc. 2. *La Religion*, p. 147. Une étude comme la *Breve narratione del regno del Congo* (Roma, 1613) confirme au mieux ces impressions, et c'est avec le plus extrême scepticisme que l'on doit recueillir comme traits « primitifs », les récits cosmogoniques recueillis et présentés comme d'origine indigène dans les trois dernières années de l'*Anthropos* (voir notamment *Traditions et Légendes des Batotsé*, t. III, p. 1 ff.).

des points de ressemblance trop étranges avec la vieille Égypte pour que l'on puisse nier positivement qu'il y ait eu pénétration jadis. Et si nous ne savions plus rien de la vieille Égypte, nous verrions là encore les manifestations de la fameuse « religion primitive ».

Au contraire, en maint endroit, des traces monumentales montrent que là où vivent les prétendus « primitifs », il y a eu jadis des civilisations beaucoup plus développées, et qu'il y a eu par conséquent régression.

Les misérables tribus soudanaises de Meroë descendent de ceux qui édifièrent jadis, en ces mêmes lieux, un puissant empire et élevèrent des Pyramides à l'imitation de celles des Pharaons égyptiens[1]. Il existe en Rhodésia, à Zimbabwé par exemple, des forteresses ou des temples — peu en importe la date absolue — que les habitants actuels seraient incapables de bâtir[2] ; les populations les plus arriérées de certaines régions reculées de l'Indo-Chine vivent à côté des vestiges d'édifices qui témoignent d'une civilisation développée. On soutiendra qu'en ces deux derniers cas,

1. Pour le dernier état des recherches sur les civilisations anciennes de l'actuel Soudan anglo-égyptien, et sur l'ethnographie ancienne de ces régions, voir ce qui est dit par SAYCE dans les P. S. B. A. de 1910, ou dans les années 1909 et 1910 des *Annales d'Archéologie*, etc., de l'Université de Liverpool.

2. Sur cette question controversée, cf. R. N. HALL, *Pre Historic Rhodesia*, London, *1909*, Globus, XCIII (1908), n° 1. *Zur Frage nach dem Alter der Ruinen Rhodesia*, et F. C. SHOUDSALL, Man. 1909, 41.

les peuplades sauvages ont détruit et remplacé les civilisés de jadis. Mais au Mexique, dans l'Amérique centrale et une partie de l'Amérique méridionale, combien n'a-t-on pas découvert de palais, de temples témoignant d'une civilisation très avancée, dans des lieux aujourd'hui couverts par la végétation de la forêt tropicale, et habités par les échantillons les plus misérables de la race humaine. Ces Indiens qui vivent à l'état sauvage sont cependant, sans conteste possible, les descendants de ceux qui ont construit au moins toute une partie de ces édifices ; cela, nous le savons, parce que nous avons pu suivre leur régression et qu'elle est encore voisine de nous.

Mais la faiblesse de la théorie anthropologique tient surtout à la nature des matériaux dont elle a fait ou pourrait faire usage au moins pour l'instant. Jusqu'à présent, et à examiner impartialement la documentation — déjà un peu vieillie — dont se sont servis les principaux chefs des écoles ethnologiques, on doit avouer que la plupart des faits qui ont servi à l'édifice ont été recueillis par des voyageurs qui avaient d'autres soucis qu'une enquête scientifique, à laquelle ils n'étaient nullement préparés. On peut, en général, s'en rapporter à eux quand ils décrivent ce qu'ils ont vu, les cérémonies auxquelles ils ont assisté. Mais quelle valeur attribuer aux renseignements qui reposent sur le témoignage des indigènes ? Ceux-ci comprennent mal les questions ; on comprend mal leurs réponses, surtout quand le colloque a lieu à l'aide d'un interprète. La curiosité de l'étranger augmente leur méfiance naturelle, et, dans la crainte de lui livrer quelque secret magique, qui serve à les opprimer ou à les dépouiller, ils cherchent plutôt à éluder et à dissimuler leurs croyances véritables. Rien ne le montre plus clairement, par exemple, que les renseignements volontairement inexacts qu'ils donnent de mauvaise grâce pour les enseignements des sociétés secrètes en Afrique, *nkimba*, *ndembo*, *kimpassi* ou autres. Ou bien encore, ils répondent ce qu'ils supposent devoir être agréable au voyageur dont ils espèrent un présent. D'ailleurs, ils sont presque toujours incapables de répondre sur des matières aussi difficiles, qui exigeraient un effort de réflexion fatigant [1].

Les recherches officielles risquent de ne pas donner des résultats beaucoup plus certains. L'État indépendant du Congo a entrepris une grande enquête sur les ressources et les conditions de son immense domaine. Il a réuni dans le magnifique musée de Tervueren les documents recueillis par ses agents et ses fonctionnaires. Le deuxième fascicule du premier tome, publié par la direction de

---

[1]. On les voit fréquemment, dans les récits des enquêteurs, se plaindre de ce que ces pensées « leur font mal à !la tête ». Cf. e. g. *Annales de l'État du Congo*, *Religion*, p. 146. Le même aveu est fait avec beaucoup de franchise par les derniers enquêteurs, mieux avertis que leurs devanciers, notamment par plusieurs des auteurs dont la compilation a servi à la rédaction des *Monographies ethnographiques*; ou par bon nombre de collaborateurs de l'*Anthropos*.

ce musée est consacré à la religion. Le savant qui a rédigé le texte intéressant qui précède le catalogue descriptif des collections exprime le regret de n'avoir pu procéder à un classement rationnel parce que les monuments envoyés de là-bas sont accompagnés de renseignements vagues, incomplets et insuffisamment contrôlés [1].

Les relations des explorateurs instruits des questions religieuses présentent un autre danger. En 1899, SPENCER et GILLEN publièrent sur la tribu australienne des Aruntas un livre qui fit sensation [2].

1. *Annales du Congo. Religion*, p. 209. On doit signaler la minutie et la fidélité des notices descriptives, et les efforts pour en tirer parti en les groupant rationnellement. Ce bel ouvrage est la première tentative qui ait été faite pour un ensemble de peuples non civilisés. Un relevé préalable, sur ce type, des objets religieux des différentes races sauvages, serait la première et indispensable condition d'un travail d'ensemble sur les religions de ce groupe. La nouvelle série intitulée : *Documents Ethnographiques*, t. I. *Notes sur la vie familiale et juridique de quelques populations du Congo Belge* (Oct. 1909) et le t. II (1911) consacré aux Bushongo, quoique réservée plus spécialement aux phénomènes juridiques et d'ordre familial, offre également des documents de grande valeur pour l'étude d'un certain nombre de faits religieux. Les *Monographies ethnographiques* du Congo Belge publiées sous la direction de MM. Van OVERBERGH et DE JONGHE (Bruxelles, Institut international de Bibliographie, sept volumes parus de 1907 à 1911). Enfin, il convient de signaler le nouveau système de fiches, très détaillées, en triple exemplaire, dont il m'a été permis d'avoir communication au Musée de Tervueren, et dont les intitulés ne laissent presque rien à désirer au point de vue ethnologique. Le tout constitue un instrument d'enquête bien autrement solide et impartialement rédigé que les enquêtes préconçues menées d'après les méthodes de FRAZER ou que les recherches en Australie dont s'inspire perpétuellement l'école sociologique.

2. SPENCER and GILLEN. *Natives Tribes of Central Australia*. London, 1899.

C'était une étude faite par des hommes compétents, après un long séjour parmi les indigènes, dans les meilleures conditions pour observer et pour comprendre. Un sociologue distingué en tira un tableau type du totémisme dans son unité et son intégralité [1]. Mais en ces dernières années, plusieurs voyageurs, également compétents, ont visité d'autres tribus australiennes. Roth qui a étudié pendant dix ans l'ethnographie du Queensland, où il était directeur des Affaires indigènes, nie absolument l'existence du « totem » dans cette région. Ainsi les Aruntas seraient une exception en Australie. Klaatsch a observé en détail la tribu australienne des Niol-Niol. Aidé par des missionnaires connaissant la langue il a pu pénétrer dans leur intimité. Il a constaté de la façon la plus formelle que les Niol-Niol n'ont pas le totémisme compliqué que Spencer et Gillen avaient décrit pour les tribus du centre. Klaatsch ne pense pas qu'on puisse utiliser sans réserves les documents fournis par ces auteurs : non qu'ils aient été trompés intentionnellement par les indigènes ; mais ils partaient d'une idée préconçue et appliquaient aux Australiens la notion du totem, telle que la connaissent certains indigènes d'Amérique [2].

1. *Année sociologique*, t. II.
2. *Anthropologie*, 1907, p. 688. M. A. Lemonnyer, analysant une étude de G. Strehlow sur deux tribus de l'Australie centrale, avec un appendice de Leonhardi sur le totémisme dans ces deux tribus, a noté que cette publication constituait un com-

Quand nous étudions ce que furent les religions des Grecs, des Hindous, des Chaldéens, des Égyptiens, les écrits anciens, les inscriptions, les monuments de toutes sortes, contemporains des croyances, fournissent une base solide aux interprétations. Chacun peut recourir aux originaux et vérifier. Au contraire, pour les renseignements relatifs aux croyances des sauvages, tout contrôle fait défaut, et c'est là le vice irrémédiable des conclusions qu'on a prétendu en tirer.

Il y aurait bien, en certains cas, les monuments rassemblés dans les musées d'ethnographie. Il est curieux de remarquer, en passant, combien les auteurs de la religion primitive en ont fait peu d'usage. Il y a à Paris, à Londres, en toute l'Allemagne, aux Pays-Bas, en Belgique, aux États-Unis, des collections de premier ordre, sans compter les musées coloniaux secondaires de nombre de grandes villes [1]. Les collections sont publiées ou analysées,

---

plément et un correctif indispensable aux ouvrages bien connus de Spencer et Gillen sur ces mêmes tribus. Il devient en particulier de plus en plus clair que ces populations ne sont pas à considérer comme des primitifs. Cf. *Revue des Sciences philosophiques et théologiques*, 1909, p. 561. Voir aussi le dernier appel de A. W. Howitt, *A message to anthropologists* (R. E. E. S. 1908, p. 481) après la lecture duquel le plus sérieux scepticisme s'impose sur la valeur des documents australiens.

1. La liste d'une soixantaine de ces musées est donnée jusqu'à 1908 inclus dans Dissraud, *Science of anthropology*, p. 193 ff. Elle peut servir de référence sérieuse, malgré quelques omissions dans la muséographie des collections d'importance secondaire (ainsi le musée de Bordeaux est cité, et non le Musée colonial de Marseille, cependant plus important). On doit ajouter à

sans tenir compte des ouvrages de « religion » et réciproquement ; alors que c'est par la comparaison mutuelle que l'on arriverait à quelque chose. On n'irait pas au reste très loin. Ces collections ethnographiques ne contiennent que des témoignages muets, et, à défaut de commentaire écrit, leur explication n'est jamais bien certaine, sauf quand on arrive à ramener les objets ou les coutumes figurées à des religions mieux connues. Les objets d'un culte s'expliquent rarement par eux-mêmes, si humble soit ce culte. Leur destination apparente n'est souvent qu'un leurre. Leur forme n'explique pas leur but religieux et ne révèle en rien leur origine. Si en Égypte nous n'avions pas le sens exact, par les textes et les images, est-ce que nous comprendrions par l'examen le plus minutieux de ces objets, ce que signifie et d'où vient l'herminette qui servait à l' « ouverture de la bouche », la boucle dite « croix ansée » qui signifiait la vie, le signe du fluide magique, et cent autres de ce genre ? Les classificateurs des collections ethnographiques, réduits à la simple répartition d'après les matériaux et les formes, mélangent d'après ce principe trop rudimentaire, des séries d'objets correspondant à des croyances ou des rituels sans liens entre eux ; les conservateurs sont les premiers à le déplorer, et ils sentent bien qu'on ne peut en

---

cet intitulé les collections de première importance de Batavia (Java, Catal. sept. 1910) et celles de Manille. Cf. *Bureau of Science. Division of Ethnology Publications*, Manila, 1908.

tirer aucun profit pour les travaux scientifiques¹.

Et cependant l'on pourrait tirer parti de tous ces objets de musée, laborieusement amassés, comme on pourrait se servir aussi, en partie, avec critique, de toutes ces observations réunies chez les non-civilisés. Car si elles ne peuvent suffire, à elles seules, à retrouver les institutions élémentaires de l'humanité, elles ont une valeur, quand on les rapproche de faits établis avec certitude dans d'autres religions. Elles ont alors l'utilité très réelle de confirmer, ou de contribuer à éclaircir ou à renforcer des vérités déjà connues, et qu'elles n'auraient jamais réussi à dévoiler par elles-mêmes. Elles servent à nous fournir des variantes où parfois, la signification religieuse est plus facile à saisir que dans les civilisations plus avancées.

A l'inverse — et plus fréquemment encore — ce sont ces religions connues qui donneront « leur sens et leur certitude à ces observations (sur les peuples sauvages) au lieu de les recevoir d'elles ² ». Un égyptologue peut vérifier cette assertion à tout instant, quand il ouvre un livre sur ces religions des non-civilisés. Au Congo, par exemple, il peut, par des rapprochements avec tout ce que l'on sait de la vieille Égypte, expliquer les raisons du rituel de fondation d'un village, avec la plantation du pieu, la chasse aux esprits, etc.³, alors que

---

1. *Annales de l'Etat du Congo. La Religion*, p. 209.
2. LALANDE, *op. cit.*, p. 259.
3. *Annales de l'Etat du Congo. La Religion*, p. 164.

les indigènes, et leurs traducteurs, n'en dégagent aucun rapprochement, aucune preuve d'une loi générale. Il comprend l'importance du nom secret donné au nouveau-né ; il définit les principes — ce dont les indigènes sont incapables — sur lesquels leur magie fonde les cérémonies d'envoûtement, d'exorcisme, d'envoi ou d'enlèvement de la maladie, le pourquoi de la nécessité d'avoir pour une incantation des parcelles de l'individu enchanté [1]. Il peut expliquer une à une les diverses phases des danses et des cérémonies étranges du rituel secret d'une fête de *mpara* chez les Warega, avec les sortes de mystères joués par des figurants ou des poupées, alors que l'observateur le plus consciencieux doit se borner à noter exactement les faits sans pouvoir en dégager la théorie. Enfin il classe par séries et groupes rationnels les faits de détail et donne toute la valeur à des observations dont l'importance a échappé aux ethnologues, par exemple pour la valeur de la *formule* [2].

Ajouterons-nous une dernière remarque ? Cette mosaïque faite de tant de faits disparates et d'âge incertain, ces matériaux pris dans toutes les parties du monde, admettons pour un moment qu'ils puissent reconstituer la physionomie de ce qui fut, sur la terre entière, la religion primitive universelle. Tenons-la, même contre l'évidence, comme la peinture exacte de ce qu'ont dû être les premières

1. *Annales de l'État du Congo. La Religion*, p. 171.
2. *Ibid.*, p. 161.

manifestations des phénomènes religieux. Même au prix de cette concession, nous ne pourrions voir dans l'ethnologie et dans l'étude des non-civilisés les instruments convenables pour notre enquête. Elles ne peuvent expliquer, par leurs seules ressources, aucune des évolutions qui ont produit ailleurs les religions des peuples civilisés, puisque ceux-ci sont justement hors de leur domaine. Elles sont obligées, à ce moment-là, de rapprocher les rites ou les croyances des grandes religions organisées des pratiques des soi-disant primitifs, en supposant sur chaque point des survivances, des formes évoluées, bref en procédant partout par hypothèse, ou conjecture. C'est l'opposé exact, comme inconvénient, de ce qui avait lieu pour les religions classiques. Là on ne pouvait atteindre les origines, ici on ne peut descendre le long de la série des évolutions. En un sens comme dans l'autre, il faut changer de race et d'âge, et justifier péniblement la vraisemblance des enchaînements probables. Ne serait-il pas bien préférable de chercher une civilisation homogène plongeant le plus avant possible dans le passé et se continuant le plus près possible de notre propre culture ?

Au résumé, telle qu'elle est présentée aujourd'hui, la prétendue religion primitive des sauvages, fondée sur des raisonnements spécieux, et sur une masse indigeste de faits, accumulés sans critique comme sans contrôle, risquerait d'égarer et de lancer dans une voie dangereuse les recherches sur l'Histoire générale des Religions. Elle peut fournir un très grand nombre d'informations complémentaires qu'on aurait le plus grand tort de négliger, mais rien de plus.

En sorte qu'il faut chercher le type qui servira de terme de comparaison dans les pays qui possèdent à la fois des monuments écrits ou figurés, et où ces monuments remontent à l'antiquité datée la plus haute.

Deux pays ont, à l'heure actuelle, l'avantage incontesté d'une très haute antiquité, représentée par d'immenses séries de documents : la vallée du Nil et celle du Naharéïn. En Égypte ou en Chaldée, les dernières découvertes ont mis au jour des monuments que l'on s'accorde à placer au moins au début du sixième millénaire, sinon du septième [1]. Encore est-ce par prudence que nous n'attribuons pas une date plus reculée, de deux mille ans peut-être, à toute une partie des monuments religieux provenant de nécropoles égyptiennes classées provisoirement dans la période dite de « Neggadèh ».

Devons-nous choisir l'Égypte ou la Chaldée?

Les fouilles les plus récentes pratiquées dans les régions du Tigre ou de l'Euphrate laissent espérer beaucoup. Il y a là des civilisations peut-être aussi anciennes que celles de l'Égypte ; le nombre des documents s'accroît chaque année, et il est déjà

---

[1]. On nous assure, sans bien le prouver, qu'il y en a ailleurs d'aussi anciens. Mais jusqu'ici ils sont à l'état sporadique, ils n'apprennent que peu, et après eux, il n'y a plus rien du tout dans les pays où ils existent.

considérable. Pourtant, on n'a encore fait qu'effleurer les trésors que contient le sol. Il est probable qu'il y a eu, là aussi, cette grande série de faits religieux à laquelle nous voudrions comparer les diverses religions de l'humanité.

Mais pratiquement, plusieurs objections s'opposent à ce choix :

D'abord les monuments n'ont encore été ni assez classés, ni élucidés, avec une sûreté suffisante, ni publiés intégralement en assez grand nombre [1].

En second lieu, les sépultures et les temples n'ont pas eu ou n'ont plus de décorations ; on n'y trouve pas ces bas-reliefs et ces textes explicatifs indispensables pour l'intelligence des croyances ou du rituel ; enfin, toute cette région a été conquise à plusieurs reprises par des peuples dont la race même est un objet de controverse, et ce mélange a produit la confusion des croyances religieuses.

Jusqu'à nouvel ordre nous devons donc nous borner à chercher en Chaldée, plus souvent qu'ailleurs, des éclaircissements, des points de comparaison, des rapprochements, des précisions de détail ; le tout au fur et à mesure que l'on traitera chacun des chapitres de la religion prise comme type.

Nous voici ainsi amenés, par élimination, à la religion de l'Égypte, la seule qui réunisse à peu près toutes les conditions théoriquement requises.

---

1. Notons en passant, sans la discuter, l'opinion d'HILPRECHT, *Ausgrabungen im Bel Tempel zu Nippur*, Leipzig, 1903, où ce savant conclut à considérer l'histoire et la civilisation babyloniennes comme un phénomène de dégénérescence constante.

La religion égyptienne [1] est un fait unique dans l'histoire de l'humanité. Elle offre à l'observateur des conditions exceptionnellement favorables. Elles sont si manifestes qu'on pourrait s'étonner qu'on n'ait pas songé, depuis longtemps, à en faire la base d'une histoire des religions, s'il n'y avait la difficulté préalable des connaissances techniques. On ne peut guère aborder les croyances égyptiennes sans les longues et difficiles études préalables que suppose la connaissance sérieuse de l'écriture, de la langue et d'un nombre presque effrayant de textes et de monuments.

Nous n'indiquerons ici que les plus évidents des avantages que possède l'Égypte religieuse.

D'abord l'antiquité et la durée de la religion égyptienne, en entendant strictement par ces termes les dates et le laps de temps que nous connaissons directement par les monuments [2]. Les découvertes

---

1. « Les religions » serait un terme plus exact, que nous n'employons pas ici pour rester clairs.
2. Il serait facile de remonter beaucoup plus haut. Maspero, et après lui, le reste de l'école, ont, depuis longtemps, prouvé ou par la philologie ou par la démonstration archéologique, que des textes comme ceux des Pyramides ou certaines figurations de la période memphite remontaient très avant dans la préhistoire. L'objet d'un de mes cours à la Facul. é est depuis plusieurs années d'établir la même antiquité extrême d'une partie de la compilation dite « Livres des Morts », et de recueils locaux comme la version « des deux routes » des cercueils d'El Bershèh. L'origine est certainement préhistorique, pour bon nombre des rituels funéraires tels que la célèbre ouverture de la bouche. J'ai tenté de l'établir au moins pour ce dernier (*Sphinx*, 1910) en montrant qu'il correspond à une religion bien antérieure au culte osirien et même aux croyances solaires. Nous atteignons là la religion

AVANTAGES DE LA RELIGION ÉGYPTIENNE   49

des quinze dernières années ont mis au jour, de la fourche du Delta à la seconde cataracte, des nécropoles avec des mobiliers funéraires et des objets couverts de décorations symboliques ou de signes d'écriture bien antérieurs à la première dynastie [1]. On atteint le vi° ou le vii° millénaire avec la période thinite, puis, en arrière, la période de Neggadèh, dont les types les plus anciens nous conduisent jusqu'aux débuts de la période néolithique africaine [2].

D'autre part, on sait que la religion égyptienne n'a pas disparu avant le iv° siècle de l'ère chrétienne. On ne connaît pas au monde de religion qui offre à l'étude une pareille durée. Rappelons enfin qu'entre ces deux dates extrêmes, il n'y a pour ainsi dire pas d'interruption. Textes et monuments se

la plus ancienne connaissable (sinon la primitive) avec les croyances aux forces astrales des quatre régions du monde et avec le dieu ciel, simple ou dédoublé.

1. On ne peut songer à dresser ici la bibliographie des travaux relatifs à la plus ancienne Égypte. La brochure de vulgarisation de CAPART intitulée *Origines de l'Égypte* (1899) donne l'essentiel jusqu'à cette date. Les *Origines de l'Art*, du même auteur, la mènent à peu près complète jusqu'au milieu de 1904. La plupart des publications postérieures sont réunies et citées avec beaucoup de soin par A.-J. REINACH dans un article sur *l'Égypte Préhistorique* (*Revue des Idées*, 1908). Pour les années suivantes, consulter les *Rapports annuels* de Griffith pour l'*Egypt Exploration Fund*, et les remarquables études de LEGGE, *Carved Slates* (P. S. B. A., 1909, p. 201 et 297 et *First Egyptian Dynasty*, etc. P. S. B. A., 1910, p. 223).

2. Il est même question de nécropoles d'une date plus reculée encore, mais inédites pour l'instant, et qui auraient été retrouvées le long de la vallée du Nil. Je m'en tiendrai cependant ici aux nécropoles dont les monuments ont été décrits ou publiés à l'heure actuelle.

Histoire des Religions   4

suivent, période par période. Nous connaissons — et publiées — des nécropoles préhistoriques, thinites, memphites, des Premiers et des Seconds Thébains, des Éthiopiens, des Saïtes, des Ptolémaïques et des Romains — et non pas à quelques exemplaires, mais par milliers de sépultures à monuments et à textes. Nous avons retrouvé des temples thinites et memphites depuis dix ans à Gizèh, à Saqqarah, à Abousir, à Abydos, etc. Nous possédons, un peu partout, les sanctuaires du premier et du second empire thébain, et les édifices de leurs successeurs jusqu'aux constructions ou remaniements des Ptolémées et des empereurs romains. Là aussi, partout, il y a des textes, des figurations, des restes plus ou moins complets du mobilier sacré, des statues, etc.

Le second avantage est non moins important.

Pendant toute cette suite de siècles, l'évolution normale des idées religieuses s'est accomplie sans interruption, sans réforme, sans introduction de croyances étrangères. Il n'y a pas un système, j'oserai même dire, pas une croyance ou une divinité que l'on puisse prouver être venue du dehors en Égypte — à part, bien entendu, les cultes pratiqués par les étrangers à la fin de la période classique et dûment étiquetés comme tels. L'Égyptien n'a emprunté à aucune autre race un seul élément de ses religions nationales, pas plus qu'il n'a tiré du dehors un quelconque des signes de son écriture. On peut le prouver, avec textes à l'appui, pour chacune des divinités que l'on examine en particulier, et c'est ce que j'ai tenté de faire à propos de quelques dieux ou de quelques croyances funéraires [1]. Ni l'invasion des Pasteurs, ni la tentative politique d'Amarna, ni la conquête persane, ni les dominations des Grecs ou des Romains n'ont modifié ou mêlé d'éléments externes les croyances nationales [2].

En revanche, l'influence religieuse de l'Égypte a rayonné bien au delà de la vallée du Nil.

Sans parler des campagnes des Memphites et des premiers Thébains, dont la reconstitution n'est

---

1. *Vases de Neggadèh* (Comptes rendus, 1905, p. 257). *Imhotep* (Revue Hist. Rel., 1904, p. 363). *Une tombe d'Amarna* (Rev. Hist. Rel., 1906). *Tombes d'Amarna* (Rev. Hist. Rel., 1905, p. 99). Notes de mythologie (Revue Etudes anciennes, 1900, p. 245). HASTINGS, *Encyclopædia of Religion and Ethics* aux mots : *calendar, circumcision* et *disease*.

2. Les observations de WIEDEMANN (O. L. Z., 1900, 254) sur cette assertion ne prouvent rien à l'encontre. Il y a eu des dieux sémitiques importés sous les Thébains en Égypte, soit. Ont-ils joué un rôle officiel, possédé des fiefs ; sont-ils entrés dans l'iconographie, dans le rituel essentiel ; sont-ils en un mot devenus égyptiens, ou sont-ils restés en marge, comme des hôtes ? Satit et Neith, dit encore WIEDEMANN, ne semblent pas égyptiennes à cause de leur caractère belliqueux. Hypothèse pure, et à démontrer. Les textes des Pyramides aussi donneraient l'impression de religions d'origines diverses, d'éléments hamitiques et sémitiques. « Impression », mais non démonstration, et mon impression est autre. Éléments divers, il se peut, mais d'un faisceau de religions d'un même groupe ethnique parvenu à divers degrés de son évolution. En somme, aucune preuve directe d'importation étrangère. Au contraire, partout où la documentation des fouilles mène à des conclusions basées sur les faits, la constatation contraire apparaît. Voir par exemple les conclusions de REISNER, Naga-Ed-Der, t. I, p. 137 affirmant *the egyptian civilization continuous from the earliest predynastic period*.

pas encore assez complète, on sait comment sous la XVIIIᵉ et la XIXᵉ dynasties, du xvɪɪᵉ au xɪɪᵉ siècle, les Pharaons conquirent ou maintinrent dans leur vassalité le pays de Chanaan et la Syrie jusqu'au Taurus, les îles de l'Archipel, fondèrent des colonies en Argolide et en Attique. Les cultes d'Isis et d'Osiris ont laissé des traces profondes dans les religions des Sémites Occidentaux ; en Grèce, il a donné naissance au culte du Dionysos attique et aux mystères d'Éleusis, qui ont exercé une si grande action sur les croyances du monde ancien. Ce ne sont là que les cas les plus notables de cette influence[1].

On sait aussi comment, à l'époque gréco-romaine, la religion isiaque s'est répandue dans toutes les provinces de l'Empire. Le roman d'Apulée montre quelle attraction ses mystères exerçaient sur les esprits, las du culte officiel et avides d'une religion plus vivante. Et également dans les hérésies des premiers siècles du christianisme et dans les sectes des Gnostiques, il y aura à faire la part des conceptions égyptiennes[2].

On a déjà idée par ce qui précède de la place que doit tenir l'Égypte dans l'histoire religieuse de l'humanité.

[1]. Il est vraisemblable que l'action égyptienne s'est exercée en tous sens, et a eu soit directement, soit par contre-coup, la même influence dans le sud qu'au nord, au nord-ouest ou au nord-est. C'est ce que révélera probablement l'étude des religions du Haut-Nil, de l'Éthiopie païenne et d'une partie de l'Afrique équatoriale.
[2]. Cf. Amélineau, *Essai sur le Gnosticisme*.

Une troisième constatation nous reste à signaler. C'est le nombre et la qualité des documents. L'abondance est véritablement unique au monde des textes et des monuments bien conservés, intelligibles et dûment datés. Ces milliers de lignes de textes et d'images ne sont pas d'éternelles redites ou de verbeux commentaires, ni des minuties portant sur des détails secondaires, comme cela est trop souvent le cas ailleurs.

Leur nombre s'accroît tous les jours. Il semble que l'Égypte soit inépuisable. Ce qui a été trouvé et publié de monuments ou de textes religieux depuis vingt-cinq ans est surprenant. Rien n'en donne mieux l'impression que le répertoire bibliographique de l'Égyptologie, quand on regarde les dates de publications, la nature des travaux publiés, et la proportion des répertoires consacrés à l'édition des documents nouveaux. Les trois séries anglaises, *Egypt Exploration Fund*, *Archæological Survey of Egypt*, *Egyptian Research Account* fournissent à elles seules plus de soixante-dix volumes, l'Allemagne et les États-Unis arrivent, réunis, presque au même chiffre. La gigantesque édition du Catalogue du Caire, sans parler des publications annexes du Service des Antiquités, consacre près de la moitié des quarante et quelques volumes déjà parus à des séries archéologiques tenant étroitement à la religion : statues et statuettes divines, textes magiques, papyrus funéraires, et surtout les stèles et les sarcophages à milliers de lignes de textes uniquement religieux.

Les monuments appartiennent à toutes les variétés que l'on peut souhaiter pour une enquête portant sur tous les points d'une religion : temples, tombeaux, statues, papyrus, mobiliers funéraires, amulettes, talismans et textes magiques, matériel du culte. Les inscriptions, les bas-reliefs ou les fresques appartiennent à toutes les séries que l'on peut imaginer dans le domaine religieux. Les scènes qui couvrent les murs des temples, et que les inscriptions commentent, comme celles qui décorent les parois des tombeaux ne sont jamais de la décoration pure. Toutes ont un sens et *produisent* un effet religieux. L'examen d'un « mastaba » tel que celui du Louvre ou comme celui récemment publié par le Musée de Leide révèle l'ingéniosité des dispositifs et des concepts religieux qui lui correspondent, et nous avons publié à l'heure qu'il est, une bonne centaine de tombes de la période memphite à décorations murales accompagnées d'inscriptions. Les milliers de statues qui nous sont parvenues ne sont pas des œuvres d'art, mais des instruments nécessaires d'un culte dont nous connaissons, par les textes, tous les détails et dont nous pouvons suivre l'évolution complète [1]. Celles qui sont consacrées dans les temples sont parfois couvertes d'inscriptions qui les envahissent tout entières. Elles nous instruisent ainsi sur les rapports des dieux et de leurs fidèles. Nous avons des rituels complets ; nous

---

1. Cf. George Foucart, *La religion et l'art dans l'ancienne Égypte* (*Revue des idées*, 15 novembre 1908).

avons une série de livres sacrés que les vivants, en Égypte même, ne connaissaient point à l'ordinaire, et dont le formulaire remontait aux plus anciennes périodes accessibles des religions nationales. On peut assurer sans paradoxe que nous en savons beaucoup plus sur les croyances funéraires de l'Égypte que la masse des Égyptiens, hors la classe sacerdotale. Ainsi tous ces recueils dont les exemplaires étaient ensevelis avec les morts dans leurs cercueils, ou copiés sur les parois de leurs tombes, il n'y avait guère à les connaître que les scribes des temples ou les graveurs d'hiéroglyphes. Encore ceux-ci ne les comprenaient-ils qu'assez mal, et les copiaient-ils servilement. Les 4.097 lignes d'hiéroglyphes gravées dans les couloirs des Pyramides, sous les dynasties V^e et VIe, sont les textes religieux les plus vieux du monde comme date absolue de rédaction. Ce sont encore ces compilations énormes que l'on désigne dans la science comme « livres des Morts ». On n'en avait, il y a vingt ans, que les exemplaires sur papyrus du Nouvel Empire, plus quelques rédactions, plus anciennes, sur parois de sarcophages. On en possède aujourd'hui plusieurs centaines de toutes les parties de l'Égypte, Gisèh, Saqqarah, Abousir, Meïr, Syout, Beni-Hassan, Dendérah, Gebeleïn, etc., qui se répartissent entre la VIe et la XIIe dynastie et quadruplent le nombre des « chapitres » connus.

Les travaux du Service des Antiquités de l'Égypte (par exemple la « cachette aux statues » de Karnak), les fouilles anglaises, allemandes, américaines, françaises — et non plus seulement aujourd'hui dans l'Égypte propre, mais en Nubie et au Soudan anglo-égyptien — ne cessent d'accroître, d'année en année, ces trésors de faits et de monuments religieux. C'est un immense inventaire qu'il faudrait pour énumérer seulement, tout ce qui est sorti de la terre égyptienne depuis dix ans. Grâce à des documents de natures si diverses et en pareils nombres, nous n'arrivons pas seulement, comme partout ailleurs, à la connaissance ou à la reconstitution fragmentaire du rituel, des fêtes ou des religions, mais à leur possession complète, et chaque hiver de fouilles la rend plus évidente.

Si incomplet que soit cet exposé, bien trop sommaire, des ressources et des qualités de la religion égyptienne comme instrument de comparaison et d'enquête générale, il en ressort cependant qu'elle est bien la religion qui doit être choisie comme point de départ de l' « Histoire des Religions », et qu'elle est bien celle qui peut conduire le plus sûrement à organiser une *science* des religions.

En résumé la religion égyptienne, comme l'a très fortement marqué Maspero « est celle dont l'histoire positive est actuellement la plus longue et la plus riche en documents originaux : en effet, tandis qu'une bonne partie des textes gravés dans les Pyramides de la V° et VI° dynastie remonte aux temps antérieurs à Menès, les derniers graffiti païens inscrits sur les murs de Philæ sont du v° siècle après J.-C. Pendant les milliers d'années qui séparent ces deux époques, une série d'inscriptions monumentales ou de manuscrits nous permet de noter et de suivre, presque sans interruption, le développement de la pensée religieuse en Égypte. J'ajoute que si, au lieu de s'en tenir, comme je le fais, aux textes de langue égyptienne, on abordait les livres en langue grecque, inspirés en partie au moins par les dogmes pharaoniques, on pourrait prolonger la survie de ces dogmes assez avant dans le moyen âge byzantin ».

L'esquisse de la méthode que je propose ici de suivre pour l'Histoire des Religions n'est pas un plan définitivement arrêté en toutes ses lignes. Cette esquisse sera cependant assez claire — au moins je le souhaite — pour marquer la direction dans laquelle on devra marcher avec quelque chance d'arriver au but.

Il est utile de compléter l'exposé théorique qui précède par quelques applications pratiques. Elles sont destinées à montrer ce que peut faire espérer l'emploi de la méthode comparative, en prenant l'Égypte comme point de départ.

Elles ne constituent, bien entendu, ni une énumération limitative des problèmes qu'une histoire comparée des religions doit traiter, ni, encore bien moins, un essai de l'ordre dans lequel ces problèmes devraient être abordés. Ainsi, il est évident qu'une comparaison entre les différentes religions suppose, avant tout, la connaissance des définitions qu'elles ont proposées de la structure et des énergies des êtres ou des choses constituant le monde sensible. Il ne paraît guère possible d'étudier directement et sans cette enquête préalable[1] des pratiques ou des croyances qui toutes, nécessairement, reposent sur les idées que se fait telle ou telle race sur la nature de la vie, sur les principes constituant la personnalité, sur ce que sont, à ses yeux, les facultés intellectuelles, la force, les passions considérées comme autant d' « âmes » ou d' « esprits » distincts, sur l'origine de ce qui fait qu'un être est vivant, etc.[2]. L'Égypte, sur ce point aussi, paraît

---

[1]. C'est pourtant ce qui a été fait, sans exception, par tous les ouvrages ou monographies s'occupant d'une religion ou d'un groupe de religions. Même la Culture primitive de Tylor, dont tout le système repose sur l'animisme, n'aborde ces questions — très incomplètement d'ailleurs — qu'à la fin, ou presque, du premier volume.

[2]. Il apparaît de plus en plus certain, depuis l'essor récent de l'ethnologie, qu'un des grands obstacles auxquels se heurtent les enquêtes anthropologiques est l'emploi constant d'une terminologie qui suppose a priori chez les non-civilisés des « classements » analogues aux nôtres dès qu'il s'agit de ce que nous exprimons par les mots force, personne, vie, nom, et même les mots âme et esprit. Il n'est pas jusqu'au système de Tylor qui n'emploie à tout instant cette manière de traduire inintelligible, par exemple en employant à tout instant le singulier âme pour étudier des civilisations radicalement incapables d'arriver à cette simplification. Quant aux enquêtes les plus récentes et les plus soucieuses de procéder d'après des méthodes scientifiques, la manière dont les plus complètes d'entre elles procèdent à cet examen (par exemple les Monographies Ethnographiques ou les Questionnaires du Gouvernement Belge) montre qu'on n'y a encore aucune idée de l'importance de ces définitions préliminaires ni de la façon de classer les éléments. C'est en grande partie ce qui a donné naissance aux différents systèmes pré-animistes, et un sérieux remaniement de l'animisme sur ce point le mettrait probablement à même de répondre victorieusement à la plupart des critiques dont l'œuvre de Tylor a été l'objet. Il

être le point de départ nécessaire de toute enquête comparative. Elle seule possède des textes assez nombreux et encore assez imprégnés des idées originaires pour nous habituer, tout en nous obligeant à rester précis, à manier ces concepts si différents des nôtres qu'aucune terminologie moderne ne peut offrir de cadres dans lesquels leurs termes puissent s'ajuster exactement. Ses efforts pénibles, malhabiles à séparer telle ou telle énergie intellectuelle ou physiologique de l'organe où elle s'élabore, son incapacité fréquente à voir en cette énergie même une manifestation d'un être, et non pas un être distinct par lui-même, sa manière de faire de la force, ou de la ruse, ou de telle sensation des « âmes » d'un individu; bref vingt caractéristiques de ce type [1], bien prouvées par des

en est notamment ainsi de la définition de la *force*, que l'on n'a pas assez nettement vue être à la fois une chose aussi matérielle que le serait un corps, une partie de l'être vivant, et non pas une émanation de quelque chose ou de quelqu'un, mais une de ses âmes ou un de ses esprits, au même titre que l'une quelconque des facultés ou énergies de n'importe quelle partie du corps.

1. Les divisions bien connues de l'individualité égyptienne en neuf ou dix entités distinctes (corps, ombre, cœur, doubles, esprit, âmes *ba*, fantômes *sahou*, image *sokhim*, et *nom*) ont été exposées à peu près dans tous les traités récents d'égyptologie, notamment dans ceux de BUDGE, mais ne constituent qu'un des aspects de la question. Les textes des Pyramides, et ceux des Livres des Morts montrent très nettement la survivance de temps où non seulement plusieurs de ces éléments existaient en chaque individu à plusieurs exemplaires, mais aussi, ce qui est plus important encore, la façon dont les facultés, les forces ou bien les passions étaient considérées comme des sortes de vapeurs,

exemples certains contribueront plus efficacement qu'aucune étude d'une autre religion à établir la méthode d'après laquelle il convient de travailler. Si cependant, et tout bien pesé, l'exemple de l'Égypte n'a pas été proposé ici-même sur ces questions, l'omission est volontaire. La difficulté préalable était beaucoup trop grande d'arriver à traduire en une langue de la civilisation moderne des idées aussi éloignées de toute la mentalité des civilisés. Trop de textes et de preuves de détail auraient fait longueur [1]. Il a paru préférable, puisqu'il ne s'agissait ici que d'exemples, d'en prendre qui se comprenaient du premier abord, et qui avaient leurs applications pratiques immédiates dans l'étude des religions des peuples dit « civilisés ».

Ceux que voici ont été choisis parmi les questions qui ont été débattues en ces dernières années, et pour lesquelles il ne paraît pas qu'il ait été donné de solution satisfaisante. Quelques-unes sont présentées avec un certain développement, mais sans l'appareil de références et de discussions qu'on ne peut demander qu'à un traité spécial sur chacune de ces matières. D'autres ne seront

---

d'émanations matérielles constituant autant d'esprits, liés aux organes qui les engendraient, étant leurs « âmes », et pouvant, comme les autres, être extériorisées, captées, ingérées, etc.

1. Il en sera seulement question, à propos de l'évolution (ch. VII, § 7), pour montrer comment le travail progressif de l'observation et de l'expérience a mené graduellement à des perceptions moins confuses de la personne, et jusqu'à un certain point à une division plus simple de ses éléments.

qu'indiquées très sommairement. On se propose surtout de donner idée du nombre et de l'importance des problèmes que permet d'étudier, dans les conditions les plus favorables, l' « Histoire comparée des Religions ».

III

LE CULTE DES DIEUX ANIMAUX EN ÉGYPTE ET EN D'AUTRES PAYS. — LA PRÉTENDUE RELIGION DITE « TOTÉMIQUE »

Le culte des animaux — (zoolâtrie, thérothérapie, etc.) avait été noté, de tout temps, par les historiens de diverses religions, mais plutôt comme une chose étrange et un ensemble de pratiques ou de croyances assez basses. On n'avait guère cherché à y voir ni un phénomène général, ni une caractéristique des croyances très anciennes.

A l'inverse, la moderne école du « folk-lore » et les anthropologistes ont cru retrouver la forme primitive de la zoolâtrie dans le totémisme des Indiens de l'Amérique du Nord, puis chez un grand nombre de non-civilisés. Ç'a été la première forme de la théorie du totémisme. Puis quelques-uns de ces savants — et à leur tête S. REINACH pour la France — ont soutenu que le totémisme avait été un des stades nécessaires du développement religieux, par lequel tous les peuples avaient dû passer. Ils en ont fait le point de départ d'une religion primitive universelle. Elle a ses dogmes et ses sacrements.

Cette généralisation trop hâtive, et les conséquences excessives tirées de faits vrais en eux-mêmes n'ont pas été acceptées sans protestations. Dernièrement, un de ses nombreux adversaires, a voulu instruire à nouveau le procès du totémisme, et l'a condamné en le déclarant convaincu d'avoir commis « trois postulats ». Ce gros mot de « postulat » n'est pas aussi écrasant qu'il en a l'air. Dans les sciences religieuses, et surtout dans ce qui a trait aux origines, il est souvent impossible de raisonner avec la même rigueur que dans une science exacte. Un peu d'imagination et de hardiesse — les travaux de Maspero l'ont prouvé pour la religion égyptienne — n'est pas inutile à qui veut avancer. Autrement, c'est s'enfermer dans un cercle trop étroit. La science ne peut être restreinte à l'unique collection des faits, ni le rôle du savant à leur seule observation. Le rôle de l'hypothèse créatrice reste le principal. Il faut, bien entendu, s'assurer des moyens de contrôle précis en cours de route. Mais les meilleures méthodes d'expérience ou de vérification comme la meilleure méthode critique ne sont que l'accessoire [1]. Tel « postulat », qui n'est pas en ce moment susceptible d'être prouvé, peut être l'intuition heureuse d'une vérité qui sera plus tard reconnue. Ce n'est pas le cas du totémisme, hâtons-nous de le dire. Mais une réfutation purement logique aurait peu de valeur. On obtiendra de meilleurs résultats en examinant ce qu'a été

---

1. « Au début des recherches expérimentales, a dit Pasteur, l'imagination doit donner des ailes à la pensée »; cf. un éloquent commentaire de cette idée dans J. Flach : *La poésie et le symbolisme dans l'histoire des Institutions humaines.* (Leçon d'ouverture du cours d'histoire des législations comparées. Collège de France, 9 décembre 1910.)

le culte des animaux chez les principales nations où il a existé, et en voyant s'il est identique aux « totémismes » des non-civilisés.

L'Égypte vient naturellement en première ligne. C'est là que la zoolâtrie a été la plus florissante, la plus durable, et c'est là aussi que nous disposons des documents les plus abondants de la plus haute antiquité. Nous sommes donc fondés à leur demander de préférence les renseignements nécessaires sur la nature et le caractère de la zoolâtrie, ainsi que sur les rapports des dieux animaux avec les hommes.

Voyons d'abord les documents les plus anciens.

On a trouvé en Haute-Égypte[1] un certain nombre de grandes plaques schisteuses, décorées sur les deux faces de sculptures méplates. Les plus basses en date sont contemporaines des deux premières dynasties thinites ; les autres remontent à ce que l'on appelle la « période de Neggadèh ». Ces plaques ont été désignées sous le nom peu exact de « palettes », à cause de leur forme : ce sont peut-être des réductions de boucliers. Elles sont, en tout cas, des monuments votifs, et les scènes qu'elles représentent ont un caractère religieux. Celles qui nous intéressent ici figurent le Roi, les dieux et les ennemis de l'Égypte dans une série d'actes divers.

La plus significative de ces « palettes » est celle qui a été découverte dans les arasements du sanc-

---

1. La bibliographie générale du sujet est donnée dans BÉNÉDITE, *Une nouvelle palette. Mon. Piot*, t. X, jusqu'à 1903, et les publications ultérieures résumées dans LEGGE, *Carved Slates*, P. S. B. A., XXXI, (1909), 204 et 297.

tuaire préhistorique d'Hiéraconpolis[1]. Elle appartient à un des premiers souverains historiquement connus de l'Egypte thinite, BOUDJAOU (pseudo-NARMER), dont le nom figure à deux reprises au sommet du monument.

Résumons très brièvement l'essentiel de la grande scène du recto.

Boudjaou sort de son palais (indiqué à gauche du registre par le signe hiéroglyphique), et se dirige vers la porte du temple (figuré par le signe de la porte *ouón*). Il est précédé des quatre porteurs des « enseignes » : le dieu chacal, les « deux Éperviers », la relique de Khonsou. A droite, et par conséquent à l'intérieur du temple, une série de signes pictographiques et hiéroglyphiques, dont le signe des fêtes (la barque des « sorties » divines), et dix cadavres décapités, la tête placée entre les jambes. Le tout s'interprète, sans entrer dans le détail: « grande fête du dieu en commémoration de ce jour du massacre des Dix Ennemis ».

Cette face de la « palette » constitue, pour ainsi dire l'intitulé général de la cérémonie. Le verso donne, plus détaillé, l'épisode caractéristique de ce qui se passe, une fois entré dans le temple. Boud-

---

[1]. La volumineuse bibliographie relative à cette « palette » se trouve réunie dans BISSING, *Denkmaeler der Æg. Skulptur* (texte correspondant à la pl. III). Il faut aussi signaler à part l'excellente étude de LEGGE, parue presque aussitôt après la découverte d'Hiéraconpolis, dans les *Proceedings* de la Société d'Archéologie biblique, t. XX, puis aux t. XXXI et XXXII (1909 et 1910).

Histoire des Religions.

jaou lève sa massue pour assommer un prisonnier qu'il a saisi, suivant le geste consacré, par sa chevelure. La scène, bien connue par tous les tableaux de la période historique, a lieu devant la statue du dieu Épervier, figuré sur un socle terminé par une tête de prisonnier, dispositif dont nous possédons, à l'époque historique, plusieurs exemples dans la sculpture réelle. L'Oiseau-Dieu tient une corde qui aboutit aux narines de la tête de captif du socle.

Il n'est pas douteux que l'Épervier ne soit pas un oiseau ordinaire, ni un génie secondaire, mais la forme sous laquelle les Égyptiens se représentent l'Horus d'Hiéraconpolis. Il ne s'agit pas davantage d'une métaphore, ni de l'invention d'un artiste. L'image du dieu est immuable à travers les âges. Plusieurs milliers d'années plus tard, les nombreuses stèles thébaines retrouvées dans ce même temple nous montrent les consacrants, en présence du même épervier sur son socle, tel qu'il était sur la stèle thinite. C'est donc bien la forme divine canonique ; c'est la statue « essentielle », où vit l'esprit de l'Épervier. Les *ex-voto* privés ou royaux la reproduisent fidèlement. On sait d'ailleurs qu'on a retrouvé à Hiéraconpolis un magnifique épervier de bronze doré, consacré par Papi II (VIe dyn.)[1]. Une petite figure du roi s'adosse sur la poitrine de l'Oiseau divin, et la tête du Pharaon est juste sous le bec de l'Horus[2]. C'est le thème

---

1. Cf. Quibell, *Hiéraconpolis*, t. I, pl. XLI-XLIII et t. II, pl. XLVII (Musée du Caire).
2. Le Musée du Louvre possède un magnifique exemplaire

bien connu qu'emploie toujours le sculpteur égyptien, pour exprimer la protection accordée au Roi par le dieu père. Rappelons seulement, à titre d'exemple, les fameuses avenues thébaines des Amon-Béliers couchés, portant entre leurs cornes le disque solaire, et tenant appuyé contre leur poitrine et sous leur muffle l'image d'Amenhotep III[1].

Nous ne pouvons donner ici une description plus détaillée de la palette d'Hiéraconpolis. Elle montrerait combien le reste des figurations s'ajuste bien à la donnée de la fête d'actions de grâce en l'honneur de l'Épervier vainqueur. Nous ne nous occupons ici que de ce qui a trait aux dieux animaux. Et nous nous bornerons à signaler, en ce genre de renseignements, le registre inférieur du recto, où le dieu taureau, ayant éventré de ses cornes l'enceinte d'une ville ennemie, piétine de ses sabots

d'épervier divin en calcaire, tenant sous sa protection une petite statuette du Roi. Le monument appartient aux derniers siècles de l'histoire d'Égypte, et rien ne prouve mieux la constance et la valeur religieuse de ce thème que de le voir pour ainsi dire immuable (les variantes sont insignifiantes) vingt dynasties après l'ex-voto du memphite Papi. Cet épervier a été acquis par les soins de M. Benedite, Conservateur du département égyptien, et publié par lui dans les *Monuments Piot*, t. XVII, fasc. 1.

1. Même thème à Soleb, dans la Haute-Nubie. A l'*Amenophium* de Thèbes, c'est le chacal Anubis qui remplace l'Amon-Bélier ; à Deir el Bahri, c'est la vache Haïthar ; des textes indiquent qu'à Hermopolis, le rôle était tenu par des rangées de singes cynocéphales, etc. On trouvera au reste dans toutes les collections de statuettes ou figurines votives des musées égyptiens des ex-voto figurant les divers dieux-animaux de l'Égypte dans cette attitude de protection et d'adoption.

un Lybien, symbolisant la population de la ville[1].

Il suffit de mentionner, sans entrer dans une discussion détaillée des scènes, les plus indispensables à citer des monuments thinites ou préthinites où apparaît la série des dieux animaux dans l'accomplissement d'actes divers, par lesquels ils participent aux actes des chefs de l'Égypte, leurs héritiers, dans la lutte contre les puissances mauvaises, ennemies des dieux ou des hommes de la terre d'Égypte. C'est l'Épervier qui figure le plus souvent, parce qu'il est l'ancêtre et le protecteur spécial des deux premières dynasties : il ouvre de son bec et laboure de ses griffes les nuques, les fronts, les poitrines d'hommes renversés à terre, de fuyards éperdus, dont chacun symbolise un peuple vaincu ; ailleurs ce sont des gazelles, des ibex, des oryx, des antilopes *enseenses*, dieux protecteurs des tribus du désert, qui jouent ce rôle de vaincus. Ainsi s'exprime l'affirmation du dieu national détruisant les ennemis de son peuple. Ailleurs, il se perche sur une sorte de tréteau soutenu par une potence ; de ses serres, de son bec, ou de la potence part une corde, à l'extrémité de laquelle est pendu ou ligoté un captif

---

[1]. Cf. QUIBELL, *Archaic Objects*, t. I, p. 314, n° 12.716. M'en tenant ici au cas spécial de figuration zoolâtrique, je laisse la question de l'interprétation mythologique au sens absolu. Il me paraît que la scène signifie surtout la confusion, en la personne du taureau « jeune et ferme de cœur — qui foule de ses sabots — les peuples du Nord et du Sud » — du dieu ancêtre et du roi son descendant.

ou bien un de ces oiseaux *rokhitou*, idéogramme des nations soumises au joug égyptien. En cent autres débris d'objets votifs, manches de cuillers à parfums, couteaux, matériel de culte, fragments de massues de sacrifice, l'Épervier plane au-dessus de théories de prisonniers ligotés, ou de files d'animaux du désert, symbolisant, comme précédemment, les peuples qui vivent en marge de l'Égypte. On le voit encore, les ailes éployées, au-dessus du roi siégeant sur son trône de couronnement, et cela signifie, d'une nouvelle manière, la protection accordée par l'Épervier à son héritier le jour du sacre [1].

D'autres dieux animaux apparaissent dans le même temps, sur les autres « palettes » ou sur le reste des monuments contemporains. Le taureau renverse un asiatique et s'apprête à le piétiner de ses sabots ou à le transpercer de ses cornes ; le lion culbute les étrangers, déchire à belles dents, lacère de ses griffes, fouille les entrailles des vaincus. Il ouvre une brèche dans des séries d'enceintes fortifiées, figurant les royaumes conquis par les hommes d'Égypte. C'est le dieu qui fraie le passage victorieux à ses « suivants ». Dans de nouveaux défilés de captifs, là où figurait tantôt l'Épervier, c'est un Scorpion qui est placé au-des-

---

1. C'est la même idée qui est traduite, à l'époque historique, dans des morceaux de sculpture comme la célèbre statue en diorite de Khéphren trônant, au musée du Caire, et où l'Épervier, perché sur la nuque du Pharaon, couvre de ses ailes la tête royale.

sus du cortège, ou encore le « Silure Trembleur ». Un des documents les plus clairs, à cet égard, est le fragment de plaque schisteuse du Caire[1], où il subsiste encore, d'une longue liste de peuples subjugués les noms de sept d'entre eux. Chacun est écrit ou figuré au centre d'une enceinte crénelée. Sur chacune de ces enceintes, un des dieux animaux de l'Égypte est perché, tenant entre ses pattes ou ses serres une houe avec laquelle il détruit l'enceinte de la ville — expression pictographique de la victoire des dieux de la terre d'Égypte « détruisant les murailles des impies ». Les dieux figurés sont l'Épervier d'Hiéraconpolis, les « Deux Éperviers », le Lion, le dieu Scorpion, qui, lui aussi, manie tant bien que mal la houe destructrice. Le reste est perdu, mais peu de scènes montrent aussi nettement ce que sont ces animaux, ces chacals, ces scorpions, ces lions, ces éperviers, que l'on voit dans tant d'autres scènes, où leur rôle peut être plus discutable à première vue.

Dans la masse des scènes non belliqueuses, fêtes, fondations, anniversaires, les mêmes dieux animaux reparaissent : l'Épervier dans la barque idéogrammatique des idées de processions, Maut le Vautour, Sit le Fourmilier, le chacal Anubis sur son socle, l'Ibis Tahouti, les deux Chien-Loups, les divinités animales des « bâtons d'enseigne », bref

---

[1]. Musée du Louvre, n° 14.238. Cf. QUIBELL, *Archaic Objects*, t. I, p. 283 et STEINDORFF, *Festschrift für Ebers*.

tout ce qui, après les monuments de l'époque archaïque (sceaux d'amphore, « plaquettes commémoratives », etc., etc.), sera repris et recopié, sans rupture comme sans changement, jusqu'à la fin de l'histoire égyptienne, et constitue le répertoire essentiel des dieux animaux de la nation[1].

Si tous ces dieux se retrouvent dans les monuments des âges postérieurs, d'autres grossissent, chemin faisant, l'inventaire des documents actuellement à notre disposition et la liste des dieux animaux s'augmente. C'est à l'époque memphite, par exemple, la figuration d'Hikit la Grenouille, de Khnoumou le Bélier ; sous les premiers thébains, le crocodile Sokou, le serpent Marit-Soghrou ; on voit des dieux locaux, peu connus, et, sans nul doute, aussi anciens que les grands dieux classiques : une lionne à Gebrawi, un singe à Beni-Hassan, etc., puis à partir du Nouvel Empire, nous entrons dans le répertoire bien connu de la centaine de dieux-animaux dont on a partout les figures en statues, statuettes, figu-

---

1. Je n'ai pas cité, pour ne pas introduire un élément de controverse, les figures d'animaux divins perchées sur les hampes ou potences des vases dits « de Neggadêh ». On en trouvera la liste dans Budge, *History of Egypt*, t. I, p. 20, ainsi que dans Loret, *Quelques idées sur la forme primitive de certaines religions égyptiennes* (*Rev. Egyptol.*, XI, p. 76). La liste principale des ex-voto et figurines cités ci-dessus se trouvera dans Petrie, *Ballas and Neggadah*, *Diospolis Parva*, *Abydos*. t. I et II, *Royal Tombs*, t. I et II ; Quibell, *Archaic Objects*, passim ; Randall Mc Iver., *El Amrah* ; Quibell, *Hieraconpolis* ; Garstang, *Mahasna and Bet-Khallâf*.

rines ou en peinture. Il n'est pas question d'en dresser ici les listes. Ce qu'il s'agit d'établir solidement, c'est que ces dieux-animaux de l'Égypte classique ont existé aussi haut que nous pouvons remonter. Toutes les fois que l'on a pu retrouver, à l'époque thinite ou à celle de Neggadèh, un dieu de la période historique, il était déjà sous la forme animale qu'on lui connaît dans la suite, et il y a une présomption scientifiquement très forte qu'il en est de même pour le reste, je veux dire pour ceux dont nous n'avons pas encore la figuration pour les périodes thinite et préthinite. Il ressort, en tous cas, de l'examen des documents thinites que le culte des dieux-animaux existait. Ce n'est donc pas, en Égypte, une dégénérescence de l'idée religieuse. Ces cultes si constants, si solidement fixés dans leurs traits caractéristiques, paraissent aussi anciens que la religion égyptienne. Ils remontent à ses origines mêmes, s'il est permis de parler d'un temps que personne ne connaîtra jamais directement. Ils n'impliquent pas de nécessité absolue qu'ils aient exclu des croyances à d'autres forces divines aussi anciennes en âge, — et notamment celle à un dieu-ciel, de caractère impersonnel et imprécis [1]. Mais le fait certain est que les

---

1. La religion du ciel primordial, force immense, mais lointaine, pouvant justifier un certains nombre de faits généraux, tels que la mort, la pluie, le tonnerre, etc. se retrouve, mais sous des contours très effacés, dans les textes égyptiens. Je ne suis pas encore en état d'en donner la démonstration appuyée sur l'argumentation scientifique indispensable. Je puis seulement

figurations les plus anciennes des dieux nationaux représentent des animaux (ou des végétaux), et que ces dieux sont ceux qui ont constitué à l'époque historique le groupe des grands dieux de la nation.

Ces monuments lointains — on peut placer les thinites au moins au sixième millénaire [1] — ont de plus confirmé une donnée intéressante sur les rapports des dieux et des hommes. Tout le monde sait ce que c'est que le « nom d'Horus » (on disait jadis : « nom de bannière ») du Roi d'Égypte. On a expliqué plus récemment [2] la structure exacte de sa figuration : une façade de palais, représentée sous forme d'un panneau rectangulaire ; à l'intérieur du

---

assurer pour l'instant : 1º qu'elle présente des affinités incontestables, par ce que j'ai déjà pu recueillir, avec les croyances analogues d'un certain nombre de peuples (hamito-sémites ou hamito-nigritiens, les Gallas, par exemple, ou les Nandis) ou celles de la majorité des peuples de langue bantoue (Bangala, Bushongo, Oua-Rega, Oua-Nyika, etc.) ; 2º que ce dieu-ciel ne suppose, en Égypte au moins, aucune concession aux doctrines préanimistes, et qu'il peut se justifier par l'animisme ordinaire ; 3º qu'il ne suppose pas davantage une phase antérieure à la zoolâtrie, qui a pu se former — et, à ce que nous savons s'est formée — dans le même temps et d'après le même ensemble d'idées sur les phénomènes du monde terrestre. Voir ce qui est dit un peu plus haut à la note 2, page 48 de cette *Méthode*, et plus loin p. 85, note 1.

1. Parmi les plus récentes publications : MASPERO, *Guide Cairo Museum*, 5th edition (Nov. 1910) place la première dynastie thinite en l'an 5000. PETRIE, *Rise of Civilisation in Egypt* propose 5500 pour cette dynastie, et répartit entre l'an 8000 et 5500 les principales phases de la civilisation protohistorique.

2. Ce point d'archéologie a été élucidé pour la première fois par PETRIE, *Tanis*, t. I.

rectangle, et en bas, des imitations des portes et des chambres du Palais ; plus haut, les signes du nom du Roi. Enfin, au-dessus du rectangle, un Épervier.

L'intéressant est de retrouver avec sa valeur pleine cette figuration dans le protocole des rois thinites, et de le trouver comme expression, sinon unique, au moins principale, de la monarchie de cette époque dans plusieurs centaines de monuments, donnant les noms d'une trentaine de ces souverains : stèles, « palettes », plaquettes, sceaux, massues, objets votifs, etc. [1]. L'Épervier et le Nom par excellence du Roi sont donc unis en rapport constant. Parfois même, quand les signes d'écriture s'y prêtent, l'Épervier tient les signes du nom dans ses serres[2], ou bien est engagé à moitié dans le corps de la façade du palais [3]. Ainsi s'exprime la confusion, l'identité des deux personnages, l'animal divin et son fils, son héritier, qui est le Roi. Ces figures affirment que la filiation n'est pas une métaphore, mais une filiation réelle. Du jour où les cérémonies du couronnement ont fait d'eux la nouvelle incarnation du dieu qui a régné jadis sur

---

[1]. Cf. PETRIE, *History of Egypt* ; BUDGE, *History of Egypt* ; GAUTHIER, *Le livre des Rois d'Égypte* (Caire, 1909-1910) pour la liste sommaire des noms et des principaux monuments de ces anciennes dynasties. L'énorme bibliographie de l'Égypte protohistorique se trouve en grande partie dans le catalogue des *Archaic Objects* du Musée du Caire publié par QUIBELL.

[2]. Ainsi dans plusieurs monuments, sceaux, plaquettes, etc. au nom du roi *Ahi*, « le Lutteur ».

[3]. Ainsi plusieurs monuments au nom du thinite Boudjaou.

le pays, ils s'appellent et se croient des Éperviers, puisqu'ils continuent dans toute la force du terme, le dieu qui se manifeste sous cette forme animale. Je ne citerai pas les innombrables textes qui, à l'époque historique, assurent et commentent cette interprétation. L'essentiel est ici que les plus anciens monuments la présentent déjà.

Voilà donc, en Égypte, les caractères de la zoolâtrie : des dieux ayant la forme animale et des chefs humains qui sont leurs descendants directs. Comment s'était formée cette conception ? Elle était née des croyances des Égyptiens et de leurs idées sur le monde sensible au milieu duquel ils se mouvaient. A leurs yeux, tout vivait dans la nature, même les objets que nous appelons inanimés. Tous avaient une constitution uniforme. Elle se composait de deux séries de substances : la première était cette enveloppe matérielle que constitue le corps de chair, ses os, son sang, ses muscles. La seconde comprenait sous les noms d'ombre, de fantôme, d'âme, de « double », etc., des éléments plus subtils, des « esprits » moins visibles mais également matériels [1]. Leur union était indispensable pour qu'un être fût vivant. De même que le corps ne vivait que s'il était animé par un esprit, l'esprit, de son côté, ne pouvait subsis-

---

[1]. Cette composition, ainsi qu'un résumé des âmes plus anciennes, et de la valeur magique du *nom*, qui servait à assurer la cohésion du tout, a été exposée avec plus de détail par G. Foucart, *Encyclopædia of Religion and Ethics*, t. II, au mot *Body (Egypt)*.

ter que s'il était incarné dans une forme matérielle [1].

Tous ces êtres ainsi constitués ne différaient que par la qualité [2] ; nombre d'entre eux étaient plus forts que l'homme, plus rapides, plus intelligents, plus résistants à l'anéantissement. Beaucoup plus nettement que pour les autres, on constatait qu'ils possédaient plusieurs doubles et plusieurs âmes, et qu'ils pouvaient les détacher d'eux-mêmes pour animer d'autres corps. Chaque exemplaire contenait, bien entendu, à lui seul la personnalité entière, du moment qu'il en possédait cet indice essentiel qu'est le nom [3].

Ces agents animés tenaient, en leur idée, la place des forces naturelles que l'homme de la vieille Égypte était incapable de concevoir. On les supposait exister partout où l'homme se heurtait à une force supérieure à la sienne. Ils furent, par myriades, et comme une poussière cosmique, les esprits, les génies. On dit un jour : les dieux [4]. On supposa qu'ils demeuraient là où se manifestait leur action, et

---

[1]. Pour cette conception des Égyptiens, voir un article plus détaillé que j'ai publié dans la *Revue des Idées* du 15 novembre 1908, *La Religion et l'Art dans l'ancienne Égypte*.

[2]. C'est à quoi aboutit l'idée générale des indigènes du Congo sur la vie et les êtres, ainsi que l'a fort bien dit l'auteur de la *Religion* dans les *Annales de l'État indépendant du Congo*, t. I, fasc. 2.

[3]. On trouvera une justification plus complète de cette assertion par G. Foucart au t. II de l'*Encyclopædia of Religion and Ethics* de J. Hastings à l'article *Body (Egypt)*.

[4]. Cf. G. Foucart au t. IV de cette même *Encyclopædia* au mot *Demons (and Spirits) (Egypt)*.

LA PRÉTENDUE RELIGION DITE « TOTÉMIQUE » 77

qu'ils étaient les maîtres de toute la région où elle pouvait s'étendre [1]. Mais comment reconnaître au juste le corps qu'ils mouvaient et l'aspect sous lequel ils se montraient ?

On ne songea point alors à se les figurer de traits semblables aux humains [2]. L'homme sentait bien qu'un génie supérieur n'habitait pas en lui ; tous les hommes qu'il voyait, ceux de sa race ou ceux des races qu'il connaissait, il les avait éprouvés pareils à lui-même, vivant et agissant comme lui, soumis aux mêmes faiblesses, aussi rapides à la destruction ; et rien en aucun d'eux ne décelait ces caractères, si grossiers les suppose-t-on, par lesquels un être est reconnu pour divin [3]. Un dieu devait s'incarner

[1]. C'est ce qui explique en grande partie comment les explications astrologiques comme causes des phénomènes de ce monde ont transporté dans le ciel les formes et les forces des principaux « génies » ou « esprits » de toute cette armée d'êtres, où ils gardèrent, en règle, leurs aspects archaïques et leurs attributions. Seulement, au lieu de se restreindre aux faits locaux par lesquels ils s'étaient signalés au respect des habitants d'un coin de terre égyptienne, ils se haussèrent à jouer désormais le rôle qui échoit à ceux qui ont charge des mouvements de tout le mécanisme de ce monde — céleste ou terrestre.

[2]. On peut établir avec certitude que l'anthropomorphisme en Égypte est postérieur en date, même pour des dieux tels que Râ le Soleil, Ahi la Lune, Minou de Coptos ou Phtah le Memphite. L'Osiris classique, le seul dieu qui résiste jusqu'à nouvel ordre à l'analyse intégrale de ses éléments constituants, est en tous cas le produit dernier de longues spéculations et est tout le contraire d'un dieu primitif. Les théologies stellaires avaient d'ailleurs rattaché trop solidement et de trop bonne heure les formes animales à l'astrologie, et l'anthropomorphisme en fut indéfiniment retardé en Égypte.

[3]. Il n'existe pas de trace d'une croyance à des géants dans

dans un être différent de la structure humaine. Or parmi la faune ou la flore, beaucoup l'effrayaient par leur taille ou par leur force, le confondaient par leur rapidité, par l'acuité de leurs sens, le déconcertaient par quelque singularité de leur structure, de leurs habitudes, le frappaient de respect par leur longévité indéfinie ou par leur aspect mystérieux. Laissons les dieux arbres pour abréger [1]. Tous ceux du règne animal, guidés par l'instinct, n'avaient ni hésitations, ni erreurs et la sûreté de leurs mouvements, comme le résultat terrible de leur brusque apparition décelaient une puissance supérieure à celle de l'homme. Ils faisaient évidemment partie de ces êtres qui, en maint endroit, étaient les maîtres incontestés. C'était sous leurs traits qu'il fallait bien s'imaginer ceux-ci. Ainsi le crocodile était le génie qui demeurait en certains rapides de la Haute-Égypte, à Ombos, à Gebeleïn, ou qui régnait dans les vastes marécages du Fayoum ou du Delta. Des noms pleins de respect ou fort significatifs désignaient assez clairement « celui dont la face est terrible », le « Seigneur des Eaux », le « Dévorateur », dont le syncrétisme tira plus tard le grand Sovkou. Des serpents gigantesques jouaient le

---

la série entière des textes ou des représentations de l'Égypte. Une simple croyance à des démons « hauts de douze pieds » apparaît çà et là (e. g. au chap. 64 du livre des Morts).

1. Tout ce qui est dit en ce chapitre des dieux animaux, caractères, culte, descendance, etc., est vrai, à ce qu'il m'a été donné de vérifier, pour les divinités de la dendrolâtrie. Je n'ai pas voulu en établir la série parallèle, uniquement pour ne pas faire longueur.

LA PRÉTENDUE RELIGION DITE « TOTÉMIQUE » 79

même rôle à d'autres détours du fleuve ; toutes les sortes de chacals ou de chiens-loups qui rôdent à la lisière du désert, les vipères qui se dressent dans les collines pierreuses du Saïd, l'Épervier qui plane immobile durant des heures, si haut qu'il semble séjourner parmi les astres, vingt autres encore qu'il est superflu de décrire[1] se partagèrent la domination incontestée de tous les points remarquables de la terre, des eaux courantes, des landes et pâtis, des sables, des marais et des montagnes qui existent dans la vallée du Nil. Leurs physionomies purent se fixer, se préciser au cours des âges, mais leurs traits essentiels ne changèrent pas ; le Panthéon égyptien était dès lors constitué.

Mais si les dieux avaient, là où leurs âmes animaient un corps, l'aspect de tel ou tel de ces animaux ; s'ils habitaient sur cette terre un corps d'animal appartenant à telle ou telle espèce, les autres animaux n'étaient en aucune façon regardés comme des dieux. Il n'étaient que des animaux ordinaires, plus ou moins redoutables ou malfaisants[2].

Maspero l'a très justement fait remarquer à plusieurs reprises : il faut distinguer soigneusement

1. Le cynocéphale Thot ou Thot l'Ibis, le scorpion Selkit, le vautour Maut, les béliers Knoum et Arshaûtou, les éperviers Horus, Montou, la vache Haïthor, le chacal Anubis sont les plus connus. Une liste assez exacte des principaux dieux animaux pour la période classique se trouve dans PETRIE, Religion and conscience, chap. II, mais ne tient pas compte, naturellement, des multitudes de dieux animaux locaux ni des divinités des textes funéraires.
2. Cf. SETHE, Urkunden (Gr. Röm. Zeit., II, 28 : Stèle de Mendès).

en Égypte les dieux animaux et les animaux sacrés.

Le dieu animal était un individu de l'espèce, reconnaissable à certains signes que l'expérience avait appris à discerner. Nous savons encore à quelles marques se reconnaissait l'Apis de la période historique. Le cas était le même pour le Mnévis d'Héliopolis, le bélier de Mendès, celui d'Héracléopolis et celui d'Éléphantine [1]. Quant aux animaux de la même espèce que le dieu, ils étaient l'objet d'égards dans la province où celui-ci régnait en particulier [2]. Ils étaient en puissance, l'un d'eux au moins, de devenir l'habitat d'un dieu. On n'a aucun texte qui puisse faire penser qu'ils aient été regardés comme descendants de ce dieu ou apparentés avec lui. Quant aux marques de respect qui en firent les animaux sacrés, toute l'histoire religieuse de l'Égypte montre que ce n'est pas une survivance des temps primitifs. Tout au contraire, on voit leur importance croître de siècle en siècle pour arriver à son maximum aux derniers jours. Il suffit de rappeler les attestations des auteurs classiques sur ce point. Ce fut une extension abusive, une déformation superstitieuse. L'espèce entière fut considérée *non pas comme divine, mais comme sacrée* [3], et l'on remplit de vastes nécropoles de mo-

---

[1]. La série de ceux d'Éléphantine a été retrouvée en 1907-1908 par CLERMONT-GANNEAU.

[2]. Par exemple les éperviers et les chacals de Gebrawi, ainsi qu'il résulte des inscriptions biographiques des seigneurs de cette province dans leurs hypogées (VI°-XII° Dyn.).

[3]. MASPERO a insisté à plusieurs reprises sur l'importance de cette distinction.

mies d'ibis, de chats, de singes, de crocodiles, etc.[1].

Il ne devait plus se modifier en sa composition essentielle. Ces vieux dieux avaient commencé par régner sur un coin de terre, et rien de ce qui s'y manifestait n'y avait lieu que par leur activité. C'étaient eux qui provoquaient et dirigeaient jusqu'à ces grands phénomènes terrifiants que sont la tempête, le tonnerre, la foudre, les éclairs, le tremblement de terre, les cataclysmes ou les grands phénomènes terrestres de toute espèce. C'étaient eux parce qu'on ne cherchait pas à rattacher aucun de ces faits les uns aux autres ni dans l'espace ni dans leurs phases successives, tandis qu'on les voyait se manifester

---

[1]. Ainsi les nécropoles d'ibis à Simbellawin, de chats à Bubastis, de crocodiles à l'Abou Fodah, de bœufs dans la région memphite, etc. L'Inde montre un phénomène analogue. A l'époque védique, on connaît le dieu singe Hanouman. A présent ce sont tous les singes qui sont sacrés dans le culte de Vishnou. Cf. G. FOUCART, *Encyclopædia*, etc., t II au mot *Body*. M. S. REINACH (*Rev. Arch.*, 1909, I, 191), critiquant ce que je viens de dire là, conteste en déclarant qu'« un pareil processus paraît logiquement inadmissible, le contre-pied de la vraisemblance. » J'en suis fâché pour la « logique » de M. Reinach, mais les monuments sont là et je n'y puis rien. L'article de M. Reinach laisserait croire que mon assertion, ainsi présentée, résulte d'hypothèses personnelles accumulées, comme le fait a lieu si souvent en anthropologie. Je me suis borné à grouper les faits et les documents ; je n'y puis rien si la vraisemblance *aprioristique* de M. Reinach en souffre. Qu'il me montre un texte où l'espèce entière était tenue pour divine à l'époque memphite, ou qu'il me cite une nécropole d'animaux sacrés appartenant à l'époque thébaine. Jusqu'à ce moment-là, je serai obligé de lui faire la même réponse que LANG a faite à l'objection des *antecedent improbabilities* de SIDNEY HARTLAND et de dire à mon tour : *Antecedent improbable it may be, but there it is.*

Histoire des Religions.

clairement près de tel ou tel point qu'on savait être l'habitat de ces animaux redoutables. Tout au plus se hasarda-t-on à penser que l'animal divin était, pour justifier une pareille force, un exemplaire plus grand et plus terrifiant encore que ceux de ses pareils avec qui l'homme avait contact jqurnellement. Pour avoir ainsi habillé de formes animales les principaux auteurs supposés des plus redoutables manifestations des forces de la nature, les vieilles religions de l'Égypte n'éprouvèrent que peu de peine à ajuster les dieux des débuts à des spéculations ultérieures déjà générales. Lorsque la notion se fit jour de causes plus étendues et d'acteurs infiniment plus puissants, pour expliquer et étendre au monde entier le mécanisme des grands phénomènes, la théologie de ces temps-là n'eut pas besoin d'imaginer d'autres dieux, ni de leur prêter d'autres aspects. Elle les transporta plus loin et plus haut, dans ce ciel dont la terre d'Égypte n'était que le décalque et en quelque sorte la « réflexion »; elle les y transporta sous les mêmes formes animales, plus gigantesques encore ; et ils s'y amalgamèrent avec ceux de leurs pareils dont les primitives croyances avaient déjà animé nombre de planètes ou de constellations. Ils dirigèrent et conduisirent désormais les phénomènes célestes et par eux.—l'astrologie le démontrait — tout ce qui se passait sur cette terre. L'antique dieu-ciel vague et presque inefficient, fait surtout de la somme des ignorances sur les causalités principales, pâlit encore davantage à mesure que le vague de ses attributions s'émiettait graduellement, et qu'en précisant ce qui se passait là-haut, la religion le remettait immédiatement entre les mains d'êtres à figures et à fonctions bien délimitées. Humbles esprits, seigneurs de quelques arpents de terre égyptienne ou constellations du firmament, les dieux animaux de l'Égypte ont gouverné la vallée du Nil depuis les temps que nous révèlent les textes préhistoriques jusqu'à la mort des grandes religions de l'Orient classique.

Le culte des animaux a valu à l'Égypte les railleries des auteurs grecs ou latins. Il excite encore souvent l'étonnement des modernes. Ils se demandent avec surprise comment, seule des peuples dits « civilisés », cette nation a pratiqué un tel culte jusqu'au terme de son existence. Que telle tribu nègre d'Afrique ou telle autre peuplade sauvage adore des pigeons verts, des reptiles, des sauriens, des squales ou tout animal que l'on voudra imaginer [1], c'est, semble-t-il, le fait d'avortons intellectuels, qui ne sont plus capables de s'élever par eux-mêmes au-dessus d'imaginations rudimentaires. Mais ce culte, dégradant à notre sens, contraste trop avec la sagesse que les anciens admiraient chez les Égyptiens. Elle

---

1. Un essai de répertoire des diverses espèces animales adorées, vénérées, etc. sous forme d'un énorme catalogue de 51 pages sur deux colonnes en petits caractères a été tenté par NORTHCOTE W. THOMAS, dans l'*Encyclopædia of Religion*, t. I, au mot *Animals*. Cet inventaire est plus qu'incomplet, et rédigé d'ailleurs dans un autre but, plus général que celui d'étudier la zoolâtrie en particulier. Il peut servir cependant de point de départ à un travail plus systématique.

semble incompatible avec les progrès que nous attestent les textes dans le reste du domaine religieux : théologie, prières, morale, et avec l'ensemble de leur civilisation.

Ces gens ont pourtant eu des raisons raisonnables. Elles étaient la conclusion logique de séries d'idées et de faits pseudo-expérimentaux, qu'on tenait pour contrôlés et constatés par les générations successives. L'étude de la mythologie égyptienne mène à retrouver un certain nombre de ces raisons. Je n'en voudrais citer qu'une, parce qu'elle semble importante : la nécessité de garder dans les cérémonies du culte la forme traditionnelle du dieu. Les monuments attestent que la plupart des grands dieux nationaux avaient pris forme humaine sur le tard. Pourtant ni la statue essentielle du dieu en forme animale, ni l'animal vivant incarnant le dieu ne disparurent à ce moment-là. Peut-être concevait-on, en même temps, que les dieux avaient figure humaine. Et le fait est probable, sinon certain pour les plus éminents, Tahouti, Anoupou, Haïthar, etc., sans parler bien entendu de tout ce qui tendait à n'être qu' « aspects » ou « doublets » de Râ-Soleil et d'Osiris. Mais on tenait pour certain que c'était sous leur forme animale qu'ils avaient jadis joué leur rôle décisif sur la terre ou au ciel dans la formation et la défense de l'Égypte. Et il n'était pas possible de « solliciter doucement » la légende, pour la transformer en pur symbole. La répétition magique des actes des dieux ne permettait pas de changer leurs traits, quand, aux anniversaires, il fallait renouveler les actes légendaires de jadis, nécessaires à l'existence même et au bon ordre de l'univers [1].

Un mot seulement sur une des plus importantes conséquences de cette zoolâtrie. Elle voudrait à elle seule un exposé impossible à donner ici, et ce qui suit est donc simplement destiné à l'intelligence des croyances analogues sur un des caractères de la royauté qu'on arrive à retrouver à peu près partout à l'origine et que l'on finit par discerner encore chez nombre de peuples non-civilisés [2].

---

1. Sur cette thèse, voir G. Foucart, *Encyclopædia of Religion and Ethics*, t. III au mot *Calendar*, ainsi que ce qui est dit ici même du *Dualisme* au chap. vii. Les croyances aux corps stellaires et aux dieux constellations, harmonisées avec la zoolâtrie pure et simple des cultes archaïques, ont amené un concept modifié sur l'aspect matériel des dieux égyptiens qu'il serait trop compliqué d'exposer en cette *Méthode*. D'une manière générale, les formes animales des principaux acteurs du Panthéon égyptien ont été tenues pour exister à la fois au ciel, et sur cette terre. Au ciel, les constellations en étaient tantôt la demeure, tantôt les contours mêmes, indiqués plus ou moins nettement. Sur la terre d'Égypte le même dieu pouvait déléguer une de ses âmes soit dans un exemplaire vivant de l'espèce animale dont il avait les traits, soit dans une de ses statues le figurant, pour l'essentiel, muni de ces mêmes traits. Nous savons, par exemple, par les classiques, comment au temps d'Alexandre, le Jupiter Amon de la Grande Oasis avait encore une tête de bélier, tout comme l'Amon Thébain. La théologie se chargea, pour les esprits cultivés, de proposer pour toutes ces formes stellaires ou terrestres des explications astrologiques ou symboliques de plus en plus raffinées.

2. Voir ce qui est dit à la note 2 de la page suivante de la descendance divine d'un certain nombre de monarques de l'Afrique occidentale moderne.

Les Égyptiens ayant conçu leurs dieux les plus anciens sous la forme animale, cette forme passait naturellement à leur fils [1], leur héritier vivant sur cette terre, c'est-à-dire au chef et, à l'époque de l'union politique de l'Égypte, au Pharaon. Le roi de l'époque historique, qui réunit sur sa tête plusieurs descendances de ce genre, se trouve ainsi assimilé à la fois au Taureau, au Lion, à l'Épervier, etc. [2]. Le sang divin qui coulait dans les veines des

1. De là, à l'époque historique, les restes, sous forme d'accessoires, de pièces de costumes, de talismans, etc., d'une sorte de « déguisement » du chef en animal dieu, pour affirmer l'identité matérielle du dieu et de son fils (égides, peau de panthère, etc.). Les textes des Pyramides nous donnent, sous des noms mystiques, la valeur de chacun d'eux. Cf. G. Foucart, Sphinx, t. XI, p. 90 ff. à propos des pièces du costume sacerdotal dans les cultes locaux. L'étude des insignes des rois ou des chefs, chez les peuples non civilisés n'a jamais été abordée d'une façon systématique. Elle est de nature à fournir de nombreux faits nouveaux à l'appui des zoolâtries du début.

2. Des parallélismes intéressants peuvent être fournis par les figurations plastiques de demi-civilisés, où la donnée de la descendance des dieux animaux est exprimée d'une façon curieuse, et d'une analogie frappante (malgré les différences de traduction plastique) avec l'iconographie ou la statuaire de l'Egypte. Ainsi pour la côte occidentale d'Afrique, les statues du Dahomey (aujourd'hui au musée du Trocadéro) figurent le roi en coq, en lion et en requin, cette dernière avec le buste couvert d'écailles et des nageoires. La donnée semble la même que celle qui a inspiré le Pharaon en « griffon », en lion à tête humaine, en taureau belliqueux, etc. Pour les rois du Bénin, les célèbres panneaux de bronze aujourd'hui au British Museum figurent à plusieurs reprises, le roi descendant du dieu de la mer, sorte de squale, et en cette qualité, figuré comme un personnage humain dont les jambes sont remplacées par deux poissons de cette famille. (Cf. une représentation de cette série dans l'excellent *Handbook to the Ethnographical Collections* du British Museum de

souverains égyptiens n'était pas une fiction symbolique. Le dieu avait réellement procréé son fils humain. La divinité, au sens littéral du mot, s'était transmise ensuite de génération en génération par les couples humains de la famille royale, qui tous deux devaient être en règle membres de la famille, frère et sœur, s'il était possible. En certains cas exceptionnels, l'intégrité du sang divin était renouvelée par l'intervention directe du dieu s'unissant à la Reine [1]. Enfin les cérémonies magiques du couronnement, de la prise du nom nouveau, et de l'ac-

---

1910, p. 238, fig. 216.) Cette descendance divine aurait contribué à la coutume qui voulait que le roi du Bénin, étant le fils du poisson dieu, fût censé ne pouvoir marcher. De là l'usage de le soutenir sous les bras quand il paraissait en public. Je ne puis donner ici que ces indications. J'en ai pu réunir un certain nombre d'autres dans les musées ethnographiques d'Europe. Elles montrent le travail qu'il y aurait à faire en cette section des recherches zoolâtriques. Mais sur ce point, comme pour toutes ces religions non civilisées, le grand obstacle est la rareté de documents datés et authentiquement très anciens. Les bronzes du Bénin cités ci-dessus appartiennent au début du xvie siècle. Le volume publié récemment par le Musée de Tervueren sur les Bushongo (*Annales*, etc., série III, t. II, fasc. 1, 1910), prouve la possibilité de remonter néanmoins plus haut dans l'histoire des peuples africains non civilisés que l'on ne l'entrevoyait il y a quelques années (cf. les Statues royales en bois du xviie siècle).

1. Les cas caractéristiques de Luxor et de Deir-el-Bahri pour la XVIIIe dynastie, d'Erment pour Césarion, ainsi que la valeur théologique des scènes illustrant ces récits ont été exposés fort clairement par MASPERO (*Comment Alexandre devint Dieu*, Annuaire de l'Ecole des Hautes Études, 1897). L'étude des monuments de la Ve dynastie et des contes populaires égyptiens me permet d'assurer que l'avènement de la Ve dynastie se justifia par le même procédé et pour les mêmes besoins.

complissement mimétique des actes du dieu ancêtre, achevaient l'identification complète [1].

Les textes et les monuments qui viennent d'être cités ont montré très sommairement ce qu'avait été le culte des divinités animales chez les Égyptiens. C'était la première partie de la démonstration qui est tentée ici. Il faut maintenant comparer avec les autres religions.

Mais nous n'entendons pas chercher *a priori* à ramener au concept égyptien ces autres religions. L'exemple de l'Égypte ne prouve pas que toutes aient nécessairement débuté par la zoolâtrie. Seulement, il avertit de rechercher si la zoolâtrie n'a pas existé chez d'autres peuples, dont les commencements sont moins bien connus que ceux de l'Égypte. Il peut alors arriver — nous nous gardons bien de dire : il doit arriver — que des faits bien constatés, mais qu'on n'avait pas assez remarqués parce que l'attention n'avait pas été attirée sur cette question, apparaîtront comme des survivances du culte des dieux animaux.

Il serait imprudent d'en déduire aussitôt que la zoolâtrie s'y est manifestée de la même manière, avec la même extension, et encore moins avec la même persistance qu'en Égypte. Mais on notera en classant les faits et en les soumettant à la critique historique, si la zoolâtrie a été générale ou partielle, si elle a cédé plus ou moins promptement la place

---

1. Voir ce qui est dit à ce sujet à propos de la force magique, du couronnement au chapitre v (La magie).

à l'anthropomorphisme, et, autant que possible, pour quelles causes. Plus nombreuses seront les religions dans lesquelles on aura relevé les marques certaines de la zoolâtrie, plus les survivances prendront de valeur parmi celles qui restent à examiner. Sans dépasser la limite des faits dûment établis, et leurs conséquences immédiates, nous attendrons d'observations plus attentives et de découvertes nouvelles en fait de documents, l'extension ou la restriction des conclusions provisoirement proposées comme probables.

Ainsi les hellénistes ont toujours répugné à admettre que les divinités radieuses d'Homère aient eu comme prédécesseurs des dieux animaux. Les fables sur les métamorphoses des dieux, sur leurs unions avec les mortelles ont été regardées comme des inventions des poètes ou des produits de l'imagination populaire. On refusait de croire à l'existence d'une statue de Déméter à tête chevaline dont les gens de Phigalie avaient parlé à Pausanias. Cependant, en 1899, en fouillant le temple de Lycosoura d'Arcadie, on trouva de nombreuses figurines représentant des divinités féminines drapées, à tête de brebis ou à tête de vache [1]. Le musée de Berlin possède une statuette en bronze du v° siècle, figurant le dieu Pan avec une tête de bouc [2]. A Las, en Laconie, on découvrit en 1903 une pierre taillée en

1. PERDRIZET. *Bull. Corr. Hell.*, t. XXIII (1899), p. 635.
2. HÉRODOTE, II, 46, qui dit que les Grecs le représentent αἰγοπρόσωπον καὶ τραγοσκελία, mais il n'en comprend plus le sens.

forme d'Hermès, surmontée d'une tête de bélier, qui représente vraisemblablement un Apollon Karneios [1]. On a réuni, en nombre croissant, des monuments analogues [2]. L'examen des périodes plus anciennes accroîtra probablement l'inventaire des divinités animales [3]. En sorte qu'il faut bien admettre que Déméter la Cavale, le Loup du mont Lycée, le cygne de Léda, les Centaures, les Hamadryades, et tant d'autres encore, ne sont pas des fictions poétiques sans réalité, mais un écho lointain des temps où, en Grèce comme dans la vallée du Nil, on adora des dieux à forme animale qui pouvaient s'unir aux mortelles, et donner naissance à une descendance humaine.

Cela ne veut pas dire que *tous* les dieux grecs aient commencé de la sorte, et qu'à l'origine, chacun d'eux ait été l'animal qui lui fut consacré à la période historique. Ce serait une généralisation prématurée, et, par exemple, on ne peut affirmer encore — comme on l'a fait — qu'Athèna a d'abord été une chouette et Déméter une truie. Il convient d'attendre prudemment que la preuve soit faite pour chacune des divinités. On doit noter que les

1. *Athen. Mittheilungen*, 1904, p. 24.
2. Vissen. *De Græcorum diis non referentibus speciem humanam*.
3. Pottier, *Bull. Corr. Hell.*, 1907, p. 259, signale le nombre remarquable, dans la démonologie mycénienne, d'êtres fantastiques mi-partie humains, mi-partie animaux. La question est d'établir s'il s'agit de « démons », au sens d'êtres créés par l'imagination ou les croyances populaires, ou si ce sont des représentations précises d'« esprits » ou de dieux primitifs figurés sous leur aspect traditionnel.

unes sont autochtones, et celles-ci surtout ont dû débuter par la forme animale ; les autres sont venues de l'étranger à une époque plus tardive, et elles avaient probablement déjà la forme humaine, quand elles sont entrées dans le panthéon hellénique. Enfin, il doit y avoir eu des cas analogues à ceux de l'Égypte : des dieux anthropomorphes manifestement hétérogènes, faits de débris d'anciens dieux animaux [1], mais qui ne sont plus reconnaissables. Malgré tout, les exemples actuellement en notre possession paraissent assez nombreux pour permettre d'affirmer l'existence du culte des dieux animaux dans la Grèce très ancienne [2].

La question n'est malheureusement pas aussi avancée, il s'en faut de beaucoup, pour les reli-

---

1. Ainsi l'Osiris de Mendès, et surtout l'Osiris postérieur d'Abydos, le Min de Coptos, etc. On arrive, pour ces dieux, à retrouver, non pas les éléments constituants (comme je l'ai dit pour plus de clarté dans le texte), mais la trace des dieux animaux locaux auxquels ils se sont substitués, en réunissant sur leur personne, refaite en son entier par la théologie, les pouvoirs et les légendes de plusieurs de ces dieux à la fois. On peut noter aussi les créations de basse date, par symétrie, de déesses sans vitalité propre, tirées de dieux mâles capables de procréer par leur propre activité, *Iousasit*, etc. Sur le procédé inverse pour les entités féminines Isis, Neïth, Mihit-Oïrit primordiale, cf. MASPERO, *Myth. Arch.*, t. II, p. 255), etc. Tous ces procédés doivent être vérifiés préalablement sur les divinités helléniques avant de conclure trop sommairement au zoomorphisme de chacune d'elles.

2. Ce qui est dit de la zoolâtrie doit naturellement s'entendre aussi du culte des arbres et des pierres. Ce dernier n'a d'ailleurs jamais été contesté. Sur cette question, cf. MICHEL, *Survivances du fétichisme dans les cultes populaires de la Grèce ancienne*. *Rev. Hist. Relig.*, t. LX (1909), p. 141.

gions sémitiques. A vrai dire, elle n'a été abordée qu'en passant, et à propos de détails. Par exemple, l'association de certaines divinités avec des animaux déterminés a paru un indice qu'on se figurait la divinité plus ou moins semblable à ces bêtes, mais d'autres soutiennent que ces animaux n'ont été attribués aux dieux que comme des symboles. Bornons-nous à remarquer en passant que c'est ce que l'on disait, il y a bien peu d'années, pour toutes les figures animales associées aux dieux grecs. Cependant, disposant de documents encore contestés sur la question, il serait imprudent de tirer dès aujourd'hui des conclusions. Ce serait justement une occasion d'expérimenter la méthode qui est proposée ici, que de réunir tous les documents ayant trait aux figurations animales dans ces religions et de les traiter comme je l'ai indiqué au début. Pour l'instant, que savons-nous par les auteurs modernes ? Que les tribus arabes portaient pour la plupart des noms d'animaux sauvages : la gazelle, le vautour, le lion, etc. Il y a là, à première vue, une analogie à noter avec ce que nous savons des origines des noms de l'Égypte ou avec certaines tribus ou peuplades non-civilisées. Mais cela ne pourrait devenir une preuve que si l'on pouvait y trouver le témoignage formel d'un culte rendu à ces animaux.

Des traces plus marquées de zoolâtrie primitive paraissent subsister dans la légende chaldéenne d'Oannès le dieu-poisson, sorti pour révéler aux hommes les premiers éléments de la civilisation ;

ou bien dans les monuments figurés qui représentent certains dieux ou génies avec une tête ou avec des membres d'animaux [1] ; ou enfin, mais d'une façon plus complexe, dans les esprits protecteurs à l'époque classique, à formes hybrides, tels les célèbres taureaux ailés [2]. Mais répétons-le : tout cela est encore insuffisant pour conclure, non certes comme matériaux, mais parce qu'il faudrait que le dépouillement fût plus complet, et l'étude méthodique des monuments religieux chaldéens ou assyriens plus avancée. Ce qui existe pour le moment est néanmoins suffisant pour permettre de présumer que ce dépouillement et cette étude aboutiront à constater l'existence primitive d'un culte des animaux-dieux. On entrevoit aussi que si haut que l'on atteigne, ce culte est déjà moins accentué qu'en Égypte, et qu'il a été — ceci bien visiblement — beaucoup moins persistant qu'en ce pays [3]. On peut ajouter enfin une remarque plus

---

1. Perrot. *Hist. de l'Art*. t. II, p. 63-68.
2. Cf. Sayce, *Rel. of the Ancient Babylonians* (1887), et surtout Thompson, *Devils and Evil Spirits of Babylonia*, 1903. Une intéressante discussion sur les esprits à traits d'animaux est donnée à propos de l'étymologie des *Cherubins* par R. W. Moss au mot *Cherubin*, t. III, p. 509 de l'*Encyclopædia of Religion* (paragraphes 1 et 2). Jusqu'à présent, la tendance semble trop générale à regarder les formes démoniaques comme de simples créations populaires, ou symboliques par figurations d'énergies ou d'aspects mythiques. Le départ de ces formes et des survivances de la zoolâtrie proprement dite, quelque difficile qu'il soit, devrait être recherché plus attentivement qu'on ne l'a fait.
3. Pour Israël, cf. Stade, *Geschichte des Volkes Israël*, dont les observations ingénieuses sont influencées par le désir pré-

certaine : la reconstitution des dieux très anciens en divinités stellaires ou élémentaires ou météorologiques nous ramène à un état qui ressemble d'une façon surprenante à ce que nous retrouvons en Égypte pour les grands dieux à l'époque classiques. Or, pour ceux-ci, nous arrivons à démêler avec évidence comment ils sont le produit de dieux animaux beaucoup plus simples, antérieurs aux cosmogonies et aux fusions de petits dieux locaux. Il est indispensable de vérifier si une aussi surprenante ressemblance est fortuite ou non. Il y a présomption — quitte à y renoncer après vérification — que le même phénomène s'est produit dans les deux civilisations [1].

Nous sommes un peu mieux fixés pour la religion des Hindous. Les maîtres de cette science ont mis à notre disposition des résultats positifs. OLDENBERG [2] a signalé plus d'une fois, à côté de l'anthropomorphisme dominant des Védas, des

---

conçu de plier au totémisme des faits exacts de zoolâtrie. L'influence égyptienne est aussi un élément à considérer, quoiqu'on l'ait trop délibérément écartée dans les travaux récents.

1. Le « refoulement » de nombre de dieux animaux de l'Égypte préhistorique au nombre des monstres ou génies de l'autre monde, ou leur abaissement au rang de petits dieux locaux est aussi un élément de comparaison. Enfin, l'iconographie des animaux, tenus trop sommairement pour « symboliques » de tel ou tel dieu à l'époque classique. Ainsi le léopard d'Ishtar. D'une manière générale, l'inventaire des traces zoolâtriques devra s'inspirer de ce qui a été indiqué, il y a un moment, à propos des dieux helléniques, et épuiser successivement tous les modes de déguisement ou de fusion que l'on suit pas à pas dans les religions de l'Égypte.

2. OLDENBERG. *Religion du Véda*, trad. V. Henry, p. 57.

traces de zoomorphisme. En laissant de côté ce qui est simple métaphore, il constate que le dieu se change en bête ou flotte entre les deux formes humaine et animale. M. BARTH, le juge le plus compétent en ces matières, approuve en général l'opinion d'OLDENBERG, et tout en exprimant des réserves pour quelques-uns des noms que celui-ci avait compris dans sa liste, affirme la même théorie [1]. « Si la forme animale est fréquente chez les dieux, du moins chez les dieux du second plan, elle l'est plus encore chez les démons. Vritra, le démon par excellence, qui retient les eaux captives est un serpent, ainsi que ses congénères ; d'autres sont des faunes, des loups ; il y a un des « fils de l'araignée », et toutes les monstruosités bestiales imaginables sont représentées dans la foule anonyme des lutins, des vampires, des démons de la maladie [2]. »

L'auteur parle aussi des animaux qui représentent les dieux, et de ceux qui assurent l'efficacité du rite ; « les animaux ne sont pas là comme de purs symboles, car le rite est parfois conduit selon les indications qu'ils paraissent donner ; pour le moment, le dieu est en eux, agit en eux ; *ils sont le dieu même*, et cela en vertu d'affinités mystérieuses qui existent entre le dieu et leur espèce [3] ».

1. BARTH. *Journal des Savants*, mars-août 1896 ; tirage à part, p. 8-20.
2. BARTH. *Ibid.*, p. 19.
3. BARTH. *Ibid.*, p. 19.

Le répertoire des démons ou esprits peut fournir à cet égard de nouveaux arguments. L'étude des religions primitives de l'Égypte tend en effet à démontrer combien la démonologie de caractères archaïques — celle par exemple des textes des Pyramides ou des sarcophages protothébains — marque le passage entre le culte des « esprits » et les premiers essais de polythéisme. Les dieux égyptiens, simples « esprits » émergés d'entre les autres esprits, mais pourvus d'une personnalité plus accentuée, ont donc des formes identiques à toutes les séries du polydémonisme primitif, et l'on retrouve en effet dans les deux groupes les mêmes formes animales[1]. On voit combien il serait important de pouvoir refaire le même travail pour ces religions. La question délicate en démonologie est d'arriver à distinguer les créations de basse époque, théologiques, littéraires ou populaires de celles qui appartiennent au vieux fonds. Cette tâche est possible en Égypte, grâce à la garantie scientifique de l'âge des textes, et aux similitudes que présentent, une fois cette certitude acquise, les parallélismes des religions de l'époque pharaonique. Les méthodes de distinction établies par les exemples égyptiens peuvent fournir des indications utiles pour les religions moins bien pourvues de documents archaïques ou de séries continues.

1. Les formes animales des « démons », *afrit*, ou esprits qui ont précédé en Égypte le classement des *notirou* ou dieux proprement dits ont été étudiées par G. Foucart, dans l'*Encyclopædia of Religion* de Hastings, t. IV, au mot *Demons and Spirits*.

LA PRÉTENDUE RELIGION DITE « TOTÉMIQUE » 97

Si la religion des Hindous, comme on l'admet aujourd'hui, nous est connue, non dans sa forme primitive, mais dans un état avancé de développement, la forme animale des dieux de second plan, les affinités mystérieuses qu'on a relevées entre les dieux et certaines espèces animales, ne sont-elles pas des survivances d'un état religieux plus ancien? Ne peut-on supposer que les ancêtres des poètes sacerdotaux qui composèrent les hymnes védiques, et ceux des exégètes qui travaillèrent à donner un sens mystique, raffiné, aux rites souvent grossiers du culte, avaient débuté, eux aussi, comme les Égyptiens, par le culte des dieux animaux? Un zoomorphisme, qui ne fut pas nécessairement identique à celui de l'Égypte, mais qui procédait des mêmes causes premières, n'aurait-il pas été la première forme de la religion organisée dans les pays où vécurent les Aryens primitifs?

Cette hypothèse pourra trouver un jour une confirmation inattendue dans une découverte récente. Les fouilles allemandes de 1907 à Boghaz-Keuï en Cappadoce ont mis à jour des milliers de textes qui feront connaître le puissant empire des Hittites qui dura plus de quinze siècles [1]. En attendant la publication de ces inscriptions, une courte

---

1. Cf. PERROT, *Hist. de l'Art*, t. IV, p. 515. Les découvertes de Boghaz-Keuï justifient amplement la place que l'auteur faisait à l'art et à la civilisation des Hittites. Sur le dernier état de la question en général, cf. J. GARSTANG, *The Land of the Hittites*, 1910, ainsi que les *Annales de l'Université* de Liverpool, t. II et III.

Histoire des Religions. 7

notice a signalé un passage qui sera d'une grande importance dans l'Histoire des Religions. Parmi les divinités que les Hittites invoquent comme protectrices du traité, sont nommés plusieurs dieux, qui font partie du panthéon védique : Indra, Varouna, Mithra, les deux Asvins [1]. Mais ce peuple, apparenté aux Hindous, semble avoir aussi adoré des dieux animaux. Sayce, qui s'est appliqué depuis plus de trente ans à l'interprétation des monuments hittites, a traduit des dédicaces faites à un dieu-bouc, à un dieu-bélier et à plusieurs autres du même genre [2]. Dans les caractères hiéroglyphiques, en effet, il y a bien une tête de bouc, une tête de bélier, etc., précédées du signe indice de divinité. Ce ne sont pas de simples démons, mais de vrais dieux, seigneurs de villes ou de provinces, et recevant un culte. Il convient de se tenir encore sur la réserve, lorsque tant de monuments trouvés dans les grandes fouilles de 1907 restent à publier. Mais il était bon de signaler, dès maintenant, ces premiers indices de zoolâtrie ; peut-être les nouveaux documents les confirmeront-ils, éclairant les similitudes religieuses entre Hindous et Hittites et, par suite, le culte des Aryens, antérieurement à la séparation des deux peuples de la souche commune.

---

1. *Bulletin de l'Académie de Berlin*, 1908, p. 16.
2. Cf. Sayce dans les *Proceedings* de la Société d'Archéologie biblique, Janvier 1908, et pour les progrès successifs de ses déchiffrements, la série de ces *Proceedings* à partir de 1882, et le tome VIII des *Transactions* de cette même société savante.

LA PRÉTENDUE RELIGION DITE « TOTÉMIQUE »   99

Le catalogue des zoolâtries des peuples non-civilisés se heurte pour l'instant à des difficultés qui ne tiennent pas seulement à l'absence de répertoires dûment classés par peuples, soit dans la muséographie, soit dans les publications de l'ethnologie. L'établissement certain du caractère idolâtrique des figurations animales (qu'elles incarnent des « dieux » ou des « démons » peu importe) ; la notion qu'elles incarnent des personnages ayant des *noms* déterminés, exerçant des actes constants et précis, sont deux caractères essentiels du culte des entités divines animales. Or les recherches systématiques manquent encore sur ce point. La terminologie descriptive de ces figures est encore flottante. La pénurie de monuments anciens ou datés empêche de constater les évolutions et leurs lois apparentes. Malgré tant d'obstacles, il y a là une recherche fort utile à employer comme auxiliaire par l'histoire des grandes religions des civilisés [1].

Il n'est pas possible de poursuivre la comparaison chez d'autres peuples dans une esquisse aussi

---

1. Ce travail, qui doit porter en ce moment sur une infinité de travaux de détail fournit déjà, même en cette période préparatoire de la documentation, des faits ayant une valeur indicative d'ordre plus général que les constatations de dépouillement pur et simple. Ainsi, à titre d'exemple, on notera comme un indice possible, sinon probable, d'évolution anthropomorphique les « esprits » de certains peuples de l'Ouganda. *Almost every river or stream has its spirits represented, in the mind of Buganda as half man, half woman or half fish* (STAMS, *Religious conceptions of some tribes of Buganda. Anthropos*, III, 215).

limitée que celle-ci[1]. On ne peut d'ailleurs le faire pour ceux que nous connaissons seulement à un degré déjà avancé de civilisation. Les documents remontant à une époque ancienne font défaut, et, par suite, la question n'a pas attiré l'attention des spécialistes adonnés à l'étude de ces peuples. Eux seuls auraient la compétence nécessaire pour nous renseigner. Mais le jour où leur attention se portera de ce côté[2], il est bien probable qu'ils retrouveront le culte primitif des dieux animaux, survivant dans l'iconographie dite « symbolique », dans les mythes défigurés de la littérature, les allusions des hymnes, et, plus encore, dans les survivances qui persistent dans les basses classes de la société, ou dans les superstitions populaires.

Si l'on se reporte aux données exposées ci-dessus sur le culte des dieux animaux, on voit à quel point il diffère de ce que l'on a appelé le totémisme[3]. En Égypte, ce culte constitue le fond de la religion la plus ancienne.

1. On entrevoit la possibilité de mener à bien l'enquête pour la civilisation des Incas dans l'Amérique méridionale et pour celles des Aztèques. C'est au moins ce que j'ai cru entrevoir quand j'ai été amené, à mes cours, à comparer certains cultes et certaines figurations des vieux dieux égyptiens à ceux des autres races.
2. Voir à la fin de ce chapitre la note sur la civilisation égéenne (p. 122).
3. Le mot « totémisme » a été appliqué à deux systèmes différents. Il faut distinguer : 1° le totémisme proprement dit des Indiens de l'Amérique du Nord ; 2° une prétendue religion primitive universelle qui englobe le totémisme ci-dessus des Indiens, le tabou de la Polynésie, le folklore des fêtes agraires de l'Europe centrale.

LA PRÉTENDUE RELIGION DITE « TOTÉMIQUE »

Les Indiens de l'Amérique du Nord, dont on fait le type des totémistes actuels, sont, logiquement aussi, le type auquel on doit comparer les Égyptiens, si on veut noter la série des principales divergences.

Et tout d'abord, on constate que l'Indien a d'autres dieux que les « totems ». A ceux-ci il n'adresse pas de prière ; il ne leur offre pas de sacrifices. Ce sont des alliés, des parents. Il les traite sur un pied d'égalité. Au contraire, l'Égyptien reconnaît la supériorité des béliers Amon, Khnoumou, Arshafitou, du cynocéphale Thot, du crocodile Sovkou, des Éperviers Horus, Montou, etc. Il se croit tenu, par une obligation naturelle, de leur rendre un culte. Ce sont des maîtres et des protecteurs.

Au lieu d'une vague divinité collective éparse dans toute l'espèce du totem, le dieu égyptien est incarné, sur cette terre, dans un seul animal, celui qui est gardé et entretenu dans le temple : tels Apis, Mnœvis, Khnoumou, Sit-Noubiti d'Ombos, etc.

Tous les membres de la tribu indienne se disent descendants et parents de l'animal totem. Seul le chef égyptien est le descendant du dieu animal. Le Pharaon de l'époque historique est le seul qui soit le fils de l'Épervier, qui porte son nom, et qui, en cette qualité, soit l'héritier du royaume de l'Épervier et le prêtre de l'Épervier. Le reste des hommes de la nation ne sont pas et ne prétendent jamais être des Éperviers. Ils peuvent participer à la protection de l'animal dieu, mais c'est en tant que sujets du Pharaon, son fils, et par son intermédiaire. Ce qui est vrai du Pharaon et de l'Épervier l'est pour les dieux des nomes. Seul le prince de chaque nome est le descendant, le fils, l'héritier du dieu local. Ses sujets provinciaux sont vis-à-vis de lui ce que l'Égyptien, pris en général, est vis-à-vis du Pharaon. Knoumhotep seigneur de Beni-Hassan est descendant, fils et prêtre du dieu du nome de Beni-Hassan ; Tahoutihotep, prince de Bershèh, est seul fils et prêtre de Thot, dieu du nome, et ainsi de suite.

Jamais les Égyptiens n'ont sacrifié l'animal dieu, ni ne l'ont mangé, comme l'ont fait les Indiens ou différents non-civilisés, soit en cas de nécessité [1],

---

[1]. Je laisse de côté nombre de faits de détail que l'on a voulu tirer de l'Égypte pour l'accumulation des preuves d'un totémisme général, commun à toute l'humanité. Ils ont été cités par M. S. REINACH en son essai de « code du totémisme » (*Cultes, Mythes, Religions*, t. I, p. 23). La plupart sont empruntés à G. FRAZER. Ainsi dire que la vache, le mouton, le chat, l'épervier n'y sont jamais tués ni mangés, est inexact pour le mouton, s'explique par des raisons non religieuses pour la vache, et ne prouve rien pour le chat et l'épervier, dont les Égyptiens appréciaient peu les qualités comestibles. Dire qu'on porte le deuil de la génisse ou du bouc, en Égypte, est absolument inexact. On portait le deuil de l'animal-dieu incarné dans *une* génisse ou *un* bouc, ce qui est le contraire du culte ou du deuil de l'espèce. L'interdiction de manger de la tête d'un animal est une fois de plus une assertion due à un auteur classique, et non à un texte égyptien ; même vrai, il s'expliquerait par une considération de crainte magique et ne prouve rien pour le totémisme. Pour l'Épervier soi-disant « totem » de la famille royale, on a vu plus haut ce qu'il en était. De l'anecdote de Ménès sauvé des eaux par un crocodile, il paraîtra impossible de tirer un indice « totémiste » ; et il en va de même pour l'explication de DIODORE sur l'épervier, vénéré parce qu'il prédit l'avenir. Ceci est

soit dans ces cérémonies périodiques que l'on a assimilées à une sorte de communion [1].

de la mantique, — sans parler une fois de plus de la basse date du renseignement, donné par un non-égyptien sur un fait de coutume égyptienne. L'explication des formes mi-animales, mi-humaines des dieux égyptiens, d'après Rob. Smith, comme venant de l'usage de revêtir la dépouille de l'animal sacrifié fera sourire tout égyptologue, et suppose une ignorance absolue non seulement de l'histoire religieuse, mais de l'iconographie de l'Égypte et des éléments de formation de son Panthéon. Enfin, le récit d'Hérodote sur l'immolation annuelle du bélier thébain, à supposer qu'il corresponde à un fait réel (qu'aucun texte ou aucune figuration pharaoniques ne signale à notre connaissance jusqu'à présent) constitue une cérémonie destinée à renouveler la force vitale de l'idole d'Amon-bélier, et n'a aucun rapport avec une adoration du clan animal du bélier, ni, bien entendu, avec aucune théorie tenant de près ou de loin au sacrifice communiel de l'animal-dieu, — corollaire quasi-nécessaire des théorèmes totémistes (voir au chapitre suivant : au sacrifice égyptien *in fine*, la note relative à la thèse de G. Frazer sur ce point). On remarquera d'ailleurs, en bonne critique, qu'il n'est pas bon de consulter systématiquement, pour les faits égyptiens, des Grecs ou des Romains, alors que l'Egypte est littéralement couverte de textes indigènes sur toutes les matières imaginables du domaine religieux. On comprendra que G. Frazer, peu habitué à manier ces vieilles civilisations orientales pourvues de textes, ait appliqué les procédés de documentation « tout-venant », nécessairement trop fréquents en ethnologie. L'Égypte monumentale et épigraphique est un terrain dangereux pour beaucoup d'ethnologues... Mais un érudit comme M. S. Reinach aurait dû noter à quel point des sources étrangères et de basse date devaient valoir peu de chose, en regard de ce que les Égyptiens ont pris la peine de nous dire sur leur propre compte, et avec un pareil luxe de détails.

1. Il se produit en toute cette matière, une série de confusions trop fréquentes, résultant des sens successifs et contradictoires où l'on emploie les termes *sacrifice* et *repas communiel*, sans leur donner dès le début des valeurs fixes et bien convenues. Voir, en particulier, ce qui est dit plus loin au chapitre du sacrifice, sur les cas où il ne s'agit pas de manger un anima totem en s'en excusant, mais de conjurer la vengeance de l'animal mis à mort, ce qui est tout différent.

Il n'est pas plus possible de découvrir en Égypte les totems familiaux ou individuels de l'Amérique du Nord. Et il est impossible de trouver un seul document égyptien d'époque classique en ce sens. Là non plus, on ne peut citer une ligne de texte qui indique quoi que ce soit de ce genre. Des dieux protecteurs d'une profession (Thot pour les Scribes), d'une classe d'individus (la Thouéris pour les enfants), de gens qui se trouvent dans telle situation momentanée (les Reines divinisées protectrices des femmes malades), rien de tout cela n'est autre chose que ce que l'on trouve dans toutes les religions modernes : des patrons, des protecteurs, des êtres qu'invoquent les superstitions populaires. Les dieux guérisseurs que sont Thot-Téôs, Khonsou Nofirhâtep, Imhothès, le Phtah Sotmou « celui qui écoute la prière du malheureux », achèvent de montrer à quel concept se rattachent tous ces personnages considérés d'ensemble. Ils appartiennent aux groupements humains que créent les travaux, les misères, l'âge, la profession, c'est-à-dire à tous et non à un groupe relié par les liens du sang.

Enfin, il est aussi impossible de discerner la trace d'une influence exercée par le totémisme sur l'organisation sociale de l'Égypte. Il n'y a ni castes, ni profession réservée à des gens que relient entre eux des liens semblables à ceux que créent les totems.

Aussi est-il fâcheux de voir depuis quelque temps les mots « totem » et « totémisme » employés en égyptologie pour désigner plus commodément le culte des dieux animaux de l'Égypte. Un des grands inconvénients a été de laisser croire à des similitudes qui n'existent pas, et à répandre, dans les ouvrages de vulgarisation, l'emploi de cette terminologie, en parlant des religions de l'Egypte [1]. Un autre plus grave encore a été qu'entraînés par l'usage des termes — sinon par le désir de se croire au courant des dernières thèses de l'ethnologie — certains auteurs ont essayé ensuite d'expliquer par une coutume américaine des croyances égyptiennes qui s'expliquaient fort bien d'elles-mêmes. On est passé de là, comme nécessairement, à des essais d'adaptation de tout le reste des phénomènes religieux de l'Egypte aux thèses dérivées du tabou-totémisme, sacrifice communiel, etc. [2]. Cette sorte de phénomène de suggestion et le mal qu'elle engendre ont été fort justement appréciés par Mas-

1. Par exemple dans la *Religion égyptienne* d'ERMONI, 1910.
2. C'est ce que l'on peut constater dans les récentes publications de BUDGE (*Liturgy of Funerary offerings*, 1909 ; *Ritual opening of the mouth*, 1909), ou de PETRIE (*Memphis*, t. I, et t. II). L'influence nuisible des méthodes de rapprochement de G. FRAZER, est visible en ces publications (par exemple pour la prétendue mise à mort du Pharaon après un nombre déterminé d'années de règne, origine supposée des célèbres fêtes du *Sed*). Le danger de ces thèses ethnologiques en religion égyptienne a été signalé à plusieurs reprises par G. FOUCART, dans les comptes rendus de ces ouvrages dans le *Sphinx* et le *Journal des Savants*, années 1909 à 1911. La difficulté réelle des identifications essentielles, opposées aux rapprochements aisés et superficiels entre Égypte et non-civilisés, ainsi que le danger réel d'employer en Égypte une terminologie non adéquate, a été traitée avec plus de détails, par G. FOUCART, *Égypte et Ethnographie*. *Sphinx*, (1909).

PERO : « A le bien considérer, les égyptologues ont appliqué tels quels, avec grand zèle, aux documents égyptiens les concepts qui avaient été dégagés par les maîtres de l'étude des religions sauvages ou des traditions populaires, et ces maîtres, à leur tour, ont accepté comme idées égyptiennes les hypothèses qui résultent de ces applications. Il y a là une sorte de cercle vicieux dont il y aurait intérêt à sortir [1]. »

Il reste, il est vrai, aux partisans du totémisme universel la ressource de déclarer que la zoolâtrie des Égyptiens et des autres peuples anciens n'est qu'une survivance altérée du totémisme primitif, et que pendant les milliers d'années qui ont précédé la période accessible pour nous, leurs ancêtres ont pratiqué le totémisme, tel que l'ont conservé les Indiens de l'Amérique du Nord. C'est la position que G. FRAZER a prise, en dernier lieu, pour expliquer le prétendu totémisme africain. Mais ce n'est plus une démonstration réellement scientifique.

Ne l'oublions pas : le *totémisme* (mot et chose) est particulier à une partie des indigènes de l'Amérique du Nord. Il a été étendu, comme une désignation commode, aux coutumes plus ou moins analogues des autres non-civilisés. L'extension de ce terme a eu des inconvénients graves et immédiats. On se trouvait employer un vocable correspondant à un ensemble de faits et de pratiques

---

1. MASPERO, *Revue Critique*, 1908, p. 404.

attachés à un groupe ethnique très restreint, pour désigner les faits et pratiques de peuples dispersés dans le monde entier. L'identité de la terminologie employée arbitrairement a préjugé par sous-entendu de l'uniformité des croyances et des cultes examinés. On a voulu trouver des preuves de cette uniformité dans les caractères superficiels des ressemblances sans remonter aux causes premières. Et surtout, on ne s'est attaché qu'aux ressemblances. Or, dans la comparaison des phénomènes, il est aussi important de noter les différences, et d'en chercher les causes réelles. Différences et ressemblances ont une égale valeur significative, puisqu'elles ne sont que deux aspects de l'observation. Ce qu'on doit chercher, c'est quelles sont celles qui sont essentielles, pour les séparer de celles qui sont accidentelles ou secondaires.

Ainsi, ceux qui ont voulu trouver le totémisme en Afrique ont attaché une grande importance à ce que les coutumes des noirs ou des nègres avaient de commun avec tel ou tel détail du totémisme, tandis qu'ils négligeaient les différences manifestes ou que, forcés d'en tenir compte, ils n'y voulaient voir que des altérations du totémisme primitif.

Or, s'il est fréquent de rencontrer chez les Africains des villages qui vénèrent telle ou telle espèce animale ou végétale prise en son ensemble ; s'il existe bien des chefs isolés ou des familles qui se prétendent unis par des liens de parenté au crocodile[1], au lion, à l'hippopotame, etc.[2], cette croyance, examinée de près, n'est qu'une dégénérescence, une survivance déjà confuse de la zoolâtrie, et non pas le totémisme que l'on a observé chez les Indiens de l'Amérique du Nord. En d'autres exemples, elle n'est qu'un cas d'alliance individuelle et momentanée de tel chef ou de telle famille avec un animal déterminé, à la suite d'un songe, d'un fait miraculeux, etc. Ailleurs, c'est la réincarnation des âmes de certains morts qui justifie la vénération, et nous entrons dans la série d'idées religieuses, absolument différentes, relatives aux réincarnations d'une des « âmes » des morts [3].

1. DESPLAGNES, *Moyen Niger*, pour les Bambaras et le récent ouvrage de Henry sur ce même peuple dans la Bibliothèque de l'*Anthropos*.
2. LENFANT, *Niger* (1903), p. 220. Il cite ainsi le lièvre, le lion, le léopard, la panthère, l'éléphant, l'hippopotame, le caïman, etc.
3. L'énorme amas de documents — réunis plutôt qu'étudiés — par G. FRAZER en son *Totemism and Exogamy* constitue, pour l'Afrique, un échec véritable de la thèse totémiste. Aucun des exemples cités au t. II, ne peut se rattacher solidement aux caractères types du prétendu totémisme universel. En ce qui regarde principalement le fondement supposé premier du totémisme, on sait que G. FRAZER, abandonnant les trois premières explications qu'il avait jadis soutenues, fait tout reposer aujourd'hui sur l'ignorance (supposée établie) que les peuples primitifs auraient eue du phénomène de la conception. Comme on ne peut absolument rien trouver de pareil en Afrique, l'auteur s'en tire avec aisance en déclarant (t. IV), que c'est parce que les Africains n'en sont plus à cet état d'ignorance, mais qu'ils ont dû passer par là. Tout est démontrable avec un tel système de raisonnement. Les autres particularités « totémistes » sont traitées dans le même esprit et la même méthode. Quant à l'origine du totémisme ainsi conçu en général, le dernier ouvrage de S. HARTLAND (*Primitive paternity*) a encore accentué la net-

Par exemple, on constatera que les nègres de tel ou tel peuple du Congo ne font aucun mal aux animaux qu'ils vénèrent, même aux plus dangereux, tels que les trigonocéphales. Les voyageurs rapportent des cas nombreux où les indigènes s'imposent des sacrifices pour sauver la vie de ces animaux menacée par les blancs. L'indigène trouve les explications les plus subtiles, au cas où l'animal manque au contrat d'alliance, et tue ou dévore un de ses parents humains [1]. Admettons qu'il y ait là un certain nombre de points communs avec le totémisme, quoique, en fait, la ressemblance exacte ne se trouve nulle part. Mais est-ce du totémisme? N'y a-t-il pas des différences radicales ? Et si ces différences portent sur des caractères tenus pour fondamentaux du totémisme, quel sera le caractère constant, commun à tous, par lequel on le définira ? Ainsi, en l'espèce, jamais en Afrique on n'immole le totem, jamais on ne le mange sous prétexte de s'unir plus étroitement au principe divin disséminé dans l'espèce. On nous assure cependant que cette pratique est caractéristique du totémisme. Jamais non plus, on n'a pu établir en Afrique l'existence de l'exogamie-type, telle qu'on l'a établie d'après les tribus australiennes,

---

teté des affirmations de l'école d'Oxford en ce sens. Mais le caractère réel de cette soi-disant ignorance paraît avoir été fort bien compris par Hertz dans l'article qu'il a consacré à cet ouvrage dans la *Revue de l'Histoire des Religions*, t. LXII.

1. Lenfant, *Niger*, p. 230. Hugues le Roux, *passim*, a relevé nombre de cas analogues en Éthiopie.

c'est-à-dire l'obligation de se marier en dehors de son clan, avec un membre d'un clan ayant un totem différent [1]. Et là où les interdictions de mariage résultant de degrés de parenté prennent une certaine extension dûment constatée, il se trouve précisément que le totémisme sous une forme quelconque, même la plus faible, est radicalement inexistant [2]. L'exogamie et le totémisme n'ont donc en Afrique aucun lien nécessaire. C'est cepen-

1. Il est à noter que l'Égypte ancienne a une tendance exactement contraire. On sait que le mariage type idéal, y était celui du frère et de la sœur, qui gardait sans mélange le sang de la famille. Les stèles de famille et la littérature populaire montrent assez clairement que ce sentiment n'était pas l'apanage des princes ou de la noblesse, mais se trouvait dans toutes les classes sociales.

2. Le t. V des *Monographies ethnographiques* des peuples du Congo (les *Warega*) montre précisément le cas d'un peuple où l'exogamie existe avec absence radicale de toute espèce de fait de caractère « totémiste ». En cet ordre d'idées, les réticences et les constatations négatives d'un auteur aussi peu suspect d'« antitotémisme » que S. Hartland sont à retenir, quand il traite de l'Afrique bantoue (*Bantu and South Africa*. *Encyclopædia of Religion*, t. II). On voit le savant ethnologue obligé de reconnaître à tout instant l'absence, chez telle ou telle des nations examinées, d'un des traits distinctifs, faute desquels il ne reste plus rien de bien solide dans la reconstruction du totémisme type : ici l'exogamie fait défaut, ailleurs c'est le matriarchat, sans parler du sacrifice communiel du totem, autre trait « essentiel » que l'on cherchera vainement. Il reste la ressource, comme l'a fait G. Frazer, de déclarer que cela ne prouve rien, parce que les choses *ont dû* exister autrefois conformément aux lois du code totémiste. Mais beaucoup estimeront peut-être que c'est accumuler bien des hypothèses sur des hypothèses, et que les prudentes et scientifiques réserves de S. Hartland valent beaucoup mieux.

dant, là aussi, un caractère du totémisme théorique qu'on nous a donné pour aussi essentiel que le sacrifice communiel de l'animal ¹.

Il devient dès lors difficile de déterminer le système totémique et d'en marquer les caractères. Vingt définitions pour le moins en ont été proposées. Non seulement elles ne s'accordent guère entre elles, mais quelques-uns des défenseurs du système ont modifié leurs opinions ². D'après un des essais encore récents « le caractère fondamental du totémisme animal est l'existence d'*un pacte mal défini*, mais de nature religieuse, entre certains clans d'hommes et certains clans d'animaux ³ ». L'auteur assure, en note, que les choses seraient de même pour le totémisme végétal. On renonce donc à l'exogamie et au sacrifice communiel. Il n'y

---

1. Cf. *Année Sociologique*, t. III, p. 217 ; t. V, p. 92, et t. V, p. 212.
2. On sait, par exemple, à quel point FRAZER, depuis la première édition du *Golden Bough*, a changé de vues sur l'ensemble de ces questions, et ce qu'il reconnaît en son *Totemism and Exogamy* de 1910 (cf. p. 108, note 3) est caractéristique à cet égard.
3. S. REINACH, *Phénomènes généraux du totémisme animal* dans *Cultes, Mythes, Religions*, t. I, p. 13. Les lignes que M. S. REINACH a consacrées depuis, en son *Orpheus*, au totem et au tabou n'apportent pas d'arguments nouveaux à la thèse que l'auteur n'a cessé d'affirmer depuis plusieurs années, et dont la réunion d'articles parus sous le titre : *Cultes, Mythes et Religions* condense la substance. Cette position est d'autant plus précaire qu'on constatait au même moment un visible mouvement de recul, ou d'interprétations toutes différentes à l'étranger. L'évolution de G. FRAZER, les vues nouvelles de S. HARTLAND, en sont les principales, mais non les uniques manifestations. En sorte que le système de M. S. REINACH semble déjà bien passé de mode, au moment même où il le rééditait avec plus de fermeté encore qu'en ses travaux antérieurs.

a pas dix ans, c'était, pour ainsi dire, les deux piliers du système. Cet abandon semblait à première vue offrir un avantage sérieux : il permettait de faire entrer, bon gré mal gré, dans le totémisme tous les non-civilisés ou anciens peuples qui vénèrent les animaux, sans exogamie ni sacrifice communiel du totem. Mais du même coup le totémisme perdait beaucoup de la netteté indispensable à une religion type. C'était quelque chose de si inconsistant qu'il échappait plus que jamais à une définition précise. Par compensation et pour étayer cette construction décidément ruineuse, on l'a flanquée d'une autre institution empruntée cette fois à une autre partie du monde. C'est le *tabou* [1], interdiction rituelle qui rend sacrés, intangibles, des objets ou des personnes, de façon permanente ou temporaire. Les voyageurs et les missionnaires l'avaient observé depuis longtemps et en avaient donné de courtes descriptions. Il a semblé à l'école totémiste qu'avec le tabou tout était reconstruit sur des bases solides,

---

1. Comme *totem* (ou *otam*), *tabou* (ou *tapou*) est un mot spécial à une race. Ici, les mots mêmes reflètent les tendances. On voudrait tirer de pièces disparates une étrange survivance d'une religion type du premier âge, dont les fragments épars se trouveraient tantôt en Amérique et tantôt en Australasie. Il est curieux que l'on prenne beaucoup moins garde aux religions des non-civilisés d'Afrique, dont les groupes sont beaucoup plus compacts, et au moins aussi importants à étudier. Nous constatons derechef cette persistance à ne se servir que comme accessoirement — et pour justifier à la rigueur la tâche d'avoir examiné le monde entier — les croyances des peuples africains. Les mêmes procédés se retrouvent dans le mélange des notions sur la *mana* des Mélanésiens et l'*orenda* des Iroquois.

LA PRÉTENDUE RELIGION DITE « TOTÉMIQUE » 113

que la primitive religion était dévoilée en son entier. Et l'école en a tiré mille spéculations sur le pur et l'impur, le sacré et le profane, le passage de l'un à l'autre, la consécration et la désécration, etc., toutes plus subtiles que claires, mais en somme jusque-là inoffensives. Elles sont devenues dangereuses pour la science, quand on a prétendu expliquer par le *tabou* polynésien des pratiques importantes des religions de l'antiquité, dont la signification plus simple et plus naturelle se trouve dans les croyances de peuples voisins et contemporains, ou quand on veut plier à ce modèle les cultes primitifs des peuples civilisés de l'antiquité. Plusieurs de ces tentatives semblent de purs jeux d'esprit, et parfois un véritable exercice d'acrobatie scientifique.

Le point important n'a cependant pas été éclairci : le tabou est-il une institution primitive qui remonte aux origines de l'humanité ? Ou est-il une invention, peut-être relativement récente, des chefs et des sorciers polynésiens ? Comme nous ne savons absolument rien de l'histoire de ces peuples, la réponse paraît impossible. Quant à ramener au tabou, comme à un caractère primitif fondamental, des interdictions, des prohibitions, des intangibilités, des impuretés qui se trouvent dans les autres peuples, le résultat est négatif. Il est évident qu'elles existent partout où existe un ensemble de pratiques rituelles. Il faudrait établir qu'ils dérivent d'un principe identique, et c'est ce qu'on n'est jamais arrivé à établir.

Histoire des Religions. 8

On peut cependant arriver à constater utilement plusieurs choses. Lorsque l'on prend la peine de dresser la liste des principaux cas de tabou, et que l'on cherche la raison directe spéciale à chacun de ces cas, que trouve-t-on ? Tantôt une application de la croyance à la présence d'esprits invisibles ; ils se glissent dans les bouches ouvertes (repas *tabou*) ; ils sont les âmes des morts dangereux (morts *tabou*) ; des fantômes irrités d'ennemis tués (guerriers *tabou*) ; tantôt encore, c'est la puissance de cette personnalité suprême qu'est un nom prononcé (noms *tabous*) ; ou bien c'est la croyance à la divinité du chef, descendant du dieu (roi ou chefs *tabous*) ; au mauvais œil (vue du souverain *tabou*) ; aux démons dans des corps d'étrangers (étrangers *tabous*) ; à la contagion, à l'impureté physique (malades et femmes *tabous*, aliments *tabous*), à l'idée de propriété jalousement gardée par un dieu (métaux et objets divers *tabous*) ; les cas de pure et simple magie sympathique sont encore plus nombreux (cheveux et ongles ou débris organiques *tabous*). La liste en est longue, mais les causes ne sont pas nombreuses et se ramènent à une douzaine au plus, toujours les mêmes. On devine aisément ce qu'ont pu accumuler par là-dessus de *tabous*, arbitraires, intéressés (temporaires ou non), ceux qui ont la charge de les spécifier et le pouvoir de « détabouer ». Sans parler de ce qui n'est que cas de superstitions populaires, comme on en trouve dans tous les temps et tous les pays.

LA PRÉTENDUE RELIGION DITE « TOTÉMIQUE »

Qu'en résulte-t-il ? Le *tabou* et ce qu'on a voulu englober sous ce vocable un peu partout, c'est, au total, une notion confuse, mal assimilée par les esprits trop faibles des non-civilisés d'un certain nombre de faits *sans rapports entre eux* (contagion, zoolâtrie, croyance aux revenants, divinité du chef, puissance du « nom », etc.) et qu'il est impossible de ramener à un principe unique, si simple soit-il [1]. En faire un tout homogène, qui serait la base des croyances primitives, et lui attribuer, pour ce faire, l'unité d'origine, c'est commettre une grave faute de critique. Vouloir même expliquer par ce *tabou* les croyances des plus civilisés, c'est justement tomber dans la même erreur, la même impuissance à classer et à analyser la genèse de ces croyances hétérogènes que commettent les pseudo-primitifs d'aujourd'hui. L'ensemble incohérent du *tabou* est en effet le résultat de l'incapacité des non-civilisés à maintenir séparées les notions, vraies ou fausses, des premières enquêtes de l'homme sur le monde sensible. Et les croyances « plus civilisées » de gens comme les Chaldéens ou les Égyptiens, par exemple, représentent le résultat de leur aptitude à maintenir distincts les résultats de leurs premières

---

[1]. De là, pour ne citer qu'un unique exemple, l'embarras des modernes quand ils se trouvent en présence d'un de ces cas si nombreux de tabou à effets réciproques. Ainsi le chef est tabou, et les gens sont tabous pour lui. C'est que le mot tabou n'est ici que la traduction balbutiante de deux idées de nature distincte. L'essai de coordination synthétique de G. Frazer (*Encyclopædia Britannica*, au mot *Taboo*) ne réussit pas à suppléer à cette absence de principes généraux.

tentatives, puis le perfectionnement inlassable de leurs premières certitudes expérimentales, quand ils s'essayèrent à définir le divin et le monde ambiant. En un mot, *le tabou est un résultat de l'usure du temps comme le totémisme.* Tandis que les peuples plus vigoureux dégagent des animismes du début des principes de magie et de culte de mieux en mieux définis, classifiés et — à leur point de vue au moins — logiques, les autres, trop débiles, s'enferment dans la confusion. En la prenant à notre tour comme base d'étude, nous ne pouvons arriver qu'à ces caractères, si peu nets et si artificiels, de toutes les conséquences généralisées que l'on a proposées commes corollaires du tabou : obligations, contagions, sanctions, etc.

Laissons donc le *tabou* et revenons au seul totémisme dont l'existence soit bien nette, à celui des Indiens de l'Amérique du Nord. Tout bien examiné, il apparaît comme une variété locale et particulière, et une véritable déformation (pour ne pas dire une régression) d'une croyance plus générale dont nous avons constaté l'existence ou les traces certaines dans les plus anciennes nations du monde : celle que les esprits des êtres divins s'incarnent dans des animaux plutôt que dans des corps humains. La variante indienne a engendré des pratiques propres aux seuls Indiens, et elle s'est adaptée à leur organisation sociale bien plutôt qu'elle ne l'a produite [1].

---

1. Marillier avait déjà remarqué il y a longtemps (*Revue Hist. Rel.*, XXXVI, p. 368) que le culte totémiste ne constituait

Tout bien pesé, la théorie du totémisme universel rappelle un procédé connu dans l'archéologie des monuments figurés, et dont la valeur est jugée aujourd'hui. Il consiste à supposer *a priori* une évolution schématique d'un thème symbolique ou ornemental, et à vouloir en démontrer ensuite l'extension à travers une suite de siècles ou de civilisations en apparence différentes, pour en tirer des lois d'ensemble, affectant au besoin l'histoire générale. Les moyens sont assez simples et généralement constants. Le plus souvent, on commence par réduire le thème ou le motif choisis à des tracés de plus en plus altérés, jusqu'au moment où il ne présente plus que des contours ou des lignes rudimentaires, et on présente le tout disposé en tableaux munis de copieuses références, sans tenir compte, le plus souvent, des circonstances de matière, d'instruments, de richesse ou d'ateliers locaux. Les thèmes « géométriques » sont, à ce moment, d'un puissant secours. Ceci fait, on procède aux mêmes déformations pour des thèmes venus en réalité d'autres éléments originaires, comme symbolique ou comme décoration, et on les rajuste, par des tracés ou informes, ou stylisés, ou déformés, aux premiers groupes, en établissant ainsi les pseudo-filiations. Au besoin on appelle à l'aide les réductions ; par exemple on se contente, pour un motif animal

---

point une forme définitive de la religion. On a pu voir qu'il n'était pas davantage un point de départ. Ce n'est qu'une déformation locale et transitoire qui a pu persister seulement chez des non-civilisés.

ou végétal « évolué », d'un de ses tronçons. En étendant le tout aux produits des autres civilisations, on arrive à démontrer les communautés d'origine qu'on posait en principe au début. Le vice initial de méthode de ce genre de travail n'est pas à établir ici en ses diverses erreurs : non distinction du principal et de l'accessoire, confusion de la partie pour le tout ou *vice versa* ; ignorance des valeurs relatives des lignes *essentielles* d'un thème originaire (floral, animal, de soutien, etc.); silhouettes, ou lignes de contours considérées comme ayant la même importance que les lignes des éléments *structuraux* ; négligence systématique des éléments réels dont le thème est extrait, ou des circonstances de temps, de matière, d'écoles, etc., déjà signalées. Le procédé ne suppose pas autre chose, en somme, qu'une patience convenable dans le dépouillement mécanique d'innombrables faits, et une certaine ingéniosité à dresser les conséquences d'une façon spécieuse. En cet ordre d'idées, par exemple, la spirale égyptienne sera rattachée au « méandre », puis on trouvera des « méandres » géométriques du type « labyrinthe », et on partira de là pour établir des rapports historiques entre l'Égypte et la civilisation égéenne par le labyrinthe crétois. L'exemple le plus frappant de ce que peut donner une pareille méthode en archéologie est donné dans la *Grammar of the Lotus* de GOODYEAR qui arrive, par ce système, non seulement à ramener au lotus la plupart des thèmes géométriques ou autres de l'Orient, mais aussi, à l'aide des mêmes tableaux, ceux de la Méditerranée, d'une partie des arts européens et ceux de l'Afrique du Nord ou même de l'Amérique. Si l'on examine les systèmes « totémistes » et leurs agencements des faits, on retrouvera assez facilement les mêmes procédés — avec les mêmes conséquences.

Les comparaisons esquissées ci-dessus avec la vieille Égypte conduisent déjà à une conclusion. Dans la période la plus ancienne que nous puissions étudier de l'histoire de l'humanité, les diverses religions déjà organisées se présentent à nous avec le culte d'animaux isolés, dans lesquels vivaient les « esprits », ou « génies », ou « démons ».

Parallèlement, d'autres « esprits » animaient les arbres, les plantes, les divers objets en apparence inanimés. Le même concept, appliqué à l'autre monde ou à la voûte céleste, les peuplait encore d'« esprits » semblables, et semblablement conçus comme les êtres qui animent les corps ou les choses des autres portions de l'univers. Isolés ou le plus souvent en groupes, leurs armées présidaient à toutes les activités que l'homme percevait dans le monde sensible, y compris les mouvements des astres ou les grands phénomènes de la nature. Lorsque les plus éminents d'entre eux devinrent les dieux, ils continuèrent à garder longtemps, comme les génies ou démons, leurs anciens égaux devenus leurs satellites, leurs figures d'animaux ou leurs formes végétales. En Égypte seulement, le zoomorphisme (ou le dendromorphisme, au moins partiellement) a persisté jusqu'à la chute des croyances nationales, et coexisté avec les dieux à traits humains ; chez les autres peuples, il céda graduellement la place à l'anthropomorphisme, dont les systèmes cosmogoniques, le concept des dieux élémentaires ou stellaires, et le syncrétisme ont été, comme en Egypte, trois des facteurs principaux. Mais il a laissé, presque partout, des traces reconnaissables dans les monuments et dans les légendes. Les causes qui avaient suscité le zoomorphisme des premiers âges ont fait naître jadis chez les non-civilisés, et persister ensuite, des croyances et des cultes analogues — nous ne disons pas identiques — mais se présentant sous une forme très altérée. L'usure des siècles, la barbarie vieille et compliquée de l'appareil social les ont surchargées, emmêlées [1], recouvertes de superstitions naïves, répugnantes ou absurdes. Ces peuples qui n'ont pas ou qui n'ont plus la force de raisonnement de gens tels que furent les très anciens Égyptiens, ont gardé des idées premières une croyance vague, confuse, à l'alliance ou à la parenté de l'homme avec telle ou telle sorte d'animaux, mais ils ne vont plus jusqu'à un culte bien défini.

[1]. Les deux ouvrages de Dennett, *At the back of the Black Man's Mind* (1906) et *Nigeria* (1910) constituent une des plus fortes tentatives pour démêler, puis coordonner l'extraordinaire complexité que peuvent amener, chez de demi-civilisés, les notions élémentaires de la première expérimentation qui ont, chez d'autres races, engendré les religions classiques. Les religions de l'Égypte, prises à leur période la plus archaïque, décèlent des éléments de formation identiques ; du point de départ commun, les deux sociétés ont abouti l'une à la religion d'âge pharaonique, l'autre à une incohérence à la fois la plus enfantine et la plus subtilement compliquée que l'on puisse imaginer.

Une pareille déformation donne lieu aujourd'hui à des manifestations très variées, que l'on ne peut ramener, sous leur forme actuelle, à un type commun du genre du totémisme. Ce type commun, il faut, pour le dégager et en fixer les traits, le reconstituer non pas par ce qui existe chez aucun peuple d'aujourd'hui, mais par les très anciennes civilisations à textes et à monuments. Des peuples non-civilisés ne peuvent fournir que des éclaircissements sur les vérifications ou les précisions de détail, par comparaison, et une fois le premier travail mené à bien.

A ce point de vue au moins, la doctrine du totémisme aura eu son utilité. Elle avait eu, à son heure de prospérité, la prétention de tout envahir, de tout coordonner, de tout expliquer. Elle laissera au moins après elle les rudiments d'un immense inventaire de pratiques et de croyances curieuses, relatives aux faits étiquetés par elle sous les rubriques du *totem* et du *tabou*. La tâche sera ainsi facilitée pour reprendre ces matériaux, les étudier en eux-mêmes chez les peuples où ces faits existent positivement, puis pour les ramener à une explication rationnelle, à des croyances plus générales, dont elles ne présentent que l'image altérée. Et il apparaîtra assez clairement, en fin de compte, que, dans l'état actuel de nos sources d'informations, l'Égypte la plus ancienne est celle des civilisations de jadis qui peut nous donner l'image la plus approchée de ce qu'ont été et ces croyances générales, et plus spécialement ce culte des dieux animaux. C'est par elle et par les religions passées que l'on groupera autour d'elle, que l'on arrivera à reconstituer la série des phénomènes qui ont mené les non-civilisés au totémisme ou aux déformations de même valeur ; tandis que d'autres races, prenant un meilleur chemin, s'élevaient vers des systèmes religieux moins imparfaits que la zoolâtrie[1].

---

1. L'enquête menée depuis peu par les spécialistes des vieilles civilisations sur la question du totémisme ne paraît pas tourner favorablement pour les partisans de la prétendue religion-type universelle. Voici par exemple ce que nous relevons à propos de la civilisation égéenne :

« On est amené à conclure, en ce qui concerne les territoires égéens, *que les rites totémiques n'y ont jamais fleuri.* Dès l'époque néolithique, l'habitant de la mer Égée concevait ses dieux sous forme humaine, et fabriquait des idoles. Ce n'est pas que l'animal n'eût sa place marquée dans le culte, *ni que la zoolâtrie ne fût fort développée.* » R. Dussaud, *Civilisations Préhelléniques*, 1910, p. 254.

IV

LE SACRIFICE.
COMPARAISON DES CARACTÈRES DU SACRIFICE
EN ÉGYPTE, EN CHALDÉE,
CHEZ LES GRECS ET CHEZ LES HINDOUS.

Un des actes essentiels du culte, dans toutes les religions, est le sacrifice. Peu de sujets ont fourni matière à d'aussi nombreuses discussions.

Jusqu'à présent, on a essayé tantôt de distinguer les différentes espèces de sacrifice, tantôt d'en faire la théorie générale, en déterminant sa nature et sa fonction. On sait à quel point les solutions proposées sont divergentes. Si l'on n'aboutit à aucun résultat satisfaisant, c'est peut-être faute de s'être assuré, au début, d'une méthode rigoureusement scientifique. Les hypothèses les plus ingénieuses, les vues les plus spécieusement subtiles ne valent pas des faits et des textes. Et prendre ces faits ou ces textes dans des civilisations déjà trop compliquées, ou, à l'inverse, chez de soi-disant « primitifs » qui ne sont que des dégénérés, n'est pas non plus un point de départ rationnel.

Les savants qui ont étudié les antiquités religieuses de la Grèce ne manquaient pas de documents sur le sacrifice : témoignages d'auteurs, monuments figurés, inscriptions, les fournissent en quantité. Mais leur abondance et leur variété même engendrent la confusion. En général, on s'est borné à énumérer les formes multiples des sacrifices, tels que la Grèce classique les a pratiqués, puis à les répartir suivant leur nature (sanglants ou non sanglants ; destruction de l'offrande complète ou partielle, etc.); ou bien d'après le caractère des divinités auxquelles ils s'adressaient (dieux du ciel, des eaux, des enfers) ; ou encore suivant les occasions où on les offrait : apaiser la colère divine ; effacer la souillure d'une faute, se concilier la protection des dieux, s'acquitter d'un vœu, interroger un oracle, garantir un serment, un traité d'alliance, etc., etc. Pour ce qui regarde les modes du sacrifice, on signale des caractères généraux constants : précautions pour assurer l'état de santé et l'intégrité de la victime ; pour la parer en l'amenant à l'autel, pour provoquer des signes favorables ; on relève partout l'usage des libations et de l'encensement. On a aussi essayé d'établir un rapport entre le choix de la victime, son âge, sa couleur et la divinité à laquelle elle était destinée[1] ; mais si les Grecs ont pu rechercher une certaine convenance entre le caractère d'un dieu et les animaux qu'ils lui immolaient, il est impossible de suivre dans le détail l'application de cette règle

---

1. La même erreur de méthode se retrouve dans les examens du sacrifice hindou, par exemple pour la couleur de la robe de l'animal offert. En ce dernier cas, on retrouverait le plus souvent un symbolisme puéril comme explication finale.

générale. Chaque temple a eu ses rites particuliers, différents de ceux des autres, et parfois opposés ; ils se justifient par la variété infinie des mythes locaux et des traditions religieuses propres à chaque cité.

Bref, ces descriptions et ces catalogues raisonnés, quel qu'en soit l'intérêt, ne nous expliquent pas, en somme, d'où est née, chez les Grecs, la pratique universelle et constante du sacrifice sous ses diverses formes. Nombre de questions resteraient sans réponse. Pourquoi, parmi les divers genres d'offrandes, les Grecs ont-ils, de tout temps, présenté à leurs dieux des objets solides ou liquides, des végétaux ou des animaux que le feu devait détruire en tout ou en partie, entièrement consumés par la flamme ou seulement à demi, les restes étant partagés entre les sacrifiants ? Quelle utilité ou quelle jouissance en revenait-il à la divinité ? Quel avantage en espérait l'auteur de l'offrande ? Y a-t-il un mode primordial de sacrifice duquel seraient dérivés tous les autres ? ou bien y aurait-il eu plusieurs genres de sacrifice ? et, en ce cas, lequel aurait été pratiqué le premier ?

Il est facile, en parcourant ce qui a été écrit sur cette partie des antiquités religieuses, de comprendre pourquoi la Grèce, considérée isolément, ne peut fournir une réponse satisfaisante. Les temps primitifs de la religion hellénique nous échappent presque complètement ; trop de populations diverses se sont superposées et mêlées sur le sol de la Grèce ; trop de dieux étrangers y ont pénétré ;

trop de cités autonomes et jalouses de leur individualité s'y sont maintenues. Dans la variété presque infinie des rites que présente l'époque classique, il est impossible, sans la comparaison avec d'autres peuples, de reconnaître la nature primitive et la signification du sacrifice. Au contraire, on verra, cette comparaison faite, ce qu'on peut alors reconnaître comme traces du vieux fonds des religions helléniques.

L'école « totémiste » ne pouvait manquer d'aborder le problème, et, suivant l'usage, de trouver immédiatement la solution. Il n'en peut être autrement, s'il est entendu que, pour tout ce qui touche à la religion primitive de l'humanité, c'est des non-civilisés que doit nous venir la lumière. Il est évident que sur ce terrain, on n'est gêné ni par les textes, ni par les monuments, ni retardé par le soin de les déchiffrer ou de les interpréter. Un esprit délié y peut, en toute liberté, construire à bref délai une théorie complète, lui donner toute la solidité apparente qui est désirable, et expliquer sans lacunes, de la manière la plus spécieuse, aussi bien l'apparition des institutions religieuses que la série ultérieure de leurs transformations.

Le système, qui défend encore ses positions, est celui de ROBERTSON SMITH, combiné avec la thèse du « sacrifice communiel » reconstruite par FRAZER[1].

---

1. La première édition portait textuellement : « Le système... est celui de Robertson Smith, complété par Frazer ». La phrase

L'homme n'a pas commencé par offrir des victimes aux dieux, puisqu'il ne connaissait pas encore de dieux individuels ; il croyait à une divinité collective, diffuse dans l'espèce végétale ou animale à laquelle sa tribu était unie par un pacte [1]. Le sacrifice consistait dans l'immolation d'un de ces animaux « totems ». En s'abreuvant de son sang et en mangeant sa chair, qui est divine, la tribu renouvelle sa parenté avec le dieu, rétablit l'alliance rompue ou affaiblie avec lui, et resserre les liens entre ses membres. De ce sacrifice communiel, R. SMITH a déduit les sacrifices expiatoires ou propitiatoires.

a donné lieu à une singulière méprise de M. S. REINACH qui m'a accusé là-dessus d'ignorer l'un et l'autre des deux auteurs. « M. F. croit que R. Smith a été « complété par Frazer » alors que Frazer, dont tout le système dérive de Mannhardt, est hostile à la thèse essentielle de R. Smith. L'auteur a-t-il jamais lu un livre de Mannhardt ? » (*Rev. archéol.*, 1909, I, p. 191.) J'avoue que grammaticalement, la phrase prêtait à équivoque au premier abord. Mais ce qui était écrit onze lignes plus bas ne pouvait laisser subsister celle-ci, puisque la thèse résumée de Smith y était très nettement séparée de l'œuvre de Frazer, et qu'il était dit « *Frazer après Mannhardt*, etc. ». Je trouve fâcheux d'être représenté en flagrant délit d'erreur sur une incorrection de forme, quand le fond est si clair.

1. Je tiens à spécifier, à cette occasion, que ce que j'ai indiqué ici-même à plusieurs reprises à propos des esprits ou démons primitifs, antérieurs aux polythéismes organisés, n'a aucune analogie avec la diffusion d'une divinité collective. Individuels ou en troupe (cette troupe n'eût-elle qu'un nom collectif, comme c'est le cas pour les « génies » égyptiens des textes préhistoriques) ces esprits ou démons ne sont jamais une espèce végétale ou animale qu'anime une individualité commune. C'est un processus exactement opposé que j'ai constaté, et un argument de plus, au contraire, contre le totémisme. Je ne puis que renvoyer ici à ce que j'en ai dit à l'article *Démons* déjà cité précédemment.

Frazer, après Mannhardt, dont il s'est inspiré sans cesse, a encore perfectionné la théorie du sacrifice du dieu. Il l'a retrouvée dans le « folk-lore » des races germaniques. D'après lui, certaines pratiques encore usitées dans les fêtes qui suivent la moisson remontent à la plus haute antiquité ; elles sont la transformation des sacrifices agraires où, pour s'allier au dieu des champs ou à « l'esprit de la moisson » à la fin de sa vie annuelle, on l'offrait en victime à lui-même : on l'immolait et on le mangeait [1]. Le sacrifice grec est ramené, en route, à cette explication. Le tout a été importé d'Angleterre en France, il y a une vingtaine d'années. Avec quelques objections et quelques modifications secondaires [2], les disciples,

---

1. Il va sans dire que pour parer à l'objection de la date relativement basse dans l'histoire de la civilisation de la vie agricole, le sacrifice de l'esprit de la moisson est présenté comme une variante du sacrifice de l' « esprit de la végétation », et celui-ci a comme pendant le sacrifice par les peuples chasseurs d'un esprit « animal » correspondant. On arrive ainsi à justifier le caractère « primitif » du rite. En même temps, on rattache l'ensemble, par des liens parfois fort ténus, au totémisme et à la force magico-religieuse partout diffuse, croyance universelle des premières sociétés. La première partie de la thèse a été énoncée en termes exprès par G. Frazer, qui s'est contenté d'esquisser plutôt que d'établir positivement la seconde.

2. Le véritable fondateur de l'élément principal du système de la théorie « magique » est King. Le premier dans son ouvrage, *The supernatural, its Origin, Nature and Evolution*, 1892, il a formulé la thèse préanimiste de l'antériorité de la magie. C'est de cette théorie, combinée avec celle de Marett, *Preanimistic Religion* (= Folk-lore, 1900), que s'est inspirée ensuite la théorie magique de Hubert et Mauss, dont la première esquisse a paru dans l'*Année sociologique* de 1902.

comme il arrive le plus souvent, se sont montrés encore plus affirmatifs que les maîtres. Ils se sont attachés à composer une sorte de code « totémique »[1] du sacrifice avec ses dogmes et ses articles de foi. La proposition fondamentale est l'assertion péremptoire[2] que le sacrifice primordial a été un repas communiel[3], où la victime était

---

1. « Il est possible de composer une sorte de Code totémique dont les articles (usages ou croyances) se retrouvent en plus ou moins grand nombre dans les religions des peuples classiques comme dans les autres. » S. Reinach, *Cultes, Mythes et Religions*, t. I, p. 17. — M. Stanley A. Cook (*Jewish quaterly Review*, 1902, 413) renforce encore l'apparence dogmatique du système en prenant bravement le titre : *Code of totemism*.

2. S. Reinach, *Cultes, Mythes et Religions*, 1908, t. III, p. 42. « Dans ce sacrifice de communion, qui est la forme primitive du sacrifice. »

3. Nous devons (voir dès à présent chap. IV) signaler en outre une double équivoque qui complique singulièrement toute la matière. Elle consiste dans l'emploi d'une terminologie ambiguë, attribuant des sens variables d'un ouvrage à l'autre au mot « sacrifice » et au mot « communion ». Pour le premier terme, l'équivoque consiste à appeler *sacrifice* une immolation d'un animal (totem ou sacré, dont on redoute la vengeance posthume ou la vengeance exercée après lui par les siens), alors même que cette immolation ne comporte aucune offrande à une divinité ou à un esprit, mais une simple mise à mort de l'animal. Pour le second terme, on appellera communion ou repas communiel, indifféremment, aussi bien des sacrifices où l'assistance se partage simplement les restes de la victime, que ceux où elle en prend une partie, une autre part étant laissée aux dieux, ou enfin que ceux où les assistants se partagent une victime tenue pour être un animal divin. Chacune de ces pratiques, dans les deux ordres d'idées, correspond à des concepts absolument différents. Mais l'usage continuel de ces termes trop imprécis fait que l'on emploie dans les démonstrations totémistes les uns pour les autres, et qu'on les présente à tout instant comme des arguments ou des preuves de valeur identique à

le dieu [1], dont les fidèles s'assimilaient la substance et la force.

l'appui de la démonstration de l'existence générale du sacrifice communiel du totem à l'origine de toutes les religions. Un exemple caractéristique est donné de ces confusions dans le prétendu sacrifice communiel du jeune ours totem chez les Ainos dans le *Ainus and their Folk-lore* de Batchelor, où règne l'influence combinée de Jevons et de Frazer. Il serait vraiment temps de fixer un vocabulaire qui mette fin à ces malentendus trop propices aux théories spécieuses.

1. Nouvelle confusion sur ce point. Dans un des articles du « code » figurent « les excuses » que l'on adresse au totem « quand on le tue sous l'empire d'une nécessité urgente ». Une méprise que l'on relèvera à maintes reprises consiste à citer à l'appui des faits qui n'ont aucun rapport avec le totémisme, sinon le fait de la mise à mort volontaire ou involontaire de l'animal, suivie de formules conjuratoires, de purifications, ou d'expiations simulées. Mais le point important — à savoir que l'animal tué était un totem — n'est pas préalablement établi. Or, les cas cités ainsi se rattachent à des données toutes différentes. Tantôt ils viennent de ce fait que l'animal passe pour garder, en certains cas, le double réincarné d'un chef; e. g. les lions du Beshuanaland (cf. pour une série de cas analogues N. W. Thomas, *Animals § Lion = Encyclopædia of Religion and Ethics*, t. I, p. 583). Mais ceci s'explique par la métempsychose et par la crainte d'avoir tué de nouveau un ancien être humain. Tantôt, sans aucun pacte « mal défini » ou non, les hommes craignent la vengeance de l'animal, soit sous la forme de son esprit irrité, soit sous celle de ses congénères faisant expier sa mort (e. g. la croyance des Wa-Rega aux femelles des serpents attaquant les villages de ceux qui ont tué un serpent mâle). Les exemples de solidarité de certains animaux de la forêt devant l'homme, et la croyance aux « esprits » des morts humains ou animaux, justifient amplement l'origine de tous les faits de ce genre. Ils se rattachent à ceux où on voit (régions du Victoria et du Tanganyika par ex.) instruire solennellement le procès des crocodiles qui ont dévoré un homme, et l'exécution faite seulement après sentence régulièrement rendue. On a tenu à se justifier ainsi devant les congénères de l'animal, pour qu'ils ne cherchent pas à se venger. Le totémisme n'a rien à faire en tous ces cas, dont on pourrait allonger indéfiniment la liste. Pourtant on les voit continuer à figurer perpétuellement à l'appui de la théorie totémiste.

Il est difficile de discuter un système où l'on va de conjecture en conjecture, sans rencontrer une démonstration certaine à aucun moment ; une hypothèse explicative, et présentée simplement comme telle, se transforme un peu plus loin en vérité acquise. Nul n'a mieux fait ressortir le peu de solidité de ces constructions que M. S. Reinach. A la fin d'un essai où le totémisme joue le rôle principal, l'auteur termine par cette déclaration dont la sincérité lui fait honneur : « J'avoue d'ailleurs volontiers, comme il s'agit de faits très anciens, antérieurs à toute histoire positive et sans doute ignorés des Grecs eux-mêmes à l'époque classique, que mon interprétation ne peut prétendre à la certitude ; il me suffit de revendiquer pour elle quelque vraisemblance. A dire vrai, c'est un édifice construit non avec des matériaux résistants, d'une solidité éprouvée et vérifiable, mais avec des hypothèses possibles ou probables qui se soutiennent et s'arc-boutent mutuellement. *Ce genre d'architecture est connu ; c'est celui des châteaux de cartes* [1]. » Je n'aurais pas osé le dire. Mais il est permis de déclarer sans hésiter qu'aucune méthode scientifique ne peut se proposer comme modèle l'architecture des châteaux de cartes. Et il me semble que la valeur du totémisme et de ses théories sur le sacrifice a été définie là d'une manière aussi exacte que spirituelle.

---

1. S. Reinach. *Aetos Prometheus, Cultes, Mythes et Religions*, t. III (1908), p. 88.

D'autres, comme Robertson Smith, ont vu le sacrifice type dans l'immolation d'un chameau blanc que les nomades arabes offraient à l'étoile du matin. Le rite en a été décrit au iv° siècle après notre ère par saint Nil. Robertson Smith l'a choisi de préférence aux cérémonies des Chaldéens et des Babyloniens, parce que ceux-ci ayant, à son sens, une civilisation développée, la pureté des rites s'était mieux conservée chez les nomades de l'Arabie, quatre cents ans après notre ère, que chez les Chaldéens au quatrième millénaire avant. L'exemple du chameau doit donc servir à expliquer le sacrifice chez les premiers peuples[1].

On aura peine, dans quelques années, à comprendre comment des gens sérieux ont pu manier des raisonnements aussi enfantins. L'idée que les nomades sont plus près de l'état primitif que des gens civilisés, plus anciens de quarante siècles, ira rejoindre le « bon sauvage » du temps des Encyclopédistes, ou les fourbes astucieux dont le xviii° siècle faisait les fondateurs des religions. On a accueilli cependant, avec une déférence émue, le fameux exemple « du chameau de saint Nil » ; il semble que pas un auteur n'ait le droit de traiter l'Histoire des Religions, s'il n'a parlé sur un ton de respect de cette anecdote. Anecdote est le mot propre ; il ne s'agit que d'un détail donné en passant ; et sur un fait unique, aussi petit, on ne pouvait vraiment, en tout état de cause, bâtir une

---

1. Cf. R. Smith, p. 66, et Lagrange, *Religions sémitiques*, p. 257.

théorie religieuse s'appliquant à toute l'humanité.

En continuant le raisonnement, on s'est dit que si les nomades du IV° siècle avaient moins altéré le rite primitif que les Chaldéens, la pureté devait s'en être encore mieux conservée chez les sauvages de notre temps, qui sont encore moins civilisés que les nomades d'Arabie, et, parmi les sauvages, ceux qui sont au plus bas degré de l'échelle offriraient le type le plus pur[1]. C'est ainsi qu'on est arrivé, dans le même ordre d'idées, à expliquer par les tabous polynésiens ou australiens, les prescriptions des religions sémitiques.

La religion védique offrait une base plus solide, puisqu'elle repose presque tout entière sur le sacrifice. Il est considéré comme « le nombril du monde »; c'est de lui que sont sortis la terre, l'air et le ciel, les dieux, les hommes et les animaux. Il reste l'intermédiaire entre les dieux et les hommes, et les tient dans sa dépendance; il est nécessaire pour sanctifier toutes les actions de la vie, pour expier les fautes et les maux qui en sont

---

1. Comme à l'ordinaire, les sacrifices des peuples africains continuent à ne pas figurer en ligne de compte. Est-ce parce qu'il n'y a pas de « primitifs » en Afrique, ou parce que décidément le sacrifice communiel canonique est trop difficile à y découvrir ? Cependant, on y trouve un peu partout le sacrifice (ou l'offrande sanglante) aux « devils » et aux « evil spirits », et ceci passe —. à bon droit d'ailleurs — pour une des manifestations primordiales des tentatives de l'homme, en vue d'entrer en rapports avec les êtres divins, dès le début, et bien avant tout essai de classement en êtres bons ou mauvais.

la conséquence ; il l'est aussi pour assurer le cours même et la subsistance des choses. Telle est enfin son importance que les Brahmanes le personnifient en un dieu, Prajapati, qui aurait existé seul au début du monde et qui aurait tout tiré de lui-même[1].

Aussi le sacrifice védique a-t-il été l'objet de travaux qui lui attribuent une importance exceptionnelle. M. S. Lévi a publié un premier mémoire sur ce sujet[2]. Mais cette étude est fort sagement restreinte aux Hindous et à la période des Védas. MM. Hubert et Mauss[3] ont voulu faire de ce sacrifice, qui est particulier à un peuple et à une époque, la base d'une théorie applicable à toute l'humanité. L'entreprise paraît un peu téméraire, et les maîtres compétents qui leur ont prêté leur assistance pour l'étude du rituel hindou[4] n'accepteraient pas, sans doute, toutes les conséquences que leurs disciples ont cru pouvoir en tirer.

Les deux auteurs de cet essai ont pris comme

---

1. L'Égypte offre plusieurs exemples de ces dieux artificiels tirés philologiquement d'un acte ou d'un ensemble d'actes, et là, nous pouvons suivre le phénomène depuis ses origines. L'Histoire des Religions trouverait dans l'étude de ces formations un élément utile de comparaison, dont il n'a pas encore été fait usage.
2. S. Levi. *Doctrine du sacrifice dans les Brahmanas*, 1898.
3. Hubert et Mauss. *Année sociologique*, t. II : *Essai sur la Nature et la Fonction du Sacrifice*.
4. « Notre étude du rituel hindou eût été impossible sans les livres de M. Schwab et de M. Hillebrandt, et sans l'assistance personnelle de MM. Caland, Winternitz et Sylvain Lévi, maîtres de l'un d'entre nous. » *Sacrifice*, note 1 de la page 36.

fondement les hymnes védiques, les rituels hindous, et les spéculations mystiques de leurs commentateurs. Pour donner à leur thèse un caractère général, ils en ont rapproché le rituel hébraïque. Le terme de comparaison est mal choisi, puisque les Hébreux, d'après leurs propres textes, ne considéraient pas ces prescriptions comme une institution humaine, mais comme l'expression de la volonté de leur dieu, ou de ses interprètes autorisés. Quelques exemples sont aussi empruntés à la Grèce ou aux non-civilisés. Il faut les déclarer sans valeur. Pour les Grecs, les exemples, tirés des spéculations très contestables de MANNHARDT, ne portent pas sur les grands cultes aux rites bien connus, clairement décrits dans les auteurs ou les inscriptions. Ce sont des documents littéraires de basse époque, vagues, incomplets, susceptibles d'interprétations diverses, sans qu'aucune en particulier ait abouti à une démonstration; par exemple les *Bouphonia* [1]. Restent les analogies de détail avec les peuples sauvages, prises dans les recueils ethnographiques. Le plus souvent on ne trouve qu'une ressemblance fortuite, ou bornée aux caractères superficiels. En réalité, MM. HUBERT et MAUSS décrivent surtout le sacrifice védique. Ils ont eu l'idée — et il est permis de dire franchement qu'elle n'est pas heureuse — de couronner leur exposé par les rêveries de MANNHARDT et de FRAZER sur le sacrifice du dieu et la communion théophagique.

1. HUBERT et MAUSS, p. 133.

La conclusion est que le procédé du sacrifice « consiste à établir une communication entre le monde sacré et le monde profane par l'intermédiaire d'une victime, c'est-à-dire d'une chose consacrée, détruite au cours de la cérémonie [1] ».

L'un des deux collaborateurs, M. Hubert, l'a reprise ailleurs en termes un peu différents. « Au fond, il s'agit toujours de consacrer une victime pour entrer, derrière elle, dans la région divine où sourdent les grâces [2]. »

C'est affaire aux spécialistes de dire si, dans l'exégèse pure, MM. Hubert et Mauss ont exactement interprété les textes védiques, et s'ils n'ont pas renchéri encore sur les subtilités de la poésie sacerdotale, ou sur celles des commentateurs anciens du Rituel. Nous l'avons vu faire si souvent pour les commentaires des commentaires de la théologie égyptienne que la chose n'aurait rien d'impossible. En résumé, ils ont fait du sacrifice hindou un drame où la victime joue le rôle principal, où les diverses cérémonies accumulent en elle une telle sainteté qu'elle en devient dangereuse pour le sacrifiant, jusqu'au moment où l'immolation dégage l'esprit redoutable qu'elle contient, et où les mortels peuvent utiliser avec précaution la vertu sacrée qui subsiste dans son corps. On avouera que voilà quelque chose d'effroyablement compliqué, et d'un mysticisme exalté au dernier degré. Admettons

1. Hubert et Mauss, p. 133.
2. Préface de la traduction du *Manuel* de Chantepie de la Saussaye, p. xxvii.

qu'il n'y ait rien d'exagéré dans cette reconstitution du sacrifice védique ; il ne paraît pas, en tous cas, qu'on puisse retrouver là les principes à caractère « primitif » ni expliquer par de pareils raffinements le sacrifice de l'humanité religieuse en son ensemble.

La difficulté est si manifeste qu'elle a frappé les deux auteurs, et qu'eux-mêmes l'ont signalée en termes très nets : « Alors qu'il s'agit d'arriver à distinguer les formes simples et élémentaires d'une institution, il est fâcheux de prendre pour point de départ de la recherche des rituels compliqués, récents, commentés et probablement déformés par une théologie savante [1]. »

Voir et formuler une objection est bien. Y répondre serait encore mieux ; et il est douteux que la réponse donnée paraisse satisfaisante. « Dans cet ordre de faits, toute recherche purement historique est vaine. L'antiquité des textes ou des faits rapportés, la barbarie relative des peuples, la simplicité apparente des rites sont des indices chronologiques trompeurs [2]. »

En résumé, l'effort de MM. Hubert et Mauss pour constituer une théorie générale du sacrifice, en prenant pour base le sacrifice animal hindou, et en groupant autour de lui des rites empruntés aux Hébreux, avec quelques rares exemples contestables, tirés des Grecs ou des sauvages, cet effort-là

---

1. Hubert et Mauss, p. 34.
2. *Ibid.*, p. 34.

n'a pas abouti. Le sacrifice védique n'est pas un type primitif, et l'on y a signalé, au reste, la survivance d'usages plus anciens dont les auteurs n'ont pas tenu compte [1]. Les comparaisons sont trop restreintes, et choisies arbitrairement [2]. Il n'est pas possible d'accepter les résultats d'une méthode qui exclut deux des religions les plus anciennes et les plus importantes.

En ces matières, toute recherche historique n'est pas « vaine » comme l'affirment MM. HUBERT et MAUSS. Ils ont tort de s'imaginer qu'en dehors des Védas et de la Bible, on n'aperçoit « les plus anciens rites qu'à travers des documents vagues et incomplets, des survivances partielles et menteuses ». L'Égypte, s'ils avaient bien voulu la connaître, leur aurait offert une documentation aussi solide qu'abondante. Ce sont des rituels entiers, des textes précis, en nombre imposant, contemporains du culte qui était alors pratiqué. Il y a, sur les murs, assez de bas-reliefs ou de fresques accompagnées de légendes, pour élucider les phases successives du sacrifice, avec un luxe de détails qu'aucune religion ancienne ne peut présenter.

Les plus anciennes figurations remontent pour l'instant au quatrième millénaire [3]. Ce sont les

---

1. Voir ce qui est cité plus loin, d'après BARTH et OLDENBERG.

2. « Nous tâcherons de bien étudier les faits typiques. Ces faits, nous les emprunterons particulièrement aux textes sanscrits et à la Bible. » HUBERT et MAUSS. *Sacrifice*, p. 34.

3. J'écarterai, pour ne pas soulever de discussions techniques,

scènes des « mastabas » memphites des dynasties IV, V, VI, et les fragments, provenant du « Temple Solaire » d'Oursiniri ou de sa chapelle funéraire, et les débris des édifices royaux attenant aux pyramides d'Abousir [1]. Ce sont ensuite les vestiges des sanctuaires protothébains. Les séries complètes n'apparaissent pas, pour les temples, avant la XVIII⁰ dynastie, puisque tous les sanctuaires antérieurs ont disparu. Certains bas-reliefs très détaillés, à Deir el Bahri [2], montrent pourtant, par le contexte, que le rituel du sacrifice est exactement semblable à celui qu'on a pratiqué au temps des Pyramides. Il y a identité absolue dans les moindres détails de ces représentations, réparties au nombre de plusieurs centaines,

les scènes de sacrifice figurées sur les monuments thinites ou préhistoriques, à Abydos ou à El Kab, par exemple. Cf. pour ces documents LEGGE, dans les P. S. B. A., t. XXIX (1909).

[1]. La série de ces bas-reliefs, qui a littéralement renouvelé les connaissances sur les scènes religieuses des édifices de la période memphite, est encore en cours de publication. Outre le Temple Solaire d'Ousirniri, dont BISSING n'a encore publié qu'un volume (1906), on possède pour la série des temples déblayés par BORCHARDT, les édifices funéraires d'Ousirniri (1907), de Nofririkari (1909) et une partie de celui de Sahouri (1910). On trouvera aussi quelques brèves indications dans la cinquième édition (Nov. 1910) du *Guide to the Cairo Museum* de MASPERO.

[2]. NAVILLE, *Deir el Bahri*, t. III et IV. Ces scènes sont extrêmement importantes, parce que la présentation d'une partie de la table d'offrandes donne, avec figures en plus, le même texte, mot pour mot, que la version des Pyramides à la V⁰ dynastie. On peut donc être certain que dans les parties où les scènes de Deir el Bahri, faute de place, ont supprimé le texte du rituel et gardé seulement l'image, ce texte était celui de la version des Pyramides, et l'on possède ainsi, formulaire et scènes, un rituel complet de la plus ancienne Egypte.

de la IVᵉ dynastie aux Ramessides, dans les temples ou dans les tombeaux. Nous n'avons qu'à rappeler, en passant, que tous les égyptologues s'accordent pour voir dans le sacrifice destiné à nourrir les morts la reproduction exacte de celui qui est offert aux dieux [1]. Les deux séries archéologiques peuvent donc, en toute sûreté, être considérées comme équivalentes.

Dans les nombreux exemplaires publiés [2], la série des tableaux est plus ou moins complète ; elle s'abrège ou s'allonge. Mais les phrases essentielles sont toujours les mêmes, et dans le même ordre. On sent que l'on a affaire à un rituel de

[1]. L'une et l'autre copiaient littéralement d'ailleurs la préparation des aliments telle qu'elle se faisait pour la nourriture des vivants. C'est ce que montre, par exemple, le sacrifice du bœuf, figuré dans les bas-reliefs exactement pareil aux scènes d'abatage et de boucherie, que l'on trouve en poupées et en figurines de bois colorié dans les monuments funéraires, dès les plus anciens spécimens connus, par exemple, ceux découverts à Saqqarah en 1907-1909. Cf. QUIBELL, Saqqarah, t. II, p. 12-20.

[2]. Il suffira, pour les mastabas, de renvoyer aux anciennes publications, les Denkmäler de LEPSIUS et les Mastabas de MARIETTE. Les publications de GRIFFITH dans l'Archæol. Survey : Sheikh Saïd, Phtahetep, t. I et t. II. Deïr-el-Gebrawi, t. I et t. II, etc. ; de PETRIE dans l'Egypt. Research Account, (cf. Saqqara Mastabas, t. I, pl. 7, 21, 23, etc.), ajoutent plusieurs variantes intéressantes. Pour les temples thébains, saïtes et ptolémaïques, on pourra vérifier la démonstration en se contentant des vieilles planches des Monuments de CHAMPOLLION. Il ne s'agit pas ici de dresser la bibliographie du sacrifice égyptien, mais de permettre le contrôle. Les débris des sanctuaires memphites d'Abousîr, publiés par BORCHARDT (1909-1910) et les fragments protothébains (NAVILLE, XIth dyn. Temple at Deir el Bahri, II, 1910, pl. XII, etc.) reconstituent ainsi peu à peu tout le rituel royal, depuis les Memphites jusqu'aux Ptolémées.

charpente immuable, et que s'il l'a été pendant les cinquante siècles où nous le possédons, il devait en être de même, dans les périodes précédentes, dont les monuments ont disparu. Quant aux variantes, leur série, mise bout à bout, reconstitue tous les détails secondaires de la cérémonie. Je ne crois pas qu'il y ait jamais eu, dans aucune civilisation, un cérémonial religieux où l'on puisse suivre les choses avec une pareille sûreté, et avec une égale certitude qu'aucun rite important ne nous échappe [1].

Voici les phrases essentielles :

A. L'animal qui est la pièce principale du sacrifice est presque toujours le taureau (ou le bœuf) ; parfois le sacrifice de la gazelle est figuré accessoirement. Le taureau était pris au lasso ou, plus exactement, à la *bola* [2]. Ce mode de capture, simplement simulé à l'époque historique [3], paraît remonter à l'époque où les troupeaux d'animaux vivaient encore à l'état demi-sauvage, et la tradition en fit un geste rituel obligatoire.

B. L'animal, ligotté suivant les prescriptions, est renversé sur le dos, et égorgé, toujours de la même manière, avec les mêmes paroles, les mêmes ins-

---

1. MASPERO, à son *Cours du Collège de France* de décembre 1896 et janvier 1897 a traité en détail les scènes du sacrifice du bœuf dans les mastabas memphites.
2. On le voit, par exemple, sur un bas-relief bien connu du Temple d'Abydos, où Ramsès II procède lui-même à l'opération.
3. Le taureau, pour éviter tout incident fâcheux, est préalablement entravé. Il n'y a donc plus qu'un geste traditionnel dans le lancement de la *bola*.

truments [1]. Le sang qui jaillit de l'entaille est recueilli dans un bol que l'un des aides tend à un autre personnage en lui disant : *Goûte-moi ce sang.* Celui-ci répond : « *Il est pur* » [2]. L'intitulé hiéroglyphique donne le titre de ce personnage. C'est le *sounou*, le *médecin* [3]. L'acte accompli est clair. Il s'agit de faire constater l'état de la victime et la bonne qualité de ses chairs. La dégustation du sang est le moyen le plus prompt et le plus pratique pour une bête que l'on est censé avoir capturée à l'instant. Dans toutes les religions se rencontre la même préoccupation de vérifier l'état des victimes. Chez les Grecs, en particulier, il était prescrit qu'elles devaient être « saines et non mutilées » ὑγιῆ καὶ ὁλόκληρα. Les prêtres s'en assuraient par un examen préalable. L'animal accepté était marqué d'un signe et, en attendant le sacrifice, nourri dans un domaine dépendant du Temple.

C. La pureté de la victime constatée, le cœur est arraché, ainsi que le foie et la rate ; l'animal est dépecé, en commençant par la cuisse, et les

---

1. La tradition impose les instruments de silex taillé de l'époque préhistorique. Cf. des détails archéologiques sur ces instruments dans GRIFFITH, *Beni Hassan*, t. III.
2. La même phrase est prononcée (inscrite sur le socle) par les petites poupées de bois colorié qui, dans les scènes des mobiliers funéraires (le *Montouhâtep* de Berlin par exemple), inspectent le petit bœuf sculpté qui vient d'être égorgé.
3. Même scène pour la gazelle immolée. Ainsi au tombeau de Phtahotep (DÜMICHEN, *Resultate*, pl. IX). Cf. aussi *Bulletin Instit. Fr. Arch. Or. du Caire*, IV, 1905, p. 223-228. (Bas-relief du mastaba de Sabou, Sacrifice de l'oryx.) Le médecin *Sounou* y est également figuré assistant à l'opération.

viandes entassées sur l'autel. Il est probable qu'à l'origine, l'animal du sacrifice fut abattu et découpé de la manière usitée alors pour les bêtes destinées à la nourriture des hommes. Si, dans la suite, le boucher procéda un peu autrement dans la vie ordinaire, le sacrificateur conserva, avec les vieux instruments d'autrefois, la manière de faire de jadis, devenue un rite nécessaire. Ce phénomène de conservation, par le culte, de gestes ou d'ustensiles du passé est tellement connu dans toutes les religions qu'il n'y a qu'à le signaler ici en passant [1].

D. Enfin on présente à la statue du personnage divin les morceaux de choix. La cuisse sanglante est portée à la bouche de l'image, et on lui barbouille les lèvres de sang.

Tel est le résumé de la cérémonie. Dans aucun des exemplaires, si nombreux, de cette représentation, il n'y a aucune cérémonie mystique ou symbolique qui puisse signifier ce que l'on croit voir dans les rituels védiques: un passage du profane au sacré. Il y a tout simplement un animal que l'on tue et que l'on prépare, pour le repas du personnage divin, comme on le fait pour celui-

---

[1]. L'importance de cette constatation ressort de l'examen des instruments de circoncision ou de sacrifice en pierre, conservés traditionnellement par les peuples encore non civilisés mais connaissant déjà les arts du métal, par exemple, chez les peuples nigritiens ou bantous. Cf. à ce sujet les *Annales du Musée du Congo*, fascicule de *la Religion*, p. 193 ff. et fig. et le *Handbook* des Collections ethnographiques du *British Museum*, (Édition 1910).

des hommes [1]. Ce caractère est non moins marqué dans les autres scènes accessoires du sacrifice : à côté de l'épisode essentiel du bœuf, on apporte le gibier, la volaille, les légumes, les innombrables pains, pâtisseries, gâteaux, les boissons fermentées de toute espèce, les fleurs, parfums, graines, huiles, etc. Les « tables d'offrande » bien connues ont énuméré jusqu'à 300 variétés de ces objets [2]. Détaillées à l'extrême, ou réduites à quelques intitulés, leur sens est clair. Lorsque les décorateurs ont eu la place d'écrire le texte du rituel pour une partie de l'offrande de ces substances — par exemple aux Pyramides — on voit que c'est le même appareil qu'au palais du Pharaon [3]. On pro-

[1]. Au point de vue égyptologique, cette ressemblance s'ajuste exactement au reste du système. Il est démontré et admis sans restrictions que le rituel divin calque en toutes ses parties l'étiquette de la cour du Roi.
[2]. Les substances, dans les formules des Pyramides, sont souvent déguisées sous des noms mystiques qui ne doivent pas faire illusion. Souvent, au reste, le rédacteur, pour guider l'officiant, a mis en annotation la substance réelle : ainsi des ciboules, du petit-lait, des gâteaux, le tout saturé de jeux de mots. Cf. Maspero, *Inscriptions Pyramides Saqqarah*, p. 14 et 358. L'étude de ces équivalences et de leur but, encore à faire, est, sans doute possible, une des plus fécondes pour l'intelligence de la vertu de la formule accompagnant l'offrande. C'est un procédé de magie dont on constate les parallèles pour le reste du rituel d'offrande.
[3]. La théorie générale de ces repas, de leur ordre, du rôle exact de ces répertoires d'aliments, a été minutieusement étudiée par Maspero, à deux reprises : 1° dans les *Inscriptions des Pyramides de Saqqarah* à propos du rituel de Papi II ; 2° dans la *Table d'offrande* (*Rev. Hist. Rel.*, t. XX) à propos des monuments de la période memphite en général. Cf. plus récemment les deux volumes de Budge, *Liturgy of Funerary offerings*, 1909.

cède pour le dieu comme pour un Roi vivant : il est lavé, parfumé, revêtu d'ornements d'apparat, puis le repas est servi dans l'ordre adopté par l'étiquette royale [1].

Les documents ne sont ni moins nombreux ni moins clairs pour la personne et le rôle de l'officiant. Les hommes ne peuvent généralement s'adresser directement aux dieux. Les religions organisées ont exigé un intermédiaire qui, par sa nature et par sa connaissance des rites, fût agréé de la divinité. Tantôt ce sont des descendants de sa famille. Ainsi, à l'âge héroïque de la Grèce, les rois issus de Zeus. Il est probable que l'on retrouverait partout une descendance du même genre dans les religions les plus anciennes. Tantôt, ce sont des membres d'une caste sacerdotale, comme les Brahmanes, des prêtres de carrière, comme chez les Mexicains ou comme le sont les sorciers des non-civilisés. Chez les Grecs de l'époque classique, le soin d'offrir certains sacrifices, appartient à des familles sacrées ; d'autres fois il est confié à des citoyens désignés temporairement par le sort, qui est une sorte d'indication divine. Dans les temples de l'Égypte historique [2], c'est toujours le fils du

---

1. La figuration des offrandes animales dans les petites cases de la table d'offrandes n'est que l'abréviation finale, faute de place, de la mise à mort et de la préparation de l'animal.
2. Le sacrifice aux morts, dans les scènes des tombeaux, n'a pas été cité, pour éviter de compliquer la question. Il aboutit aux mêmes constatations. Il est offert par le fils du mort (ou un

dieu, et par conséquent le Pharaon, qui seul avait qualité pour offrir le sacrifice à son divin auteur. L'union politique de l'Égypte ayant fait de lui le fils de toutes les divinités locales, c'est lui qui est le sacrificateur pour tous les dieux [1]. Il lui était en pratique matériellement impossible de s'acquitter toujours et partout de ce devoir; il en remettait donc le soin à des prêtres, mais ceux-ci ne sont que ses délégués et ses représentants. La fiction subsistait; et sur les murs des temples, jusqu'à la fin, c'est toujours le Pharaon (puis après lui, le Ptolémée, puis l'Empereur romain) qui est figuré offrant le sacrifice, comme lui seul accomplit le reste de l'office.

Outre les tableaux ordinaires des temples, nous possédons sur papyrus la rédaction du rituel du service journalier. Ce document est divisé en chapitres. Chacun indique ou représente, avec une extrême minutie, un des gestes ou un des actes accomplis par l'officiant. Le Roi se purifie de diverses manières, ouvre la porte du sanctuaire, se prosterne à diverses reprises devant le dieu [2]. Chaque fois, le rituel fait suivre les gestes des paroles à prononcer. Celles-ci, par leur grandilo-

---

prêtre jouant le rôle de fils, ainsi que les textes l'assurent en termes propres). C'est la même donnée que pour le Pharaon, dans le temple du dieu son père.

1. En fait, les seigneurs féodaux restent, de droit, chefs officiants des sacrifices à leur ancêtre divin dans leurs provinces respectives. Mais l'iconographie des sanctuaires provinciaux n'admet que la fiction du roi unique officiant.

2. ERMAN. *Religion égyptienne*. Édition française, p. 68-69.

quence, ont fait illusion. Quelques personnes continuent à prendre au pied de la lettre les mots d'une allure soi-disant mystique dont ils sont pleins. Par exemple, la série des offrandes est appelée « l'œil d'Horus[1] », ce qui entraîne une série d'allusions mythologiques. Quelquefois l'allusion vient d'une allitération, et d'un pitoyable jeu de mots sur le nom de l'objet offert, un oignon, une ciboule, et un nom tiré de la mythologie. Chaque objet devient, par la formule, une allusion à un acte divin ou à un morceau d'un dieu. Tire-t-on le verrou de la porte, on dira : « Le doigt de Sit est sorti de l'œil d'Horus ; cela est beau. » Si on ouvre les battants de porte du sanctuaire, on récitera : « Les portes du ciel sont ouvertes, les portes

---

1. Le sens était d'ailleurs un jeu de mot, tiré, comme Schaefer l'a fait remarquer, de l'assonance *irit*, œil et *irit*, ce qui est l'acte de. Cette constatation philologique est importante. L'allitération sur le sens de *irit* procède du même travail théologique qui avait fait du Soleil et de la Lune les deux yeux de Hirou ou Harou. Nous voici donc ramenés au concept du dieu-ciel, et, avant la formation des divinités astrales, à l'époque où, en même temps que les milliers de « démons » ou d'« esprits », existe une divinité primordiale, sans caractères définis, sans figure propre. — Les substances vitales, l'eau fécondante (presque partout en Afrique la pluie ; en Égypte, où la pluie est une rareté exceptionnelle, le Nil), enfin la mort inexplicable sont ses manifestations caractéristiques. La présentation d'une substance comme un produit de Horou, dieu-ciel, n'implique, à ce que je crois, aucune idée élevée sur un rôle créateur ou d'activité universelle de Horou, mais plutôt une garantie magique de pureté de l'objet, de force vitale contenue en lui, et plus encore d'assimilation graduelle du bénéficiaire de l'offrande avec les forces indestructibles dont Horou est le possesseur, sinon même, plus simplement encore, le réservoir.

de la terre sont ouvertes [1] » ; et ainsi de suite pour les moindres objets, les moindres manipulations. Il faut se garder de chercher aucun sens profond à ce galimatias sacerdotal. Pour se rendre compte de son sens exact, et de ce qui se faisait dans la réalité, il suffit de se reporter à l'en-tête du chapitre correspondant, qui énonce l'acte exécuté par le prêtre, et de se reporter au même intitulé, tel qu'on le retrouve, par exemple, sur les tableaux du temple d'Abydos, à la XIX⁰ Dynastie, malgré tant de siècles écoulés. On constate alors que le cérémonial est extrêmement simple : tirer un verrou, se prosterner, habiller la statue, l'encenser, la laver, lui donner à manger, etc. Si nous avions pour d'autres religions la chance de posséder de pareils moyens de contrôle, le sens sublime que l'on prête à bien des textes de sacrifice ou d'offrande serait ramené à sa première simplicité. Ce qui s'est passé en Égypte est un phénomène que l'on retrouve cent fois, et en Égypte même et ailleurs. La magie, pour une série de raisons trop longues à donner, et bien connues d'ailleurs, donne des noms secrets,

1. La vraie traduction, que je ne puis justifier ici avec le détail nécessaire, et que je ne donne donc qu'en note, serait : « Comme s'ouvrent les battants du ciel, de la terre les battants s'ouvrent. » La cadence magique a pour but d'obliger les choses à se passer dans l'autre monde, de la même façon et en même temps que les choses accomplies dans le sanctuaire par l'officiant.

Sur un exemple de reconstitution des cadences quadripartites de la déclamation dans les magies archaïques de l'Égypte, cf. G. Foucart, dans l'article du *Sphinx*, XIV, 6, cité à la note suivante.

doués de vertus toutes-puissantes (par allusion, sympathie, etc.) aux actes et aux objets du rituel. Ce travestissement a pour but d'abord de réserver la science de l'incantation à l'officiant, ensuite de donner une force irrésistible à l'acte accompli. Ce langage magique a été longtemps pris au pied de la lettre. Puis, quand les théologies apportent leurs raffinements et leurs essais de synthèse, le prêtre égyptien attribue à ce vocabulaire magique une valeur mystique [1]. Il lui donne ensuite des explications tirées d'allusions aux nouveaux systèmes [2]. Les faiseurs d'hymnes (et ailleurs les poètes) s'emparent finalement de ces explications et brodent là-dessus leurs inventions.

1. C'est ce que l'on peut constater en étudiant les additions ou mutilations qui se produisent ultérieurement pour tenter d'accorder, par la symbolique, les données primitives, aux mythes nouveaux, et principalement au mythe osirien. L'exemple le plus saisissant est la comparaison entre la donnée : 1° du Rituel de l'« Ouverture de la Bouche », datant de la division archaïque du monde en quatre régions astrologiques; 2° d'un rituel de basse époque comme ceux d'Amon-Râ, ou ceux d'Abydos, avec les maladroites tentatives pour changer le caractère de l'Horus et Sit, primitifs dieux stellaires, en deux adversaires du drame osirien. J'ai dégagé quelques-unes des constatations principales dans le *Sphinx* (t. XIV, 1910, p. 89 : *Rituel Funéraire de l'Ouverture de la Bouche*) et tâché de démontrer les inconvénients qu'il y avait à vouloir considérer ces rituels comme la continuation exacte des cérémonies archaïques, si ce n'est pour les actes matériels ou pour certaines portions du texte « enchâssées » dans le nouveau concept.

2. Il n'en est pas d'exemple plus saisissant en Égypte que la triple glose superposée au texte du chap. xvii du « livre des Morts », dont le sens initial est entièrement dénaturé à la fin de tous ces commentaires.

On pourrait craindre que, comme ailleurs, la physionomie primitive, si claire, du vieux sacrifice égyptien n'ait été défigurée par l'effet des siècles. Il n'en est rien. Jusqu'à la fin, il demeure ce qu'il était ; aucun de ses éléments ne prend un développement exagéré sous l'effet de nouveaux concepts ou des efforts des théologiens. L'ensemble et les proportions des diverses parties restent identiques. La glose et la mythique n'ont pu, comme ailleurs, défigurer le sacrifice primitif.

D'où vient cette perpétuité, si heureuse pour l'étude des modernes ? Sans aucun doute de la présence matérielle et tangible du dieu, qui, sous la forme d'une statue vivante, animée par une de ses âmes, non seulement assiste à la scène du sacrifice, mais reçoit matériellement l'offrande, est réellement oint, lavé, habillé, dont on « ouvre la bouche », et dont les lèvres sont réellement frottées de l'offrande solide ou liquide [1]. Le fait que la

---

[1]. Ce que nous savons du culte de Sérapis montre que ce caractère de vie littérale de la statue du dieu en son *naos* persista jusqu'aux derniers siècles de la religion égyptienne. « Et encore aujourd'hui, à l'ouverture du sanctuaire, le culte a lieu par le feu et l'eau..... Et debout sur le seuil l'officiant *éveille* le dieu en l'appelant en langue égyptienne... τῇ πατρίῳ τῶν Αἰγυπτίων φωνῇ ἐγείρει τὸν θεόν (Porphyre, *De Abstin.* IV, 9). Ce témoignage s'accorde exactement avec les représentations telles que celles du rituel d'Abydos, et avec les textes sur pierre ou sur papyrus. C'est, je crois, un bon exemple des cas où l'autorité des classiques peut être utilement invoquée pour confirmer ou compléter ce qu'apprenaient déjà, avec les garanties nécessaires d'interprétation certaine, les monuments d'époque pharaonique. Le culte de Sérapis reproduisait d'ailleurs celui de tous les dieux égyptiens de la période classique.

statue est un être vivant, du moment qu'on le reconnaît dans toute sa plénitude et avec toutes ses conséquences, apparaît comme le facteur le plus considérable dans l'histoire de la religion égyptienne. Sans doute le temple a-t-il été partout la demeure du dieu, et le sanctuaire sa chambre où il se dérobe aux regards. Mais le degré de vie littérale qu'exige l'hôte divin a pu s'amoindrir d'âge en âge, dans les pays où la présence réelle du dieu n'a pas pris les traits visibles et tangibles d'un corps vivant. Le dieu égyptien, animant le corps de sa statue, a maintenu, presque avec toute la rigueur barbare des débuts, toutes les exigences de la croyance initiale : la nourriture, les soins de la toilette et les occupations ou les plaisirs. Magnifié, enrichi, plus pompeux, le rituel entier du temple — et je ne parle plus seulement du sacrifice — reflète aussi, plus visiblement qu'ailleurs, la nature exacte des relations que l'homme d'Égypte a établies entre lui et le dieu qui le protège. S'il s'agit en particulier de la table de ce dieu, on songe à lui offrir de vrais repas, dans le même ordre et avec la même étiquette qu'on le fait à la table de ce dieu fils qu'est le Pharaon. On lui sert les mêmes menus, et sa vie est assez matériellement facile à comprendre pour que l'on ne soit pas tenté d'oublier pourquoi et comment on lui immole des animaux de toute espèce, choisis à son goût, tel ou tel étant exclu pour des raisons personnelles ; pourquoi on lui offre des confiseries, des gâteaux, des mesures de vin ou de bière, des bouquets. Il y a un service journalier ; il y a aussi des jours de grand festin, aux listes plus chargées. Ne fait-on pas de même au Palais ?

On pourrait faire l'objection que l'on voyait bien que la statue ne mangeait pas réellement. Elle n'aurait pas embarrassé les Égyptiens. On voit par le reste de la religion qu'ils n'étaient pas arrêtés par ces invraisemblances matérielles. La statue d'Amon disait oui ou non en hochant la tête [1] : tout le monde y voyait la volonté du dieu ; personne n'ignorait cependant qu'un prêtre tirait la corde qui la mettait en branle. S'imagine-t-on ce secret gardé des milliers d'années ? Jamais nos prétendues démonstrations de l'absurde n'auraient convaincu les Égyptiens, pas plus qu'elles ne peuvent convaincre les non-civilisés d'aujourd'hui.

---

[1]. Ou tout au moins par quelque geste, soit de la tête, soit des bras. La question de savoir en quoi consistait au juste cette manifestation matérielle de la volonté de la divinité incarnée dans l'idole a été examinée par G. Foucart dans l'*Encyclopædia* de J. Hastings, au mot *Divinatio*, où on trouvera la bibliographie du sujet. Sans entrer ici dans une discussion de pure archéologie, il convient de signaler la possibilité (appuyée sur de nombreux indices résultant de l'examen des textes) que le dieu égyptien manifestât sa volonté ou signifiât ses réponses en agitant un bras articulé, tout comme il « saisissait », en signe d'approbation, le candidat au trône, le futur grand pontife, la corde du rituel de fondation du temple, etc. Ces procédés sont intéressants à comparer avec les modes de réponses divinatoires d'un certain nombre d'idoles de non-civilisés, non seulement au point de vue du mode matériel d'exécution, mais encore et surtout au point de vue du fondement théorique de la réalité de la manifestation de la propre volonté du dieu.

On place une offrande, en plus de vingt religions de l'Afrique, devant un arbre dieu. On lit parfois des récits de voyageurs ou de missionnaires où l'observateur européen s'imagine confondre la croyance de l'indigène en faisant soigneusement surveiller les abords de l'arbre divin, et en lui faisant constater triomphalement que le lendemain l'offrande est intacte. C'est se placer à un point de vue trop différent du sien. Le noir ne sera nullement surpris. L'objection n'*existe pas* : « l'*esprit* de l'arbre a absorbé l'*esprit* des aliments qui lui ont été offerts ». Pareille croyance est du reste universelle, et de même, les *oramatuas* polynésiens consomment l'esprit vital des aliments qui leur sont offerts, et qui gardent cependant leur apparence matérielle. C'était, si l'on veut à toute force une explication pour l'Égypte, une réponse analogue que l'on s'était faite une fois pour toutes, pour l'alimentation de la statue. Ou, plus exactement, on ne fit jamais cette réponse, parce que la question ne pouvait pas se poser. Faisons de même.

L'offrande animale a donc été en Égypte une pièce de boucherie et rien de plus. Il est impossible de grandir et d'amplifier son rôle, comme l'ont fait les Védas, et leurs commentateurs anciens ou modernes. Je ne puis trouver non plus un seul indice de passage du profane au sacré, encore moins d'accumulation d'électricité religieuse dans la victime. Enfin, je ne connais pas d'exemple de victime expiatoire en Égypte.

Il en est de même pour les purifications de

l'officiant, qui tiennent chez les Égyptiens une si grande place, et une plus grande encore chez les Babyloniens et surtout les Hindous ; et aussi pour les soins du costume. Ce sont les soins de propreté matérielle du serviteur avant de servir son maître. L'*ot'bou* égyptien est un homme « lavé » et sa pureté n'a aucun sens mystique ni symbolique [1].

On s'est demandé parfois ce que devenait le monceau de ces offrandes compliquées : il semble qu'il y ait comme l'inquiétude d'une difficulté à surmonter, et cette appréhension semble tant soit peu ingénue. Les restes, comme la desserte du Pharaon, nourrissaient les officiers du temple et les serviteurs. Il y avait aussi les hôtes du dieu, c'est-à-dire les statues vivantes des hommes auxquels leurs services ou une fondation pieuse avaient assuré le privilège d'habiter pour toujours dans la maison du dieu et de se nourrir de « tout ce qui paraît sur son autel ». Les textes ne manquent pas en Égypte sur ce dernier point : des séries de contrats réglaient les parts, les droits féodaux du seigneur, des corporations, etc. On cédait, on engageait à titre gratuit ou onéreux toutes ces obligations, comme on le ferait de titres de rente. A aucun moment de tous ces modes de consommation des restes matériels de l'offrande, on ne voit rien

---

1. Sur l'idée de propreté matérielle attachée à la circoncision sacerdotale — au moins à l'époque historique — cf. le mémoire publié à ce sujet par G. Foucart dans l'*Encyclopædia of Religion* de Hastings, t. III (*Circumcision*, § *Egypt*) et voir ce qui est dit au chapitre vııı de cette *Méthode*.

qui ressemble ni à une communion sacrificielle ni à un repas d'alliance avec le dieu [1]. C'est en vain que dans les milliers de lignes se rapportant au sacrifice, dans les textes égyptiens, on en cherchera une seule où l'une de ces deux idées ait été exprimée en termes quelconques.

Quelle était, à l'égard de celui-ci, la situation du sacrifiant ? On a parlé souvent du « sacrifice-contrat », l'oblation des victimes obligeant le dieu qui

[1]. Le seul symbolisme que l'on puisse relever n'est venu que très tard et n'a jamais eu, à aucun degré, le sens d'une accumulation de fluide religieux dans la victime. Il a consisté à prendre au pied de la lettre la légende — ou la compilation arrangée à l'osirienne — des guerres d'Horus et de Sit-Typhon, en les rapprochant des surnoms magiques donnés à certaines victimes. On a pu dire, en ce sens, aux derniers siècles de l'Égypte, que la gazelle figurait les puissances mauvaises du désert, que les poissons et gibiers des marais capturés aux fêtes de consécration du terrain du temple personnifiaient les ennemis du dieu capturés par le Roi. Ce n'est que du symbolisme facile de décadence. Et en tous cas, il n'y a là aucun rapport avec l'identification de la victime et du dieu. C'est même exactement l'opposé.

Il est donc contraire à la méthode critique de se servir, comme on l'a fait, des textes de cette époque et de leurs allusions au drame osirien pour interpréter les textes archaïques où ces variantes (ou bien ces interpolations ou encore ces gloses) ne figurent pas. C'est ce qui est le cas, en particulier du rituel de l'offrande et de l'« animation » de la statue (Ouverture de la bouche, etc). Le grand embarras de la théologie a été précisément d'ajuster à un drame devenu anthropomorphique des données et des personnages qui étaient avant tout des sortes de « chefs des Esprits des régions du monde », coopérant pacifiquement à la tâche de diriger le monde, et d'en faire les acteurs d'un mythe du type osirien. Bien loin d'entrer en cette voie, nous devons, au contraire, dégager le texte primitif et expliquer par lui les rituels postérieurs.

l'acceptait à accorder à l'homme l'objet de sa demande. Ce serait méconnaître étrangement les rapports des deux parties. Chacune des provinces de l'Égypte appartient à un dieu, et le Pharaon n'en est le maître qu'en sa qualité de descendant et d'incarnation de ce dieu. Les hommes qui l'habitent sont les sujets de l'un et de l'autre, et tenus à toutes les obligations du vassal envers son seigneur. La première est de pourvoir à son entretien, et, en premier lieu, de lui fournir la nourriture, sans laquelle un dieu, tout comme un être quelconque, dépérirait et ne pourrait continuer à vivre. En sacrifiant, l'homme s'acquitte d'une obligation, et son accomplissement ne peut lui constituer une créance sur le dieu. Qu'en espère-t-il donc ? Ce qu'espère le fermier qui vient acquitter son fermage, le paysan qui se rend à la ville pour consulter un homme d'affaires ou un médecin. Si, en plus de ce qu'il doit, il apporte avec lui, de la volaille, des œufs, ou une pièce de gibier, c'est une attention qui disposera le donataire à s'occuper de lui avec plus de bienveillance. De même, l'Égyptien est convaincu que le dieu, bien repu par ses soins, prêtera une oreille plus attentive à ses demandes et les exaucera plus facilement [1]. Aussi s'ingénie-t-il à le réjouir, en même temps qu'il le nourrit. La

---

1. Cf. ce qui est dit pour l'Inde dans OLDENBERG, trad. Henry, p. 264, où on trouve cette même idée que le sacrifiant ne croit pas avoir une créance sur le dieu, « mais il est bien convaincu que celui-ci pourra difficilement se dispenser de lui rendre avec usure ses bons procédés ».

musique, les hymnes à sa louange, les fleurs et les danses sont de sûrs moyens d'accroître ses bonnes dispositions.

À cette idée fondamentale ont pu, et ont dû, bien entendu, se superposer par la suite les idées les plus élevées, telles, par exemple, que celles fondées sur l'amour du fidèle pour son dieu, son désir de célébrer sa gloire et surtout (ceci est très net dans la littérature thébaine) une reconnaissance infinie pour la tâche sublime que le dieu accomplit chaque jour.

C'est en effet que le sacrifice a encore un autre résultat. Les dieux égyptiens ne mènent pas une vie oisive. Sans repos, ils ont à recommencer les actes qui ont assuré l'ordre du monde dans le ciel et sur terre; il leur faut combattre contre les puissances mauvaises qui les assaillent, toujours vaincues, mais revenant toujours à l'assaut [1]. Pour cette lutte, ils ont besoin d'une vigueur sans cesse renouvelée et accrue. C'est le sacrifice qui fortifie le dieu, comme une nourriture abondante fortifie l'homme. Plus les fidèles lui élèveront de temples où il se nourrira des victimes immolées, plus ils lui consacreront, avec des revenus de vivres assurés, de ces statues vivantes qui sont autant de bouches nouvelles pour absorber les aliments, plus aussi il aura de forces pour s'acquitter de son rôle. Et par

---

1. Cf. G. FOUCART, au mot *Calendar*, dans l'*Encyclopædia* de HASTINGS déjà citée p. 154, note 1, et ce qui est dit au chap. VIII de la notion générale du dualisme égyptien.

là, le sacrifice, sans perdre en apparence sa grossièreté naïve ni sa réalité matérielle, tend (peut-être dès le début de l'organisation du concept dualiste, c'est-à-dire de fort bonne heure) à prendre un caractère singulièrement plus relevé : il sert à maintenir l'ordre du monde et la prospérité de l'Égypte.

Le caractère alimentaire du sacrifice bien établi pour l'Égypte, la comparaison avec d'autres peuples doit nous montrer s'il en est l'élément essentiel, et si on peut le reconnaître au milieu du développement touffu des parties accessoires. Nous avons déjà dit tout ce qu'on peut espérer du rapprochement entre l'Égypte et les grands empires contemporains qui se sont succédé sur les rives de l'Euphrate et du Tigre. Malheureusement, les milliers de documents qui sont sortis des fouilles les plus récentes, sont encore inédits pour la plus grande partie. Néanmoins quelques-uns ont déjà été publiés et traduits, assez significatifs pour permettre un commencement de comparaison, que les publications promises nous aideront à compléter. Nous l'essaierons donc ici, en nous servant de préférence, lorsqu'il sera possible, des textes qui sont contemporains des dynasties égyptiennes de l'Ancien Empire.

Il semble bien que les Chaldéens se soient fait une idée moins nette que les Égyptiens de la vie réelle des statues humaines ou divines. Cette croyance paraît néanmoins avoir existé également

LE SACRIFICE

chez eux. Une statue du vice-roi Goudéa, consacrée dans le temple de Ningirsou, porte la liste des aliments que l'acte de fondation lui attribuait ; l'énumération se termine par ces mots: « telles sont les offrandes fixées [1] ». C'était donc à la statue et à celui qui vivait en elle que les provisions étaient destinées. De même, Êannatum, roi de Lagash, dans la stèle dite « des Vautours », voue, au temple de Shamash, des taureaux *pour la nourriture* (du dieu) — Uru-Kagina, roi de Lagash, élève une construction pour *recevoir le vin* destiné au dieu Dun-Shaggana. Le cylindre B 16 de Goudéa parle de miel, beurre, blé, lait, dattes, *aliments des dieux*. — Urumush, roi de Cish, fournit chaque jour, *pour la table* de Shamash, pain et vases de boissons [2].

Lorsque Goudéa transporta dans le nouveau temple le grand dieu guerrier Ningirsou, il procéda à son installation, comme il l'aurait fait pour un souverain vivant. Il emmena avec Ningirsou la troupe des autres divinités de la ville, et leur attribua des logements dans le temple ; elles formaient comme la maison du grand dieu et se partageaient sous ses ordres les divers offices, comme ils l'auraient fait à la cour d'un roi. Une chambre et un lit étaient

---

1. THUREAU-DANGIN, *Inscriptions de Sumer. Statues de Goudéa*, p. 106 et suiv. — Cf. SCHEIL, *Le culte de Goudéa. Recueil de travaux*, 1896, p. 64.

2. Nous devons l'indication de tous ces textes, antérieurs à 2500 et plus avant notre ère, à l'érudition du P. Scheil, auquel nous désirons exprimer toute notre gratitude pour cette précieuse contribution.

préparés pour Ningirsou et la déesse Bau, son épouse ; près d'eux logeaient leurs sept filles jumelles. Goudéa offre au dieu ses armes habituelles : la masse d'armes à sept têtes, le glaive, les flèches et le carquois; pour ses promenades, un char et un baudet dont l'ânier était encore un dieu [1]. Toutes ces dispositions n'ont-elles pas l'air d'avoir été prises pour des personnages divins demeurant réellement et vivant dans le temple, y remplissant chacun leur office, comme ils le faisaient en même temps dans l'autre monde? Il y a là quelque chose qui semble indiquer un concept analogue à celui de l'Égypte, bien que, avec les textes dont nous disposons, il ne paraisse pas avoir eu la même netteté. Car déjà, au temps de Goudéa (quatrième millénaire), les victimes étaient brûlées, ce qui ne se fit jamais en Égypte, sauf dans les derniers temps [2]. Ce procédé de la combustion supposerait que les dieux n'étaient pas présents dans leurs statues, mais résidaient dans un séjour où leur parvenait la fumée du sacrifice. Il y avait donc, à cet égard, un certain flottement dans les croyances des Chaldéens. En revanche, le caractère alimentaire du sacrifice n'est pas douteux. Si nous n'avons pas, comme en Égypte, une série de bas-reliefs qui mettent la cérémonie sous nos yeux, du moins, les tablettes du

---

1. Thureau-Dangin. *Cylindres de Goudéa*, 1905, p. 77 ff.
2. Cf. Th. Dangin, *Inscr.*, p. 193. « Sur la couche pure... la Mère, la Déesse Bau avec le Seigneur Ningirsou s'accroupit; de grandes victimes elle mangea ; dans le temple saint... le sacrificateur brûla les victimes pures... »

rituel suffisent à nous en donner une idée par l'énumération des objets offerts au dieu. Ce sont des taureaux, brebis, chèvres, oiseaux, du gibier, des poissons, — des dattes, légumes, blé, épices, — des boissons fermentées, du beurre, du miel, de l'huile, du sel. En un mot, tout ce qui peut être bu ou mangé, avec les ingrédients propres à les accommoder [1].

Chez les Babyloniens, au temps d'Hammourabi, (vingt siècles avant notre ère), le sacrifice a encore un caractère alimentaire très prononcé. Tel le montre la description d'un repas offert à huit dieux [2]. Un bas-relief, cité par MASPERO, représente le dieu Shamash saisissant la fumée du sacrifice [3]. On connaît la tradition babylonienne du déluge, où les dieux s'irritent contre celui d'entre eux qui a détruit l'humanité, parce qu'il les a privés des offrandes qu'ils recevaient. Et lorsque l'homme échappé au désastre général leur offrit un sacrifice, les dieux « en reniflèrent l'odeur ».

En Chaldée et à Babylone, de même qu'en Égypte, le sacrifice est donc un repas offert aux dieux, et qui comprend toutes les substances

---

1. ZIMMERN, Ritualtafeln. LAGRANGE en a donné une analyse dans ses Religions sémitiques, 2º éd., 1905, p. 265.
2. LAGRANGE. Religions sémitiques, p. 237-240, et les fragments de ZIMMERN donnés en appendice. Les dieux sont évoqués. Il semble que ce soit l' « invocation du nom » qui embarrasse LAGRANGE. A noter que les dieux « se lavent les mains » avant de manger.
3. MASPERO. Histoire, t. I, p. 681.

dont l'homme se nourrit. Ils viennent les consommer sur place, ou bien il leur est transmis par la combustion. On n'y voit rien qui donne à la victime animale un caractère particulier de sainteté ; elle est traitée comme les autres mets non-sanglants. Les officiants se partagent les restes du festin, sans paraître éprouver la moindre terreur, et sans prendre de précautions extraordinaires.

Il est plus difficile de saisir ce caractère alimentaire du sacrifice dans les religions helléniques, tant il est étouffé par la diversité et la complication des rites portant sur des éléments secondaires. Toutefois, il est encore très apparent dans Homère. De même que les hommes, les immortels ont besoin de nourriture. Ils se réunissent en des festins, où les échansons divins servent le nectar et l'ambroisie. Cette nourriture divine ne leur fait pas dédaigner celle des mortels. Zeus abandonne l'Olympe pour se rendre à l'invitation des Éthiopiens ; les autres dieux ne sont pas moins sensibles à l'odeur de la graisse des victimes brûlées sur l'autel. Le mode du sacrifice ne varie pas, quel qu'en soit l'objet : obtenir une faveur, s'acquitter d'un vœu, apaiser la colère divine ou remercier d'un bien obtenu.

Le témoignage d'Homère a d'autant plus de valeur qu'on le rapproche des croyances si nettes de l'Égypte et de la Chaldée. Sans raisonner sur les motifs, les Hellènes de l'âge homérique étaient persuadés que le sacrifice avait pour but de nourrir les dieux, et, par ce moyen, de gagner aux hommes leur bienveillance. Telle était encore la croyance générale à l'époque classique. On ne comprendrait pas la plaisanterie d'Aristophane dans sa pièce des *Oiseaux* (v. 1262-6), si le gros du public ne croyait pas que les dieux se nourrissent de la fumée des sacrifices. Assurément les gens éclairés pouvaient avoir là-dessus des idées plus élevées, et y voir un témoignage de reconnaissance pour les biens que les dieux leur avaient donnés; quelques-uns purent s'efforcer de corriger ce réalisme un peu grossier par une interprétation symbolique, comme d'autres peuples l'enveloppèrent de commentaires mystiques. Mais la grande majorité ne s'attarda pas sur ces spéculations et, sans chercher plus loin, continua à sacrifier aux dieux, comme l'avaient fait les ancêtres.

Revenons maintenant à la religion védique.

Après avoir fait la critique de la théorie de MM. HUBERT et MAUSS, cherchons, à notre tour, à quel résultat conduira le rapprochement avec l'Égypte et la Chaldée. La méthode comparative et historique que nous recommandons est le contre-pied de la méthode « logique », suivie par les deux auteurs précités. Ils ont pris comme point de départ de leur raisonnement les exagérations lyriques des poètes de sanctuaire, les commentaires d'une scolastique mystique ; et cette voie les éloignait de plus en plus des formes de la religion primitive des Hindous. Au contraire, nous avons cherché à retrouver les survivances de cette religion, en ce qui concerne le sacrifice. A l'aide de ces survivances nous pouvons tenter de remonter le cours du temps, et nous rapprocher de la forme du rite la plus ancienne.

Le sacrifice hindou, bien entendu, n'a pas été une imitation du sacrifice égyptien ou chaldéen. Il ne s'agit pas non plus, avant longtemps, d'établir ce qu'il a pu recevoir d'autres empires asiatiques. Nous ne nous préoccupons pour l'instant que des caractères primitifs

Une première différence apparaît : le sacrifice n'a pas lieu dans un temple, mais en plein air, dans un espace qu'il faut commencer par consacrer. Il faut donc supposer que ceux qui l'instituèrent ont été des nomades ; n'ayant pas encore pour eux-mêmes de demeures fixes, ils ne songèrent pas non plus à en donner à leurs dieux. Ils ne les firent pas venir dans des statues parce qu'ils n'auraient pas eu de maisons à leur offrir. La différence est considérable avec les populations sédentaires des vallées du Nil ou de l'Euphrate, sans impliquer aucunement, d'ailleurs, un degré d'ancienneté. Elle tient à l'état social. Il a fallu naturellement des cérémonies spéciales correspondant à ces conditions. Mais pour le reste des éléments constitutifs, dieu, sacrificateur et choses sacrifiées, ces caractères fondamentaux, dégagés des rites et des formes locales, ne semblent pas différents. Les Esprits et les Dieux sont ici encore des êtres supérieurs plus forts, plus subtils [1], mais matériels, ayant besoin, comme tout être vivant, de manger pour vivre. Il est par conséquent vraisemblable que, de même qu'en Égypte et en Chaldée, les ancêtres des Hindous actuellement connus de nous par les Védas, souhaitèrent se les concilier de la même façon, et qu'à eux aussi, le moyen le plus efficace parut être cette nourriture de choix, si agréable aux humains. Là aussi, en effet, « l'offrande consistait d'ordinaire en aliments dont l'homme se nourrit lui-même : le lait et ses dérivés, les diverses sortes de grains, l'eau ; et parmi les animaux, de préférence les espèces domestiques [2] ». Ces éléments assez simples présentent une grande analogie avec ceux du sacrifice égyptien et chaldéen. Mais à la basse époque où nous les connaissons (douze ou quatorze siècles avant notre ère) la caste sacerdotale des Brahmanes avait tout compliqué et magnifié [3]. On a vu que

1. Et souvent, comme on l'a vu plus haut, sous forme animale. Cf. OLDENBERG, trad. Henry, p. 57.
2. BARTH. *Journal des Savants*, 1898, p. 45.
3. Les superpositions de mythes créées par les interprétations théologiques peuvent parfois se démonter en leurs diverses pièces. Rien n'est peut-être plus frappant, en pareil cas, que de constater le parallélisme des raisonnements successifs de l'Hindou et de l'Égyptien. *Soma*, par exemple, breuvage d'abord divinisé, puis dieu, avec son caractère de dieu pluie, de dieu lune, peut certainement passer pour une entité déconcertante. Que trouve-t-on en regardant d'un peu près ? Un caractère lunaire tiré, suivant toute apparence, de la ressemblance avec la couleur de la boisson ; un caractère pluvial (et par là de dieu-force de la nature) venu d'une comparaison facile entre la préparation matérielle du breuvage et la chute de la pluie ; une divinisation des substances offertes aux dieux ; puis le passage

c'était sur leurs hymnes et leurs rituels que l'on avait édifié la récente théorie du sacrifice, et que l'on avait même renchéri sur les subtilités des Védas. C'est faute d'avoir vu que les éléments simples qui viennent d'être cités un peu plus haut étaient le fond, dont les détails du rite védique ne sont que le développement subtilisé. L'importance des éléments simples n'a pas échappé aux savants qui ont étudié l'ensemble des Védas, et pénétré plus profondément le sens primitif de cette religion. OLDENBERG, par exemple, refuse absolument d'admettre la théorie du prétendu repas communiel imaginé par FRAZER.

« Impossible de découvrir soit dans les cérémonies elles-mêmes, soit dans les stances ou les formules qui les accompagnent, la moindre allusion à une pareille façon de concevoir le repas du sacrifice comme repas d'alliance ou instauration d'une parenté de sang. Et la forme même suivant laquelle s'effectue la consommation des aliments et des boissons n'implique à aucun degré une importance quelconque attachée à la participation des

---

du caractère simplement divin à la possession de la personnalité divine, comme la Couronne d'Égypte ou tel autre objet des textes des Pyramides. A ces rapprochements faciles, succède la comparaison ; la comparaison devient symbole ; le symbole prend un sens mystique ; l'élément mystique crée les emplois poétiques. L'emploi poétique finit par être pris littéralement ; il engendre à son tour des séries infinies de déductions, de mythes créés pour les besoins de la cause. Tout cela se retrouve en Égypte, et plus clairement.

dieux et des hommes : le dieu mange le premier, il laisse des restes que mangent des hommes [1]. »

Nous voici ramenés au caractère alimentaire du sacrifice chez les Hindous. Ce caractère est marqué en termes aussi catégoriques par M. BARTH, qui est, en France, le maître incontesté dans cet ordre d'études.

« L'offrande, dit-il, non seulement réjouit le dieu, mais elle le nourrit, elle ne le dispose pas seulement à la bienveillance, elle le rend aussi plus capable de la témoigner ; elle lui interdit presque de ne pas le faire. Plus rarement dans les Hymnes, mais avec une fréquence grandissante dans les textes plus jeunes, elle le domine et le lie absolument. Sous l'influence de la caste sacerdotale, sous celle aussi de la spéculation naissante, la confusion s'acheva fatalement entre les éléments de tout temps juxtaposés dans l'offrande, entre l'acte d'hommage et le rite magique. La prière devint de bonne heure une formule d'incantation et le sacrifice un charme tout-puissant. Déjà dans les Hymnes, il ne contraint pas seulement les dieux, il a prise aussi directement sur les choses : c'est par lui que subsiste l'ordre du monde ; c'est par le sacrifice des premiers ancêtres que ce monde a été créé, et les dieux au ciel sacrifient tout comme les hommes ici-bas [2]. »

Il est impossible de montrer plus clairement

---

1. OLDENBERG. Traduction Henry, p. 279.
2. BARTH, *op. laud.*, p. 43-45 ; cf. p. 25.

comment les spéculations de la caste sacerdotale ont altéré peu à peu le caractère originaire des sacrifices chez les Hindous. Et cependant, même dans les Védas, il éclate quelquefois brusquement, comme en ce passage où Indra va trouver Sacravas et lui dit : « Fais-moi oblation, j'ai faim [1]. » Voilà comment les dieux hindous comprenaient le sacrifice qu'on leur offrait, ce qui s'accorde bien avec les mythes relatifs à la gloutonnerie et aux beuveries d'Indra.

Chose curieuse, c'est dans cette religion védique qu'au milieu des raffinements mystiques des Brahmanes, on trouvera l'expression la plus précise et la plus claire du caractère alimentaire du sacrifice primitif. En offrant le sacrifice, l'officiant prononce la formule consacrée : « Puisse ce mets, puisse ce breuvage rassasier, réjouir, fortifier le dieu. » Retrouver ce même principe clairement énoncé dans la religion des Hindous, dans celle qu'ont le plus défigurée les commentaires mystiques des anciens et des modernes, n'est-ce pas une preuve que le caractère alimentaire du sacrifice est bien le caractère primitif, fondamental, et que tous les rites auxquels ont donné naissance les diverses parties de cet acte religieux ne sont que des caractères *secondaires*, dont il faut tenir compte, *mais en les subordonnant au premier ?*

Tel est donc le caractère du sacrifice primitif : un banquet offert au dieu. Le triple but qu'on se

---

[1]. Oldenberg, *ouvr. cité*, p. 263.

propose est celui-ci : *rassasier* le dieu, parce qu'il est soumis aussi bien que tout être vivant à la nécessité de manger et de boire ; le *réjouir*, et, dès que la civilisation a introduit une certaine ordonnance dans l'alimentation, le réjouir comme un convive de qualité, par la variété et la bonne ordonnance des mets ; y joindre, comme dans les festins d'apparat, les fleurs et les parfums, la musique, les danses et les chants ; le *fortifier*, en renouvelant sa vigueur par une nourriture substantielle, afin qu'il puisse lutter victorieusement contre les puissances mauvaises qui menacent l'ordre du monde ou la prospérité de ses fidèles [1]. L'intention du consacrant est ainsi, en premier lieu, de s'acquitter d'un devoir envers son maître et son protecteur, à qui toutes choses appartiennent dans la région qui lui est consacrée, puis l'espoir que le dieu « rassasié », fera meilleur accueil à sa requête,

1. Cette troisième idée suppose nécessairement l'organisation déjà au moins esquissée d'un monde où les dieux, dégagés des esprits ou génies, ont des tâches caractérisées, et classées en bonnes ou mauvaises par rapport à ce qu'en éprouve l'homme. Le plus ancien sacrifice ne comporte donc pas d'une façon absolue ce caractère. Il a pu y avoir encore, et il y a chez certains non-civilisés, des sacrifices faits pour « rassasier » et pour réjouir des êtres divins dont l'activité était tantôt bonne, tantôt mauvaise, et qu'on se proposait aussi bien d'apaiser et de calmer que de se concilier. On peut même avoir également des sacrifices à des divinités ou esprits déjà regardés comme foncièrement mauvais dans leur caractère ordinaire, et qu'on espère désarmer par ce moyen. Mais de toutes façons, ce qui fait l'objet du présent examen, c'est-à-dire le caractère *alimentaire* du sacrifice primitif, n'est que confirmé et même renforcé par tous ces cas.

qu'il s'agisse d'obtenir sa faveur ou de désarmer son courroux. L'idée plus élevée déjà de lui fournir des forces pour une tâche commune à lui et à l'homme apparaît dès les premières notions du dualisme.

Pour faire l'étude complète du sacrifice, il resterait à étendre l'enquête à toutes les religions connues [1]. Mais dans cet essai nous avons voulu seulement indiquer la manière dont elle devrait être conduite, afin de dégager la nature du sacrifice primordial, et mettre en lumière l'avantage des expériences successives que suggère la méthode comparative [2].

---

1. Le caractère alimentaire du sacrifice romain a été bien reconnu dans l'article de TOUTAIN (*Dictionnaire des Antiquités*, au mot *Sacrificium*, p. 979). Il est non moins visible chez les Mexicains, d'après les scènes d'offrandes réunies par ED. SELER.
Pour le sacrifice en Israël, une importante contribution à la bibliographie si considérable de ce sujet dit : L'idée fondamentale du sacrifice est celle d'un repas offert à la divinité, et d'une communion par le repas entre la divinité et l'adorant qui présente le sacrifice... La divinité est reconnaissante à l'homme du repas que celui-ci lui offre, et où l'homme est le commensal de son dieu. De là, l'idée du repas sacrifice. (ED. MONTET, *Revue des Etudes Ethnographiques et Sociologiques*, 1910. p. 93-98.)

2. On a pu voir en ce chapitre combien les renseignements fournis par les monuments égyptiens sur le sacrifice sont abondants et précis. On est donc en droit d'être surpris de l'interprétation que J.-G. FRAZER et, après lui, une partie de l'école ethnologique en ont donnée. Sa théorie, énoncée dans le *Golden Bough* (Trad. Stiebel et Toutain (1903-1911), t. II, p. 133 et 221. Pour permettre le contrôle au lecteur français, les références se rapporteront pour toutes les citations ci-dessous à cette traduction), est exclusivement fondée sur le passage d'Hérodote dont j'ai déjà parlé à propos du totémisme, où il est dit qu'une

fois l'an les Thébains immolaient un bélier, et en appliquaient la peau fumante sur la statue d'Amon. Il n'est pas question un moment pour l'auteur du *Golden Bough* des milliers de scènes de sacrifices ni des milliers de lignes de rituel du sacrifice qui vont des tablettes thinites ou préthinites à l'époque romaine. L'assertion d'un étranger, qui ne savait pas l'égyptien, et visita l'Égypte à la fin de son histoire millénaire ; un témoignage en cinq lignes, qu'aucun monument, aucun texte égyptien, aucune assertion même d'un autre classique ne vient étayer : voilà ce que G. Frazer a pris comme explication suffisante et définitive. Il est probable que sur un sujet aussi capital que la nature du sacrifice pour un peuple donné, l'auteur n'aurait pas voulu agir avec un tel sans façon, s'il s'était agi d'une peuplade du centre de l'Afrique ou de l'Australie. Et en tenant pour rien les innombrables documents nationaux, il ne s'est pas contenté d'entendre définir ainsi et ne *varietur* les caractères du sacrifice en Égypte. Après l'avoir fait reposer tout entier sur un « meurtre rituel », sur un « sacrifice du dieu au dieu », et l'avoir rattaché ainsi, comme de force, à tous les exemples de sacrifices de l'animal totem chez les non-civilisés, l'auteur n'a pas hésité à faire de ce prétendu sacrifice-type de l'Égypte un des deux modèles généraux sur lesquels l'humanité entière a bâti sa théorie du sacrifice communiel animal (trad. Stiebel et Toutain, t. II, p. 218). Il y a le cas où « le sacrifice est du type égyptien », c'est-à-dire où l'animal immolé « est de ceux qu'on ne tue pas couramment » et « le type aïno » où il « appartient à une espèce dont la tribu se nourrit ». L'absence radicale, fût-ce en une ligne d'un seul auteur, d'une allusion au sacrifice *communiel* de la victime en Égypte n'a pas permis de fonder là-dessus une argumentation nouvelle. Tout l'art de l'auteur a été de dissimuler avec adresse ce point faible, en entourant le fait égyptien de tant d'autres soi-disant pareils, et où la communion existait, suivant lui, qu'il semble aller de soi qu'elle existait également en Égypte, bien qu'il ne soit dit nulle part, à la vérité, qu'elle fût pratiquée en Égypte. C'est le même procédé qui, s'appuyant une fois de plus sur un témoignage grec (Hérodote, II, 59), pour prouver que tel ou tel « clan animal » tout entier était adoré en Égypte, rattache par nuances insensibles le culte des animaux sacrés (voir ce qui est dit du totémisme) à tous les faits où il y a un animal chargé des péchés annuels, et laisse supposer comme logiquement nécessaire, sans l'affirmer cependant, qu'il y avait en Égypte un équivalent du bouc émissaire (trad. Stiebel et Toutain, t. II, p. 363-364, où on notera la façon dont le raisonnement suppose que les bœufs étaient à l'origine des animaux sacrés, confond l'examen vétérinaire du sounou avec une opération de « détabouage », etc., etc.).

La manière de procéder que je viens de signaler à propos du sacrifice égyptien se retrouve à tout instant dans le *Golden Bough* dès qu'il y est question d'Égypte; mêmes façons de présenter et d'assembler les faits; mêmes sources ordinaires d'informations: Hérodote, Diodore, Strabon, Plutarque, Porphyre, comme au temps des *Manners and Customs* de WILKINSON. Si le témoignage des classiques a une valeur particulière, lorsqu'il s'accorde avec des monuments ou des textes égyptiens, qu'il vient alors éclairer ou fortifier, il n'y a rien de plus contraire à une saine méthode que de s'appuyer sur lui seul, quand les documents nationaux ne disent rien ou disent le contraire. Passe encore pour l'interprétation du sens de certaines fêtes « saisonnières » comme celle du bâton de voyage du Soleil (trad. Stiebel et Toutain, t. I, p. 124), encore que je pense pouvoir établir l'inexistence complète de la théorie, en ce qui regarde la partie égyptienne; ou pour des anecdotes comme celle relative aux Égyptiens ne se coupant pas les cheveux en voyage (*ibid.*, t. I, 298). Mais rattacher adroitement aux meurtres rituels — et sans références d'ailleurs — les offrandes de gâteaux en forme d'animal à la place d'animaux réels (t. I, p. 105) suppose là aussi tout simplement l'ignorance de l'archéologie égyptienne, des textes des Pyramides, de la théorie de la Table d'offrandes, et des figurations thébaines. On ne peut exiger de chacun assurément, ces connaissances techniques ; mais on pourrait au moins demander qu'en pareil cas, le fait égyptien ne serve pas d'argumentation de première ligne. Les égyptologues apprendront avec étonnement que l'opinion de Porphyre fait loi, et que l'Egypte adorait comme dieux des hommes vivants, qui allaient dîner en ville comme de simples mortels (*ibid.*, t. I, p. 154). C'est à Diodore, paraît-il, qu'il convient d'avoir recours pour s'imaginer le caractère divin des Pharaons (*ibid.*, t. I, p. 177). C'est à Plutarque que nous demanderons l'opinion du sacerdoce égyptien sur la mer ou le sel marin — ce qui permettra, malgré Champollion, d'interpréter la lecture des hiéroglyphes d'après ce que nous en apprennent les Grecs — et les égyptologues regretteront de ne point avoir mis, dans leurs répertoires, le signe du poisson « symbole hiéroglyphique de la haine » (*ibid.*, t. I, p. 175 n. 3), et qui sert à M. G. FRAZER à étayer sa thèse du *tabou...*

Les rois d'Égypte prennent peu à peu, en cours de route, une physionomie qui tend à faire de leur portrait la réplique d'un certain nombre de chefs africains ou australasiens, sorciers, faiseurs de pluie, tabous et victimes (*ibid.*, t. I, p. 165). Les rois déifiés de leur vivant « reçoivent des sacrifices » ; ils semblent avoir partagé avec certains animaux-totems (*ibid.*, t. I, p. 164) la responsabilité des mauvaises récoltes ; ils ne mangent que du veau et de l'oie (*ibid.*, t. I, p. 177 et 317), etc. Et peu importe encore tous les textes du rituel égyptien, tous les bas-reliefs des temples, si l'auteur préfère affirmer avec Plutarque (t. I, p. 287) que les rois ne buvaient jamais de vin et n'en offraient jamais aux dieux, le vin étant magiquement du sang des ennemis des dieux — nouveau tabou alimentaire. Le résultat final est de continuer en somme, après les Coptes et les Arabes, le travail des « Abrégés des Merveilles » légendaires. MOURTADI, fils du GAPHIPHE, par exemple, ne composait pas autrement son Égypte que M. G. FRAZER ses portraits de Pharaons. Mais ce qui me semble plus grave et tout à fait contraire à une méthode vraiment scientifique, c'est de procéder comme pour le sacrifice humain, où par transitions dont chacune est une graduelle déformation des faits et des documents, l'auteur du *Golden Bough* passe du chant du « Maneros » (interprété d'ailleurs de la façon la plus fantaisiste : t. III, 271) à l'hypothèse de la mort de l'esprit du grain, de celui-ci à une victime humaine, de cette victime au sacrifice agraire annuel, et le tout à cette assertion dont pas un élément constitutif n'est vrai: *chez les Égyptiens, les Pawnies et les Khonds*, on brûlait tous les ans un être humain qui passait pour représenter l'esprit du grain (cf. *ibid.*, t. III, p. 176, 209, 289, 309 et 540 pour l'enchaînement des arguments). J'arrête ici ces spécimens de la façon dont G. FRAZER connaît et interprète la religion égyptienne. Il faudrait pouvoir donner une liste pareille pour sa thèse d'Osiris, esprit de la moisson, victime annuelle du meurtre rituel des rites agraires — et il n'y a peut-être rien, dans tout ce qui a paru sur l'Égypte depuis un demi-siècle qui suppose à ce degré la méconnaissance de l'histoire religieuse de l'Égypte, de ses origines africaines, de ses conditions préhistoriques, de la nature des « esprits » des premières religions locales, des influences des « forces » animistes et des mythes astrologiques, bref de l'égyptologie tout entière. Il n'y aurait dans le tout que demi-mal, s'il en ressortait simplement que l'auteur ignore presque tout de l'Égypte ancienne. L'inconvénient est qu'il prétende faire de l'Égypte conçue par lui une de ses preuves capitales pour l'édification de son système, et qu'il puisse être cru sur parole par l'immense majorité des lecteurs qui n'ont ni le temps, ni souvent les moyens, de vérifier chacune de ces sources surprenantes de documentation. Que si, en fin de compte, on examine la bibliographie du *Golden Bough*, on sera également surpris de voir que G. Frazer qui ne connaît que Porphyre, Hérodote ou Diodore en trop de cas, n'ignore ni l'existence des découvertes faites depuis Champollion, ni les travaux marquants de l'école égyptologique, dès que ceux-ci lui apportent des arguments en faveur des théories qui lui sont chères : la magie sympathique et l'envoûtement (t. I, p. 5-14), les forces contraignantes du magicien, le mélange de religion et de magie (t. I, p. 67-70), la nature des doubles (t. I, p. 184), la vertu des noms (t. I, p. 332, 374), la vieillesse et la mort des dieux (t. II, p. 9), par exemple, lui ont rappelé, avec beaucoup d'à-propos, les opinions de Budge, de Chabas, d'Erman, de Lefébure, de Maspero et de Wiedemann. Il n'ignore même pas les contes populaires, puisqu'il sait trouver dans le « Conte des Deux Frères » (t. II, p. 472) un argument en faveur de sa thèse du totem-abri de l'âme extériorisée (thèse d'ailleurs expressément rejetée depuis comme sans valeur par G. Frazer lui-même, dans son *Totemism and Exogamy* de 1910). Si bien qu'en fin de compte, on ne peut se préserver de cette impression que si l'œuvre de G. Frazer alterne l'ignorance trop radicale des textes et des monuments égyptiens avec la citation des travaux de l'école, cette alternance surprenante n'est peut être pas assez involontaire. On en garde, comme malgré soi, l'idée que si, sur tant de points essentiels à sa thèse, l'auteur du *Golden Bough* a préféré s'en tenir aux assertions d'auteurs non égyptiens — et de si basse époque vis-à-vis de la chronologie nationale —, c'est qu'il y retrouvait mieux ce qu'il avait décidé par avance de découvrir en Égypte. La thèse n'est pas sortie peu à peu de l'examen des documents égyptiens. Elle était construite à l'avance, et devait être affirmée coûte que coûte, au besoin par le seul Porphyre, et quitte même à déclarer sans valeur le témoignage d'Hérodote (e. g. t. III, p. 310 n. 1, à propos de l'absence du sacrifice humain en Égypte), témoignage jadis donné cependant pour décisif, là où il faut absolument que les choses aient été en Égypte comme G. Frazer entend qu'elles soient.

Il y aurait encore trop à dire sur bien d'autres points (cf. t. II, par ex. p. 39 et 67, pour la singulière interprétation des carnavals coptes ou le récit du pseudo-roi d'Alexandrie) et notamment sur le sacrifice humain en Égypte, dont il sera parlé le moment venu (voir au chap. VIII). Ce qui vient d'être cité fera admettre, ce me semble, qu'une telle façon d'en user avec une civilisation comme celle de la Vallée du Nil ait pu éveiller chez les égyptologues une juste méfiance des prétentions de certaines écoles ethnologiques à vouloir expliquer par leurs seules lumières l'histoire entière des religions. Car l'on songe, sans pouvoir s'en défendre, que si l'ethnographe traite ainsi des religions historiques à ce point connues et munies en pareil nombre de textes et de documents de toute espèce, elle doit être capable d'interpréter souvent de façon bien étrange les croyances et les cultes des sociétés qui ne sont pas ou ne sont plus munies du même appareil. Si la valeur des méthodes de l'ethnologie sérieuse se trouve finalement atteinte d'injuste suscipion, la faute en est, bien avant les autres causes, aux ouvrages conçus sur le plan et d'après les méthodes scientifiques du *Golden Bough*.

V

LA MAGIE. — OPÉRATIONS MAGIQUES EN ÉGYPTE. CARACTÈRES ET ORIGINE DE LA MAGIE PRIMITIVE.

Dans toutes les religions naturelles, la magie a tenu une très grande place. Aussi bien les Telchines et les Curètes de la Grèce mythique que les Chaldéens, les Égyptiens et les Sémites en ont fait usage. Elle a été pratiquée ou elle l'est encore dans toutes les parties du monde : chez les Indiens de l'Amérique, comme parmi les populations noires ou nigritiennes de l'Afrique, les tribus de l'Australie et de la Polynésie, les peuples non-civilisés de l'Asie septentrionale, de la péninsule Indo-Chinoise, partout elle se mêle de la même façon à la vie religieuse. Nous sommes ainsi en présence d'un fait universel ; il doit être, par conséquent, le produit d'une tendance innée de la nature humaine. Mais comment imputer à tout le genre humain ce qui passe pour une aberration ? N'est-il pas à croire bien plutôt que les pratiques qui nous sont presque toujours présentées comme constituant l'essence de la magie sont, en réalité, des déformations d'une magie plus simple, scientifiquement erronée, bien entendu, mais s'appuyant néanmoins sur de longues déductions, des observations expérimentales, bref sur un fondement *raisonnable*? Nous entendons par ce terme de *raisonnable* non pas ce qui l'est à nos yeux, mais ce qui l'était aux yeux des fidèles dans les grandes religions du monde ancien. Par exemple, on peut très bien démontrer, en Égypte, comment telle opération magique leur paraissait raisonnable, quand elle reposait sur une croyance acceptée de toute la nation, ou quand elle était logiquement déduite d'une idée ou d'un ensemble d'idées qui avaient cours parmi eux. Ne doit-on pas chercher s'il n'en a pas été de même en d'autres pays?

Si donc on veut remonter à l'origine de la magie, pour expliquer par là ce qu'elle a pu devenir, et si l'on veut atteindre sa raison d'être, il ne faut pas la chercher dans la sorcellerie des sauvages; — là, elle n'est pas primitive, elle est une dégénérescence qui s'est produite chez des races à facultés médiocres; il ne faut pas la chercher non plus, pour les religions anciennes, dans les grimoires des basses époques, les seuls que nous possédions; il faut la prendre dans les temps les plus reculés de l'Égypte et de la Chaldée, dans des civilisations relativement jeunes encore, bien douées, et détenant déjà les qualités qui feront leur grandeur.

Nous ne possédons à la vérité aucun rituel magique qui remonte aux premières dynasties de l'Égypte [1], mais j'indiquerai, à grands traits, une

---

[1]. Les textes assurent leur existence dans les bibliothèques des plus anciens Pharaons, et nous montrent, dès les Mem-

méthode qui permettra d'y suppléer. Elle consiste à analyser une opération magique d'importance, régulièrement répétée pendant des siècles en des circonstances déterminées. On cherchera d'abord à préciser le résultat auquel la magie voulait arriver, ainsi que les procédés employés pour le réaliser. En second lieu, on cherchera, non pas les principes logiques auxquels on peut ramener ces procédés (et qui seraient surtout ceux de similitude magique ordinaire par « causalité », de sympathie et d'attraction mimétique), mais celles des croyances en vigueur à cette époque qui ont suggéré l'emploi de ces procédés. Enfin, en descendant à ces croyances elles-mêmes, on examinera comment elles se sont formées, et comment elles paraissaient *certaines* aux hommes de ce temps, parce qu'elles s'accordaient avec les idées que l'observation ou la réflexion leur avait suggérées sur les divers phénomènes du monde sensible. Par cet examen d'opérations magiques réellement accomplies dès une époque très anciennne, et continuées depuis, on aura d'abord un luxe de détails et de renseignements précieux. On arrivera ainsi

phites, quel usage on en faisait à la cour. Leur existence en recueils constitués ne me paraît plus pouvoir être mise en doute. Cf. G. Foucart, *Encyclopædia of Religions*, t. IV, au mot *Disease* (Egypt.). Je crois avoir démontré, au moins pour deux des spécialités de ces « bibliothèques », que les renseignements fugitifs des inscriptions ou le témoignage des rédacteurs égyptiens de basse date — par exemple les dernières versions de Manéthon, — étaient entièrement démontrés exacts par l'exégèse des formulaires funéraires ou médicaux attribués à tel ou tel Pharaon des premières dynasties.

à découvrir l'origine et les caractères de la magie primitive beaucoup mieux qu'en étudiant les petites recettes collectionnées par les magiciens du Nouvel Empire pour des cas particuliers.

Le couronnement du Pharaon peut être un excellent exemple et servir de type [1].

Il serait superflu d'insister sur le caractère de la royauté égyptienne. Le Pharaon, étant fils des dieux et leur héritier, était nécessairement leur continuateur. En cette qualité il était le prêtre de tous les dieux et le maître absolu des hommes et des choses sur la terre d'Égypte. La pureté du sang divin était la condition de sa légitimité [2]. Ce sont des faits depuis longtemps reconnus par tous les égyptologues. Mais il est un point, et c'est le plus important, qui n'a pas été assez mis en lumière. Le Pharaon avait également transmis à tous ses fils le sang divin, et tous étaient donc aptes à devenir l'incarnation du dieu. Cependant les princes

---

1. Pour ne pas compliquer inutilement le sujet, je n'ai pas voulu distinguer la « prise de couronne » du « sacre »; ce qui est dit ici doit s'entendre de la cérémonie type qui avait lieu à Héliopolis, et dont l'antiquité préhistorique est démontrée par le cérémonial — transposé pour la vie funéraire — décrit dans les textes des Pyramides. Les figures ou les textes prouvent que le premier empire thébain garda intact le cérémonial memphite, et que le second empire thébain, aussi bien que les Bubastites, les Tanites, les Éthiopiens ou les Saïtes le maintinrent inaltéré, avec le même caractère obligatoire, pour faire du nouveau Souverain un Pharaon légitime. Les inscriptions des derniers siècles prouvent également que les Ptolémées, en le transportant à Memphis, gardèrent tout ce rituel sans changement.

2. Cf. MASPERO. *Histoire*, t. I, p. 259 ff.

de la famille royale n'arrivaient pas tous à cette éminente condition. Un seul y était appelé, celui qui devait porter la double couronne du Nord et du Sud. Comment donc s'opérait en lui cette réalisation de la capacité divine, ce passage de l'état d'homme à l'état de dieu, et par quels moyens cette divinisation devenait-elle une vérité incontestée, pour l'intéressé lui-même aussi bien que pour ses sujets? L'ensemble de cérémonies constituant ce que M. Moret a appelé le rituel de l'« intronisation », et tel qu'on le voit à l'époque thébaine, n'aurait pas suffi. Ce n'était pas par des cérémonies au sens symbolique, comme dans le couronnement des rois modernes, mais effectivement, réellement, et, si on peut le dire, matériellement, que le prince royal, proclamé roi, devait devenir une incarnation de Râ, et par des actes qui ne laissaient aucun doute sur la transformation de sa nature. Si, malheureusement, aucun document ne nous a conservé d'affilée la série complète des longues cérémonies que l'on célébrait en cette occurrence, dans le sanctuaire d'Héliopolis[1], il est possible d'en recon-

1. Les textes et les figures relatifs au sacre d'Héliopolis (sans parler des textes des Pyramides) vont de la célèbre Pierre de Palerme et des temples memphites d'Abousir, récemment déblayés, aux représentations contemporaines de Césarion. L'immense collation de textes réunis par Breasted en ses *Ancient Records*, 1906-1907, facilitera grandement la réunion et la comparaison d'une partie des documents de caractère historique. Pour les autres, il faut provisoirement recourir au dépouillement du *Thesaurus* et du *Dict. Géographique* de Brugsch. Les scènes proprement dites doivent être recherchées jusqu'à nouvel ordre à travers la trop considérable bibliographie égyptologique.

stituer une grande partie à l'aide de textes et de représentations qui vont du temps des Pyramides aux derniers Ptolémées. Ce travail, qui entraîne des recherches minutieuses et difficiles, n'a pas encore été fait ; j'en ai réuni les matériaux. Comme il serait trop long de les exposer ici avec l'appareil complet des références, et les discussions de détail, je me bornerai à un résumé suffisant pour donner l'idée du but poursuivi et des moyens employés.

Nous laisserons de côté, dans les cérémonies interminables du couronnement, tout ce qui n'était que l'accessoire et l'accompagnement obligé d'une grande fête égyptienne : les prosternations et les acclamations des dignitaires et des officiants, les détails du cérémonial d'étiquette pour la présentation des objets, etc... Nous ne nous astreindrons pas non plus à suivre l'ordre absolu dans lequel tous ces épisodes se succédaient, ni à en reconstituer l'itinéraire géographique. Nous voulons ici examiner seulement les actes qui avaient un caractère *magique*, les classer par espèce, et, pour chacune, déterminer l'effet qu'on en attendait.

Voici l'idée qui doit nous guider dans l'analyse que nous allons faire : le but de la fête du couronnement n'est pas la collation du pouvoir régalien. C'est la *divinisation* minutieuse du prince royal appelé à régner ; c'est sa transformation complète en dieu, par une confusion si étroite, sous tous les rapports, avec le premier dieu qui a été roi d'Égypte[1] que, par voie de conséquence, il se

---

1. On n'entrera pas ici dans le détail historique de la forma-

trouve le seul maître, légitimement possible, du Double-Royaume. Devenu le pareil, pièce à pièce, membre à membre, du dieu qui a régné sur l'Égypte, il ne peut manquer d'agir comme lui, et d'avoir sa force, tout comme il détient sa personnalité et ses droits.

Cette divinisation, par elle-même, ne pouvait paraître aux Égyptiens ni absurde, ni impossible par définition. Un dieu ne différait pas essentiellement par sa nature des hommes ni des autres êtres. Composé, comme eux, d'un assemblage d'esprits et de « forces » contenus dans une enveloppe matérielle, il était soumis aux mêmes besoins. Sa supériorité était faite de plus de vigueur, d'intelligence, de rapidité, d'acuité des sens, de capacité de résister indéfiniment à l'attaque de la maladie ou de la mort. Elle était faite aussi — et peut-être plus encore — de la possession, acquise au cours des âges, de recettes magiques, de formules et surtout d'armes très puissantes, de charmes, d'amulettes, de talismans, dont leurs luttes passées et présentes, toujours victorieuses, attestaient l'efficacité. L'acquisition du tout était chose, sinon facile, du moins possible, aussi bien pour les objets

---

tion mythologique de ce dieu type. Il fut d'abord, en chaque royaume préhistorique, le dieu local. Râ d'Héliopolis les absorba, eux et leurs caractéristiques, quand l'Égypte fut une. Puis on imagina Osiris, fils de Râ, premier dieu homme ayant régné sur cette terre. En sorte que le sacre total d'Héliopolis fut un amalgame d'épisodes imitant la vie de Râ, le couronnement d'Osiris, et, comme péripéties secondaires, des séries de rites mimétiques empruntés aux vieux cultes locaux.

matériels que pour les qualités. Une fois accomplie, elle devait nécessairement faire d'un homme un dieu, pourvu que l'on eût suivi scrupuleusement les recettes nécessaires pour procéder à ce transfert.

Le principe admis, il reste à en suivre l'application dans les éléments constitutifs de la cérémonie.

Le « nom » ne pouvait manquer de jouer le premier rôle dans une religion où il était regardé comme la substance vitale et intime par excellence. La prise du nom nouveau transférait une nouvelle personnalité dans toute la force du terme [1]. Nous ne pouvons sur ce premier point, déjà étudié et relativement connu, que renvoyer aux travaux égyptologiques déjà parus. Si la valeur magique et la nature métaphysique des syllabes du nom n'y a pas encore été dégagée définitivement, les principaux effets et les principales forces du nom y ont été suffisamment définis. Il convient seulement d'insister sur les soins minutieux dont on entourait le choix de ce nom du nouveau roi. Le collège sacerdotal le composait, après de longues recherches (horoscopes, etc.), de telle façon qu'il signifiait un des aspects de la divinité avec laquelle le nouvel héritier allait se confondre. Ainsi : « Grands sont les devenirs de Râ », « Râ est le seigneur de l'Ordre », « Splendides apparaissent les doubles de

---

1. Sur le « nom » composé de vibrations essentielles et assurant aux diverses « âmes » d'un être leur unité d'action, ou à cet être même sa personnalité, voir G. FOUCART, *Encyclopædia of Religion and Ethics*, t. II, au mot *Body*.

Râ [1] ». — La collation de ce nom était accompagnée de cérémonies destinées à le fixer solidement dans l'être de chair dont on faisait ainsi la nouvelle enveloppe d'un principe divin. Par le fait même que le nom y était inséré, le dieu *vivait* dans le Roi. Il était un et entier en lui, tout en restant au ciel. En effet, il avait mis dans son héritier un de ses « noms » qui exprimait — ou bien plutôt « était » — sa personnalité divine sous un des aspects de son énergie, et chacun de ces aspects était tenu par la théologie pour une des personnes réellement existantes (*ouôn*) d'un être cependant unique [2]. Des cérémonies secondaires complétaient

[1]. On n'a pas encore signalé, je crois, que cette titulature héliopolitaine rattachée à Râ n'avait fait que succéder à une autre dont l'antiquité nous ramène aussi haut que les plus anciens monuments de l'Égypte antéhistorique. Les noms des rois thinites étaient en effet composés de la même manière, sauf que l'Épervier y remplaçait Râ. « Il est l'Épervier qui combat sans relâche », « Il est l'Épervier indestructible », « Il est l'Épervier terrible », etc. Il est vraisemblable qu'il faut les lire de la même manière et non comme on l'a fait jusqu'ici.

[2]. Le mécanisme de la formation de ces noms, destinés à incarner l'énergie divine, ne peut être traité ici même comme il convient. Il importe cependant de signaler à quel point l'établissement précis des règles qui y ont présidé en Égypte serait fécond pour l'Histoire des Religions. Non seulement, en effet, un tel travail peut amener à déterminer, mieux qu'on ne l'a fait jusqu'ici, les idées directrices des théologies nationales sur les âmes des dieux, leurs personnes, leurs forces et leurs aspects métaphysiques, et d'une façon plus générale sur la nature de la vie des êtres. Mais ces définitions, une fois acquises, et traduites en termes accessibles aux modernes, permettraient, en bien des cas, de mieux rendre compte de nombre de faits relatifs soit aux royautés des non-civilisés, soit même aux idées qui ont présidé au protocole de certaines monarchies de l'Extrême-Orient.

la collation du nom nouveau. Plusieurs persistèrent jusqu'aux derniers jours de l'Égypte, dont l'étrangeté atteste une haute antiquité, tant elles gardaient l'empreinte des vieilles idées sur les dieux et la vie, telles que nous l'enseignent les textes préhistoriques des Livres des Morts [1].

Le Roi était déjà véritablement dieu à partir de ce moment; mais un dieu « désarmé » si l'on peut dire. Et nul appareil, nul détail ne sembla assez minutieux pour être bien certain qu'il serait non seulement un dieu complet, mais un dieu puissant, apte à remplir sa tâche nécessaire de père et de défenseur de la nation contre ses ennemis visibles ou invisibles, d'intermédiaire entre elle et les maîtres des forces, de magicien tout-puissant.

De là une série de prises d'objets matériels de toute espèce, qui sont saisis par le Roi, ou que les prêtres lui remettent, ou que les statues vivantes des dieux détachent de leur propre costume, pour les lui donner et lui conférer ainsi leurs puissances. L'habillement du Roi sera celui de l'Osiris vivant, au jour où il prit, le premier de tous, la royauté de la Vallée du Nil. Son manteau court est le manteau du sacre osirien; son sceptre

---

[1]. Ainsi, et comme seul exemple à noter ici, l'inscription du nom du roi sur les fruits de l'arbre divin d'Héliopolis, l'*ashdou* (le figuier balanite de la botanique), pour confondre et mêler les substances du roi et de l'arbre. Cette scène classique figure encore avec des variantes significatives dans une trentaine de temples égyptiens, et la place qu'elle occupe dans le répertoire des bas-reliefs ne permet pas de douter qu'elle n'appartienne au rituel du sacre d'Héliopolis.

à crochet, son fléau à lanières de cuir, destiné à chasser les démons, sont ceux des premiers maîtres de l'Égypte, comme le sont les doubles couronnes du Nord et du Sud ; de même les plumes, les cornes, les diadèmes qu'il met successivement sur sa tête ; son pectoral, ses anneaux, ses bracelets, sa queue de chacal attachée aux reins, la mystérieuse écharpe magique *sadbou* aux boucles savantes [1], tout lui vient d'eux également ; l'escarboucle qui scintille à son front est l'urœus de Râ. Comme le premier dieu-roi, il siège sur le trône de fer « dont les bras sont les têtes des deux lions, dont les pieds sont les sabots du taureau ». Ce ne sont pas là des symboles, des actes commémoratifs, comme ceux des sacres modernes. Le trône d'Égypte n'est pas seulement ce qu'est la chaise d'Édouard le Confesseur pour les Rois d'Angleterre. Le sceptre et le fouet, ou la massue de pierre blanche et la longue canne, ne sont pas des emblèmes comme le globe, le glaive, la main de Justice. Ils sont vraiment des déguisements partiels, où le roi se costume comme tel ou tel dieu pour avoir son aspect. Mais, de plus, ils sont des talismans par eux-mêmes. Car ils sont, ou l'objet même par lequel le dieu ancêtre a eu jadis toute puissance, ou sa copie si exacte que la magie n'a

[1]. La mention de cette pièce de costume du sacre héliopolitain dans l'inscription de Piankhi (l. 103) se complète aujourd'hui par la figuration matérielle de cette pièce du costume dans les scènes découvertes en 1910 par Petrie à Memphis. Cf. *Memphis*, t. II, pl. VII, et ce qui est dit plus loin de la valeur de ces scènes considérées en leur ensemble.

eu qu'à déclamer des noms (ou, peut-être, à faire toucher à cette réplique les reliques ou les débris des reliques) pour en faire des substituts qui possèdent la même vertu, et qui, maniés par un dieu, sont divins eux-mêmes. Chaque pièce de l'attirail possède ainsi ses charmes et ses forces bien connues : tel collier, tel bijou, de par ses pierres magiques, ses métaux (et probablement plus avant dans la préhistoire par les substances animales et végétales dont il était fait), a rendu jadis à son divin possesseur des services déterminés en telle lutte fabuleuse, en tel épisode mémorable de l'histoire nationale ; il détient depuis lors la force irrésistible qu'il manifesta à ce moment-là.

Des onctions, des fumigations achèvent cet équipement de dieu bien armé. « Ses charmes sont à son front », « ses défenses magiques sont à ses poignets et à ses chevilles », ses puissances protectrices sont sous la plante de ses pieds », elles sont « derrière sa nuque [1] ». Et sous la phraséologie volontairement mystérieuse des textes, on retrouve assez facilement l'acte ou l'objet, ainsi que les valeurs précises attribuées à tel ou tel d'entre eux, et les raisons historiques qui s'y rattachent. Tout cela est attesté non seulement par les textes, mais aussi par l'image. Les bas-reliefs en ont figuré, dispersés un peu partout, les épisodes mar-

---

[1]. Voir par exemple le début du chapitre 62 des Pyramides, décrivant le roi couronné de l'*Atef* et encensé, et la version de Papi I, l. 10 ff. : « Ta force est à toi sur ta nuque », etc.

quants[1]. Avant les grands temples à murailles décorées de l'ère classique, les Thinites reproduisaient le tout en objets votifs. Et c'est l'explication de ces petits monuments si curieux, en pierre, en ivoire, en terre émaillée, des premières dynasties : petits trônes à sabots et têtes de lions, palanquins minuscules, réductions de sceptres, de massues, de harpons, etc., trouvés dans les temples d'Abydos[2]. Voilà donc le Roi devenu un dieu, et comme lui, instruit et armé (*akir* et *apir*)[3].

---

1. La belle série des fouilles de Bissing et Borchardt (1904-1911), dans la région d'Abousir, a permis de rattacher la période memphite au reste de la série historique par une série de bas-reliefs du plus haut intérêt, et de renouer avec plus de certitude encore les cérémonies qui y figurent aux textes antéhistoriques. La découverte des bas-reliefs du couronnement de la XII° dynastie à Memphis (voir la note suivante) achève de reconstituer le tout sur des bases définitives. Pour les bas-reliefs d'Abousir, voir Bissing, *Re Heiligtum*, t. I (seul volume paru), et Borchardt, t. 7, 8, 11 et 14 de la *Wissenschaftliche Veröffentlichung der deutschen Orient-Gesellschaft* (1907-1911).

2. Cf. Petrie, *Royals Tombs*, t. I et II. *Abydos*, t. I, II, III. Quibell, *Hieracoupolis*, t. I et II, et *Archaic Objects*, dans le Catalogue du musée du Caire.

3. Ce bref aperçu de l'arsenal magique du couronnement égyptien et la simple indication qui vient d'être donnée de l'origine des forces de ces accessoires semblent susceptibles d'attirer l'attention des ethnographes. L'Égypte, avec le luxe de ses textes traditionnels et de ses cérémonies immuables, leur offre sur ce point un corps de cérémonies et de formules qui peuvent utilement élucider et rattacher en un tout cohérent bien des cérémonies analogues des non-civilisés, pour lesquelles les détails sont aujourd'hui usés, déformés, sont des *disjecta membra*, ou pour lesquels l'explication magique originaire est soit oubliée des exécutants, soit volontairement dissimulée aux Européens. Pour ne pas sortir du domaine africain, et m'en tenir à de simples exemples à titre d'indication, je citerai : 1° les calottes magiques

Ce n'était pas assez. Il lui fallait maintenant agir comme le dieu pour compléter la ressemblance. Car, en répétant ses actes, dans le même lieu que lui, dans le même jour ou la même nuit, l'assimilation sera parfaite [1].

La répétition des actes de Râ d'Héliopolis néces-

des *mwami* dans la cérémonie des *m'para* des Warega (voir à ce sujet Cordella, *Bull. Soc. Géogr. de Rome*, 1910, supérieur au récit de Delhaise, *Mon. Ethnogr.*, t. V, 1909, pour l'interprétation de la valeur religieuse de ce talisman ; 2° les belles séries de talismans ou d'insignes de rois ou de chefs du Congo qu'il m'a été permis de noter en 1911 au Musée de Tervueren. La série égyptienne, de son côté, ressort mieux comprise et mieux interprétée par la comparaison. L'origine animale ou végétale d'une partie tout au moins des pièces magiques du couronnement s'établit plus solidement et confirme ce que l'examen archéologique permettait d'entrevoir. La vertu de ces talismans ou amulettes, d'abord fétiches individuels, puis fétiches traditionnels, puis leur évolution vers une attribution à un « esprit » ayant un nom et des formes déterminées, puis une représentation idolâtrique ; le tout créant le premier embryon d'un culte avec statue pourvue d'une légende, d'un acte mythique conforme, placé quelque part dans le temps et dans l'espace ; enfin l'astrologie permettant, par l'observation des astres, d'en déterminer avec précision la date passée et le recommencement périodique indéfini ; — telles sont, à grands traits, les étapes de l'évolution que l'on entrevoit pour l'Égypte et les non-civilisés, achevée pour la première, arrêtée et déformée avant terme pour les seconds. Ce simple aperçu peut donner idée de ce que la méthode comparative, appuyée sur l'égyptologie peut apporter à l'ethnographie.

1. C'est le même principe que celui qui régit les processions et la répétition aux fêtes des actes de la vie des dieux (voir plus loin). Le recommencement dans le même temps et le même lieu, fixés l'un par l'astrologie, l'autre par la mythologie est une des grandes conquêtes de la magie-religion ; elle semble marquer le point précis où les religions organisées se séparent des magies purement mimétiques des non-civilisés.

sitait une longue suite de cérémonies, encore plus longue probablement que tout ce que les textes actuels m'ont permis de reconstituer. J'ai pu réunir cependant un grand nombre de ces épisodes mimétiques de la vie divine. Sans les énumérer au complet, les particularités caractéristiques que j'en citerai, donneront, je crois, une idée suffisante de ce qu'ils étaient. J'aurais voulu, mais les citations auraient été trop longues, donner en même temps les formules répétées à satiété, où s'affirme en cours de route, l'opiniâtreté patiente avec laquelle le rituel magique obligeait à se produire la confusion des deux personnes du Roi et du Dieu. En voici un exemple : d'abord une brève affirmation : « Pepi s'est lavé avec Râ dans le lac d'Ialou. » Plus loin, elle est reprise en un énoncé plus détaillé et répétée quatre fois aux quatre points cardinaux[1], vestige de la plus ancienne forme du rituel, correspondant aux temps où, avant le règne de Râ, le monde était partagé entre les « esprits »

---

1. *Textes des Pyramides*, Papi I, l. 234, 321 et suiv. Trente et quelques siècles plus tard, le conquérant éthiopien, Piankhi, viendra de même à Héliopolis « se laver la face dans le lac où Râ lave sa face » (Inscr. de Piankhi, ligne 102). La découverte à Memphis de bas-reliefs de la XIIe dynastie relatifs au sacre d'Héliopolis a permis de relier encore plus solidement par les représentations les rédactions écrites réparties tout au long de l'histoire politique. Cf. Petrie, *Memphis*, t. II, pl. XX et XXI (1910). L'identité de la scène du lac d'Héliopolis avec certaines figurations des « Mystères » des tombes thébaines et l'importance de cette identification pour la valeur religieuse des « Mystères » en question ont été signalées par G. Foucart, *Journal des Savants*, 1911, p. 136, à propos de l'analyse de l'ouvrage de Petrie.

des quatre régions astrales qui président à toutes les influences célestes ou terrestres. Pour chacun des actes dont se composait le Sacre, les formules sont répétées avec la même insistance minutieuse qui ne laisse aucun détail échapper à leur action.

Et comme Râ, le Roi voyage. Il parcourt, comme lui, les mêmes chemins d'un territoire sacré, dont chaque parcelle est un diminutif du monde céleste. Si bien qu'au fur et à mesure qu'il accomplit ces actes, le Roi et le Dieu les accomplissent en même temps, et en ce monde et dans l'autre, et dans le passé, et dans le présent. Il suit le « chemin de verdure » ; il monte « aux collines de Sit » ; il reçoit le fluide des rayons du soleil levant sur « la colline de sable » (le Mokattam d'aujourd'hui) ; il plonge dans les eaux du Koboh ; il va en nacelle par les canaux qui reproduisent les canaux du ciel ; il dit, en s'y engageant, les mots de passe à des figurants qui jouent le rôle des génies du ciel ; il passe par des étangs qui sont des décalques des mers célestes ; il traverse des diminutifs de province qui reproduisent, sur terre, telle province du monde supérieur, avec sa configuration et ses habitants. Il visite la « demeure du Combattant », il descend dans la « caverne du gouffre »[1]. Chemin faisant, et comme on procédait dans les processions où les dieux jouaient pour leur compte,

---

1. Je me propose de reprendre en détail, et dans un travail spécial, toutes les particularités du couronnement, avec les équivalences memphites mises en regard des cérémonies et des textes de l'époque classique.

aux anniversaires, les épisodes de leur vie mythologique, on installait de véritables accessoires du drame qui se jouait ainsi. Et de récentes découvertes de bas-reliefs nous ont montré que ces objets étranges que nous prenions, dans les figurations antérieurement connues pour des signes symboliques mystérieux, étaient de véritables objets apportés sur les épaules des figurants : des sortes de blocs de bois ou de cartonnages échancrés comme les contours supposés du ciel, et figurant les deux moitiés du firmament, des monstres étranges à corps de scorpion et à bras humains, qui sont peut-être la figuration magique de la *Selkit* céleste [1]....

Comme Râ là-haut, il pourvoit à sa nourriture, il fait des simulacres de pêche et de chasse, avec les instruments primitifs dont les plus anciens des hommes d'Égypte faisaient usage, et dont ils imaginèrent de munir leurs dieux. Il lutte aussi ; il conjure, combat et abat les ennemis des dieux, les serpents, les monstres des ténèbres. Il tue Apo-

---

1. PETRIE (*Memphis*, t. II, p. 9 et pl. III et V, 1910), qui a trouvé et publié ces bas-reliefs, a interprété comme il est dit ici les morceaux de « ciel », mais veut voir dans le scorpion à bras humains un corps décapité et desséché — ou son simulacre — possesseur de force magique, et vraisemblablement une des reliques de l'Osiris préhistorique. Cette vue semble difficile à établir. Sur le point essentiel, en tous cas, il est d'accord avec ce qui vient d'être dit ici même, à savoir la présence de véritables accessoires apportés au cours de cette sorte de drame magique. L'interprétation d'autres accessoires, où il voit des rideaux, demande à être mieux démontrée par des variantes.

phis ou l'Hippopotame[1], il met en pièces les « mauvais [2] ». Un jour, le symbolisme enseignera que par là il détruit le désordre, le mal. Il parcourt « le monde en son circuit », comme Râ, victorieusement.

Encore n'ai-je pu donner ici que les principaux actes du Roi lui-même. Il faudrait, pour être complet, décrire le concours de tous les dieux qui, par leurs statues vivantes, leurs prêtres, leurs assistants, jouent aussi leur rôle dans cette divinisation magique [3] : visites du Roi à la série des

1. La « mise à mort de l'hippopotame » est mentionnée en ces mêmes bas-reliefs. La Pierre de Palerme atteste l'extrême antiquité de ce rite, que je me suis borné à citer ici sans commentaires, malgré son importance, pour ne pas allonger outre mesure cet abrégé du sacre héliopolitain.

2. Chacun des épisodes était réellement mimé par le Roi, et sa suite de figurants ou de statues, comme le prouvent les textes des Pyramides, rapprochés d'inscriptions historiques décrivant le sacre. La série historique couvre donc au moins quarante siècles. Pour certaines de ces luttes simulées, on a des détails minutieux sur la façon dont on faisait des figures de cire ou de terre glaise, de serpents, d'hippopotames, de crocodiles, etc., que l'on perçait de coups, que l'on foulait aux pieds, que l'on dépeçait. Le calendrier de certains temples, et notamment de celui d'Edfou, est à cet égard une véritable mine de renseignements. Cf. G. FOUCART. *Encyclopædia of Religion*, t. 2 au mot *Calendar*.

Le dépouillement de l'admirable *Dictionnaire géographique* de BRUGSCH permet de s'assurer qu'il en était ainsi, au reste, dans la plupart des calendriers locaux de l'Égypte, et que partout l'essentiel des fêtes du propre du temps était le recommencement mimétique des batailles et des victoires des dieux, accompagnés des morts et des vivants. Voir, à titre simple d'exemple, les citations des p. 149, 174, 197, 199, 258, 276 et 300 de ce *Dictionnaire*.

3. On peut avoir idée des foules de statues et de figurants ou

Histoire des Religions.

chapelles qui sont les « maisons » de tel ou tel dieu ; présentation à chaque groupe de dieux, qui lui tiennent des discours, l'adoptent, lui remettent de nouvelles armes, lui délèguent leurs puissances, l'aident dans ses voyages et ses luttes ; purifications faites par Sit et Horus (ou Thot et Anubis), telles que jadis ils les avaient faites pour le dieu ancêtre [1] ; reconstitution des actes légendaires des

d'images magiques que mettait en mouvement une de ces cérémonies en parcourant les restes des scènes du Couronnement jubilaire d'Osorkon à Bubastis, publiées par NAVILLE, *Festival Hall*, etc. On y voit notamment figurer, en réductions magiques, les principaux monuments « stellaires » d'Héliopolis, dont la signification astrologique — beaucoup plus qu'astronomique — a été encore trop peu étudiée. Le groupe de ces derniers accessoires achève de démontrer le rôle que jouaient, en cette magie savante, les influences des astres ; et la corrélation évidente avec certains passages des Pyramides atteste l'extrême antiquité de la rédaction de son formulaire.

1. J'ai essayé de montrer (*Sphinx*, XIV, (1910), p. 89-123 : *Sur un des Livres du rituel funéraire*) à propos du rituel de l' « Ouverture de la Bouche », comment les purifications — eau ou encens — et les formules magiques les accompagnant avaient été faites dans la religion antéhistorique sous l'égide des dieux des quatre régions astrales, et par conséquent à quatre reprises avec quatre orientations successives, à Horus pour la région Nord, à Sit pour celle du Sud, à Thot pour l'Occident, à Sapou (plus tard confondu en Anoubis) pour l'Orient. Le passage à la simple division bipartite Horus-Sit entraînerait à un trop long exposé. L'essentiel à retenir est la constatation de plus en plus évidente, pour la plus vieille Égypte, d'un formulaire et d'un rituel magiques, où chaque opération n'était complète qu'après avoir concilié à l'opérateur les « esprits » des quatre régions, et cette phase de la religion-magie de l'Égypte, encore très visible dans les rédactions historiques telles que le formulaire des Pyramides ou les Rituels funéraires, nous permet de remonter à une époque bien antérieure, non seulement à la

dieux secondaires, qui ajoutent leur part de divinisation à ce résumé formidable de tout ce que l'Égypte a imaginé, de manière à réunir en un seul être toutes les puissances magiques qui l'armeront pour la défense et la protection de la terre nationale et de ses habitants.

Maintenant, quelles étaient les croyances acceptées par tous les Égyptiens, et qui leur persuadaient que de tels procédés étaient efficaces et qu'ils transformaient réellement leur Roi en un Dieu vivant, dans toute la force du terme?
Il y en avait plusieurs, toutes également fondées sur une soi-disant expérimentation, et sur les données traditionnelles concernant la nature de l'âme, de la vie, des dimensions, du temps, de l'espace. On ne doit pas expliquer la croyance à la vertu magique de ces opérations par une seule de ces croyances générales. Elles se mêlaient et se fortifiaient mutuellement. On ne doit pas davantage essayer de les dissocier en petits compartiments étiquetés avec nos termes modernes : magie sympathique, imitative, etc. Cette classification est commode pour distinguer les faits dans une exposition ; mais elle est artificielle et ne correspond nullement à l'idée que les Egyptiens se faisaient de la magie.

légende Osirienne, mais même au culte de Râ-Soleil. Une fois de plus, on atteint la période stellaire où les troupes d' « Esprits » protecteurs d'un dieu-ciel constituent les principaux êtres divins.

Et d'abord, l'ensemble de ce qui a trait à la prise du nom, à l'appareil du costume et à cette sorte de drame magique que l'on vient de voir, procédait d'idées que l'on peut définir à peu près de cette façon, et dont nous analyserons plus loin les éléments primitifs :

1° Étant admis, comme l'Égypte l'admettait, qu'un esprit est invinciblement attiré par un corps fait à sa ressemblance, on croyait qu'une des âmes de Râ devait nécessairement s'incarner dans celui qui reproduisait ses actes, ses gestes, son aspect, et qui, s'appelant comme lui-même, avait pris, pour ainsi dire, sa substance intime.

2° Ou bien, le roi ayant accompli tous les actes de Râ dont on avait connaissance, on concluait qu'il était devenu également capable d'accomplir sur cette terre tous ceux que le dieu accomplissait sans relâche dans l'autre monde, pour la prospérité de l'Égypte et pour son triomphe sur ses ennemis humains ou divins. Les processions le prouvent pour tout le reste des cérémonies citées par les calendriers des temples, et elles sont, pour la suite du règne, l'application des mêmes principes.

3° Ou bien encore, on se disait que deux êtres ayant même apparence, même costume, même nom, mêmes accessoires, parlant et agissant de même, dans le même cadre local, ne pouvaient se distinguer l'un de l'autre, et qu'ils se confondaient comme deux triangles égaux superposés l'un à l'autre. L'erreur de ces religions, et on la commet encore tous les jours, aurait donc consisté sur ce point, à conclure de la similitude extérieure à l'identité.

Le plus probable est que ces diverses croyances ont concouru *simultanément* à fonder l'ensemble des cérémonies du couronnement.

Mais ce n'était pas tout. On a vu que, pour être efficace, la répétition exacte des actes du dieu n'était pas suffisante, si elle ne se faisait pas dans le même temps et le même lieu. Cette double condition, qui nous semble difficile à remplir, n'embarrassait pas les Égyptiens, et l'on n'a pas assez remarqué l'importance qu'elle eut en leur religion. Ils observaient le moment où le Soleil, le Nil, les Astres présentaient certaines particularités ou certaines positions, que l'on croyait s'être produites lorsqu'autrefois le dieu avait accompli l'acte que son descendant avait à répéter, telle bataille, telle lutte victorieuse contre les mauvais dieux, les génies, les ennemis de l'Égypte. Ils croyaient que l'apparence des choses étant identique, ce qui s'était passé une première fois devait se passer de nouveau de la même façon ; comme si la nature exigeait, en quelque sorte, que les mêmes événements sortissent forcément des mêmes aspects du monde terrestre ou céleste, et de la somme des influences qui découlaient des combinaisons de toutes ces énergies si diverses et parfois si contraires. Aussi les calendriers des temples gardaient-ils, soigneusement notées, les dates des événements que l'on connaissait de la vie des dieux, pour y répéter, aux anniversaires dont l'aspect du ciel annonçait le retour, les actes passés [1]. Cette coïncidence du temps exerçait ainsi plus qu'une influence favorable ; elle agissait énergiquement ; elle nécessitait la reproduction du même acte. En refaisant les voyages et en mimant les victoires des dieux à la date précise de jadis, la « magie-religion » assurait pour une nouvelle période leur heureuse réussite.

Il n'était pas moins nécessaire que le lieu fût le même. Cette précaution n'a pas encore été signalée comme il convenait en égyptologie, mais j'ai pu la constater par les textes et les monuments. Et il semble tout naturel, en effet, que les magiciens n'aient pas voulu laisser au hasard ou aux influences mauvaises rien de ce qu'ils pouvaient leur enlever par prévoyance. Mais auraient-ils songé à transporter un morceau du ciel sur la terre, et à l'enclore en d'étroites limites, si l'idée première ne leur avait été suggérée par un principe bien connu de nombre de « magies », et que tous les Égyptiens admettaient et pratiquaient sans hésitation ? La substance vitale d'un être ou d'un objet, les énergies et les qualités qui font sa personne sont indépendantes des dimensions de leurs enveloppes matérielles. Celles-ci ne sont qu'un de leurs « devenirs » momentanés, et sans importance par elles-mêmes. En sorte que si nos gens avaient à reproduire l'image d'un être ou d'un objet, ils estimaient indispensable qu'elle ressemblât au modèle,

---

[1]. Les « Livres des Morts » aussi les notaient soigneusement à l'usage des voyages ou des luttes des défunts. Cf. notamment le groupe des chap. XVIII, XIX, XX de la version thébaine du *Todtenbuch*.

mais ils ne tenaient aucun compte des dimensions. Colosse de vingt mètres ou figurine minuscule, l'image d'un dieu était donc l'exacte équivalence magique du corps de ce dieu. A la bien considérer, une telle théorie, dont cent objets ou « ressemblances » employés par le culte nous garantissent la certitude, ne différait en rien, sur ce point au moins, de ce que nous enseigne, d'autre part, les magies des non-civilisés. C'est encore ainsi que les esprits des Morts, pareillement, s'incarnaient dans les « ressemblances » des tailles les plus diverses. Avec toutes ses qualités et toutes ses énergies, le Double du défunt venait se loger dans sa statue, et y vivait aussi bien, qu'elle fût de grandeur naturelle ou réduite aux proportions d'une statuette. Or ce qui était vrai des êtres que nous voulons tenir seuls pour animés aujourd'hui l'était de tout ce qui existait, dans une nature tenue alors pour vivre et tressaillir par tous les « esprits » des choses aussi bien que par ceux de tous les êtres. De même, par conséquent, l'« âme » des objets passait dans leur image ou leur reproduction, quelque disproportion qui existât entre le modèle réel et son imitation. Le principe était aussi vrai pour un trône ou un bateau que pour un édifice, un lac, voire pour toute une contrée céleste ou terrestre. Et en cela, l'esprit déductif de la race, parti de principes communs à toute l'humanité primitive, alla singulièrement plus loin que la plupart des autres peuples. Ainsi, tout comme une simple nacelle pouvait être tenue pour la barque solaire de Râ, un petit tertre fut l'équivalent magique d'une montagne de la région céleste, ou un bassin celui des cours d'eau où naviguaient les dieux ou d'un des lacs du firmament. De la sorte, la magie n'eut qu'à mettre en œuvre une donnée courante pour réaliser, dans le temple d'Héliopolis et en son voisinage, toute la partie du ciel qui était le domaine propre de Râ. A ces abrégés de *magie géographique*, avec des bassins, des étangs [1], des routes en miniature se substituèrent peu à peu des réductions plus abrégées encore ; une chambre de quelques pieds devint, magiquement, un raccourci, une sorte de photographie réduite de telle ou telle partie de l'univers ; le temple fut, suivant un terme consacré dont on n'a jamais compris le sens littéral, « un monde céleste avec toutes ses dispositions ».

Par l'examen de quelques points pris à titre d'exemple, et non comme un exposé d'ensemble sur la matière, je viens de chercher à montrer comment la magie avait tiré ses ressources des croyances courantes pour diviniser le Pharaon. Nous pouvons voir à présent de même, et à l'occasion de cette cérémonie également, quel était le fondement général,

---

1. On trouvera l'exposé général de cette théorie dans un petit article de vulgarisation que j'ai publié dans la *Nature*, n° du 14 juillet 1906. Elle sera reprise avec les preuves de détail nécessaires dans l'*Encyclopædia of Religion* au mot *Festivals*. Cf. *ibid.*, t. III, ce qui en a déjà été dit au mot *Calendar*. Le « labyrinthe » de Howara est un exemple typique de ces réductions magiques du monde céleste appliquées aux temples funéraires annexés aux Pyramides. Le principe une fois admis a fini par engendrer ces sortes de plans magiques, en corrélation sympathique avec les régions qu'ils représentent, dont la magie arabe, héritière des coptes et des alexandrins, nous a légué tant d'exemples.

tout aussi naturel, sur lequel elle appuyait les procédés qui lui servaient à transformer les personnages qui prenaient part aux rites du couronnement. Ainsi, le début des cérémonies était, comme nous l'avons dit, la prise du nom divin. Nous avons montré la confusion qu'elle produisait entre le Dieu et le Roi. Mais elle-même se rattache à une croyance d'ordre plus général, acceptée en Égypte et chez nombre d'autres peuples : *la puissance du nom*. Ce n'était pas une simple désignation; c'était l'essence même de la personne; c'était probablement le plus ancien et le plus fort des éléments « ou âmes » qui composaient l'individualité d'un Égyptien [1]. Comme toutes les « âmes », on pouvait l'évoquer, et on y parvenait si on savait déclamer exactement les syllables qui le constituaient. La puissance du « nom » se combine ici avec la force irrésistible de la voix, dont on verra plus loin l'exposé sommaire. Il est inutile de répéter ici tout ce qui a été dit des effets qu'entraînaient la connaissance, l'acquisition ou la perte du nom. On sait, par exemple, que celui qui connaissait le nom secret d'un être humain ou divin devenait son maître et pouvait lui commander. Tout cela est connu depuis longtemps, et la démonstration de la

---

1. Cf. G. FOUCART, *Religion et Art*, etc. (= *Revue des Idées*, 15 novembre 1908), où j'ai insisté sur un point moins étudié jusqu'à présent que les autres : l'extrême antiquité du rôle du nom dans les plus anciens textes religieux égyptiens. Voir également G. FOUCART, *Encyclopædia*, etc., t. II, au mot *Body*, et notamment ce qui est dit p. 764 des éléments de la théologie d'Hermopolis dans l'élaboration de ces concepts.

valeur capitale du nom n'est plus à faire [1]. Elle serait surtout à préciser et à mieux rattacher aux concepts généraux sur la vie et sur les forces des êtres dans le monde sensible.

L'importance que les Égyptiens attribuaient au nom avait donc un fondement naturel et soi-disant expérimental. Donner au Pharaon un « nom » nouveau, dans lequel entrait la désignation d'un attribut ou d'une manifestation de l'Épervier, puis, plus tard, de Râ, et l'ajouter aux autres noms du protocole royal, c'était pour eux introduire dans la personne royale, et superposer aux autres éléments qui la composaient déjà, un être nouveau, exceptionnel, qui était une incarnation de Râ. Ou, plus exactement, c'était bel et bien détacher de Râ une des

[1]. Je me bornerai à rappeler ici les innombrables faits qui chez les non-civilisés prouvent que la dation solennelle d'un nouveau nom est tenue pour changer essentiellement l'individualité de l'être humain. On sait, par exemple, que l'un des actes constitutifs de l'initiation dans le n'*kimba* congolais est partout le nouveau nom que prennent les néophytes. Mais on a moins bien observé les raisons pour lesquelles ce changement de personnalité est précédé nécessairement d'une mort simulée, pour marquer le passage à l'individualité nouvelle, tandis que rien de pareil n'existe dans le rituel magique de l'Égypte. On a voulu, au contraire, retrouver des similitudes forcées avec les initiations mystérieuses du monde classique ; par exemple avec celles d'Eleusis ! Il y a là une véritable erreur de méthode scientifique, faute d'avoir su rattacher les faits de ces cérémonies à des principes généraux. La recherche de ceux-ci aurait amené à constater que précisément les non-civilisés du Congo — pour s'en tenir à cet exemple — ne pouvaient procéder autrement, faute d'avoir su dégager la théorie « dynamique » de la nature intime des noms ; tandis que les Égyptiens — et ceux qu'ils instruisirent dans le monde méditerranéen — l'avaient traitée avec assez de méthode pour arriver à se passer de la phase de la mort simulée.

vibrations, une des âmes forces dont chacune est lui tout entier ; et en la faisant entrer dans la personne du Roi, c'était transformer toute celle-ci en un nouvel exemplaire, un nouveau support matériel de la Divinité.

Le caractère positif, et nullement mystique ou symbolique, de ce qui a trait à la personne même du Roi se retrouve également pour tout ce qui regarde les autres participants. Il faut, par conséquent, prendre aussi au pied de la lettre l'intervention de Sit et d'Horus dans la purification du Roi [1], aussi bien que la présence et les gestes des dieux auxquels était présenté le Pharaon et tous les épisodes du sacre auxquels ils étaient mêlés. C'était bien les dieux eux-mêmes qui prenaient part ou assistaient au couronnement, qu'il s'agît de la purification, des gestes de lutte, de l'escorte faite au roi, ou de tous actes cités ou figurés dans les textes et les bas-reliefs. Rien n'était plus facile, et rien n'était mieux d'accord avec ce que l'on savait. Images d'êtres

---

[1]. Je voudrais bien faire remarquer qu'il n'est pas question de définir ici l'origine du rite ni son sens primordial. Comme pour l'« Ouverture de la Bouche », on entrevoit un rituel plus ancien, où Thot et Anoubis faisaient, pour les régions du Levant et du Couchant, ce que les dieux-ciels Horus et Sit faisaient pour le Septentrion et le Midi. L'iconographie ou la statuaire trahissent par les variantes, tout comme les textes, des réminiscences de l'ancienne division du rituel de purification en quatre parties symétriques ; mais l'examen des influences magiques données au Roi par les purifications des dieux des quatre « maisons » de l'Univers nous entraînerait beaucoup trop loin. Je me suis placé ici uniquement à la première période *historique* du rituel, et je n'examine que le caractère littéral de la cérémonie, au point de vue de la nature du concept magique.

humains ou divins, les statues étaient vivantes ; l'enveloppe de pierre ou de bois servait de demeure à un double de l'homme ou à une âme du dieu qu'elle représentait, et que sa ressemblance y attirait d'une manière irrésistible [1]. En ces drames mimétiques, ce n'étaient donc pas de simples acteurs que ces « ressemblances » qui participaient à la divinisation du Pharaon. Elles étaient les dieux eux-mêmes, assistant et aidant littéralement à la réalisation de la cérémonie. Cette croyance à la vie physique des statues, encore si vivace en Orient, a été, chez les Égyptiens, le fondement du culte organisé des dieux et des morts; leur statuaire est née et s'est développée pour fournir les statues, instruments magiques nécessaires à ce double culte.

On sait, du reste, que dans un grand nombre de religions, des statues de dieux, ou bien des prêtres [2] et des figurants costumés, soit en dieux principaux, soit en divinités secondaires, jouent ainsi les actes de la vie des dieux. Les faits de ce genre sont trop nombreux pour songer à en dresser la liste, ni pour les religions anciennes, ni pour celles du même

---

[1]. Cf. *Revue des Idées*, *article cité* du 15 novembre 1908. Pour les images magiques réincarnant les âmes et les « doubles » des morts, voir ce qui est dit au chap. vi, à propos des morts; et plus spécialement pour ce qui a trait à leur participation aux processions et à la vie de luttes des dieux protecteurs de l'ordre, voir au chapitre VII ce qui a trait au « dualisme égyptien ».

[2]. Plus tard, au moins pour quelques cérémonies, les dieux ont été remplacés par leurs prêtres, avec le costume et les attributs de chacun d'eux. Hérodote en a cité des cas, qu'il vit lui-même, et les bas-reliefs des temples, à Edfou ou à Denderah, par exemple, montrent des prêtres ainsi déguisés.

type encore existantes, ni pour les cérémonies mimétiques des demi-civilisés ou des « non civilisés »[1]. Ils sont également trop connus — ce qui ne signifie pas étudiés et justifiés — pour qu'il soit besoin d'autre chose que de renvoyer, sur ce point, aux divers manuels ou aux articles d'encyclopédie.

Il n'est pas de partie du « sacre » où l'on ne pourrait trouver de même le fondement des procédés

---

[1]. Les « m'para » des Warega déjà citées précédemment offrent de nouveau un exemple remarquable d'ébauche, restée à l'état embryonnaire et mal venu, de la participation des images des esprits des dieux à des cérémonies mimétiques. A la vérité, le concept auquel ces figures se rattachent appartient surtout à l'idée dualiste, et il sera parlé plus loin de ces cérémonies à ce point de vue. Et bien entendu, les *m'para* n'ont aucun rapport avec une idée de sacre ou de couronnement. Je me place en ce moment, pour la comparaison, au point de vue unique de la magie imaginant d'incarner dans des figures vivantes des esprits ou des dieux qu'elle oblige à accomplir, pour le bénéfice de la collectivité humaine, une série d'actes mimétiques auxquels ils prennent part ensemble ou successivement. Les figures dénommées à tort « fétiches » par CORDELLA ou DELHAISE sont déjà des « idoles ». Elles contiennent, en effet, les esprits d'une façon permanente, sous des traits fixes, traditionnels ; elles sont façonnées de main d'homme, sont gardées dans un local spécial, et elles ont des *noms* et des attributions permanentes. Au point de vue religieux, ce sont donc des « statues » dans toute la force du terme. Il y a là un passage intéressant à noter entre les esprits, souvent anonymes, animant passagèrement un objet quelconque, et l'image divine réelle des religions organisées. Nous sommes malheureusement beaucoup moins avancés pour la connaissance des « statues » participant aux cérémonies du *n'kimba* ou du *ndembo*. Ce que nous savons des poupées figurant *Makuala* et *Matundu* semble indiquer un état encore plus péniblement engagé dans le fétichisme que pour les figures de la *m'para*. Voir à ce sujet l'excellente étude de DE JONGHE. *Sociétés secrètes au Bas-Congo* (*Revue Quest. scientifiques*, 1907) et BITTREMIEUX, *Revue Congolaise*, t. II, p. 168 (septembre 1911).

magiques dans quelques croyances acceptées comme véritables par toute l'Égypte. Le détail en serait infini ; je me suis contenté, comme pour le reste de cet exposé, d'indiquer la méthode et de l'appuyer par quelques exemples en passant. Laissant donc le Sacre du Roi, je passerai à d'autres cérémonies qui confirment la théorie magique dont on vient de voir l'exposé. Je commencerai, pour enchaîner par transition, en prenant d'abord des cas se rapportant encore à la personne royale.

On sait que les âmes de Râ ne s'incarnaient dans le Pharaon, le Soleil Terrestre, que pour le temps de sa vie. A sa mort, « l'esprit du roi s'envolait vers son Père Râ qui l'avait créé », disent les textes. Il s'en détachait à nouveau pour s'unir au nouveau souverain couronné. Finie sa royauté des vivants, le Pharaon défunt, qui était un fils des dieux, ne pouvait pourtant subir la destinée commune. On y pourvut par une seconde divinisation, dont le cérémonial ressemblait fort à celui d'Héliopolis, et qui faisait de lui un Dieu Roi d'un royaume des Morts. En rapprochant les textes des Pyramides des restes du temple solaire d'Ousirnirî à Abousir publiés en 1906 [1], j'ai pu reconstituer non pas toute

---

[1]. G. FOUCART. *Un temple solaire de l'Empire Memphite*, *Journal des Savants*, juillet 1906. D'après l'examen des fouilles de BORCHARDT à Abousir, publiées dans le fascicule de 1910 (*Grabdenkmal des Königs Sahure*), je crois qu'il est permis d'espérer la découverte, près des ruines identifiées par le savant égyptologue allemand avec le temple solaire d'Ousirkaf (p. 150), de débris d'une nouvelle barque solaire. Celle de Nofirikari a échappé jusqu'ici aux investigations.

la suite fort longue des cérémonies, mais au moins une partie. J'en détacherai à titre d'exemple un des épisodes les plus significatifs : l'admission du Pharaon dans la barque de Râ.

Il fallait, comme toujours, aux opérations magiques, un support matériel, au moyen duquel s'accomplissait l'acte, tandis que l'on déclamait la formule. C'est pourquoi, au sud du Temple, on avait construit, en briques, une barque longue de trente mètres qui, par sa forme, par le dispositif de ses bordages simulés, par son gréement et ses couleurs, était l'image fidèle de la barque divine sur laquelle Râ naviguait dans l'autre monde. Située sur la limite du désert, c'est-à-dire sur les confins du royaume des vivants et de celui des morts, elle tournait sa proue vers l'Occident, prête à s'enfoncer dans les ténèbres, comme la barque divine, à la fin de la journée. Les circonstances de lieu et de temps étant de la sorte exactement reproduites, la répétition des actes du dieu par le Roi défunt, avait toute son efficacité.

Je renverrai pour le détail et la démonstration au travail que j'ai publié sur ce sujet, et je n'en donnerai ici que l'indispensable [1]. Le défunt Pharaon, vivant en sa statue, avait été préalablement confondu avec Râ dans une série de cérémonies exécutées dans l'enceinte même du temple. La nouvelle incar-

---

1. Cf. *Journal des Savants, article cité*, et une démonstration beaucoup plus détaillée dans G. FOUCART. *Origines des cultes d'Héliopolis. Sphinx*, t. XI, p. 160-226.

nation de Râ était menée près de la Barque Fée. Il montait à bord, après de longues incantations préalables (probablement déclamées en tournant autour du navire, pour l'enfermer dans un cercle magique de protections, et adressées aux esprits divins des quatre régions célestes, protectrices de la navigation de l'Astre-Dieu — d'où la rédaction quadripartique de la formule-type du texte). De ce moment, commençait une série de cérémonies, ayant chacune pour but la reconstitution de la course du navire solaire, et l'identification complète des actes du Roi et de Râ. Si les bas-reliefs ne nous ont pas conservé le détail archéologique de cette sorte de « mystère », les formules nous sont parvenues par les textes des Pyramides [1], et assez claires pour reconstituer les épisodes marquants : mots de passe avant l'installation à bord, paroles de bienvenue prononcées par les génies de l'équipage, par les « Hounmamit » où les « esprits » qui habitent chaque partie du gréement ; description des manœuvres accomplies par le Roi : il manie les rames-gouvernails, il « écope » l'eau avec une épuisette en lapis-lazuli, etc. On décrit les péripéties du voyage supposé à travers le ciel ; on conjure les dangers de la route ; on affirme la solidité de la nef divine ; on se préoccupe sans cesse de déclarer qu'elle suit bien la bonne route à travers le monde. Tout ce qui se passait sur la barque de pierre et de brique d'Abousir se reproduisait nécessairement à bord de la

---

1. Cf. G. Foucart. *Cultes d'Héliopolis. Sphinx*, t. XI, p. 202-205.

vraie barque qui était au ciel et réciproquement ; en sorte que le Pharaon, devenu semblable à Râ, traversait sans danger la région des ténèbres [1] comme lui, avec lui, et en même temps que lui. Au matin, il reparaissait avec lui à l'Orient, accompagnant sans fin la course du Soleil. C'est le même procédé et le même résultat que nous avons constaté dans le couronnement d'Héliopolis, avec l'avantage de pouvoir ici appuyer les assertions tirées des figures ou des textes sur un monument de l'architecture de la Ve dynastie qui existe encore.

Les cérémonies magiques imaginées pour changer les Pharaons en dieux souverains des vivants ou des morts ne se bornent pas naturellement à ce rituel de caractère solaire élaboré par le sacerdoce d'Héliopolis. Chacune des principautés antéhistoriques de l'Egypte avait imaginé le sien, et en avait réglé les opérations pour son chef local. Entre autres recueils canoniques, la combinaison des rituels les plus importants produisit, pour l'en-

1. Mon impression résultant d'un nouvel examen de ce formulaire relatif à la barque solaire, où le Roi et le Soleil, confondus et identifiés l'un à l'autre, parcourent le monde céleste, visible ou invisible, est que ces formules sont encore plus vieilles que je ne l'avais pensé tout d'abord. Elles remontent au moins aux premiers efforts tentés pour concevoir l'activité solaire comme ayant une énergie propre, sinon même au temps où cette activité n'était encore que le résultat des initiatives et des protections des génies stellaires. Si la chose peut, comme je le crois, être définitivement établie par les variantes et par la restitution du texte-type primitif, le résultat sera de reculer encore plus avant dans la préhistoire égyptienne un des meilleurs exemples de ces efforts magiques pour fixer la destinée des âmes royales ou des âmes des chefs.

Histoire des Religions.

semble de la divinisation funéraire des rois, à l'époque historique, une série opératoire magique des plus compliquées, et dont l'ordre exact ne nous est pas toujours assez clair [1]. Il nous est parvenu à la fois par une partie non héliopolitaine des textes des Pyramides, et par les figurations de

---

[1]. Ces scènes appelées de divers noms tels que « mystères » n'ont jamais été, à ma connaissance, l'objet d'une étude comparative, ni même d'une collation archéologique portant sur les variantes. La version bien connue de Rekhmara a été citée à plusieurs reprises, mais sans être l'objet ou le point de départ de quelque théorie générale, sauf par VIREY, qui y a vu des scènes d'une haute valeur mystique et ésotérique. LEFÉBURE dans les *Proceedings* de la Société d'archéologie biblique, t. XV, 434 ff., a voulu rattacher ces représentations au chap. xvii du Livre des Morts, au voyage d'Abydos, aux idées funéraires privées et au rite de la peau. Il n'en a étudié, à ces divers points de vue, qu'une petite partie, et fort brièvement, p. 435-437. D'autre part, il a eu l'idée, le premier, de chercher une relation entre ces scènes et quelques passages ou quelques personnages des Textes des Pyramides. Je n'ai pas à discuter ici le plus ou moins fondé de ces spéculations ingénieuses, encore qu'elles me semblent bien supérieures à ce qu'a pu atteindre la pensée des théologiens thébains. L'essentiel me paraît d'établir pour l'instant ce qui n'a pas encore été vu dans ces représentations, à ma connaissance, et quelle qu'ait pu être l'interprétation finale de celles-ci : elles viennent du rituel royal; elles figurent des édifices réels, dont les débris existent probablement encore; elles sont l'illustration de cérémonies antéhistoriques dont nous avons par ailleurs les textes ; elles se rattachent aux drames magiques des grands sanctuaires de la première Égypte. J'ai résumé l'essentiel de ces propositions à plusieurs reprises, depuis qu'en copiant à Thèbes le tombeau de Monna (1907), j'avais cru pouvoir suggérer la reconstitution — au moins en ses grandes lignes — de cette portion du rituel funéraire ; en dernier lieu (*Sphinx*, 1910, p. 130, et *Journal des savants*, 1911, p. 271), j'ai indiqué comment la découverte par PETRIE du Pylône protothébain de Memphis me paraissait apporter de nouvelles preuves à la théorie dont je propose ici même le premier abrégé.

ces tombes thébaines privées, qui, en cette portion du rituel comme sur tant d'autres points, imitèrent littéralement ou abrégèrent le cérémonial des Rois [1]. Le tout s'éclaire par surcroît de scènes ou de groupes de scènes dispersées dans les temples funéraires. Il n'est pas indispensable pour l'instant que la série exacte soit reconstituée avec toute la rigueur nécessaire [2] à une démonstration technique ; il importe

[1]. Les tombes thébaines les plus complètes à cet égard, parmi celles aujourd'hui publiées, sont celle de Rekhmara (qui ne comprend pas moins de 56 scènes), d'Amounidzèh, d'Eïnni publiées dans les *Mémoires* de la Mission du Caire, t. V, et de Sannofirou, publiée dans le *Recueil de Travaux*, etc. La nécropole de Gournah en renferme plusieurs autres encore inédites que j'ai notées sur place. Les versions d'El Kab (tombes de Pahiri et de Renni) figurent fragmentairement dans plusieurs ouvrages, et au complet dans la magnifique publication de TYLOR. L'importante version de Monna, que j'ai copiée en entier en 1907, reste encore inédite. Il faut se référer provisoirement aux très brèves descriptions de CAMPBELL, *Two theban princes*, p. 95-97 (1910) et de WEIGALL, *Guide Antiquities of Upper Egypt*, p. 151 (1910). L'antiquité du rituel est prouvée par la présence de fragments épisodiques identiques dans les tombes protothébaines (par exemple à Deir el Gebrawi), et surtout dans les mastabas memphites (ainsi au tombeau de Khouithotpouhirou ; voir aussi le VIIIme des « tableaux » composés par MASPERO et MARIETTE à l'occasion de l'Exposition de Paris 1878, et aujourd'hui au Musée Guimet). On notera encore la représentation des bassins et étangs du temple funéraire de *Deir-el-Bahri* dans l'ouvrage de NAVILLE, p. CXLII, à comparer avec les vestiges de petits bassins ou lacs en miniature trouvés près des édifices memphites d'Abousir. Pour le rite des obélisques, voir le sarcophage publié par MÖLLER, Æ. Z. XXXIX, pl. IV et V, où apparaît bien la relation d'une portion du rite avec le cérémonial de divinisation par le sacre héliopolitain.

[2]. L'identification définitive de chacun des actes suppose le dépouillement complet du formulaire des Pyramides et des mentions de la géographie céleste dans les textes des temples ou des

peu aussi que les indices archéologiques ne permettent pas encore de décider si l'essentiel de la cérémonie, comme il semble, avait eu jadis pour centre Abydos [1], et fut ensuite « jouée » simultanément à Thèbes, Abydos, Memphis et Héliopolis [2]; ou bien si l'on se contenta de réunir, près de Thèbes, devenue capitale de l'Égypte, un abrégé magique des autres grands sanctuaires des anciennes capitales religieuses [3]. Il ne s'agit pas présentement de la

stèles. J'ai jugé préférable ne pas différer jusque-là pour donner l'idée de ce qui peut être dès à présent scientifiquement acquis.

1. C'est ce qui semble au moins ressortir de l'identification d'un certain nombre de personnages, ou même d'actions, avec des textes des Pyramides ou du Livre des Morts plaçant des gens ou des faits identiques à Abydos. Il ne peut en tous cas s'agir que d'un rituel antérieur à l'Osiris de l'Abydos historique. Les portions en rapport avec Haïthar-Amentit me paraissent se rattacher plutôt à un rituel Memphite ou Héliopolitain, à en juger par les rapprochements tirés des fouilles d'Abousir ou des mentions de la Pierre de Palerme.

2. Thèbes ne fit, comme de règle, qu'une adaptation des grands mystères ou drames magiques des vieilles métropoles religieuses de l'Égypte, comme elle l'avait fait pour la Vache divine, par exemple, accueillant les morts à leur sortie de ce monde.

3. La présence à El Kab d'édifices et de « parcs magiques » exactement semblables prouve en tout cas qu'il y avait, en commun pour toute l'Égypte thébaine, un ensemble réel d'édifices et de jardins conçus sur ce modèle. Était-il répété à quatre exemplaires dans la vallée du Nil? Cette solution s'harmoniserait avec le reste de ce que nous savons pour la concentration des sacerdoces et des rituels à l'époque thébaine autour des quatre grands centres religieux. Il est donc également possible ou que la cérémonie ait été jouée uniquement à Deir-el-Bahri avec des abrégés magiques y reproduisant les territoires sacrés d'Abydos, de Thèbes, de Memphis et d'Héliopolis, ou bien que l'on ait simultanément accompli ce cérémonial à Thèbes devant l'« Entrée des Enfers » de Deir-el-Bahri (cf. G. FOUCART, P. S. B. A., 1910,

reconstitution — si intéressante soit-elle — d'un point des croyances funéraires de l'Égypte, mais d'un nouvel exemple du caractère de la magie, appliquée aux destinées royales ; et là-dessus, le répertoire d'images et de textes que j'ai déjà réunis suffit largement à en établir la nature et le but final. On n'y voit pas seulement paraître des figurants simulant les « Pleureuses divines » qui jadis ressuscitèrent Osiris; ou les divers dieux qui, sous une forme ou sous une autre, aidèrent les plus vieux chefs de la vallée du Nil à redevenir des « vivants » dans l'autre monde; ou ces étranges personnages à bonnets de roseaux (*mouou* ou *soutoniou*) dont la présence atteste régulièrement, en Égypte, des rites antérieurs aux rituels historiques [1]. Il y a mieux que ces acteurs. Nous retrouvons ici l'emploi de cette « géographie magique », dont il a été parlé à propos de la barque. Elle s'affirme ici de nouveau, par la simulation, en dimensions réduites, d'édifices ou de

---

p. 125), à Abydos au Sanctuaire d'Ouap-Matonou, et à Héliopolis en un sanctuaire à déterminer quelque part, peut-être du côté du *Birkêh* actuel.

1. Ce sont ces acteurs qualifiés ordinairement dans nos manuels égyptologiques de « bouffons », « baladins », « acrobates », « danseurs » et que Champollion, en ses *Notices*, appelait les « farceurs ». Leur attirail et leurs actes les font ressembler étrangement aux acteurs d'un certain nombre de danses et de prétendues « bouffonneries » dans les cérémonies des non-civilisés modernes de l'Afrique nigritienne. Leur rôle précis n'a jamais été étudié, à ma connaissance. Leur haute antiquité est attestée par l'iconographie, et leur association à des actes comme la « plantation des obélisques » montre assez le caractère principalement magique de leurs fonctions.

portions du territoire céleste empruntés au monde des dieux. Ce sont des figurations de bassins ou d'étangs mystiques, toujours canoniquement semblables dans les divers tombeaux : l'étang des palmiers, les quatre petits bassins oblongs, le lac planté de sycomores sur ses quatre faces. Plusieurs de ceux qui sont figurés dans les fresques sont susceptibles d'être scientifiquement identifiés avec des localités déterminées du ciel d'une part, et de l'autre avec les équivalents magiques, mentionnés dans les textes géographiques comme étant placés dans l'enceinte ou aux abords des grands sanctuaires d'Égypte — tels l'étang d'Héliopolis « où Râ lave sa face ». Près de ces pièces d'eau, des édifices aux dédales compliqués reproduisent les passages et les demeures secrètes du ciel, à la façon dont la pictographie des livres des Morts, dès les sarcophages protothébains, ou dont les fresques des syringes de Thèbes décrivent un certain nombre de labyrinthes ou de localités divines de l'au-delà. Ailleurs ce sont le « Palais des Kakhirrou », la « Salle des Femmes », le « Portail des deux Perséas », l'« Édifice des Mouou »[1].

1. J'ai dû provisoirement proposer une terminologie faite de désignations purement archéologiques dans la plupart des cas, le plus urgent étant de pouvoir reconnaître les édifices à première vue, avant de pouvoir les identifier avec certitude à ceux des textes. Pour quelques-uns, comme la « Salle des Femmes » le terme nous est fourni par la désignation hiéroglyphique elle-même. Je crois — sans oser l'affirmer — qu'une partie de ces édifices (celle qui se rapporte au temple d'Abydos, figuré conventionnellement au bout du registre sur les fresques) s'élevait sur la route de ce *Pagar*, où les mystères et les batailles d'Abydos

Des abrégés de temples (correspondant dans la réalité archéologique à des chapelles imitant en petit les maisons des dieux au ciel) sont répartis dans ces diminutifs de régions divines, où les cérémonies de l' « encensement du portique », de l' « autel de flamme », promènent le cortège et le mort royal — et plus tard le mort de condition privée — au milieu d'accessoires étranges, à bord de barques de toutes formes. Le tout s'accompagne d'actes magiques qui reproduisent les épisodes de la vie des dieux, ou des actes plus anciens encore que la mythologie classique : tels la plantation des deux obélisques ou la navigation avec la *kopesch* de celui « qui cherche son cœur » [1]. Quel que soit le sens pris à l'époque historique par ces drames, le certain est l'existence, dans le rituel funéraire égyptien, d'espaces couverts d'édicules, d'arbres, de bassins, où des figurants et des accessoires de toutes sortes réalisaient magiquement le recommencement

---

recommençaient et renouvelaient annuellement, par magie, les victoires d'Anhouri le « Dieu Grand », plus tard confondu, à ce point de vue au moins, avec l'Osiris Abydénien.

1. Je ne chercherai pas à établir ici les valeurs mystiques que l'on chercha à superposer sur le tard aux valeurs magiques de tous ces actes. Voir par exemple pour la navigation de la *kopesh* Mariette, *Denderah*, IV, 35, et le chapitre xxii du *Todtenbuch* « jeter la cuisse et le cœur dans le canal du pehou d'Abydos », qui prouve en tous cas que la scène se jouait à Abydos. Le mythe osirien a pu maquiller ces rites et ces actes. Les deux obélisques appartiennent évidemment au rite héliopolitain d'Atoumou, et la navigation de l'esquif au *kopesh* me paraît se rattacher avant tout à une figuration astrologique. Mais on comprendra que je ne puisse en proposer ici la démonstration.

d'actes qui se répétaient à la même seconde dans l'au-delà. C'était bien, comme dans le couronnement du Roi, la répétition magique avec sa quadruple identification des actes, des personnes, du lieu et du temps, avec le même but et le même résultat. Ce nouvel exemple de la magie-religion égyptienne ajoute à ceux qui ont été déjà cités ici quelques particularités nouvelles. Au point de vue archéologique, il offre l'avantage des variantes picturales et des annotations écrites ; il ne manque plus que d'avoir, comme à Abousir, les restes matériels des édifices, et l'espoir d'en retrouver quelque jour les vestiges à Thèbes, Abydos ou Héliopolis n'a rien de chimérique. Au point de vue religieux, il nous montre une fusion déjà plus compliquée des modes de transformation magique des rois défunts en dieux des Morts. Enfin, par sa présence dans les tombes privées, il nous offre déjà un premier exemple de ces emprunts que les Égyptiens firent perpétuellement à l'arsenal magique de leurs souverains, pour assurer par les mêmes procédés leur seconde existence.

Si, de ce qui concerne les funérailles royales, nous passions à celles des particuliers, les opérations magiques qui, pendant cinquante siècles au moins, à notre connaissance, assurèrent la survivance et la félicité des morts égyptiens donneraient lieu à une analyse du même genre. Mais elles sont tellement nombreuses qu'elles exigeraient un gros livre ; je n'en retiendrai ici que deux comme exemples. Quelques mots suffisent pour la première :

la transformation du mort en Osiris [1]. Ce sont les mêmes moyens que pour la divinisation du Pharaon, et fondés sur les mêmes principes. La répétition minutieusement exacte de tout ce que les divinités amies avaient fait pour le corps d'Osiris en constituait l'essentiel. Embaumé, enveloppé dans les bandelettes, revêtu du costume et muni des mêmes attributs, couronnes, sceptres, fouets, etc., pourvu même, aux débuts, de tout un arsenal de poupées magiques, faisant matériellement revivre les personnages et les phases du drame osirien [2], le défunt

1. Bien entendu, sur ce point comme pour le reste du rituel funéraire en général, les morts privés égyptiens n'ont fait qu'adapter à leur usage la série de recettes magiques composée originairement pour les héritiers des dieux, pour leurs fils, c'est-à-dire les chefs ou rois de l'Égypte antéhistorique. La divinisation osirienne fut donc réservée d'abord aux rois, fils et réincarnations d'Osiris. BENEDITE, *Origine du Mastaba*, etc. a montré récemment comment la grande préoccupation des morts égyptiens avait été d'imiter de mieux en mieux le cérémonial et l'attirail des Rois défunts. Je n'ai pas besoin non plus de démontrer ici même que cette divinisation « osirienne » ne fut en somme que la réunion et l'amalgame, sous le couvert d'Osiris, d'une série de rituels locaux bien antérieurs au concept de ce dieu.

2. C'est ce que montreront — mieux encore que les bas-reliefs ou les fresques — les mobiliers funéraires protothébains, où la divinisation osirienne est assurée par des objets en ronde bosse, dont chacun sait la valeur magique en Égypte, et que les « rubriques du magicien » de tant de chapitres des Livres funéraires décrivent, parfois avec tous les rites et substances nécessaires pour la réussite de leur fabrication. Ce sont les barques simulant la mort ou le cortège funèbre d'Osiris, les barques où le dieu siège sur son trône de gloire, les poupées de pleureuses, et surtout ces figures d'*Oushaptiou* que chacun connaît, et dont les images font du mort un Osiris enseveli comme le dieu (parfois même placé dans un cercueil miniature, et bandeletté de linges funèbres), et comme lui ressuscité.

devient un Osiris, avec cette différence qu'il devenait comme un dieu pour son propre compte, et en avait tous les avantages, mais qu'il n'avait pas, à l'égard des vivants, la puissance d'un dieu ; il ne pouvait rien pour eux, et ils ne lui demandaient rien.

La seconde opération exige une plus longue explication. Le mort, pour survivre, avait besoin des objets qui lui avaient été nécessaires dans sa vie terrestre et, avant tout, de nourriture. Aliments et offrandes, réels ou simulés, lui parvenaient dans l'autre monde, chaque fois qu'était récitée une formule qui était gravée dans toutes les tombes. C'était le grand souci de ces pauvres morts et, dans leurs inscriptions, ils ne se contentèrent pas de stipuler leur dû, et d'attester de cent manières les droits qu'ils s'y étaient acquis ou les contrats qu'ils avaient passés en ce but; justement édifiés sur l'incertitude des droits de ceux qui ne « respirent plus sur cette terre », ils suppliaient quiconque passait à leur portée de s'arrêter un instant, et de réciter les puissantes paroles qui assuraient l'envoi de cette nourriture, sans laquelle ils périraient définitivement. Pour décider à leur rendre ce pieux office, ils alléguaient les mérites de leur vie passée ; ils faisaient luire l'espoir d'une vie et d'une mort heureuses pour qui le ferait. Comment pouvait se faire cet envoi ? Deux conditions étaient requises : des objets à envoyer ; puis une force capable de faire l'envoi, sinon de leur enveloppe matérielle, de la chose tangible que nous estimons à tort être tout l'objet, mais au moins du meilleur d'eux-mêmes, de cette substance vitale, qui constitue l'essence ou l' « âme » aussi bien des meubles ou des armes que des aliments et des vêtements. Nous n'avons pas à étudier ici comment des objets réels, déposés dans le tombeau, on passa aux objets simulés, en ronde bosse d'abord, puis simplement sculptés en bas-reliefs ou simulés en peinture, pour aboutir à leur simple figuration écrite ; ni comment il en résulta que le mobilier funéraire se composa, par proportions variables, de vrais objets, de leur simulacre, de leur dessin ou de leur énumération écrite. Nous ne nous occupons ici que de l'envoi magique dans l'autre monde. Or sur ce point, personne ne doutait que, la formule étant convenablement récitée, l'offrande ne parvînt aux morts dans le royaume des ombres. C'était, appliqué au mobilier ou au sacrifice funéraires, le même procédé magique qui, à coups de formules, avait dirigé dans la bonne voie l'âme au sortir du tombeau, l'avait défendue en cours de route, et l'avait menée jusqu'au royaume des esprits ou des dieux qui règnent sur les morts.

Ici apparaît un nouveau principe, *la toute-puissance de la parole*. Cette croyance, elle aussi, a un fondement naturel. Succédant au cri ou à l'onomatopée mimétique, le langage articulé dut paraître une merveille aux primitifs. A voir les effets qu'une émission de la voix produisait à distance sur ses semblables et même sur les animaux, l'homme arriva promptement à se persuader que cette force, dont lui seul disposait parmi tous les êtres, était sans limites, et qu'au delà des choses visibles, elle pouvait atteindre les espaces où vivaient les dieux, et où les morts tâchaient de parvenir, guidés par d'autres recettes magiques qu'on leur remettait au départ. Elle pouvait donc exercer sur eux une action contraignante. Évidemment, un tel pouvoir n'était pas à la disposition du premier venu ; et des paroles humaines, proférées à la manière ordinaire, n'auraient pas mis en mouvement le monde des invisibles. Un temps, assez long sans doute, s'écoula entre les premiers essais et l'époque, pourtant bien reculée, où nous voyons la magie égyptienne en complète possession d'une arme aussi puissante. Il avait fallu trouver et éprouver les mots qui donnaient à la formule une vertu efficace, et déterminer les intonations qui en assuraient la transmission.

Comment les Égyptiens se figuraient ces choses, une des dernières découvertes de la science, la télégraphie sans fil, nous aidera à l'imaginer, au moins, bien entendu, par approximation. On sait comment les ondes hertziennes envoyées par l'appareil d'émission se propagent à l'infini dans l'espace, et vont mettre en mouvement l'appareil récepteur ; mais seul, celui-ci tressaille à leur choc et les enregistre. Encore la condition indispensable est-elle que les deux postes soient exactement accordés, et que les nombres des vibrations auxquels leurs appareils sont sensibles soient exactement les mêmes pour celui d'émission et celui de réception au départ et à l'arrivée. Sinon la transmission n'a pas lieu, par défaut de « syntonisation ». Cette « syntonisation », la magie ne l'atteignait que s'il y avait accord exact de ton, de timbre, de vibrations entre les sons qu'elle proférait et les noms, c'est-à-dire la substance vitale des êtres ou des objets de l'autre monde, vers lesquels on envoyait la voix. Dans ce même ordre de comparaisons, la téléphonie sans fil aiderait à comprendre comment la magie égyptienne concevait qu'en certaines conditions la voix humaine, à la portée si limitée dans les circonstances ordinaires, pût soudain porter à l'infini, et aller toucher, n'importe où qu'ils fussent, ceux qu'elle voulait atteindre. En sorte que la prononciation du nom, déclamé dans les conditions requises, *arrachait*, en quelque sorte, ce qui était l'essence de la chose ou de l'être que l'on voulait envoyer ou diriger à travers l'espace, comme elle arrachait de là-bas ceux que l'on voulait faire venir. Ces noms vitaux que la magie maniait ainsi, c'était un peu comme les énergies que la Science emploie aujourd'hui pour produire à distance l'explosion d'un engin ou pour diriger, sans contact matériel, telle ou telle machine offensive, poursuivant à travers les flots la route qui lui est imposée. Les Égyptiens s'imaginaient donc les conditions nécessaires pour entrer en correspondance avec les esprits invisibles et distants à peu près de même que la science le fait réellement. Et ces conditions remplies, en quelque lieu que fussent les êtres ou les choses adjurés, les ondes sonores de la formule régulièrement émise les atteignaient ; ils accomplissaient l'acte attendu ; ils subissaient ce qu'on affirmait qu'ils subissaient ; ils recevaient ce qu'on leur disait de prendre, et ce dont on avait envoyé la « substance » à travers les airs. A l'inverse, si une syllabe avait été altérée ou déplacée, surtout si les mots n'avaient pas été prononcés avec l'intonation requise, l'adjuration impuissante passait à côté d'eux sans les émouvoir. Leur appareil récepteur ne vibrait pas.

L'importance de la mélopée ressort du terme de *ma-khroou* qui servait à désigner le privilégié pourvu de cette connaissance. Le sens précis de l'expression a longtemps échappé aux égyptologues qui le rendaient d'une manière vague par *bienheureux; justifié*, etc. Le premier, MASPERO en a déterminé la signification exacte qui est *juste de voix;* et il a maintenu avec raison cette traduction [1], car elle rend compte des éléments dont le mot est composé, et surtout elle répond à l'ensemble des croyances égyptiennes sur l'action toute-puissante de la voix. Le *juste de voix* est celui qui possède la science des formules auxquelles obéissent les esprits dans ce monde ou

---

[1]. La traduction proposée autrefois par VIREY, et reprise par MORET : *la voix créatrice* s'éloigne du sens réel *ma*. L'interprétation que l'un et l'autre ont donnée de la déesse Maâït n'est pas plus admissible, et encore moins les conséquences qu'ils ont voulu en tirer.

dans l'autre, et qui sait les réciter avec la mélopée qui leur donne toute efficacité ; par cette qualité, il est investi d'une puissance sans égale.

La nature matérielle des ondes sonores de la voix, et l'idée de la force physique de leurs vibrations expliquent très simplement aussi tout ce que la magie égyptienne a attaché de puissance à l'écriture. Celle-ci n'a fait qu'hériter logiquement des qualités de la voix, puisqu'elle n'était que de la voix figée ; ou plutôt elle était non seulement cela, mais aussi des abrégés d'images magiques. Ses signes, peu à peu devenus cursifs, avaient été jadis des « ressemblances », et par conséquent des « doubles » magiques des figures, des symboles, ou des fétiches dont avait été fait le premier répertoire pictographique de l'Égypte, au temps où les signes sonnaient encore à la vue comme des noms, et non pas comme des syllabes. Elle garda et fortifia l'un par l'autre le double élément de force qu'elle tenait de son invention et de ses origines. Elle fut par excellence, en toute occasion, de la force magique concentrée ; et la surface matérielle qui la reçut — pierre, bois ou papyrus — en fut assez imprégnée pour posséder par elle-même, et sans le secours de la lecture, les vertus offensives ou défensives de tout ce qu'elle énonçait. Ce résumé parfait protégeait par lui-même l'individu ou l'édifice. Dilué dans le liquide ou brûlé par le feu, il dégageait dans l'eau ou la flamme les ressources de ses forces. Attaché à un objet, il lui communiquait ses vertus, tout comme mêlé aux drogues et ingéré avec elles, il répandait dans le corps les forces des formules qui le couvraient. Et chacun de ces cas est, en Égypte, attesté par toute la littérature nationale.

Et maintenant les opérations dont nous venons de parler sont-elles religieuses ou magiques? Est-ce de la magie imitative ou sympathique? La magie est-elle antérieure à la religion ou, comme le soutient ERMAN, n'en est-elle qu'une « monstrueuse excroissance [1] »? Est-elle, suivant la théorie de FRAZER, une sorte de science exerçant directement et sans aucun intermédiaire mythique, une action contraignante sur les forces de la nature, comme celles que l'ingénieur, le chimiste peuvent exercer?

Toutes ces questions débattues par les savants qui ont étudié la magie antique et tenté de la définir, ont été résolues en sens divers, sans qu'une solution ait prévalu. *Elles n'existent pas pour la magie primitive*, telle qu'elle apparaît dès les premiers temps de l'Égypte. Magie, religion, science rudimentaire sont nées en même temps, et l'homme les a employées toutes à la fois pour mettre la main sur la nature, et en tirer les ressources nécessaires aux besoins pratiques de la vie. C'est beaucoup plus tard qu'on s'est avisé de les distinguer. En ces premiers temps, il ne pouvait y avoir de différence entre le prêtre et le magicien, entre les dieux bons ou mauvais du culte officiel et les

---

1. ERMAN. *Religion égyptienne*, éd. française, 1907, p. 209.

êtres bons ou mauvais dont s'occupe la magie. Ce sont les mêmes dieux qui luttent dans le ciel contre les puissances ennemies, et qui sont nommés dans les incantations des Pyramides contre les scorpions et les serpents. Ce sont les mêmes prêtres qui accomplissent le service du temple, et qui assurent la survie heureuse des morts par des formules et des cérémonies magiques [1]. Ils sont de même les premiers médecins, et les premiers astronomes, comme les premiers détenteurs des secrets ou des pratiques des arts et métiers. Ils ont été les premiers et les exclusifs détenteurs de l'art du métal — et, à ce qu'il semble, peut-être de l'art du potier, — comme de tout ce qui était conquête de l'homme sur les secrets ou les ressources cachées de la nature. Et non pas, comme on l'a prétendu, pour détenir à leur profit leurs supériorités de possesseurs de ces diverses techniques, mais parce qu'en chacun de ces arts, l'opération matérielle ne devait, ne pouvait réussir que si elle était accompagnée de rites, de formules, ou de possession de charmes qu'eux seuls étaient assez savants, assez habiles pour manier pour le bien final de la collectivité [2]. Tous les

[1]. OLDENBERG, *Traduction Henry*, p. 403-407, note que le culte et le sacrifice hindous sont imprégnés de magie; en somme le culte ne fait qu'un avec la magie. La scission entre la religion et la magie paraît accomplie au temps des Védas ; en réalité, elle ne l'est pas. Le rituel du sacrifice est contretissé de rites qui relèvent de la magie; on retrouve celle-ci dans les rites du mariage, du sacre royal, etc. Ces constatations prennent une grande force, rapprochées de ce qui vient d'être dit de la religion égyptienne.

[2]. Le mélange intime de la primitive « science-magie-religion »

Histoire des Religions.

moyens et toutes les « sagesses » expérimentales leur sont bons pour agir sur les êtres qui disposent des choses nécessaires pour faire vivre l'humanité le mieux possible, dans ce monde et dans l'autre. Et vouloir discerner une « magie » à part d'une « religion » constitue le même anachronisme que si l'on voulait, pour les civilisations passées, séparer l'astrologie de l'astronomie, l'alchimie de la chimie, la sorcellerie de la médecine.

La question du naturel et du surnaturel doit être résolue dans le même esprit. On aurait tort de se représenter les plus anciens habitants de l'Égypte tels que des sauvages, et, comme de grands enfants, acceptant sans réflexion et sans contrôle des pratiques bizarres et des inventions baroques. Ils n'avaient pas l'idée de modifier l'ordre des choses ni d'obtenir, comme on l'a si souvent répété, des avantages par des moyens *surnaturels*; ils ne savaient pas qu'il y avait des forces, encore moins des lois de la nature ; ils se figuraient qu'il était

---

a persisté, sous toutes les complications et déformations accumulées par les âges, dans un immense nombre de faits constatés chez les non-civilisés, et l'étude des religions de l'Égypte peut concourir avec grande efficacité à mieux discerner les raisons d'être de cet amalgame dans les civilisations étudiées par l'ethnologie. Une des classes de faits les plus caractéristiques à cet égard est l'enseignement à la fois technique et magique donné aux jeunes adultes dans les « camps d'initiation » de l'Afrique. (Voir ce que j'ai dit à ce sujet dans l'*Introduction* de la présente *Méthode*.) En ce qui a trait à l'Égypte, Maspero, l'un des premiers, a attiré l'attention sur les survivances, dans l'Égypte historique, de l'époque lointaine de la « science-religion », dans son étude sur les « forgerons d'Horus », *Études de Myth. et d'Arch. Égyptiennes*, t. II, p. 313.

aussi possible, sinon aussi facile, d'agir sur les êtres invisibles que sur les autres êtres qu'ils voyaient autour d'eux, qu'ils prenaient à la chasse et à la pêche ou qu'ils domestiquaient. En sorte que vouloir introduire dans l'élaboration de cette magie les divisions de notre terminologie, c'est, sans y réfléchir assez, poser cet *a priori* invraisemblable qu'ils avaient sur la vie, la force, le matériel et l'immatériel des définitions se rapprochant des nôtres. Et ni la pensée ni la langue de nos gens ne le permet.

Leur magie fut donc le fruit d'expériences répétées, comme l'avait été leur science balbutiante. Et, en effet, plus d'un procédé magique a comme point de départ une observation fondée sur une apparence trompeuse, — et parfois aussi sur un fait vrai, mais dont ils tiraient à l'infini des conséquences fausses, ou bien qu'ils appliquaient soit à des choses impossibles, soit à des êtres irréels. Par exemple, ils avaient eu maintes fois l'occasion de reconnaître que le feu et la fumée écartaient d'un campement les fauves du désert ; pourquoi n'écarteraient-ils pas aussi bien les génies dangereux ? De là, entre beaucoup d'autres applications, l'idée d'allumer des lampes dans les fêtes des temples ou des cierges autour du sarcophage. La liaison des vertus magiques du feu avec les idées de santé ou de maladie a procédé partout de l'observation des effets réels de la fumée comme agent de purification. Les mêmes idées feront d'abord que l'on purifiera les gens qui ont procédé à la toilette des morts, en les plaçant au centre d'un cercle de broussailles enflammées. Puis on en déduisit qu'à l'inverse le feu peut avoir une infection, et causer la maladie puisqu'il peut en préserver. On changera de feu en cas de maladie[1]. Fumiger ou encenser les statues divines et humaines, pour en déloger les mauvais esprits ou pour faire place au Double ou à l'âme qui avait droit d'y demeurer, procédait d'observations sur les vertus des substances aromatiques ou du natron dans la vie réelle. On purifiait et on protégeait de même l'officiant ou le Roi allant voir son père dans le temple. Les textes assurent ainsi, à Abydos, que le roi se rendant au temple, est bien environné de charmes protecteurs sur ses côtés et par derrière. La religion côtoyait de même, par instants, les recettes de l'art médical ou vétérinaire qu'elle avait élaboré au moins pour moitié[2]. Et

[1]. Chez les Bangala, par exemple. Cf Journal anth. Institute, 1900, 113.
[2]. La nature *nécessairement* magique et religieuse de la médecine des Égyptiens a été résumée par G. FOUCART dans l'*Encyclopædia* de Hastings, t. IV, au mot *Disease*. En des conférences faites en Février-Mars 1911 à l'Institut Colonial de Marseille, j'ai tenté de montrer comment l'idée égyptienne d'attribuer à des dieux l'enseignement des formules et des recettes contre les « esprits » auteurs des maladies, constituait une supériorité sur les idées des religions nigritiennes, où le passage du fétichisme pur à l'idole traditionnelle ne parvient pas cependant jusqu'à l'attribution à des dieux véritables d'un pareil enseignement. On y conçoit plutôt la défense contre la maladie sous forme d'une magie s'attaquant directement aux chefs supposés des maladies — soit par culte révérentiel, soit par cérémonies d'exécration — et les incarnant en ce but en des idoles (Champana au Dahomey par exemple, dieu de la variole, ou bien les trois dieux « qui font mourir les gens » de la région Est du Congo). La magie-religion procède de concepts identiques dans les deux cas. Mais le système égyptien, tout en étant aussi clair en ses origines, permet de suivre l'évolution que les races noires ont su

celui-ci, à l'inverse, mêlait l'art religieux à son attirail, quand il alliait l'incantation ou la formule à sa pharmacopée. Tout se pénétrait ainsi, et nous n'arrivons qu'à des classifications sans réalité, quand nous voulons appliquer notre terminologie à ces vieilles choses.

Dans le même ordre d'idées, la puissance du regard est aussi un fait indéniable. On en déduisit la croyance au mauvais œil et les moyens variés d'en prévenir les effets ; ainsi, on peignit sur la paroi du cercueil deux yeux qui avaient la vertu magique de repousser loin du mort les mauvais génies. La puissance fascinatrice du regard de certains fauves ou de certains reptiles donna lieu, par des spéculations analogues, à un nombre surprenant de croyances et de pratiques magiques, tantôt à l'usage des vivants, tantôt à l'usage du voyage des morts dans l'autre monde. Dans une façon de raisonner identique, on put noter certains effets étranges, mais réels que produisaient des sons aigus ou graves, harmoniques ou désharmonieux, sur les êtres ou les choses. Les primitifs ignorèrent

---

seulement commencer, et est seul capable de la rattacher aux formations de nos propres concepts. Pour ne pas compliquer le sujet, je m'abstiendrai de parler ici des survivances encore visibles d'une magie-médecine de l'Égypte archaïque, où persiste le concept primitif de dieux ou d'esprits « guérisseurs », qui sont non pas des personnages bienveillants et compatissants révélant leurs décrets à leurs serviteurs, mais des êtres dangereux, mauvais, que le prêtre-magicien sait effrayer, neutraliser ou asservir à son profit. Je me borne à signaler ce point, qui peut éclairer d'un jour nouveau certains problèmes relatifs à l'histoire de la première médecine.

— et pour cause — ceux que la science enregistre aujourd'hui en ce domaine, tels que l'explosion de certains composés chimiques par une vibration sonore déterminée (ainsi l'iodure d'azote par une note de violon dans le registre aigu) ou tel encore que les cordes d'un piano vibrant harmoniquement quand on frappe une note sur un autre piano, *accordé avec lui*, et rien qu'au choc de cette note-là. Oserait-on assurer qu'ils ne purent noter, puis transmettre comme autant de faits dûment attestés, nombre de phénomènes analogues dans la nature qu'ils observaient sans cesse et de plus près que nous ?

Il en serait de même, je crois, de presque tous les procédés de cette magie primitive, si l'on prenait la peine de remonter à l'origine. Ainsi, ce que chacun admet aujourd'hui pour les origines magiques de la danse chez les différents peuples et pour le fondement mimétique, « contagionnel » ou « précatif » des simulacres d'actions dansés et chantés à la fois, on le vérifierait aisément aux débuts de toutes les grandes manifestations des cultes dont il vient d'être parlé. Des noms, des substances, des émanations matérielles qui sont des âmes ou des forces, mais des forces toujours individuelles, constituaient l'arsenal. Des lois vraies ou supposées, en tout semblables à celles qui régissent le reste du monde sensible, permettaient à qui les connaissait, de manier ces armes, sans qu'une limite théorique vînt indiquer que quelque part commençât un surnaturel, un merveilleux ou un acte impossible à l'homme ordinaire.

Héritage des trésors accumulés par les « sagesses » traditionnelles, la magie différait en degré de force, mais non en essence, du reste des actes de la vie ordinaire, et elle ne mettait en mouvement que des êtres, après tout, constitués sur le modèle commun. Certains pouvaient être singulièrement plus subtils ou plus forts. On ne disait pas qu'ils étaient différents.

Cette magie-religion aurait donc, en résumé, procédé par l'observation et l'expérience. Des succès de hasard confirmèrent la confiance des Égyptiens dans les ressources de leur art. Les échecs auraient dû les détromper et en montrer l'inanité. Ce fut le contraire : au lieu de reconnaître qu'ils avaient tenté une chose impossible, ils se persuadèrent que là où ils avaient échoué, c'était parce que les conditions dans lesquelles on avait opéré étaient mauvaises ou insuffisantes ; il s'agissait donc de faire mieux. Par exemple, si une formule était restée sans effet, il devait être possible de lui donner plus de force en la répétant un certain nombre de fois, ou en prévoyant avec plus de minutie l'ordre de ceux qu'elle doit viser et atteindre. Ainsi dans les textes des Pyramides, pour ne citer que ce cas entre mille, une incantation est dite quatre fois de suite ; chaque fois, la cadence des mots est alternée, de manière à mêler et à confondre les « noms » déclamés ; et ces sortes de strophes, faites de deux quatrains, s'adressent en même temps aux génies et aux esprits des quatre parties qui constituent le monde. Ou bien on pensait que la formule serait irrésistible si elle était prononcée à telle heure du jour ou de la nuit, si on le faisait dans un endroit circonscrit par des cérémonies appropriées, si les gestes, le costume concouraient à l'effet cherché [1].

Bien entendu, si la magie s'était composée uniquement d'échecs successifs, aucune ténacité n'y aurait résisté. Il est à peine besoin de dire que là, comme partout, on constatait de temps à autre des réussites apparentes, et que, comme partout, également, un seul succès affermissait plus dans la croyance que mille tentatives infructueuses n'arrivaient à l'ébranler. Dire comment, par quelles adresses ou par quelles heureuses coïncidences le succès résultait à point nommé de l'opération magique nous entraînerait trop loin. Chacun peut là-dessus trouver en ses souvenirs des exemples typiques dans toutes les religions, et ce n'est pas le point intéressant de notre démonstration.

En cette matière, il n'est pas facile de faire des comparaisons avec l'Égypte parce que nous ne connaissons pas de magie qui remonte à une époque aussi ancienne [2]. La moins éloignée d'elle comme antiquité est la magie assyrienne qui reproduit celle

---

1. Toute la complication des actes magiques de basse époque, les rigoureuses observances imposées au magicien et à ses clients, la bizarre minutie des rites, proviennent de ce travail incessant d'observation et de raisonnement. Au fur et à mesure de cette complication croissante, l'échec de l'opération s'expliquait de mieux en mieux par l'omission d'une des innombrables prescriptions, tant leur observance complète devenait difficile.
2. Voir ce qui est dit un peu plus haut de la magie hindoue.

des Babyloniens et correspondrait à celle du nouvel Empire égyptien. Elle présente quelques traits communs avec cette dernière : d'abord elle est unie à la religion, et exercée par les corporations sacerdotales des exorcistes et des devins ; les dieux y sont invoqués pour donner force aux incantations. Ensuite, elle est encore marquée de ce caractère de simplicité que nous remarquions en Égypte, et que M. Fossey [1] a bien raison de signaler comme la marque distinctive de la religion primitive : les matières employées pour les onguents magiques sont prises parmi les plus communes ; les opérations que le magicien doit exécuter sont clairement décrites et exposées avec ordre ; ni drogues étranges, ni mots inintelligibles, comme ceux qui foisonnent dans les livres de sorcellerie. Mais la comparaison ne peut guère être poussée plus loin, parce que les pièces qui nous sont parvenues sont, pour la plus grande partie, des présages ou des incantations pour des cas théoriques : c'est un recueil de petites recettes pour combattre les maux causés par les démons, les sorcières et les morts, ou pour conjurer les malheurs à venir, que l'observation des astres, l'examen des entrailles et l'interprétation des songes ont fait prévoir. Il est rare que toute cette magie soit employée à produire un événement heureux. Elle est surtout défensive. On n'a pas trouvé, au moins jusqu'ici, ces grandes opérations magiques de l'Égypte la plus ancienne, qui vise et qui atteint

1. Fossey. *Magie assyrienne*. Nous empruntons à cet ouvrage les renseignements principaux.

les résultats les plus heureux et d'une portée générale, comme la divinisation du Roi vivant ou des morts. Peut-être les monuments des Sumériens de la Chaldée, qui commencent à reparaître à la lumière, nous fourniront-ils des documents magiques du même âge que ceux de l'Égypte sous l'Ancien Empire, et présenteront-ils un caractère analogue.

Mais à travers la diversité des religions et les variétés de méthodes et de procédés magiques, on reconnaît dans tout le monde ancien, et on finit par retrouver encore chez la plupart des non-civilisés un certain nombre d'opinions tenues pour indubitables : il n'est pas d'être ou d'objet qui ne soit doué, comme l'homme, de sensibilité et de volonté ou qui ne soit animé par un ou plusieurs esprits ; il n'en est pas non plus qui ne puisse détacher de lui et incarner en un autre être ou objet une de ces « forces » qui sont une de ses âmes[1] — la maladie est l'œuvre d'un « esprit » qui prend possession de l'homme ou de l'animal — la formule ou l'incantation, la mélopée, le *carmen* des Romains, prononcés dans les conditions requises, agissent d'une manière irrésistible[2] sur les êtres et les choses — le nom

---

1. Voir au chapitre vii ce qui est dit de la pluralité des âmes égyptiennes et de leur confusion avec des facultés, des états ou des aptitudes, compris comme des produits des diverses parties du corps.

2. Je n'ai pas voulu distinguer, pour plus de clarté, les deux éléments constitutifs qui, combinés, aboutissent à la puissance magique de l'incantation déclamée. L'un procède des vertus des syllabes articulées des « noms », dont j'ai parlé à plusieurs

est l'essence de l'être, et celui-ci doit obéir à celui qui s'en est rendu maître — le nom est la chose secrète par excellence. Ainsi le nom véritable du dieu babylonien, Ea, n'était pas connu, même des dieux, pas plus que celui du Râ égyptien ou d'Osiris. S'il était interdit aux Israélites de prononcer le nom de Iahveh, une telle défense s'explique mieux par l'influence des deux grandes civilisations voisines que par le *tabou* des Australiens ou des Polynésiens, comme on l'a soutenu. Les Romains n'ont jamais révélé le nom secret de la déesse protectrice de leur cité; et chez les Grecs, on peut attribuer à un motif analogue les appellations générales données à certaines déesses mystérieuses. Quant aux religions des non-civilisés, où les notions des débuts semblent s'être mieux gardées sur ce point spécial, le mystère du nom secret y est pour ainsi dire de règle.

reprises à propos du nom ou de la voix. L'autre se rattache à l'idée des effets du chant, du rythme, et, en remontant plus haut encore dans les observations pseudo-expérimentales des débuts, aux effets de toute sonorité cadencée, bourdonnante, continue ou discontinue. On rentre alors dans la théorie plus générale du rôle magique du *son*. On conçoit qu'il ne soit pas possible de tenter la plus simple esquisse d'un pareil sujet en cette *Méthode*. En ce qui regarde la subdivision relevant plus spécialement de ce que nous appelons *musique*, on consultera avec fruit le travail synthétique de COMBARIEU, *La Musique et la Magie* (1909), où les grandes religions ont été étudiées à ce point de vue d'une façon fort intéressante, avec des aperçus originaux. Les chants ou mélodies des non-civilisés ne semblent pas avoir été étudiés toutefois avec assez de détails à cet égard. Cf. l'analyse que j'ai donnée de cet ouvrage dans le *Journal des Savants*, 1909, p. 231-223.

Ce sont ces croyances, et d'autres du même genre, qui ont fourni à la magie primitive ses moyens d'action. Comme nous l'avons montré pour quelques-unes, elles reposent sur des apparences trompeuses, mais vraisemblables pour des peuples encore jeunes, et gardées ensuite, plus ou moins mal comprises et mal interprétées, par les non-civilisés ; elles se fondent sur des milliers d'observations exactes, patiemment et longuement méditées, mais témérairement généralisées, et étendues des phénomènes réels de la vie journalière à des choses impossibles ou à des êtres irréels. En fait, la véritable source de la magie est, avant tout, la nature de l'homme, telle qu'elle se montre à la naissance des civilisations : le désir de connaître et de s'expliquer tout ce qui l'entoure, le besoin de mettre la main sur tout ce qui peut servir à l'entretien ou à l'amélioration de sa vie, d'écarter ce qui est nuisible et d'entrer en possession de ce qui lui est utile ; l'espoir que rien ne décourage, et que nourrissent les découvertes successives, de saisir et d'asservir des forces inconnues qui lui permettront enfin de réaliser ce qu'il rêve.

La magie n'est donc pas née de je ne sais quel concept qu'il y avait quelque part un sacré distinct du profane. Il aurait fallu à l'homme autant de puissance de définition abstraite que pour concevoir un surnaturel distinct du naturel, lui qui ne savait même pas encore définir son moi — l'Égypte et les non-civilisés sont là pour l'attester — lui qui faisait de ses facultés ou de ses émotions sensitives autant de vibrations distinctes, d'émanations matérielles de ses différents organes, et qu'il appelait tantôt des âmes et tantôt des forces, sans les savoir distinguer. La pensée d'une force impersonnelle, de ce « dynamisme » dont se réclament aujourd'hui, sous des définitions diverses d'apparence, des théories au fond identiques, cette pensée-là dépassait encore plus la force de généralisation et de définition théorique de celui pour qui la force est — comme la chaleur, l'odeur ou le son — la projection, toujours matérielle, d'un être toujours non moins matériel. Ni le *mana* des tribus mélanésiennes, ni l'*orenda* des Iroquois, ni avec eux le *wakan* des Sioux, le *manitowi* des Algonquins, ni, en un mot, cette « potentialité » supposée, de quelque nom qu'on l'habille, n'a pu être conçue comme une chose impersonnelle, existant en soi, « quoique toujours attachée à une personne quelconque qui la dirige ». Car du fait même qu'il la constatait attachée à quelques êtres, et pas à tous, l'homme d'alors n'en tira qu'une chose : qu'il y avait là une force de plus — disons une âme de plus — que ces êtres possédaient par surcroît. Et il se dit comme pour les autres : prenons-la ! On peut les retrouver partout, et sous vingt autres noms encore, ces âmes de *mana* ou d'*orenda*. Les mots ne couvrent jamais que la sensation d'une force, c'est-à-dire d'une « âme » matérielle — plus ou moins puissante, à la vérité, mais échangeable, fixable, captable, transmissible, subtilisable (tous les faits cités sont là pour le prouver) — mais d'une « âme » après tout, et par conséquent d'une entité conçue, aux degrés près, comme construite sur le modèle de l'homme. La hardiesse curieuse de son esprit, l'incohérence tumultueuse des associations supposées entre les âmes ou les forces de ces êtres qu'il concevait bâtis d'après l'étrange structure qu'il se croyait posséder pour son propre compte à lui, voilà d'où l'homme a tiré sa magie, et non pas de la terreur d'un tonnerre ou d'un cataclysme, comme on le soutient aussi à présent. Le rêveur tremblant des premiers âges est une création des rêveurs d'aujourd'hui. Et après ce qui vient d'être dit, on nous dispensera de discuter le système qui fonde l'origine de la magie-religion sur la « stupidité primitive », ou de nous arrêter sur la théorie démodée de Frazer, faisant naître la religion de l'impuissance d'une magie qui cherchait, en désespoir de cause, autre chose à employer que ses tentatives toujours déçues [1]. C'est enfin exactement le contraire de la théorie du tabou, où l'homme, à ses débuts, n'aurait osé toucher à rien, puisque, préci-

---

1. Le système exactement opposé (dont Jevons a exposé fort clairement la thèse en son *Introduction to the Study of Comparative Religion* de 1908) commet à l'inverse une non moins grave erreur en persistant à séparer la magie de la religion, et en ne voyant dans la magie qu'une sorte de pratique « privée, clandestine, anti-sociale » en ses diverses applications. M. Robert Herz (*Rev. Hist. Rel.*, t. LX, p. 222) a fort bien établi la cause initiale des erreurs respectives de Frazer et de Jevons, qui se réfutent victorieusement l'un l'autre. Ni l'un ni l'autre n'ont vu, en effet, « que ce qui est primitif, c'est un complexus magico-religieux dont la religion et la magie — sous la forme spécialisée que nous leur connaissons — sont toutes deux dérivées ».

ment, la magie est née de ce qu'il voulut tout manier et tout connaître.

Ce sont ces dispositions naturelles qui ont poussé l'homme vers le progrès, et qui ont produit les civilisations, — tout comme leur affaiblissement, à l'inverse, a mené à la stagnation ou à la régression des non-civilisés d'aujourd'hui. Dans les sociétés naissantes, où les impressions des sens et l'imagination prédominent sur la raison et le raisonnement, elles l'ont emporté d'un élan si impétueux à la conquête du monde qu'il en a souvent perdu la notion du possible et de l'impossible. Comme pour l'alchimie et l'astrologie, loin de renoncer à ce que l'expérience lui montrait être chimérique, il s'est obstiné à trouver une explication à ses insuccès, à les prévenir en multipliant les opérations magiques.

Qu'est-ce donc alors que la *magie* au sens restreint où on emploie si souvent le terme aujourd'hui ? Elle a commencé le jour où des individus ont voulu pour leur compte, pour un but personnel ou pour le compte d'autrui, dans une intention de lucre ou criminelle, faire usage des recettes que les cultes publics avaient employées ou employaient encore comme des choses très bonnes et très puissantes, pour le bien des dieux, du peuple ou des morts. L'une ne différait en rien de l'autre comme principe ou comme moyens ; c'est le *but* qui diffère.

L'efficacité n'en était contestée non plus, ni dans un cas ni dans l'autre. Évoquer ou chasser un esprit était de la religion ou de la magie noire suivant l'opérateur et suivant l'intention [1].

Puis la magie s'est séparée de plus en plus de la religion. Tandis que celle-ci s'élevait, tandis que graduellement, elle tendait à trouver dans le rituel traditionnel et immuable quelque chose de moins littéral, sinon même déjà de caractère symbolique, la magie, elle, loin de s'en tenir à la simplicité primitive, s'enfonçait encore plus bas dans la grossièreté ; non seulement c'était l'oubli croissant des principes premiers, toujours clairs, si naïfs fussent-ils ; mais c'était, par surcroît, le mélange incohérent, par des ignares, des anciennes formules ; c'étaient les complications excessives, le mystère et l'effroi puérilement cherchés dans l'horrible, ou dans l'obscène, les cliquetis de mots incompréhensibles [2], le plus souvent le ridicule. Elle devint la chiromancie, la nécromancie, la sorcellerie, la basse thaumaturgie, et vingt autres « sciences » du même genre. Mais si répugnante qu'on puisse découvrir une formule et une recette magique de basse époque, on arrive à en démêler les éléments successifs. Et on ne tarde guère à retrouver, tout au fond, quelque

1. Ainsi aucune différence entre un envoûtement criminel comme celui raconté au Papyrus Rollin, par exemple, et la lutte des prêtres pour Râ contre Apophis. Dans les deux cas, même emploi de figures de cire ou de terre glaise, où l'on inocule la personnalité de l'être à détruire, puis simulacre de destruction. Le tout avec l'aide des mêmes évocations, incantations, etc., et fondé sur les mêmes principes de pseudo-observation scientifique.

2. Par exemple les formules cabalistiques, venues souvent de mots mal lus dans de vieux grimoires retrouvés dans les tombes.

défigurées qu'elles soient, la douzaine de croyances qui ont été la base des opérations, les plus licites et les plus pures comme intention, des cultes nationaux.

En résumé, pour bien comprendre la magie de basse époque ou la sorcellerie des non-civilisés, ce sera toujours la même méthode : remonter le cours des siècles, et tâcher d'arriver ainsi jusqu'à la magie primitive ; en dégager les concepts sur la vie, la force, les âmes ou esprits des êtres, leurs « noms », les lois « scientifiques » qui en découlent, et dont la magie-religion n'est que l'application rigoureuse[1]. On contrôlera ensuite par les survivances possibles chez les non-civilisés, en montrant, grâce aux textes et aux documents, comment les non-civilisés actuels ont compliqué, obscurci ou déformé la donnée initiale.

Cette magie des débuts, on ne fait encore que l'entrevoir, faute de documents suffisants, en Assyrie et à Babylone. Elle apparaît bien mieux en Égypte, avec ses caractères de naïveté et de simplicité, dans toute l'ampleur de son rôle, mêlée aux plus grandes manifestations de la vie publique, comme aux actes les plus humbles de la vie quotidienne, et à la pratique des arts et des métiers. Avec la religion, à laquelle elle est intimement unie, et par des moyens analogues, elle vient à l'aide de l'homme pour lui assurer la coopération des êtres de toute catégorie, des plus humbles aux plus éminents, qui vivent dans la nature.

---

1. Sur ce degré de certitude quasi-scientifique des opérations magiques, voir les justes observations de COMBARIEU, *La Musique et la Magie*, p. 10.

Histoire des Religions.

VI

LES MORTS. — LA MORALE. — LE SACERDOCE.

La même méthode de comparaison peut être appliquée avec fruit à d'autres questions qui se posent chez tous les peuples. Nous ne pouvons qu'en indiquer quelques-unes, et sans entrer dans le même développement que précédemment. Ces brèves mentions suffiront néanmoins à montrer la variété et l'ampleur des recherches que doit poursuivre l'Histoire comparée des Religions. Comme les questions qui précèdent, celles-ci ne se rapportent qu'à ce qui constitue la première partie d'une Histoire ainsi comprise. Il s'agit des « éléments constitutifs » des Religions, la seconde partie devant être consacrée à l'Évolution.

I. — Le culte des morts, à lui seul, exigerait plusieurs volumes, si on voulait l'étudier dans son infinie variété, et passer en revue les innombrables monuments qui en ont conservé le souvenir, ainsi que les rites pratiqués par les différents peuples. On ne s'attend pas à en trouver la théorie dans un exposé aussi bref que celui-ci. Je voudrais seulement marquer les idées générales qu'il importerait de dégager de la multitude des faits recueillis.

Tous les peuples étudiés jusqu'ici ont cru à l'existence d'un ou de plusieurs principes plus subtils que le corps [1], *mais matériels*, qui lui étaient unis pendant la vie, et ne périssaient pas avec lui. Quelques-uns de ces peuples, les moins nombreux et les plus bas dans l'échelle de la civilisation, se sont préoccupés uniquement de se mettre en garde contre les attaques de ces esprits désincarnés et de les tenir à distance des vivants. Les recueils d'ethnographie ont cité par centaines les exemples caractéristiques de cette donnée générale, dont on peut suivre, chez les demi-civilisés ou dans les religions organisées, les conséquences fort bien déduites les unes des autres. Nous n'avons donc qu'à indiquer ici même le principe de début, la méthode d'application étant évidente sur ce point. Mais à côté de ce sentiment de terreur — et notre enquête doit avoir pour résultat de constater si cette seconde donnée ne serait pas aussi ancienne que la première — la plupart des humains, par affec-

---

[1]. Nous n'examinons pas ici leur composition. En nombre de religions, elle est faite d'une réunion de plusieurs « âmes » ou « esprits » ; tantôt ils sont égaux et semblables entre eux, tantôt seulement égaux, ou seulement semblables. Quelquefois ils s'ajustent et « s'emboîtent » l'un dans l'autre. Ailleurs ils se superposent. L'importance de ce concept de la personnalité primitive est tel qu'il doit être regardé comme une des bases de la méthode comparative, et qu'une partie des erreurs des écoles préanimistes actuelles vient de ce qu'on l'a trop négligé jusqu'ici. Peu importe pour l'instant. Nous ne voulons considérer ici que leur collectivité, en opposition avec le corps de chair et d'os. L'examen de la composition de la « personne » de l'homme primitif sera repris au § VII du chapitre consacré à l'évolution.

tion ou par solidarité sociale, se sont efforcés de procurer à ces esprits la nourriture qui leur était nécessaire pour subsister, et d'améliorer leur condition.

Nous ne pouvons, bien entendu, dans un exposé de méthode, examiner lequel de ces deux sentiments est antérieur à l'autre. Quel que soit le mobile, un premier résultat se dégage pour l'instant de l'enquête : la nécessité de ne pas rompre tout rapport entre le monde des morts et celui des vivants, et, par conséquent, celle de conserver le corps ou au moins les parties qui échappent à la corruption [1]. Cette préoccupation de garder les

---

[1]. Ou les cendres, lorsque l'on eut recours à l'incinération. Celle-ci est une modification de la conception primitive, en ce qu'elle fait disparaître la forme de l'être. Ou bien elle est une manière différente de concevoir l' « envoi » dans l'autre monde de la substance corporelle nécessaire au soutien de l'esprit. Très fréquemment, en pareil cas, et pour le même ensemble de croyances générales, elle est accompagnée de l'envoi par la combustion des substances vitales que contiennent les offrandes funéraires. En d'autres cas, — et chez nombre de non-civilisés actuels, notamment en Afrique — les cendres des morts sont considérées comme des reliques que l'on peut porter sur soi, en manière de talismans protecteurs, ou comme la substance magique capable d'inoculer, par incisions pratiquées sur les vivants, les vertus ou les forces (c'est-à-dire les âmes ou esprits) des défunts de la famille. Une pratique analogue se retrouve en maint endroit pour les ossements des morts, et prouve l'identité du concept, qu'il s'agisse de cendres ou de restes du squelette. Les indigènes du Rio Grande « portent des ossements de morts pendus à des roseaux, de ceux qui entre eux se sont vaillamment comportés, pour, par ce moyen, provoquer les autres à imiter leur valeur » (J. HUGHES DE LINSCHOT, *Description de l'Amérique*, Amsterdam, 1638, p. 24, dont l'interprétation est naturellement la seule possible de son temps). Il n'est pas néces-

LES MORTS — LA MORALE — LE SACERDOCE   245

restes de l'homme, avec ses tentatives et ses progrès matériels, ainsi que les déductions nécessaires tirées de la donnée initiale, se retrouvent et se suivent plus nettement chez les Égyptiens que chez aucun autre peuple [1]. Avant d'arriver à l'embaumement, on constate, par les cimetières préhistoriques, les efforts qu'ils firent, et les procédés qu'ils employèrent pour parvenir le plus complètement possible à ce résultat : dessiccation des corps, grattage et reconstitution du squelette, préalablement ébouillanté, ou exhumé après un certain laps de temps, conservation dans des jarres de terre cuite, enveloppement des parties du corps sectionnées dans des outres, conservation par le bitume ou le natron, etc.[2]... puis la momification savante, réalisant enfin le but tant désiré.

saire d'examiner ici si de tels concepts — ce qui est douteux — sont de même antiquité comme date d'apparition que la conservation pure et simple des restes matériels. Au point de vue des concepts sur la mort, c'est, en tous les cas de ce genre, la même idée fondamentale : la mort physiologique n'est qu'une rupture entre le corps de chair et une série de principes matériels dont la vie continue, dont les forces persistent, qu'il s'agit d'entretenir, et non seulement de garder, mais si possible d'utiliser. Nous devons noter enfin que dans cette manière si littéralement grossière de réincarner les « esprits » des morts par l'incision de leurs cendres, ce n'est pas la totalité, mais une partie de leurs âmes qui est ainsi captée. Une autre série continue à avoir des destinées propres (séjour dans la terre, dans la forêt ou la brousse, etc., soit à l'état de fantômes libres, soit par réincarnation en certains corps d'animaux ou de plantes).

1. Elles ont été étudiées par le D' A. Pons, *Origines de l'embaumement et l'Égypte prédynastique* (1910), où l'on trouvera d'intéressants rapprochements avec les non-civilisés.
2. On groupera, autour de ces constatations, les faits emprun-

Ces tentatives multipliées sont fondées sur la croyance que l'esprit ne peut subsister sans un corps, de même que le corps n'a vécu que par la présence de l'esprit. Il n'était pas nécessaire qu'ils fussent perpétuellement ajustés l'un à l'autre. Il l'était que le contact ou l'union momentanés fussent possibles. En outre, lorsque nos gens eurent recours aux ressources de la magie, il fut indispensable d'avoir un support tangible et matériel, pour entrer en communication avec les esprits, et pouvoir leur envoyer le bénéfice de ce que l'on donnait aux restes du corps de chair.

Ces idées, bien mises au net par l'exemple de l'Égypte, serviront à mieux faire ressortir la théorie générale, en la dégageant de la multitude des pratiques locales qui l'étouffent, pour ainsi dire, et à mieux faire comprendre le but que les autres

tés à la Chaldée, puis ceux que nous révèlent les civilisations de l'Amérique. On relèvera ensuite chez les non-civilisés de l'Afrique (Dahomey, Congo, etc.), d'Asie et d'Amérique septentrionale (Alaska, îles Aléotiennes, Groënland, par exemple), les mille essais ou procédés de conservation (bois de santal, fumigation, squelettes grattés et peints, corps cousus, empaillés, etc.). Les croyances de l'Amérique sont données avec plus de netteté qu'ailleurs par le témoignage même des indigènes. « Les Péruviens, dit J. Hughes de Linschot, *Description de l'Amérique*, Amsterdam, 1638, p. 27, croient non seulement à l'immortalité des âmes, mais aussi à la résurrection des corps, et lorsque les Espagnols « fouilloyent les squelettes de leurs pères, ils les prioient de ne point espandre leurs os, de peur que cela ne leur donnast de l'empeschement à la résurrection. » L'interprétation a été déformée par le rapprochement que l'auteur veut faire des idées des indigènes avec des concepts étrangers à ces religions ; mais l'idée de survivance de l'esprit liée à la conservation du corps est évidente.

peuples ont poursuivi dans les soins donnés à la sépulture. La comparaison permettra ensuite de déterminer jusqu'à quel point chaque groupe ethnique s'est avancé dans cette voie, et cette constatation fournira un élément important pour juger de son état de civilisation religieuse [1].

Les procédés de conservation des restes matériels dûment établis, et mis en rapport avec les idées précises qu'y attachent les textes et les objets du matériel funéraire de l'Égypte, le premier soin sera de chercher, dans les grandes religions civilisées ou demi-civilisées, l'existence ou la survivance, plus ou moins altérées, de pratiques semblables et l'attestation, par les textes ou les témoignages, qu'elles répondent à la même donnée. La Chaldée, et plus encore, à ce qu'il semble, l'Amérique précolombienne fourniront de solides documentations. Le tout permettra de procéder à l'examen méthodique des répertoires de faits se rapportant aux modes usités par les non-civilisés, en rectifiant les interprétations confuses, déformées, ou volontairement obscures qu'ils en donnent aujourd'hui ; et, à l'inverse, en fortifiant, par des similitudes dûment vérifiées, les points de détails secondaires sur lesquels les vieilles civilisations ne nous ont pas laissé d'explications assez nettes.

---

1. En Grèce, par exemple, où l'on a pratiqué en plusieurs endroits des fouilles jusqu'au rocher ou au sol vierge, les plus anciens tombeaux sont ceux de la période égéenne ou mycénienne. Cette absence complète de toute sépulture, même rudimentaire, pour les âges antérieurs est à signaler.

Après cet inventaire de faits ou de croyances se rattachant exclusivement à la nécessité d'assurer aux « esprits » un support matériel, on examinera successivement par les mêmes moyens d'investigation, les séjours attribués aux morts, et les manières dont on pense qu'ils y parviennent, ainsi que les particularités des routes qu'ils sont censés suivre pour y atteindre. L'immense effort accompli par l'Égypte, sous ce rapport, offre un moyen incomparable de classement provisoire des concepts successifs imaginés par un groupe humain déterminé. Pas plus qu'ailleurs, il n'est question d'imaginer ici un schéma théorique qui se serait mécaniquement reproduit dans l'histoire de toutes les religions. Il y a seulement là un exemple, entouré de toutes les garanties scientifiques, de ce qui s'est produit pendant une évolution de plusieurs milliers d'années, la seule dont nous ayons, en ce monde, la série ininterrompue. Elle peut donc fournir des indications générales, et des probabilités plus raisonnables que la comparaison directe, entre elles, des croyances des non-civilisés, quel que soit le nombre de documents réunis pour ceux-ci considérés à l'exclusion de l'Égypte. On observera encore que pour les « non-civilisés » en question, la plupart des auteurs d'enquêtes ou de monographies ethnologiques semblent avoir été déroutés par la coexistence, pour un même peuple, de données en apparence contradictoires — par exemple le fait qu'un même défunt peut, à la fois, chez nombre de peuples nigritiens, par exemple, se réincarner dans un de ses descendants, habiter sous la terre, revivre dans un corps d'animal, ou être incorporé à une relique de ses armes, de son mobilier, à un objet quelconque, ou enfin à une « figure d'ancêtre ». Nombre de publications semblent conclure sommairement à l'imprécision et à l'incohérence de la pensée indigène. Sans parler des réticences volontaires, que les dernières publications ethnologiques reconnaissent enfin avec plus de netteté, il se peut, en effet, que beaucoup de non-civilisés actuels admettent, simplement par tradition, des survivances dont elles ne cherchent plus à s'expliquer aujourd'hui l'économie rationnelle. Mais l'exemple des âmes multiples de l'Égypte et de leurs diverses destinées est ici encore un excellent exemple à proposer. Il peut expliquer pour les non-civilisés actuels les notions primitives d' « âmes » diverses, antérieures au concept de la personnalité ; et à l'inverse, les survivances des non-civilisés, éclairées et expliquées par les textes de l'Égypte protohistorique, servent à nous assurer que la vieille Égypte n'a pas eu, sur ce point, une histoire différant du reste de l'humanité religieuse.

On devra, en ce chapitre des recherches, accorder une attention particulière aux « routes » suivies par les différentes sortes d' « esprits » qui ont quitté la sépulture du défunt pour gagner leur nouvel habitat, et aux ressources suggérées par la religion-magie pour assurer à ces esprits les moyens de ne pas se perdre en chemin, ou pour surmonter les périls et les épreuves. Les talismans, les amulettes, les descriptions (enseignées oralement aux vivants, ou plus tard rédigées par écrit); les formules ou incantations récitées au moment des funérailles devront être notés avec soin. Il semble que l'on se soit trop borné, jusqu'ici, à étudier soit les périls qui guettent les défunts entre le moment de la mort et la mise au tombeau, soit ceux qui les menacent au tombeau même ; ou que l'on se soit trop exclusivement attaché à la connaissance des séjours eux-mêmes. Les renseignements épars, recueillis, mais non groupés jusqu'ici, pour les diverses religions prennent une cohésion déjà remarquable, quand on étudie la progression des rituels et des matériels imaginés par les religions de l'Égypte. Il est permis de penser que l'étude de toutes les difficultés prévues par les Égyptiens, et les remèdes qu'ils ont successivement imaginé d'y apporter suggéreront aux ethnologues bien des questions nouvelles à ajouter à leurs « questionnaires » d'enquête auprès des indigènes. Les réponses (malgré les difficultés à en obtenir sur ces points, si mystérieux au regard des non-civilisés) montreront à quel degré ces problèmes ont préoccupé les religions des débuts, et combien de faits encore inexpliqués se ramènent très simplement à l'idée d'assurer aux morts un point de départ commode et certain, ainsi que les moyens d'arriver en sûreté au terme de leur pérégrination [1].

1. Il s'agit, en toute cette recherche, des « éléments constitutifs » des religions, et non de l'évolution. Tout ce qui vient d'être dit a donc trait aux croyances fondamentales sur les chemins, les pérégrinations ou avatars des diverses sortes d' « âmes » ou

Après la conservation du corps de chair, à laquelle quelques peuples se sont bornés, et l'envoi dans l'autre existence, qui a marqué le terme des recherches d'un plus grand nombre, il y aura à examiner les efforts tentés, dans une série encore considérable de religions organisées et même parmi les « non-civilisés », en vue de maintenir des rapports, prévus et définis, avec les morts — je ne parle pas ici de ce qui a trait spécialement à la mantique —, soit pour rester en communica-

de « forces » des défunts. Des sanctuaires comme celui de la Vache Divine de Deir-el-Bahri (cf. G. FOUCART, *An Entrance to the Underworld*, etc., dans les *Proceedings* de la Société d'archéologie biblique, 1910, p. 102 ff.) représentent, à l'époque historique, le terme évolué de préoccupations magiques de ce genre, dont on trouve, chez nombre de non-civilisés, la survivance plus ou moins altérée ; et nullement la traduction matérielle de corps de doctrines enseignées plus tard, dans les religions évoluées, soit à tous les adeptes, soit à des initiés en des « mystères ». Les secrets que l'on pouvait enseigner, par exemple, à Abydos, pendant les drames osiriens correspondent bien, eux, à des enseignements supposant une mythologie organisée et un corps théologique de doctrines sur la mort. Il y a entre ces Mystères et les secrets de nature funéraire enseignés au m'para, au n'kimba, au dembo de l'Afrique une différence essentielle, et qui ne permet aucun rapprochement réellement scientifique. Si une comparaison doit être faite entre les enseignements relatifs à la seconde existence dans l'enseignement secret des non-civilisés et quelque partie des enseignements funéraires de l'Égypte, ce serait bien plutôt avec ces sortes de « Guides illustrés » des routes de l'autre monde, dont les cercueils d'El Bershèh (XIe et XIIe dyn.) offrent une série jusqu'ici unique comme intérêt ; c'est-à-dire avec des recueils de formules et de talismans peints, d'indications topographiques et descriptives ; le tout basé exclusivement sur la magie, et où l'écriture et la peinture ont remplacé l'objet réel et la déclamation chantée de l'appareil préhistorique.

tion avec eux, et en obtenir diverses sortes d'aides ; soit pour leur assurer (outre-monde, et où qu'ils soient), des conditions de durée heureuse, grâce à l'intervention des hommes. On distinguera, dans ce second aspect du problème, les cas où l'on se propose d'y parvenir sans y coopérer par des envois de gens ou d'objets (par exemple, en assurant aux morts la réunion avec les gens défunts de leur famille ou de leur peuple, ou le bon accueil par les divinités régentes des morts, ou encore la possession de biens ou de territoires dans l'au-delà)[1] ; puis, en un second groupe, on étudiera les cas où il s'agit de faire parvenir aux esprits des morts, sous une forme quelconque, des êtres ou des objets pris parmi les êtres ou les substances réels du monde des vivants.

Une seconde classification séparera les peuples qui ont songé à pourvoir à ces divers sujets de préoccupation une fois pour toutes, et sans renouveler l'effort après le moment même des funérailles, et ceux qui ont cherché à rester ensuite en communication avec les défunts, soit pour l'utilité

---

[1]. Ces points ont été encore peu étudiés dans la religion égyptienne. L'examen de ce qui a été publié pour l'instant des livres des Morts protothébains laisse entrevoir une série de renseignements du plus haut intérêt. Ils expliquent la formation magique, et logiquement déduite de la force contraignante de la formule, des sections de textes ayant pour but d'assurer aux morts ces divers bienfaits dont il vient d'être parlé. Un exemple typique — le seul publié jusqu'à présent — se trouve dans le remarquable article de BAILLET paru dans le *Journal asiatique* de sept. 1905, à propos d'un chapitre protothébain destiné à assurer au mort sa réunion avec ses ancêtres et ses proches, dans l'autre monde.

des vivants, soit surtout pour secourir les morts d'une manière plus durable. Il y a là deux divisions provisoires à établir dans la masse des faits de ce genre que nous fournissent les grandes religions anciennes, celles des Amériques pré-colombiennes, les religions encore vivantes en Orient, et enfin celles des peuples dits « non-civilisés ». Le résultat de ce premier dépouillement devra amener à constater si les hommes ont cru en premier lieu à la nécessité et à la possibilité de rester en rapports perpétuels avec leurs morts, ou s'ils ne l'estimaient possible qu'au moment du départ, ou enfin pour une durée limitée, correspondant à un temps donné, ou à un état déterminé des restes matériels ; puis, dans le premier cas, s'ils ne s'en préoccupaient qu'en certaines occurrences imprévues et irrégulières, — comme beaucoup de non-civilisés — ou s'ils cherchèrent à déterminer (par l'astrologie ou le calendrier mythologique) les dates favorables pour l'établissement de ces rapports avec les défunts. Là surtout, les Égyptiens ont surpassé toutes les autres nations, et leur étude doit servir de point de départ avec non moins d'évidence que dans les chapitres qui précèdent. Avec une patience inlassable et minutieuse, ils appliquèrent leur esprit inventif à découvrir, puis à perfectionner tout ce qui pouvait améliorer les conditions de la vie dans l'autre monde. Les observations de leur magie leur en fournirent les moyens. Elles réglèrent d'abord les époques où la communication avec les morts pouvait avoir lieu, grâce aux fêtes anniversaires de la vie des dieux. Puis l'on travailla jusqu'à ce que l'on fût parvenu à rendre les rapports permanents [1].

[1]. Je ne puis justifier en détail une thèse aussi ample. Comme elle n'a pas été encore traitée, à ma connaissance, je ne puis renvoyer non plus à aucun ouvrage. On peut essayer de la résumer ainsi : les morts ne pouvaient, au début, recevoir l'aide des vivants qu'aux dates où le dieu local, revenant sur cette terre accomplir les actes nécessaires à la vie nationale, amenait avec lui les esprits des morts à ces fêtes et à ces drames magiques célébrés dans le territoire lui appartenant. Le grand travail fut de multiplier (par association ou autrement) les fêtes où les morts égyptiens pouvaient ainsi participer aux combats, puis aux joies et aux repas de leurs suzerains et de leurs sujets vivants sur cette terre. L'étude des textes funéraires antérieurs au Nouvel Empire récemment découverts (PETRIE, *Denderah, Cercueil de Babeï* ; LACAU, *Sarcophages*, etc.), me paraît décisive à cet égard. Ces textes n'ont pas encore été traduits.

L'énumération des séries de fêtes où les morts pouvaient rentrer en communication avec le monde des vivants, et combattre avec eux dans la lutte magique contre les « mauvais esprits », semble bien l'embryon de ces calendriers funéraires de l'époque classique, dont on discerne de mieux en mieux les formations provinciales et les relations avec les dieux locaux. L'unification s'est faite par les mêmes procédés que pour la formation de ces « sommes » où l'on réunissait les diverses connaissances magico-médicales à l'usage des vivants, ou bien les diverses rubriques relatives aux voyages des morts, et qui sont devenues à l'époque historique, les premières, les livres de médecine gardés dans les temples, les secondes les livres des Morts locaux, d'abord récités, puis peints ou écrits sur les cercueils, puis enfin rédigés sur papyrus déposés au tombeau. Cf. G. FOUCART, *Encyclopædia of Religions and Ethics*, t. III (au mot *Calendar*) et t. IV (au mot *Disease*). Pour ne pas compliquer ce résumé si compact d'une thèse encore nouvelle, j'ai dit, en commençant, que le retour périodique des actes divins avait marqué, *au début*, les possibilités pour les vivants et les morts de communiquer. Ceci suppose, basé ou non sur l'observation astronomique, un calendrier, fût-il imparfait. Il est bien évident qu'avant cette organisation, fondée sur des supputations du temps tirées de l'aspect du ciel et sur le retour astrolo-

Cela fait, la « religion-magie » passa à d'autres conquêtes : elle inventa les statues que viennent animer les « doubles » des défunts. Elle utilisa la croyance fondamentale à la vie d'un « esprit » dans chaque objet pour organiser dans le tombeau les mobiliers funéraires ; à l'objet périssable réel, elle substitua sa « ressemblance » modelée en terre, plus tard en bois ou en pierre, et qui, animée par la magie déclamant les noms et y fixant les « forces », en faisaient des êtres réels ; elle n'eut plus qu'à prononcer les formules qui dirigeaient les fantômes dans l'autre monde pour y envoyer aussi les fantômes de ces ressemblances ; puis aux modelages, elle substitua graduellement leurs figurations par bas-relief ou par peinture, ou enfin le simple intitulé écrit de leurs noms (voir ce qui a été dit à la

gique des influences, il y a eu une période antérieure. Les morts revenaient-ils déjà à certaines dates ou plutôt à une date déterminée de l'année ? Je crois que l'on peut répondre par l'affirmation, en notant que la grande fête des principaux dieux, qui, à l'époque historique, viennent sur cette terre, avec leurs escortes de défunts, leurs *shosou*, a lieu à des époques de l'année nettement marquées par l'apparition de certains phénomènes de la nature dans la vallée du Nil, notamment le premier jour de la crue annuelle du Nil, début de l'année égyptienne. L'idée du retour annuel des morts serait donc, en pareil cas, encore plus ancienne que le groupe d'idées auxquelles le calendrier astronomique et les formules de la magie astrale ont donné naissance. Antérieur aux combats du dualisme, même rudimentaire, le retour annuel des esprits des morts serait lié à la manifestation annuelle du retour des « esprits » des dieux, par l'intervention desquels s'explique la réapparition de certains aspects de la nature.

Le point ultime que ma recherche puisse atteindre pour l'instant est là. Il restera, lorsque la documentation comparative

fin du chapitre précédent de la voix et de l'écriture) ; elle régla les moyens certains d'envoyer les « esprits » du tout rejoindre et réjouir les « esprits » du mort, soit en ses statues soit dans l'au-delà ; elle parvint du coup à constituer, jusqu'en ses moindres détails, la certitude d'une nourriture régulière et un train de vie confortable. Elle assura ainsi à tous la pleine confiance en une nouvelle et heureuse existence après la mort.

Il sera intéressant de comparer les tentatives faites d'une manière moins suivie, et les artifices un peu grossiers auxquels d'autres populations se sont arrêtées en cette intention, de noter les di-

sera suffisamment constituée, à voir si, plus anciennement encore que ces venues périodiques, il n'y a pas ou une croyance à des séjours provisoires des âmes des morts tout près de nous, sur cette terre, comme le *kumbo* des Beni-Marungu. A certains moments de l'année, plus ou moins bien précisés, peut-être au début imprévus et manifestés par des phénomènes inattendus, puis peu à peu notés par les vivants, les souverains des morts seraient venus, accompagnés de leurs sujets, vider ces sortes de réserves d'esprits des défunts récents, et les auraient emmenés définitivement dans leur royaume. En pareil cas, les fêtes et anniversaires des morts, avant d'être des retours fugitifs, mais heureux, sur cette terre des vivants, auraient eu le caractère plus effrayant de sortes de *razzias* soudaines, progressivement régularisées. Je dois reconnaître que je n'ai jusqu'à présent que des indices, et non des preuves, pour l'Égypte de ce stage plus qu'archaïque. La comparaison entre certaines croyances africaines (cf., entre autres, dans la *Revue Congolaise*, t. I, 1910, p. 426, une description extrêmement curieuse faite par un indigène Marungu du séjour des morts et de leur dieu Kibawa) et certains passages des livres des Morts, que je groupe peu à peu, m'ont paru toutefois constituer en ce sens non pas une démonstration, mais déjà un faisceau d'indications convergentes, dignes d'être en tous cas proposées à des recherches plus approfondies.

vergences, et, en remontant de notre mieux aux origines, de constater combien les idées du début, ainsi que les pratiques qui en découlent, diffèrent cependant peu entre elles.

L'ordre dans lequel les différentes religions devraient apporter leur contribution ne peut être proposé pour chacun de ces chapitres d'une manière impérative. Nous pensons qu'après l'Égypte, et pour les raisons indiquées précédemment, la religion chaldéenne devrait être le second terme de l'enquête et, après elle, les civilisations de l'Extrême-Orient, puis celles de l'Amérique précolombienne.

La Chaldée nous montre une destinée des morts bien plus douloureuse que celle des morts égyptiens. Ils n'attendent quelques adoucissements que des secours des vivants, et ceux-ci sont singulièrement moins perfectionnés que ceux de la vallée du Nil. Si la connaissance des rites funéraires est encore très imparfaite, le mobilier funèbre et la condition des morts sont, dès aujourd'hui, assez bien établis par les inventaires des nécropoles et par les textes pour n'avoir pas à en faire ici un exposé. Les causes de cette impuissance à rendre les morts heureux devront être examinées, et former le chapitre suivant de nos recherches. Comme ni le degré de civilisation matérielle, ni celui de l'organisation sociale ne peuvent être ici mis en cause, il faudra chercher des raisons plus profondes : concepts sur les dieux, sur l'essence de la vie, sur les forces dont dispose l'homme, sur la manière dont il a compris pour lui-même l'idée de la durée.

Histoire des Religions.

La religion des Hittites, qui, par de récentes découvertes, nous est devenue un peu plus accessible, puis celles de l'Extrême-Orient et de l'Amérique [1] devront être successivement étudiées à ce point de vue, en s'appuyant, à chaque pas, sur les résultats *généraux*, acquis pays par pays. L'étude des non-civilisés ne devrait pas être rejetée en bloc à la suite, ni être faite séparément pour l'ensemble de ces peuples. Il semble préférable de relier, à chacun des points successivement acquis par l'étude de l'Égypte, de la Chaldée, etc., les particularités qui contrôlent, fortifient ou achèvent d'éclairer les résultats obtenus pour ces pays. On arrivera mieux à montrer, chemin faisant, à quelle donnée générale, prouvée par les textes ou les monuments, se rattache un ensemble de pratiques ou d'idées universellement répandues dans le monde, et à expliquer aussi comment ces pratiques ou ces idées, chez les non-civilisés, ont nécessairement perdu de leur netteté, ou n'ont jamais pu arriver à une conception clairement dégagée. Enfin, nous croyons qu'on devrait réserver, pour terminer, des religions comme celles de l'Inde, de la Grèce

1. Pour le Mexique, l'enquête, à peu près impossible jusqu'en ces derniers temps, faute de documents scientifiquement classés, est aujourd'hui plus abordable, grâce aux beaux travaux de SELER. Outre les résultats généraux qui se dégagent des trois volumes de ses *Gesammelte Abhandlungen* (1905-1908), où il a réuni une partie de ses publications de détail, les grands commentaires critiques et analytiques de certains documents, comme le *Codex Vaticanus*, ou le grand index du *Codex Borgia*, permettent de glaner nombre de particularités fort importantes et nouvelles sur l'autre monde, les morts et leur condition.

ou de l'Italie, où les croyances relatives aux morts laissent trop difficilement pénétrer leurs raisons fondamentales par l'observation directe.

Il faudra aussi, à ce propos, reprendre la question si controversée du culte des ancêtres, et chercher jusqu'à quel point il a pu donner naissance au culte des dieux, comme le soutiennent plusieurs écoles.

Pour l'Égypte, il n'y a pas de doute. Les sacrifices offerts aux morts ne sont en réalité que des repas qu'on leur apporte [1], et qui leur sont indispensables pour continuer leur existence. Même devenus des Osiris, les morts égyptiens n'ont aucune des caractéristiques des êtres divins ; ils n'ont aucun pouvoir par eux-mêmes ; ils dépendent toujours des dieux dont la physionomie a été tracée au début de cet essai [2]. Les morts n'ont jamais été des dieux, et les trois ou quatre exemples de mortels divinisés à l'époque historique ou sont des plus contestables, — tel Imhotep — ou ne prouvent rien que la combinaison, tout à la fin de l'Histoire, de superstitions populaires amalgamées à des faits mythologiques mal compris — tel Amenôthès, fils de Paâphi [3]. Le « culte » des ancêtres a été

---

1. Voir au chapitre du sacrifice.
2. Et encore, plus exactement, les aliments et les différents dons sont-ils offerts d'abord aux divinités suzeraines des défunts qui les délèguent ensuite à leurs sujets, comme le prouve le formulaire du *Souton-Hotpou Dou*.
3. Sur Imhotep, cf. G. FOUCART, *Imhotep. Revue de l'Histoire des Religions*, 1904 ; et sur Aménothès, MASPERO. *Comment un*

l'ensemble des devoirs rendus à des morts, et rien de plus [1]. Les dieux de l'Égypte et l'essentiel du culte qui leur était rendu existaient depuis des mil-

---

ministre devint dieu en Egypte, *Journal des Débats*, 1ᵉʳ janvier 1902.

[1]. La thèse évhémeriste d'AMÉLINEAU (en ses œuvres diverses, et plus récemment en ses *Prolégomènes*, etc. [1909]), a été à plusieurs reprises réfutée point par point par MASPERO, à l'opinion duquel s'est rangée la majorité de l'école égyptologique. Distincte en apparence, la théorie des héros divinisés n'en aurait pas moins un contre-coup sérieux sur l'origine des cultes égyptiens. Non seulement elle supposerait qu'il n'y a pas, entre les dieux et les morts cette différence radicale de nature que l'on constate par tous les textes funéraires, mais elle implique, par surcroît, une méconnaissance assez grave de la nature des « âmes » divines en Egypte. Elle supprime par là même un des modes les plus intéressants de formation des entités divines que l'on connaisse dans l'histoire religieuse : ce procédé de « détachement » du dieu principal (restant cependant être unique) d'une série de « personnes » qui sont lui tout entier, tout en ayant des attributions spéciales et une nature particulière. Admettre, par exemple, avec SETHE (*Imhotep*, 1904) que Khonsou Nofirhâtep est un magicien célèbre divinisé n'est pas seulement admettre pour l'Egypte de décadence un évhémérisme que l'Egypte classique a toujours ignoré — ce qui serait matière après tout secondaire. C'est ne plus apercevoir la façon si curieuse, et si instructive pour l'histoire générale des religions, dont Nofirhâtep est une des personnes de Khonsou, c'est-à-dire Khonsou un et entier, tout en étant préposé à des activités spéciales, pour lesquelles la statue « essentielle » de Khonsou, celle qui possède le fluide magique et qui s'appelle « celle qui donne les instructions », lui communique ses pouvoirs par contact matériel. Le fait qu'une fonction crée une épithète, qui, étant un *nom*, constitue par son énergie une « âme » distincte se rattache au fonds le plus ancien de la pensée religieuse de l'Egypte, et peut expliquer, à distance, une partie des phénomènes qui, autrefois, dans la préhistoire, ont tiré les « dieux » des groupes d'esprits n'existant que par leur activité collective. Le tout se rattache à ce point capital de l'histoire religieuse qui a trait aux efforts de l'homme pour définir la nature de la vie, des esprits ou des

LES MORTS — LA MORALE — LE SACERDOCE 261

liers d'années avant que l'on eût organisé les rapports entre les vivants et ceux qui ne sont plus.

S'il en est autrement ailleurs, soit à l'époque historique connue de nous, soit aux origines, telle sera l'enquête à faire immédiatement après ces

forces considérées comme des émanations des êtres visibles ou invisibles, et, par conséquent, comme étant leurs âmes, et constituant, par réunion, leur personnalité. Un Amenhotep ou un Imhotep, mortels divinisés pour leur magie ou leur savoir légendaires ne font, après tout, qu'ajouter dans l'histoire religieuse une ou deux curiosités égyptiennes d'un fait bien connu dans nombre de religions. Il est plus curieux au contraire de voir, en ce qui regarde le premier, un mélange de traditions de toutes les dates rapportant à un magicien dieu-réincarné (comme le Satni des contes populaires) le vieux culte divinatoire et miraculeux du vieil Amenhotep Ier, protecteur des morts dans le même cirque de Deir-el-Bahri depuis seize siècles (cf. ERMAN, *Sitzungsberichte Akad. Berlin*, 1910, p. 330, pour ce sanctuaire et ses oracles). Et pour Imhotep, il est bien plus important de retrouver en lui la puissance guérisseuse de la déesse serpent et déesse lionne Sokhmit, qui a fait de cette entité la *mère* toute désignée d'Imhotep, en même temps que Phtah était son père. La filiation mythologique couvre ici les formes antérieures, et Sokhmit déesse de la médecine existait dans les papyrus médicaux avant qu'on eût pensé à tirer d'épithètes, de fonctions et de légendes une manifestation de la puissance de guérir considérée comme personnifiée en un Imhotep dieu fils. Au résumé, même sous cette forme atténuée et réduit à ces cas isolés, le culte des ancêtres considérés comme des dieux n'existe pas en Égypte, parce qu'il ne peut logiquement y exister, sous peine de contredire les raisonnements fondamentaux qui ont été les bases de sa construction religieuse. Sur cette question, cf. outre les publications citées à la note précédente et à celle-ci, MALLET, *Kasr el-Agouz*, p. 6-20, où figure la bibliographie générale du sujet, et où — malgré l'opinion évhémériste de l'auteur, rallié aux vues de SETHE — les exemples cités à propos de Thot-Sotmou, Thot-Téôs, etc., confirment justement la thèse des auteurs hermétiques, et ce qu'avait si bien compris, sur ce point, CLÉMENT D'ALEXANDRIE (*Stromates*, t. IV, 131).

constatations. Elle sera particulièrement délicate pour les religions de l'Extrême-Orient, où le culte des ancêtres a pris une telle place qu'on a pu dire qu'il était devenu « la base de la religion ». On ne s'attend pas à voir ici, en quelques lignes, la solution d'un pareil problème. Mais on doit signaler que ce n'est pas sur l'état *actuel* de ce culte qu'il convient de faire porter l'enquête. Il ne s'agit pas non plus de presser sur les faits, et de les ramener bon gré mal gré au concept égyptien. Ce que l'on peut et ce que l'on doit rechercher, c'est s'il n'y a pas eu, encore reconnaissable par les textes ou les rituels, un temps où l'idée que l'on se faisait de la condition des ancêtres n'était pas sans analogies avec les croyances de l'Égypte ou de la Chaldée[1]. On n'a pas classé encore assez clairement les conditions dans lesquelles on subvient aux besoins des ancêtres, où est leur séjour — ou les séjours des diverses parties de leur personnalité subsistantes, en quelles circonstances se manifeste leur intervention, et comment. A supposer même un résultat négatif à première enquête, ce travail ne serait pas vain. Il permettrait de retenir certaines constatations utiles, quand on cherchera,

---

1. Une réaction se manifeste depuis peu. Par exemple, l'idée autrefois universellement admise que le culte des ancêtres était « la base du Shinto » au Japon tend à être abandonnée, et les arguments du Dr Aston (*Man*, 1906, 23 et *Shinto* (1905, p. 44, etc.) paraissent décisifs : « *Shinto, the old native religion of Japan, had no cult of true ancestors.* » Pour la Chine, cf. Giles, *Religions of ancient China*, 1905 et Ross, *Original Religion of China*, 1910.

en remontant plus haut, si le concept des dieux et le culte des esprits primitifs admettait soit un échange, soit une substitution d'attributions entre les dieux, les esprits et les morts; ou si les forces incarnées dans ces dieux, ou maniées par eux, ne supposaient pas que les ancêtres pourraient, un jour, remplir mieux le rôle détenu par les dieux ou les esprits [1]; et s'ils ne sont pas, enfin, des génies intermédiaires [2]. Ce ne sont là qu'hypothèses à tenter de vérifier. Il n'en est pas moins certain, en tous cas, que comparer ces croyances à celles de deux ou trois religions à cultes funéraires pourvus d'une histoire certaine plus ou moins complète, donne plus de chances de reconstituer la formation de l'état actuel des croyances que l'étude, si consciencieuse soit-elle, de ces cultes d'ancêtres étudiés dans leur pays, et rien que là, ou rapprochés directement des croyances des non-civilisés d'aujourd'hui.

II. — Dans quels rapports la morale a-t-elle été avec les religions? La question, je crois, n'a pas encore été traitée, au moins par la méthode historique, et en comparant entre elles les grandes religions anciennes. Elle mérite de l'être, si on peut prendre comme point de départ des documents précis plutôt que des raisonnements. Une esquisse du sujet montrera que la chose est possible.

1. Par exemple par passage des esprits célestes aux *kwei* et de là aux *tsou* des ancêtres.
2. Comme c'est le cas, par exemple, pour les ancêtres dans les croyances Turco-Tartares.

Tout le monde a plus ou moins entendu parler, pour l'Égypte, du chapitre cxxv du « Livre des Morts », que l'on appelle communément « la Confession Négative ». On la trouvera dans tous les livres d'égyptologie, et peu de textes tirés des religions anciennes ont suscité pareil intérêt, ou ont été l'objet d'autant d'études. La célébrité de ce chapitre fameux a eu un assez grand inconvénient : elle a donné l'impression que la morale égyptienne tenait tout entière dans le texte du Livre des Morts[1]. Quoi qu'il en soit, rappelons brièvement en quoi il consiste, pour l'intelligence du sujet : Le défunt comparaît dans la Salle du Jugement devant Osiris et ses quarante-deux assesseurs. Chacun d'eux est chargé de la punition d'une faute spéciale. S'adressant donc à chacun de ces génies [2], en l'interpellant par son nom, le mort déclare qu'il n'a pas commis la faute dont celui-ci a pour fonction de poursuivre le châtiment. D'après ce docu-

---

1. La division, très nettement posée par PETRIE, *Religion and Conscience in ancient Egypt*, a été observée ici. Il est donc entendu qu'en ce qui suit, il n'est pas question de l'étude historique de la formation de la *conscience* de l'Égypte, mais du rattachement de sa « conscience organisée » au monde des dieux. Les origines possibles de l'idée de conscience chez les Égyptiens constituent un sujet tout à fait distinct : un premier essai en a été tenté par G. FOUCART, *Encyclopædia of Religion and Ethics*, t. IV (*Conscience* [Egyptian]).

2. Au moins dans la version archaïque. La recension thébaine ordinaire consiste en deux rédactions successives de la « Confession ». Dans la seconde par ordre de date, le mort ne s'adresse plus qu'à Osiris, dieu suprême des défunts, et les quarante-deux assesseurs ne jouent plus qu'un rôle très effacé.

ment, la morale égyptienne trouvait donc une sanction dans la religion. Mais en a-t-il été de même plus anciennement ? Il y a bien peu de temps que nous pouvons répondre avec certitude — à peine cinq ans [1]. En ces dernières années, et je l'ai signalé dans un chapitre précédent [2], on a découvert dans toutes les parties de l'Égypte plusieurs centaines de sarcophages allant de la VI° à la XIII° dynastie. Sur leurs parois est écrit ou peint un « Livre des Morts », dont les différentes versions provinciales donnent, réunies, un nombre surprenant de textes nouveaux ; si bien que le total contient, en gros, quatre fois plus de « chapitres » que la version connue par les papyrus de l'époque thébaine. Or, *aucun* de ces nombreux sarcophages ne porte le chapitre de la Confession. On est donc en droit de déclarer qu'il n'existait pas encore [3], et il est vraisemblable qu'il

---

1. Depuis l'édition du dernier fascicule du Catalogue des *Sarcophages* du Musée du Caire *antérieurs au Nouvel Empire* par Lacau (1907). Un certain nombre de versions types de ces textes nouveaux (environ 80 chapitres) ont été éditées, mais sans traduction, par Lacau dans le *Recueil de Travaux* (1907-1911). La publication de la *Campagne de Fouilles dans la Nécropole d'Assiout* de l'Institut Français d'archéologie orientale (juillet 1911) ajoute une nouvelle série de 36 importants chapitres archaïques publiés *in extenso*. Ce groupe de sarcophages confirme de tous points ce qui résultait de l'examen des monuments précédemment publiés. Le chapitre cxxv n'y figure pas davantage.

2. Voir au chap. ii, p. 55.

3. La présomption est scientifiquement très forte, puisque les monuments proviennent de tous les points de l'Egypte et se répartissent sur toute la durée du Moyen-Empire. Il faudrait, autrement, admettre que seuls ont échappé aux recherches les sarcophages ayant le chapitre cxxv.

a été composé seulement vers les débuts de la XVIII° dynastie [1].

De tout temps, il est vrai, les dieux égyptiens ont puni les coupables qui offensaient leurs personnes ou attentaient à leurs honneurs ou à leurs biens ; mais ils ne s'occupaient pas de ceux qui avaient fait tort à d'autres qu'à eux-mêmes [2] ; et ces châtiments à l'occasion d'une injure à eux personnelle ne diffèrent

---

[1]. Des rudiments s'en devinent antérieurement çà et là, par exemple, aux chap. xi. et xli, mais encore entièrement amalgamés à la lutte contre les monstres des enfers à coups de talismans et de formules. L'énumération des mérites de charité, de bienfaisance, de justice, d'amour du prochain, de piété filiale, etc., fut simplement tirée des vieilles formules jadis rédigées dans le tombeau à l'adresse des vivants.

[2]. On en trouve d'ailleurs la trace manifeste dans les variantes mêmes du chap. cxxv. Elles montrent comment, au début, les infractions punies ne se rapportaient qu'au bien-être du dieu, à ses biens ou à ses serviteurs. Une partie de mon Cours de 1907-1908 a été consacrée à montrer comment les péchés moraux ou les mérites sociaux (charité, équité, etc.) étaient graduellement entrés en ligne de compte, et comment on pouvait en noter le progrès par les textes. L'exposé et la justification n'a pu qu'être indiquée très sommairement dans les pages que voici, et j'ai dû y passer entièrement sous silence certains facteurs résultant des institutions mêmes de l'Égypte, et qui ont puissamment contribué à amalgamer la morale sociale au domaine religieux. Par exemple, les intérêts mis en jeu par les fondations, à charge de culte funéraire du type *Wakfs* — l'association des intérêts du Dieu et de certaines corporations — les « procès devant le dieu grand », etc. J'ai également dû, faute de place, me borner à signaler l'apparition graduelle et finale du concept d'un Osiris bon et juste qu'il faut imiter *moralement* — et non plus seulement par la simple magie mimétique, quoique celle-ci persiste toujours. Je crois pouvoir assurer que la preuve de détail sur chacun de ces points s'appuie sur des textes très nombreux et très clairs.

en rien de ce que feraient, le cas échéant, des êtres quelconques, visibles ou invisibles. La « morale » était alors indépendante de la religion. Elle était apparue comme une manifestation spontanée des instincts de l'homme, de sa conscience, et aussi comme une conséquence des rapports sociaux. Elle n'avait pas formulé de préceptes précis. Loin de former un code, elle était éparse en maximes traditionnelles. Celles-ci servaient de règles de vie pratique ; la conduite à tenir envers des supérieurs, des amis, ou les règles à observer dans la prospérité ou l'infortune y tenaient un rôle égal. Leur réunion en recueils attribués, par un procédé littéraire bien connu en Orient, à tel personnage renommé pour sa sagesse, en « instructions » ou en « proverbes » formaient des sortes de traités sur les devoirs types du galant homme de ce temps-là, et se modelaient sur son rang social ou sur ses fonctions. Il y était rarement question de sanctions à faire craindre aux coupables ; encore moins de la colère des divinités contre lui. Les seuls châtiments entrevus sont ceux qui résultent naturellement, en ce bas monde, de l'imprudence, de la témérité, du mauvais emploi de ses capacités.

A bien y regarder, un tel ensemble de règles ou de maximes, de caractère à la fois tantôt raffiné et tantôt terre-à-terre, était simplement la forme civilisée d'un sentiment plus ancien, si ancien même que s'il n'est pas permis de l'assurer « primitif », il est au moins ce que nous atteignons au plus loin que portent nos investigations. Le définir est tâche malaisée. Il semble qu'un certain nombre d'actes nuisibles aux hommes ont toujours pour témoins les innombrables « esprits » de ce monde, et que l'action mauvaise a pour effet de rompre la protection magique, mal définie, qu'ils exerçaient sur le délinquant avant son acte. On ne dit pas qu'ils s'irritent de ces actes ou qu'ils châtient, ni même que cette rupture soit faite par eux de propos délibéré. Il y a dans cette conséquence d'un certain nombre d'actes quelque chose qui ressemble singulièrement à cette déperdition de forces et à cet état d'infériorité dangereuse pour toute lutte, réelle ou magique, que crée partout, pour l'Égyptien ou pour le non-civilisé, la cessation de l'abstinence charnelle. Pas plus dans un cas que dans l'autre, les conséquences ne sont énoncées en termes formels. L'homme coupable est livré sans aide aux effets de la malechance. La psychologie des Bantous révèle, chez les Beni Marungu, par exemple, un état d'esprit qui semble correspondre assez bien à ce qu'ont cru là-dessus les vieux Égyptiens [1]. Un tel sentiment se rattache-t-il, en dernière analyse, à l'expérience, ou est-il spontané et fait-il partie de la conscience ? Ceci est une question tout à fait différente de celle que nous traitons pour l'instant. Il est possible et probable qu'un des principes de ces croyances repose sur la solidarité qui unit dans le monde matériel invisible les « esprits » et les « esprits » des morts qui vivent sous leur dépen-

---

1. Cf. *Revue Congolaise*, 1910, p. 419.

dance, puis celle qui relie les esprits des morts eux-mêmes aux gens de leur famille à qui l'homme mauvais fait du tort. L'important pour ce qui nous occupe est de constater formellement l'existence d'une morale organisée qui se développe sans l'intervention déclarée, sans l'enseignement formel des dieux et sans codification des obligations ou des sanctions, le tout dans un pays arrivé à un degré de culture aussi avancé que l'Égypte.

La jonction entre ce que nous entendons par ce terme de devoirs moraux et l'intervention divine s'est faite en Égypte ultérieurement et surtout par le culte des morts ; les préoccupations de l'autre vie jouèrent un rôle éminent dans la pratique de certaines vertus sociales. Mais c'était dans un sens singulièrement différent de celui qui supposerait *a priori* quelque relation directe entre ces mérites et les destinées de la seconde existence. Celle-ci demeurait avant tout la réussite d'une série d'opérations magiques, où les dieux n'entraient nullement dans l'examen d'affaires qui ne les concernaient à aucun titre. Ce fut des hommes, des administrés et de leur postérité que les biographies laudatives, à l'usage des grands, réclamèrent pour cette autre vie un secours efficace [1]. C'était de leur

---

[1]. La série sur laquelle j'appuie ce résumé consiste en un répertoire de 172 inscriptions monumentales ou *graffiti*, provenant d'à peu près toutes les grandes nécropoles égyptiennes, et réparties, chronologiquement, de la IV° dynastie à la XXVI°. Nous retrouvons donc là, comme pour les collections de textes protothébains, la garantie d'avoir affaire à l'ensemble de la

reconnaissance effective, manifestée par des offrandes ou des formules d' « envoi », par le respect des fondations funéraires, par l'autorité reconnue aux fils succédant au défunt en ses dignités, que chacun de ces nobles égyptiens attendait, pour sa vie d'ombre, la récompense des services rendus aux misérables et aux déshérités de la vie. Eux seuls, et non les dieux, désintéressés en l'affaire, pouvaient lui témoigner leur gratitude de ses vertus de prince de nome, de juge, d'administrateur, et le lui témoigner en faisant qu'il pût continuer à vivre outre-tombe par la perpétuité du plus matériel des cultes funéraires. La préoccupation de rappeler ces sortes de titres de créance acquis par les bienfaits créa ces panégyriques qui relatèrent, avec force détails, ce que le défunt avait été pour ses égaux, pour ses inférieurs ou pour ses souverains. Elle explique du même coup pourquoi ces récits édifiants entremêlèrent les vertus sociales, la charité, l'équité ou la pitié, de récits de travaux publics ou de missions de cour, et pourquoi des mérites de discrétion ou de diplomatie s'enchevêtrent si étroitement à des affirmations de sentiments moraux d'une élévation parfois admirable. Rien n'est plus instructif que la lecture de ces compositions trop généralement ignorées [1]. L'ingéniosité tendre et la

---

pensée égyptienne, et non à quelque manifestation locale ou exceptionnelle. Ici, nous avons de plus le nombre de siècles si considérable qu'occupe cette série.

1. Les listes de ces devoirs d'abstention ou de ces obligations actives n'ont jamais été dressées à ma connaissance. Les variétés

délicatesse pleine de nuances subtiles, en tout ce qui regarde la pratique des vertus sociales, y ont atteint un degré de raffinement qu'aucune autre civilisation ancienne n'a connu, et l'énumération des qualités morales du défunt dépasse de beaucoup, par l'élévation et le degré de culture qu'elle suppose, les versets du fameux chapitre cxxv. Et sans doute peut-il être simple exercice littéraire de dire

que j'ai relevées dans les documents cités il y a un moment s'élèvent à plus de quatre cents pour l'instant. Ce travail de dépouillement est largement rémunérateur. Il permet de porter sur la morale de l'Egypte, à ses diverses époques, un jugement beaucoup plus motivé que tout ce qui a été dit en prenant exclusivement la « confession négative » ou les « traités de sagesse ». Nul ne songe, assurément, à revendiquer comme un titre de gloire pour la pensée égyptienne de s'être haussée à faire répéter au défunt, et à satiété, qu'il n'avait pas opprimé le pauvre, qu'il ne l'avait pas dépouillé, qu'il n'avait pas donné raison au riche — encore que ces choses, tenues pour si naturelles aujourd'hui, ce soit peut-être en Egypte qu'elles aient commencé à sembler naturelles... Mais il y a mieux que ces abstentions, à nos yeux trop élémentaires, et aucune morale, d'aucun temps ni d'aucun pays, n'a probablement détaillé avec autant d'insistance ni de chaleur toutes les nuances de ce que le chef, le riche, le puissant doivent aux déshérités de ce monde. Ce n'est pas seulement que toutes les catégories en aient été prévues et dénombrées : depuis les faibles par situation ou par effet de l'âge, le nourrisson, le petit orphelin, la fille et la femme du serf, la veuve, le vieillard, le mendiant, l'indigent, le « petit », le faible, jusqu'à ceux qu'un accident ou une mauvaise fortune ont soudain accablés : l'homme affamé, assoiffé, tremblant de froid, ruiné, naufragé, le malade, l'infirme, l'aveugle, l'estropié. Ces développements pourraient, après tout, se déduire par des procédés trop factices d'une donnée initiale, et n'être qu'exercices de rhétorique. Mais la seule rhétorique ne suffit pas à expliquer cette variété des sollicitudes, je dirais presque des tendresses, où le vocabulaire national a en quelque sorte épuisé la série de ses nuances les plus souples pour parler du traitement que reçut

que l'on a été « le soutien de la veuve, le père de l'orphelin, le patron du misérable ou « le pain de l'affamé » ; et par développement mécanique aussi, de suivre la série des métaphores, en se disant l' « œil de l'aveugle », le « bras de l'infirme », le « bâton du vieillard », la « flamme qui réchauffe le tremblant de froid ». Mais que le souci de l'équité, de l'accueil souriant au déshérité de ce monde, de la protection du petit contre le fort aient été l'objet chez ce peuple d'une aussi constante préoccupation, dépasse à coup sûr les procédés purement maté-

le malheureux de l'homme de bien. Ne pas l'opprimer n'est plus rien. C'est de le « sauver de l'oppresseur » que parlent nos stèles ou nos *graffiti*. On le met à « l'abri de qui cherchait à le dépouiller » ; on le « défend contre le riche » ; on le « soustrait à la main du fort ». « Ne pas le distinguer du grand » ne suffit plus à ce « protecteur de tout faible » ; il veut « châtier le tourmenteur du malheureux » ; il ne veut pas d'affliction » pour le fils du pauvre » ; il veut être le « père du petit », « l'interprète du déshérité » ; il sera, en un mot qui résume tous les autres, « celui qui aime le misérable ». Notre science philologique hésite encore souvent, pour rendre comme il conviendrait tant de façons de dire toutes ces nobles choses — parfois en subtiles métaphores ou en style à poétiques allitérations. Elles sont moins faciles à traduire en équivalents exacts que tel terme d'administration ou tel geste du rituel. Et, devant une inscription comme celle de Montouhâtep Si-Hâpi, par exemple (cf. Griffith, *P. S. B. A.*, t. XVIII, p. 195-204), chaque égyptologue proposera, pour une dizaine de phrases, des traductions aussi provisoires que sensiblement divergentes quant au détail. On traduit cependant d'assez près, en tous ces cas, pour comprendre à merveille le ton général comme l'idée intime ; assez aussi pour se sentir pénétré, à lire ces choses vieilles de quatre mille cinq cents ans et plus, d'un respect ému pour tout ce qui y est dit de l'accueil fait aux pauvres et de ce qui constitue « la vraie œuvre durable de l'homme ». Ceci n'est plus de la littérature ; c'est de la pensée.

riels des amplifications prévues à l'avance : « faire entrer le pauvre dans sa maison », « être l'interprète » du pauvre, ne nous paraissent aujourd'hui rien de bien sublime. Encore faudrait-il noter que personne ne l'a dit hors d'Égypte dans le vieux monde, pas plus qu'on ne s'est préoccupé ailleurs, que je sache, de « parler doucement au malheureux, jusqu'à ce que sa gorge ne fut plus serrée d'angoisse ». Et être « le sourire du malheureux qui pleurait » n'est probablement venu que beaucoup plus tard à l'idée des autres puissants de ce monde, en dehors de la vallée du Nil.

Pourtant les dieux n'apparaissent pas, en ces compositions dont les plus anciennes se lisent sur les *mastabas* de Saqqarah de la IVe dynastie. La sanction de ces devoirs — ou, bien plus exactement, la récompense de ces vertus que nul code de morale ne rendait obligatoire, ou celle de ces abstentions du mal que nul être divin n'imposait, elles se trahissent parfois cependant en de brèves sentences : « Faites cela pour moi, dit le mort, vous à qui j'ai fait du bien, et il sera fait pareillement pour vous par ceux qui viendront après vous » (Saqqarah, IVe dynastie). — « Tout noble qui fait le bien, son fils lui succède sans conteste, et lui, sa mémoire est bonne et on fait le culte funéraire par lequel vit sa statue » (Siout Xe dynastie). — « Quiconque entrera et priera pour moi, on fera la même chose pour lui » (Deshashèh-Ve dynastie). — « J'ai établi comme bon le souvenir de mon nom en mon domaine, et ma fondation funéraire ne périra jamais » (Erment, XIe dynastie).

Histoire des Religions.

— « Ce que l'on me fera, je le ferai aux vivants » (Saqqarah, V⁰ dynastie)... L'homme seul récompensait ainsi l'homme en sa vie future, et les croyances de l'Égypte le justifient aisément. Pas plus que les dieux ne pouvaient garantir ou supprimer la survie des « esprits » de l'homme après sa mort, pas davantage on ne concevait pour eux le motif d'intervenir en ce contrat qui se passait entre humains. La magie seule permettait au mort de surmonter les périls d'outre-tombe, et l'arsenal magique assurait le séjour final dans l'autre monde, avec la même sécurité, au plus parfait honnête homme comme au plus grand des coupables. L'inverse était non moins vrai, et l'homme démuni de formules ou de talismans périssait, de toute certitude, une fois engagé dans les routes de l'au-delà, eût-il été le modèle de toutes les vertus. Et de même enfin, la subsistance en cet autre monde était surtout affaire de rentes, et de rentes dont les vivants sur cette terre envoyaient là-bas les arrérages. C'était à eux, en fin de compte, qu'il les fallait donc rappeler ; c'était eux qu'il fallait émouvoir ou surtout intéresser.

La reconnaissance désintéressée n'eût peut-être pas suffi en effet ; on savait trop, dès ce temps, ce qu'il peut subsister de la mémoire des plus nobles bienfaits après trois ou quatre générations. L'intervention toujours possible, de loin ou de près, de ceux qui ne sont plus fut un second élément au moins aussi actif. La croyance, aussi ancienne que l'humanité, aux esprits des morts

LES MORTS — LA MORALE — LE SACERDOCE 275

affamés et tourmentés qui tourmentent à leur tour les vivants, se jettent en eux, les possèdent, répandent les maladies et les fléaux, cette croyance-là se précisa et elle s'affina. Elle devint, insensiblement, moins la menace brutale de représailles ou la promesse de s'en abstenir que l'affirmation de la capacité des morts à se souvenir, à leur tour, des bienfaits reçus des vivants, et à leur faire le plus de bien possible en échange. Un pas encore, et ce fut l'idée, de mieux en mieux affirmée bientôt, qu'ils intéresseraient leurs suzerains, les dieux des morts, à récompenser la piété des vivants pour les défunts. Les fondations funéraires, partagées entre les êtres divins et les esprits des morts, y jouèrent en l'occurrence un rôle capital [1] « qui prendra soin de mon double, *ce lui sera un titre devant le dieu grand* ; il sera comme un féal de ce dieu et il atteindra une longue vieillesse » (Deshashèh, V° dynastie). — « *Je le recommanderai au dieu grand* » (Saqqarah, V° dyn.).

Un pont était ainsi jeté entre ces deux mondes dont les destinées étaient, par définition, aussi complè-

---

1. Les textes, dès les tombes memphites, montrent fort clairement comment les biens du mort employés au service du tombeau avaient pour administrateurs un certain nombre de personnages du temple, et intéressaient en même temps, par mille moyens, des séries de groupements corporatifs ou de famille. Le résultat juridique de toutes ces obligations réciproques — ce qui était justement le but cherché — était de lier à la fortune d'un culte mortuaire des groupes de vivants de toute espèce et de les intéresser étroitement au maintien des fondations.

tement indépendantes. Les vivants n'eurent plus seulement besoin des dieux des vivants, mais des dieux des morts, et dès cette présente existence. Ils n'eurent plus seulement peur des morts, mais aussi besoin d'eux. La pratique d'un nombre toujours croissant de vertus de bonté, de justice, d'honnêteté, de charité, devint pour les morts un moyen de solliciter les vivants, d'assurer la perpétuité du culte du tombeau, et d'avoir par là action commune sur les dieux. Quelque chose apparut comme un lien possible, sinon encore nécessaire, entre les actions faites en ce monde et la condition obtenue dans l'autre ; et réciproquement, dès cette vie, la protection d'un certain nombre de dieux, par des moyens encore compliqués, apparut comme la conséquence naturelle d'un certain nombre de vertus sociales.

A cette double donnée, aux traits encore imprécis, hésitants, la notion sans cesse épurée du combat des dieux bons contre les mauvais apporta un secours efficace. La lutte élémentaire et cosmogonique, devenue une lutte des esprits de l'ordre contre ceux du mal [1], suggéra, de mieux en mieux, le type de dieux dont la souveraineté s'appuyait sur la justice des puissants, la répartition équitable des charges, les ménagements dus aux faibles, la sollicitude ingénieuse pour leurs misères : en un mot, le type paternel de maîtres doux et bons,

1. Voir pour plus de détail au chapitre vii ce qui est dit de la formation du dualisme en Egypte.

quoique énergiques, réalisant en somme ce qu'était par aspiration la race tout entière. On dit alors « être juste comme Thot » ou « être bon comme Osiris ». Un modèle se dessina, à l'usage des chefs et des maîtres, qui devint aussi, par la suite des siècles, celui de tout individu qui est le chef ou le maître en sa sphère d'action. Être vertueux avait semblé de bonne heure, quoique sans règle impérative, une chose qu' « aiment les dieux ». La donnée se précisa. Le puissant chercha à être « comme un dieu en son heure », il se montra « un fils des dieux en ses perfections », il devint « celui qu'aiment les dieux pour sa justice ». Une notion finale s'affirma que chacun a sa tâche en ce monde, et que la lutte pour le maintien d'une Égypte matérielle et morale — on ne distinguait pas — supposait pour chacun, et à tous les degrés, une coopération des dieux, des vivants, des morts, par la magie et par le culte matériel assurément, mais aussi par l'accomplissement d'un certain nombre d'actes de solidarité, de charité, de justice ou de bonne administration, toujours inextricablement emmêlés, parce qu'ils coopéraient tous au même but final et engendraient les mêmes résultats.

Ce que nous appelons « morale organisée » ne fut donc jamais le tout rationnel et bien défini que nous entendons par ces termes ; et en ce qui regarde plus spécialement les sanctions, aucun traité codifié n'en détermina jamais les cas ni les espèces, pas plus qu'il n'y eut de listes fixes de prescriptions ou de prohibitions. Une partie de celles-ci eut ses conséquences logiques dès ce bas monde, et sans que l'on songeât à spécifier en règles déterminées les détails d'une tâche de tous les jours, dont la religion nationale suggérait, en fait, à chacun le détail infini des applications pratiques. Une autre partie sembla ressortir plus spécialement de la compétence ou de l'intérêt des dieux à qui l'on avait affaire dans l'autre monde. Osiris en absorba et en réunit sur lui les traits principaux, sous l'effort théologique de la récension des formulaires des morts. Le travail aboutit finalement à cette rédaction que nous appelons la « Confession négative ». Elle n'est ni toute la morale, ni tout le rôle moral des dieux de l'Égypte. Elle n'est que ce qui, dans la morale égyptienne, s'est trouvé rattaché, presque par surprise, au rôle de l'Osiris historique [1].

[1]. Je n'ai pas voulu compliquer outre mesure ce résumé, en introduisant dans les éléments de formation le rôle qu'eut, sur ce dernier point, le concept de l'Osiris, premier roi légendaire de l'Egypte, dont le Roi régnant est la suite et la vivante image. Il est évident que le modèle et sa royale ressemblance réagirent continuellement l'un sur l'autre, et qu'on élabora parallèlement la double figure, toujours plus noble, d'un dieu parfait et juste souverain de bonté chez les morts, et d'un Pharaon continuateur des perfections divines sur le trône des Souverains de l'Egypte vivante. Ce rôle de la monarchie dans la formation de la morale nationale est à noter avec soin. Il y aura lieu de chercher pour quelles causes précises des monarchies d'origine divine et mythologiquement reliées aux dieux, en d'autres pays, n'ont pu acquérir cette physionomie du Pharaon-Osiris, ou pourquoi elles ne l'ont acquis qu'imparfaitement et par d'autres voies. On passera ensuite à l'examen des monarchies divines héréditaires chez les non-civilisés du type des royaumes du Bénin, du Dahomey, etc.

Ce travail, mené à bien aux débuts du Nouvel Empire, fut une simple énumération limitée de fautes punissables par le tribunal osirien [1] ; comme tel, il se composa, à doses égales, d'infractions rituelles ou sacerdotales, de méfaits contre Osiris ou ses biens, contre les pairs ou les parents d'Osiris ou contre leurs biens, contre les morts sujets d'Osiris, contre un certain nombre de faibles ou de malheureux de cette terre, et par surcroît de quelques-unes des fautes qui sont contraires au bon fonctionnement du *cosmos*, et à ce modèle de bonté qu'avait été le règne légendaire d'Osiris Ouônnofirou. L'étude des diverses versions du célèbre chapitre montre comment la liste se précisa, s'épura et se compléta par la suite jusqu'à l'époque romaine. Quelque perfectionnée qu'elle se révèle aux derniers siècles, elle demeure toujours bien inférieure, à maints égards, à ce qu'avait trouvé la vieille société égyptienne, en fait de vertus et de compassions raffinées, — et cela sans idée de sanctions divines d'outre-monde — dès la fin de l'empire memphite.

L'historique de cette formation d'une morale

---

[1]. La publication de l'*Osiris and the Egyptian resurrection* de Budge (novembre 1911) apporte de nouveaux éléments d'information qui viennent à l'appui du présent résumé. Notamment en ce qui regarde la date respective des deux rédactions du chap. cxxv, je suis particulièrement heureux de voir que Budge, lui aussi, regarde l'adresse aux 42 juges comme la plus ancienne (t. I, p. 343, *Osiris as Judge of the Dead*), ainsi que je l'avais dit à la note 1 de la p. 264, contrairement à l'opinion généralement reçue.

mise en relation avec les dieux est un exemple unique au monde par sa longueur chronologique, et par la précision ou l'abondance des textes. Et comme les premiers dieux de l'Égypte ne différaient, ni par nature physique ni par nature morale, des « esprits » ou des « dieux » que nous retrouvons — ou que nous soupçonnons, plutôt — chez les « primitifs », l'exemple égyptien fournit un excellent moyen d'enquête pour classer et analyser les sentiments ou les modes de formation embryonnaires des « morales » chez les non-civilisés. On verra mieux, par cette comparaison, de quelles sources, de quelles affinités quasi-matérielles dérivent les obligations ou les sanctions de ce que nous classons sous la rubrique « morale », et que ces sociétés rattachent à tant de groupes si différents et si indépendants. On suivra plus clairement les essais instinctifs de l'homme pour la conquête d'un appareil plus homogène et plus parfait, et l'on établira, avec plus de sûreté, les causes précises, locales, celles qui tiennent à tant de raisons scientifiquement vérifiables (climat, géographie, institutions, cultes, famille), par lesquelles les « non-civilisés » ont été empêchés de dépasser tel ou tel point de l'évolution, ou les raisons, enfin, qui ne leur ont pas permis d'avoir à leur disposition tel ou tel de ces adjuvants qui ont eu une telle influence sur la formation égyptienne.

Ces premières propositions auront besoin d'être contrôlées, avant d'aller plus loin et de passer à l'évolution dans les morales des grandes religions organisées ; et le contrôle se fera avec les éléments disponibles, en l'état actuel de la science, fournis par la Chaldée-Assyrie ou par les civilisations précolombiennes. Le développement de ce plan ne peut être naturellement donné en cette *Méthode*, et je me bornerai à signaler en passant deux points particuliers de cet ensemble.

Les tablettes babyloniennes d'exorcisme nous ont également apporté des renseignements positifs sur les rapports de la morale et de la religion. A Babylone comme en Égypte, et en tant d'autres religions, la maladie n'était pas une chose naturelle. C'était l'attaque de démons qui prenaient possession du corps. Mais il y avait cette fois une nuance spéciale que l'on ne trouve pas en Égypte, au moins avec cette netteté. Ces démons n'avaient puissance que sur l'homme qui, en commettant une faute, avait écarté de lui ses dieux protecteurs. Pour le guérir, il fallait exorciser le démon, ce qui se retrouve partout ; mais l'exorcisme nécessitait d'abord que le malade eût confessé son péché, de façon que l'on sût quel était le point faible, la faute qui avait privé l'homme de l'aide de ses dieux. L'opération magique était confiée à un prêtre de la classe des exorcistes. Celui-ci énumérait sous la forme interrogative tous les péchés qu'on peut commettre. Le dépouillement des curieuses tablettes où sont rédigés ces questionnaires donnerait donc la liste de toutes les fautes que les dieux condamnaient [1]. Si on la met en regard de celle qu'a per-

---

1. Lagrange, *Religions sémitiques*, 1905, p 224.

mis de dresser la « Confession » égyptienne, et si on élimine, de part et d'autre, les fautes contre les rites et les choses saintes, on aurait le catalogue, pour ainsi dire officiel, de tout ce que les dieux de l'un et l'autre pays déclaraient punissable dans ce monde ou dans l'autre. On voit combien il serait intéressant alors de comparer la morale religieuse de l'Égypte et de Babylone, d'après ces documents qui sont presque contemporains. Dans ce parallèle les Babyloniens auraient probablement en plusieurs occasions l'avantage, par l'élévation et parfois par le raffinement dont témoigne l'énumération des actes que leur religion interdit [1]. Non seulement l'adultère, l'homicide, le vol sont condamnés, mais aussi la dissimulation, l'injustice, le manque de parole, les manques d'égards envers les parents — avoir semé la zizanie entre le père et le fils —

---

1. Il faut remarquer que plusieurs de ces actes étaient réprouvés également par la morale humaine de l'Egypte, comme le prouvent les traités dont j'ai parlé plus haut; mais la faute n'était pas condamnée et punie par les dieux égyptiens au moins directement. Je me place seulement ici au point de vue de la *sanction* précise que la religion donnait à la morale dans les deux pays. Un travail extrêmement intéressant consisterait à comparer la façon dont l'infraction chaldéenne met le délinquant en état d'infériorité avec l'idée parallèle que s'en font des non-civilisés, tels que les Bantous cités un peu plus haut; puis, cela fait, on étudierait en détail, d'autre part, le mélange de fautes sacerdotales, rituelles, morales ou simplement de négligence ou de malchance, que l'on observe à la fois en Egypte et en Chaldée dans les listes de choses qui amènent soit le malheur, soit la maladie, puis, mais très insensiblement, l'idée d'une punition, au moins en certains cas. Cette triple comparaison dégagerait assurément d'importantes constatations sur la formation du rôle « moral » des dieux.

avoir rejeté un fils légitime, admis un fils illégitime. Puis on revient à la série des faux poids et mesures, fausses balances, fausse monnaie, etc., qui tient une place si considérable dans les listes de « péchés » égyptiens.

Il sera intéressant de mettre immédiatement en regard ce que nous savons de la morale des Mexicains précolombiens par les témoignages des conquérants espagnols; particulièrement en étudiant ces « confessions » bien connues par ce qu'en a dit SAHAGUN ou les petits traités cités par PRESCOTT. Je n'entends pas parler ici d'un rapprochement facile à faire entre les trois morales — encore que le travail n'ait jamais été fait — en étiquetant les devoirs ou les infractions, en constatant les différences de fait entre les trois systèmes, et en en cherchant la raison dans l'état des cultes ou des institutions sociales [1]. C'est d'un travail plus délicat

---

[1]. On sera à bon droit surpris de constater qu'un manuel d'histoire des religions de l'importance du *Manuel* de CHANTEPIE DE LA SAUSSAYE n'ait même pas consacré une ligne à la mention, pourtant si intéressante, de la morale chez les peuples précolombiens. Ceux-ci ont du reste été relégués sommairement au chapitre des peuples « dits sauvages », et un peu moins de sept pages a paru suffisant pour y traiter à la fois tous les peuples des deux Amériques, y compris les modernes non-civilisés. L'insuffisance extrême de la bibliographie de la p. 21 pour toutes ces civilisations en général n'est pas moins fâcheuse. On voit où peut mener le concept, heureusement de plus en plus démodé, sur lequel l'auteur de ce manuel fonde la définition de l'histoire des religions; concept qu'il a très clairement formulé lui-même en son *Avant-Propos* de la seconde édition allemande (p. 13 de la Trad. française) quand il dit en propres termes : « Je n'ai pas jugé nécessaire de faire appel à la compétence d'un spécialiste

qu'il s'agit. Il faudrait rechercher comment, en ces trois religions, le concept des dieux, les idées sur la *nature* du mal moral [1], les croyances sur les rapports entre eux des êtres bons et mauvais, celles sur la puissance de la parole, celles sur l'infériorité physique que crée la violation d'une prohibition, et tant d'autres causes encore, ont pu amener une sorte de codification des vertus ou des péchés ; puis on chercherait comment et dans quelle mesure la définition des infractions ou des obligations d'ordre moral s'est dégagée des préoccupations exclusivement sacerdotales (sacrilège, lésion des

---

pour la description des sauvages. L'étude générale de leur condition, préhistorique jusqu'à un certain point (même lorsqu'elle dure encore), appartient plutôt à l'ethnographie et à la phénoménologie religieuse. On ne saurait les omettre dans une histoire des religions. Mais pour le peu qu'il est nécessaire d'en dire, je pouvais me charger moi-même de la révision de mon premier travail. » — Il est difficile d'être en plus complète opposition avec l'esprit de la science comparée des religions. Il ne s'agit pas seulement de résultats généraux ; par exemple, d'avoir concentré en vingt-trois pages (!) les centaines de religions de tous les peuples non-civilisés de la terre, dont six pages et 18 lignes pour la totalité du continent africain ; ni de cette regrettable confusion des civilisations précolombiennes avec les « peuples dits sauvages ». Une des conséquences les plus regrettables d'une telle omission est de nous priver de ces éléments comparatifs, si précieux et si indispensables, par lesquels, en s'aidant de la connaissance de la « demi-civilisation » africaine de la plus vieille Égypte, puis ensuite de la civilisation de l'Égypte classique et méditerranéenne, nous rattachons les phénomènes religieux des non-civilisés ou des civilisés « non classiques » (je cherche en vain un meilleur terme) à une des grandes sociétés dont nous sommes les héritiers directs.

1. Et entre autres enquêtes dans la pictographie symbolique des écritures.

intérêts divins, violation des interdictions de caractère purement ritualistique ou magique, par ex.); puis comment les dieux, en cette vie ou en l'autre, ont pu être considérés comme s'y intéressant ; comment enfin certains d'entre eux se sont trouvés jouer un rôle dans les sanctions. On peut regarder comme certain que l'on gagnerait à cette étude la connaissance de lois générales d'un caractère scientifique, et non plus fondées sur le raisonnement pur. On y ferait des constatations précises sur les phénomènes d'évolution de l'idée morale ; et l'on en tirerait grand profit pour l'examen de la formation des « morales » dans les autres civilisations religieuses.

III. — La constitution du sacerdoce est étroitement liée à l'histoire des religions. Elle est née de cette idée que l'on constate dans presque toute l'antiquité religieuse : l'homme ne peut s'adresser à la divinité que par l'intermédiaire d'une personne qu'elle agrée. Il y aura donc à rechercher et à comparer les conditions que les dieux, en divers pays, exigeaient de ceux qui les approchaient, puis les causes secondes et accidentelles qui ont amené la constitution d'une classe ou d'une caste sacerdotale, ainsi que les différences dans son organisation. En Égypte seulement, nous pouvons tenter d'atteindre l'origine avec un degré suffisant de certitude. Là, le Roi, étant le fils du dieu [1], pou-

1. Nous nous plaçons, pour plus de clarté, à l'époque histo-

vait seul, dans la théorie, entrer en rapports avec lui [1]. Les bas-reliefs des temples montrent que la fiction se perpétua jusque sous l'empire romain. Dans la pratique, j'ai dit un peu plus haut qu'il déléguait le soin d'officier à des prêtres de carrière qui, peu à peu, formèrent une classe nombreuse, riche, considérée ; leur puissance s'accrut tellement

rique, où l'Égypte est politiquement une. Bien entendu, le Pharaon ne fit que concentrer alors sur sa personne la multitude des sacerdoces qui, auparavant, avaient appartenu, dans chaque tribu ou petit royaume, aux chefs descendants du dieu local. Cela ne change rien à la théorie générale.

1. Une question préalable n'a jamais été examinée : celle de la façon dont, en Égypte, la qualité de fils du dieu était préalablement attestée. Des indices de plus en plus nombreux sembleraient établir que cette qualité, et par conséquent la légitimité de l'accession au trône, comme fils et successeur des dieux, était soumise, en règle ordinaire, à une manifestation de la volonté divine. C'était le dieu lui-même qui reconnaissait son fils, le prouvait par un signe convenu (*hanou* ou autre) de la statue divine ; c'était lui qui le présentait au peuple le tenant en ses bras, et lui plaçait sa couronne sur la tête. Cette investiture ou plutôt cette reconnaissance est tout à fait distincte du long rituel du sacre dont j'ai parlé à propos de la « magie », et dont le but était de munir le roi, préalablement reconnu, de tous les pouvoirs et de toutes les armes magiques nécessaires à son règne. La cérémonie dont je parle ici aurait ou pour but de faire connaître, par un procédé divinatoire, la volonté du dieu en matière de succession, le roi étant avant tout le premier des serviteurs du dieu. J'ai indiqué, dans Hastings, *Encyclopædia of Religion*, t. IV, au mot *Divinatio*, les principales raisons qui me paraissaient, sinon prouver la thèse en l'état actuel de nos connaissances, au moins engager à chercher en cette voie. Les recherches à faire de ce côté peuvent avoir un grand intérêt pour l'histoire comparée de l'origine des pouvoirs royaux ; elles sont à rapprocher des modes de divination employés par d'autres peuples pour la désignation de leurs chefs par le dieu, les dieux ou les « esprits ». (Voir la note suivante).

sous le Nouvel Empire que les grands prêtres d'Amon Thébain purent usurper la royauté [1]. Mais en principe, les prêtres n'étaient que les représentants du Pharaon, et, comme tels, soumis à son autorité absolue [2].

1. Les documents retrouvés en ces dernières années jettent une lumière instructive sur les origines exclusivement thébaines des pratiques éthiopiennes. Ainsi l'usage de faire désigner le Roi à Napata par la statue du dieu, devant lequel défilent les candidats (cf. Diodore, III, 8, la stèle d'Aspalat, et les études de Maspero, *Myth. Arch.*, t. III, 120, 225, etc.) est purement et simplement une pratique empruntée au culte de l'Amon-Ra de Karnak, à l'usage des Prêtres-Rois qui étaient les souverains éthiopiens. Des textes récemment publiés montrent que sous Ramsès II, et déjà sous Amenhotep III, le Roi présentait à la statue d'Amon les candidats à la grande prêtrise ; l'idole divine restait immobile jusqu'au moment où elle désignait, par son hanou celui qu'elle désirait pour serviteur. Il est très possible que cette coutume remonte aussi haut que le culte du dieu, et soit d'origine héliopolitaine, comme la plus grande partie du rituel thébain. Ici encore, une comparaison s'imposera avec la façon dont les divers interprètes des volontés divines régulièrement institués tiennent leurs pouvoirs chez les non-civilisés. On pourra constater que cette grosse question n'a jamais été abordée par les ouvrages d'ethnographie, qui se bornent, la plupart du temps, à décrire les pratiques des sorciers, médecins, féticheurs ou prêtres, mais ne se préoccupent jamais de la façon dont ils justifient leur caractère sacerdotal.

2. Les hautes charges, comme la grande prêtrise d'Héliopolis, de Memphis, d'Abydos étaient réservées, en règle, aux fils royaux. On peut ainsi rétablir assez nettement comment la délégation passait aux membres de la famille pour les cultes principaux, tandis qu'elle était confiée, pour les cultes provinciaux, au chef féodal de la province. Elle se répartissait de là, par subdélégation, aux cadets de famille, à la descendance plus éloignée, pour arriver aux « prophètes » qui leur étaient plus ou moins apparentés. Il faut bien noter que ces « prophètes » (le vrai nom égyptien est « serviteur du dieu ») avaient les attributions réelles du culte au temple — évoca-

L'histoire du sacerdoce égyptien peut conduire, par voie de comparaison, à une plus complète intelligence de ce qui, en apparence, est cependant ce qu'il y a peut-être de plus différent de l'organisation religieuse de la vieille Égypte : nous voulons parler des réunions d'individus soumis, pendant une période de temps donnée, et à un moment donné de leur vie, à ces instructions ou initiations auxquelles on donne (surtout pour le monde africain) ce nom si mal choisi de « sociétés secrètes » [1]. Ce n'est pas qu'il s'agisse de vouloir retrouver dans la vallée du Nil les traces d'un état social où de telles initiations avaient lieu. Mais l'étude approfondie des conditions qui ont créé en Égypte une royauté et un sacerdoce permettra de mieux déterminer les causes qui ont empêché les non-civilisés de passer par ce stade de l'évolution ; elle servira

---

tion, invocation, sacrifice, consultation des oracles, etc. Les autres prêtres de carrière n'avaient que des fonctions administratives ou domestiques.

1. Au point de vue exclusivement congolais, l'état actuel de la question est fort bien exposé dans le remarquable article de DE JONGHE, *Les sociétés secrètes au Bas-Congo* (*Ex. de la Revue des questions scientifiques* de 1907).

On y trouvera jusqu'à la date de 1906 la bibliographie complète du sujet, à laquelle il conviendra d'ajouter les nombreuses monographies parues depuis dans le *Man*, le *Globus* (cf. t. 94, p. 29), le *Folklore* (cf. t. 18, n° 4), les *Monographies ethnographiques*, la *Revue Congolaise* (cf. t. 2, fasc. 2, octobre 1911), les *Annales* du Musée du Congo (*Les Bushongo*, 1911) et surtout l'*Anthropos*, ainsi que quelques détails fournis par KEANE au mot *Africa*, par N. W. THOMAS, au mot *Australia* et par SYDNEY HARTLAND au mot *Bantu* (*and South Africa*) dans l'*Encyclopædia of Religion and Ethics* de J. HASTINGS.

aussi à préciser les besoins impérieux, instinctifs d'organisation et de défense de la société, auxquels pourvoient mieux ailleurs une monarchie et un culte organisés. Il est fort probable qu'une telle compréhension, rendue plus claire par un exemple historique et de date aussi ancienne que celui tiré de l'Égypte, fera mieux apprécier l'effort d'organisation que représentent, pour les non-civilisés, ces appareils de conservation sociale que sont leurs cérémonies d'initiation. On admirera comment, dans tous les pays, l'homme a ainsi senti le besoin de confier à une organisation traditionnelle le soin de perpétuer l'enseignement de certaines règles, sans lesquelles le groupement humain serait livré sans défenses à toutes les attaques de la nature ou des hommes [1] : connaissance des « noms magiques », des morts, des secrets de la médecine, des arts et métiers, de tout ce qui a été les premières conquêtes de la science-magie-religion acquise par les ancêtres ; des rapports avec les plantes ou les animaux, et avec leurs « esprits » ; les règles à observer avec les vieillards, les gens du clan, et souvent avec les femmes : bref un enseignement où se trouvent amalgamés, sans distinction théorique de morale, de magie, de religion, ou de

---

[1]. On distinguera, en cette recherche, les cas où l'initiation a lieu en masse pour tous les jeunes hommes, ou seulement pour certains, destinés à devenir « prêtres » ou « féticheurs », ou enfin sous la forme mixte d'un enseignement à deux degrés, l'un commun à tous, l'autre réservé aux futurs représentants de cette caste sacerdotale si rudimentairement ébauchée.

Histoire des Religions.

connaissances purement techniques, ce qui est le
« trésor de sagesse » accumulé par l'expérience
du groupe ethnique [1]. Et nul doute qu'en cours
de route, et non plus pour l'ensemble synthétique de la comparaison, mais à propos de la
formation de tel ou tel détail, les procédés égyptiens ne soient d'un puissant secours. Les hésitations, les tâtonnements, et aussi la manifestation
des mêmes besoins s'y retrouvent, mais notés au
fur et à mesure par des monuments et des textes
dont l'exégèse justifie les formations successives.
La haute signification — et probablement à l'insu
des acteurs eux-mêmes — de ces « camps d'initiation » ressortira avec une grande évidence de ces
rapprochements [2] — pourvu que l'ethnographie ait
fait le travail préalable de présenter une documentation plus rigoureuse, et où les faits soient moins

---

1. On notera que le savant ethnologue qu'est le professeur
De Jonghe est le premier à reconnaître le caractère non primitif de ces formes d'initiation (*op. cit., Introduction*, p. 3-4).
C'est précisément par l'étude des grandes religions anciennes,
et surtout l'égyptienne, que l'on peut arriver à ce « travail de
reconstitution logique » qu'il réclame. Il a complètement échappé
à Hutton Webster en ses *Primitive Secret Societies* (1908), où
l'on retrouve en somme la vieille thèse de Schurtz, ainsi qu'à
Dennet, qui les a confondues avec les *associations secrètes*
proprement dites en son *At the back*, etc., mais un peu mieux
entrevues en ses *Nigerian Studies*.

2. Ils aboutiront à des conclusions toutes différentes des
vues superficielles de Schurtz, qui n'y voit qu'un développement des rites de puberté, et rattache le tout au système
ultra-simpliste des fameuses « classes d'âge », base des sociétés primitives. Encore plus ces conclusions différeront-elles
de celles de Frobenius, ramenant le tout au mânisme et au
culte solaire.

soumis aux contradictions que l'on relève à tout instant dans sa bibliographie [1]. Le classement des variétés des *n'kimba* congolais, des *ndembo* de l'Afrique, leur séparation très nette des véritables associations secrètes, qui n'ont aucun rapport avec eux, et une étude plus approfondie des initiations des femmes, parallèle à celles des jeunes adultes, sont les premières conditions nécessaires. La comparaison avec les initiations des autres parties du monde, après avoir ainsi passé de l'Égypte aux sociétés africaines, marchera dès lors beaucoup plus rapidement. Des formations secondaires, comme les *kindi* des Wa Rega [2] et les cérémonies de leurs *m'para*, montreront un nouveau stade de l'évolution, obéissant au même besoin de préserver l'appareil de défense sociale, mais en remettant déjà la protection entre les mains de certains individus, et non plus à toute la nouvelle génération parvenue

---

[1]. Les faiblesses et les lacunes ont été signalées par DE JONGHE, sans qu'il apparaisse qu'il y ait été porté remède depuis, à en juger, par exemple, par les documents des huit volumes de *Monographies ethnologiques* parus depuis 1907.

[2]. Les contradictions entre les récits de CORDELLA et de DELHAISE dans l'ouvrage consacré aux *Warega* (*Mon. Ethnogr.*, t. V) montrent assez que tout est à remanier en fait de méthode d'enquête sur ces sujets, et comment, faute d'instructions fondées sur un bon questionnaire, les auteurs ont négligé d'approfondir les questions les plus importantes parmi celles qui donnaient justement le sens de ces cérémonies. J'ai tenté un essai de reconstitution par la méthode comparative, ainsi qu'un rapprochement avec les cérémonies d'Australie en mon cours de 1910-1911. Les intitulés de cette série de conférences ont été donnés à leurs dates dans l'*Expansion Coloniale*, bulletin officiel de l'Institut Colonial de Marseille, 1910 et 1911.

à l'âge adulte. Chemin faisant, une comparaison extrêmement instructive pourra être faite, d'après les analogies que présentent les enseignements impératifs de caractère moral ou social qui se dégagent des cérémonies de certaines sociétés africaines et ce que l'on peut observer en celles d'Australie ; le sujet n'a jamais été abordé ainsi ; il aurait donné des résultats d'une portée plus haute que la comparaison perpétuelle des rites externes auxquels les ouvrages d'ethnologie s'arrêtent presque toujours [1].

Les choses se montrent pour l'instant avec moins d'évidence en Chaldée et dans les Empires qui se sont succédé dans cette région. On n'a pas encore établi si le Roi était de race divine ou seulement choisi par le dieu [2]. Les corporations sacerdotales y paraissent fortement constituées, influentes, sans

---

[1]. Cette étude se placera, par conséquent, à un point de vue tout différent de celui qu'adopte la théorie des « rites de passage », auxquels Van Gennep, après Schurtz, veut ramener ces manifestations de la vie religieuse des non-civilisés.

[2]. La divination de Shamashnapishtim, celle de Gilgamès, roi d'Ourouk, son descendant, n'a, par elle-même, naturellement, aucune valeur historique. Mais rapprochée du rite de l'investiture (le « roi prenant les mains » de la statue de Bel-Mardouk), et de ce que nous savons de l'ordre de succession au trône, elle semble indiquer que les rois se considéraient plutôt comme des délégués que comme des descendants des dieux. D'autres indices, au contraire, dans le protocole des vieux rois, par exemple, indiqueraient la croyance à la filiation réelle. Il semblerait qu'il y a eu un mélange, à l'époque historique, de deux données jadis tout à fait distinctes ; et l'on ne peut s'empêcher de songer à la fusion, reconnaissable pour la mythologie, des éléments dits « sumériens » et sémitiques (cf. Maspero, Hist., t. II, pp. 572, 574, 675, 703).

qu'on puisse dire jusqu'à quel point elles dépendaient de la personne royale. De même, nous ne connaissons les castes sacerdotales, comme celle des Brahmanes dans l'Inde, celle des Mages chez les Mèdes et les Perses, qu'à une période trop avancée de l'évolution religieuse. La caste des Brahmanes fournirait pourtant le meilleur type. Quant à l'influence de ces classes ou de ces castes sur le développement des religions, elle trouvera mieux sa place dans l'histoire de leur évolution, qui constitue la seconde partie de l'enseignement par la méthode comparative. Ici, la Grèce et Rome, qui n'ont pas eu un véritable corps sacerdotal, serviraient à la contre-épreuve.

Enfin, les sacerdoces plus ou moins rudimentaires des non-civilisés, considérés indépendamment de toute instruction « d'initiation », mériteront d'attirer l'attention, sans qu'on trouve cependant chez eux les enseignements directs que donne l'étude des grandes religions. La classe des sorciers pullule dans toutes les parties du monde sauvage, et avec d'innombrables variétés dans leur organisation et leur mode de recrutement. Tous les voyageurs abondent en anecdotes sur la bizarrerie de leurs fétiches, sur la crédulité craintive des sauvages, sur la puissance illimitée des sorciers, tempérée parfois par une responsabilité de fait, sur les artifices qu'ils emploient pour maintenir leur crédit. Mais tout cela est incohérent et manque entièrement d'observation comparative. Les sorciers eux-mêmes sont incapables d'expliquer la raison de leur pouvoir et de leurs procédés, comme auraient pu le faire les magiciens de l'Égypte et de la Chaldée (voir au chap. v). Aucun document écrit ne supplée à leur ignorance, et ne nous révèle les éléments des croyances qui ont pu donner naissance à toutes ces pratiques de la sorcellerie des sauvages. Aussi est-il à craindre que l'enquête directe, sur ce sujet, n'aboutisse à des résultats plutôt curieux qu'instructifs. On ne peut avancer tant qu'on se bornera à étudier ces faits en eux-mêmes ; ni tant qu'on les prendra comme point de départ de recherches, en groupant autour d'eux quelques rares comparaisons tirées des religions anciennes, et trop souvent choisies arbitrairement d'après des analogies superficielles. La méthode inverse pourra arriver à des résultats plus sérieux. Après avoir étudié la magie des vieilles religions et la façon dont leurs prêtres la mêlaient et la confondaient nécessairement avec le reste du culte, il sera plus facile, sous les déformations et les dégradations que leur ont fait subir les non-civilisés, de retrouver, au moins en partie, les principes d'où les sorciers ont tiré leurs pratiques, et les fondements pseudo-rationnels de leurs pouvoirs reconnus. La connaissance, étayée par les textes, de ce que devinrent les magiciens des basses époques, de plus en plus distincts du corps sacerdotal, nous montrera ensuite comment et par quelles voies l'incohérent et le monstrueux défigurèrent et les pratiques et la théorie raisonnée des pouvoirs. On aura alors l'explication de la plus grande partie des faits constatés chez les féticheurs, ou « hommes-médecins », ainsi que chez les sacerdoces embryonnaires ou chez les corps sacerdotaux déjà à peu près organisés de nombreux peuples « sauvages » d'aujourd'hui.

La mort, la morale, le sacerdoce semblent des questions d'ordre si général, et si nécessaires à préciser dans l'étude des éléments constitutifs, que l'on s'attendrait à trouver, sur ces points, des travaux antérieurs considérables. On est surpris, en examinant la bibliographie religieuse, de voir, au contraire, combien ces sujets ont été peu étudiés au point de vue des constatations générales. A peine y a-t-il quelques rares recherches de détail qui soient fondées sur la méthode historique, ou qui cherchent à classer les faits de détail pour les ramener à des groupes rationnels. Encore moins est-il question de comparer entre elles les diverses civilisations. On en est même si loin, que tel ouvrage peut traiter de la religion babylonienne ou de celle des Aztèques, sans consacrer une ligne de mention à la morale en usage chez ces peuples. Ailleurs les idées sur la mort sont dispersées et rattachées aux diverses pratiques qu'elles engendrent, au lieu de servir de base et d'explication générale pour l'ensemble, immédiatement après les recherches sur la nature de la vie, et sur la structure des êtres divins ou non divins. C'est assez dire à quel point ces matières peuvent être l'objet d'un travail qui sera tout nouveau[1], et quels résultats il est légitimement permis d'entrevoir.

[1]. En ce qui regarde les non-civilisés, on a essayé à plusieurs reprises, mais toujours partiellement, de grouper les croyances de peuples différents relatives à ces sujets. Mais on l'a fait presque toujours sous la forme de collections de faits, de matériaux, bien plutôt que de groupes homogènes constitués par l'étude méthodique desdits faits. C'est peut-être un des chapitres de l'Histoire des Religions où l'on voit le mieux comment cet examen est par avance infructueux, en l'absence de toute connaissance préalable de ces grandes religions anciennes, dans lesquelles on aurait pu suivre l'enchaînement des phénomènes religieux, et poser les principes premiers de la matière. On constate une preuve évidente de cette incapacité à bien poser le problème dans les « questionnaires » principaux employés par l'ethnographie (Manuel of scientific enquiry de HERSCHEL, Questionnaire de la Société d'Anthropologie, ou des « Monographies Ethnographiques », celui édité par le Gouvernement à l'usage du Congo Belge, celui publié par G. FRAZER, les Hints to travellers de GALTON, le Questionnaire d'Ethnographie de la Mission Raquez au Laos, etc. La persistance de l'esprit et de la méthode exclusivement anthropologiques, au vieux sens du mot, et des Instructions de BROCA ou de MILNE-EDWARDS dominent visiblement la majorité de ces petits traités). On retrouve, sur ces points, les mêmes absences de divisions rationnelles qui font, par exemple, mettre à l' « alimentation », les raisons pour lesquelles les indigènes croient interdit de tuer ou de manger tel animal en lequel se réincarnent les ancêtres ; qui placent au « costume », les talismans en relation avec les esprits des morts, ou aux « manifestations de la vie sociale », les enseignements d'initiation relatifs à la connaissance des noms et des formes des esprits des morts. Ou bien, on voit affirmer, dans une des réponses à ces questions mal réparties « que les indigènes n'établissent aucune relation entre les gens de la tribu et une espèce végétale ou animale quelconque » ; et dans cinq ou six sections à la suite, en réponse au même questionnaire, on voit attester que tel animal est préposé à la protection d'un acte déterminé, ou à une classe de gens (chasseurs, pêcheurs, par ex.), etc. Les coutumes, et surtout les croyances ou les idées connexes, relatives aux diverses parties du corps sont dispersées en trop

de chapitres sans liaison. Nulle part, on ne classe convenablement les idées relatives aux anomalies somatiques ou aux infirmités, et on ne voit jamais grouper en un tout bien coordonné les pratiques « définitives » concernant les déformations, ablations ou mutilations corporelles, tatouages, cicatrisations, etc., mises à la suite des modifications « temporaires » que constituent les peintures, coiffures et autres traitements occasionnels de l'être physique. La théorie générale devient par là beaucoup plus malaisée à dégager de la masse de la documentation. Les « Monographies ethnographiques », publiées par Van Overbergh constituent, et de beaucoup, ce qui s'est fait de plus méthodiquement complet en matière de plan d'enquête. Elles non plus n'échappent point cependant à la règle sous ce rapport. Ainsi le caractère « chthonien » du dieu ou « esprit » Kalaga des Wa-Rega (t. V), cependant si intéressant, échappe entièrement, à moins de réunir patiemment les informations confuses et trop souvent contradictoires dispersées en trop de rubriques indépendantes. C'est à travers tout le volume qu'il faut glaner (p. 115, 135, 213, 215, 217, 219, 227, 228, 241, 243, 247), ses caractères, mal dégagés en fin de compte par cette méthode, de dieu de l'intérieur de la terre, suzerain par conséquent de ses produits miniers, comme des séjours des morts, et, par double conséquence, préposé aux arts du métal ou aux techniques dérivées, aux communications avec les morts ou à l'enseignement secret des ancêtres. Le tout laisse soupçonner que, mieux orientée au début, l'enquête aurait récolté une moisson autrement abondante. Des exemples analogues pourraient être multipliés pour chaque rubrique. Quelquefois le véritable sujet ainsi méconnu est d'une importance encore plus marquée qu'un point de mythologie locale. Il y aurait eu, par exemple, un grand intérêt à classer, de manière à ramener à une donnée fondamentale commune bien dégagée, les centaines de faits ou d'idées relatifs à la diminution de force ou de protection magiques, à l'incapacité de procéder à un rite, à une opération technique, à une expédition de guerre ou de chasse, etc., qu'entraînent les rapports sexuels. Là encore, il y a quasi certitude que les faits ont été notés seulement par chance et presque au hasard par les enquêteurs, à propos de faits indépendants, et que faute d'une méthode directrice, les observateurs en ont omis la mention dans une infinité d'espèces. Le tout se rattacherait rationnellement aux faits que la belle étude de Crawley a réunis sous le titre un peu artificiel de *Chastity*, titre qui n'embrasse qu'une partie des pratiques ressortissant du principe initial (voir au chap. VIII de la présente Méthode, à l'*Ordalie*). Un questionnaire plus judicieusement organisé eût attiré l'attention des enquêteurs sur l'importance de la théorie générale. Il eût permis de l'établir et d'en présenter, en ordre logique, la série presque infinie des applications dans les manifestations les plus étrangement dissemblables, à première vue, de la vie religieuse ou sociale. Et comment, faute de cette vue générale, arriver à démêler la part que cette même idée initiale, évoluée et transformée a pu prendre dans l'élaboration de ce qui constituera un jour une partie de la « morale » ? Quant à celle-ci même, elle a été encore plus maltraitée dans la plupart des cas. Tantôt elle est supposée inexistante, ou bien l'on croit constater qu'elle n'est l'objet d'aucun enseignement, et on voit assurer, bientôt après, que certains enseignements de caractère « social » se donnent à certaines occasions (initiations, cérémonies secrètes, etc.), mais sans rattacher ces enseignements à la morale, dont ils procèdent réellement, quelle que soit la rubrique apparente. Ou bien encore, on rattache aux croyances relatives aux morts ou aux animaux protecteurs certains faits qui constituent bel et bien — interdictions, perte de la protection des « esprits », sanctions diverses, etc. — les éléments d'une morale organisée, si humble soit-elle. Le grand vice qui semble avoir jusqu'ici empêché de mener rationnellement ces recherches semble avoir été l'absence de cadres et de terminologies appropriés. On s'est servi, pour tous ces peuples, de « questionnaires » où les idées et les faits sont classés d'après nos phénomènes sociaux. Quand ce ne serait qu'à ce point de vue restreint, l'Égypte pourrait fournir une grande aide à l'enquête ethnographique, en présentant un exemple bien solide, bien prouvé par les textes, d'une race où ces idées sur les trois sujets se classent d'une autre façon, et où on voit les diverses catégories de phénomènes, sans relations entre eux, dont les conséquences ont amené, par fusion, la formation d'ensembles d'idées et de pratiques correspondant à ce que nous appelons aujourd'hui une eschatologie, une morale ou une définition du sacerdoce. On pourra bien plus aisément ensuite s'orienter chez les non-civilisés, et aller rechercher dans telle ou telle catégorie de faits, en apparence sans lien aucun avec ces idées, la justification des éléments constitutifs qu'il s'agit de grouper.

VII

L'ÉVOLUTION. — RÔLE DE L'ANCIEN ORIENT.
EXAMEN DE QUELQUES QUESTIONS.

Après l'exposé des éléments constitutifs, la tâche principale de l'Histoire des Religions serait d'abord de présenter, dans toute sa suite, l'*évolution* d'une religion naturelle, c'est-à-dire la série des phases par lesquelles elle a passé, en déterminant les causes et les modes de chacun des changements ; puis d'arriver, par la comparaison avec les diverses religions, à déterminer les lois générales du développement religieux. La première partie de cette tâche est possible en Égypte, mais seulement là. Nous avons déjà dit les principales raisons de ce privilège de l'Égypte : la longue durée de la religion égyptienne, l'abondance des documents de tout genre, et surtout le fait exceptionnel qu'elle n'a été troublée, dans son développement naturel, ni par de brusques réformes, ni par l'intrusion de divinités étrangères [1]. L'histoire suivie de

---

[1]. Quelques critiques de la première édition ont compris que j'entendais dire qu'il n'y avait point de cultes étrangers importés en Égypte, et la tâche leur a été aisée de citer nombre de cultes venus du dehors. Je veux dire que l'on ne peut pas citer, des monuments thinites à la fin du IV° siècle après notre ère, un seul cas d'une divinité venue du dehors qui ait eu, soit accès

la religion égyptienne, qui n'a jamais été faite, serait donc, par elle-même, déjà très instructive ; elle le deviendrait encore plus par des rapprochements avec d'autres religions. Aucune d'entre elles, malheureusement, soit par l'effet des conquêtes, soit par les mélanges avec des cultes étrangers, ou simplement faute de documents [1], ne présente une suite qui permettrait un parallèle complet. On est forcément réduit à des comparaisons partielles.

Celles-ci sont loin d'être négligeables. J'ai cité, en passant, la similitude qui existe entre la période que nous connaissons de la religion védique et la période du second empire thébain. Qui voudra pousser cette étude plus loin découvrira entre les deux des ressemblances de plus en plus frappantes, dans la tendance générale comme dans les procédés de la poésie sacerdotale, ou dans ceux de l'exégèse à la fois grammaticale et théologique. L'Égypte et la Chaldée-Babylonie offriront également une abondante matière aux comparaisons, lorsqu'on étudiera la formation et l'organisation de leurs panthéons, les différences et les ressemblances dans leur conception première de la nature

---

dans la mythologie nationale, soit une part territoriale dans la géographie religieuse du pays. Quant à la question de l'origine étrangère de certains dieux tels que Bisou ou Haïthor, elle est hypothèse ingénieuse, mais elle n'est que cela, le seul fait indiscutable étant que, si haut que remontent les monuments, ces divinités font partie du panthéon égyptien.

1. Par ces derniers mots j'entends, elliptiquement, les divers cas : ceux où les documents sont évidemment perdus sans remède, et ceux où ils existent bien, mais où ils n'ont pas encore été publiés, ni même inventoriés.

de la divinité et de ses rapports avec l'homme, conception qui a déterminé tout leur développement religieux respectif.

Sans chercher à énumérer tous les points de comparaison possibles, je me bornerai à indiquer brièvement quelques-unes des phases de l'évolution pour lesquelles les observations et les comparaisons me paraissent pouvoir conduire dès à présent à des résultats d'un ordre assez général.

I. — Autant que les survivances permettent de reconstituer le passé le plus lointain, des myriades d'êtres divins, sans personnalité bien déterminée, pullulent pendant la période primitive. Une sélection s'opère lentement dans cette troupe innombrable. Tandis que la plupart tombent au rang de dieux secondaires, de génies locaux ou de divinités confinées dans l'autre monde, quelques-uns deviennent les maîtres et les protecteurs de toute une tribu; non par quelque supériorité de leur nature, mais par des causes locales et accidentelles. Puis vient un nouveau stade : l'organisation des dieux en famille ; les hiérarchies et les spécialisations d'emplois. Un nouveau progrès encore intervient, là où se forment de grands empires : un dieu devient le chef du panthéon national.

C'est, en règle, celui de la ville capitale du moment. Ainsi Amon, le dieu de Thèbes, prend le premier rang avec les dynasties thébaines du Nouvel Empire, sous le nom d'Amon-Râ, comme Mardouck à Babylone, avec Hammourabi. En revanche, lorsque les dynasties thébaines disparaissent, la suprématie passe, avec la royauté, aux divinités de la Basse-Égypte. Et de même, l'Assyrie victorieuse, tout en conservant la religion et le panthéon de Babylone, place à sa tête Assour, son dieu national. La primauté d'un dieu est donc due, en ces deux cas bien clairs, à des causes politiques.

En Grèce, au contraire, où aucun état n'a pu imposer sa suprématie définitive, la royauté de Zeus est une imagination poétique plutôt qu'une réalité ; chaque cité garde le premier rang à sa divinité protectrice, Athéna en Attique, Héra chez les Argiens, etc., aussi jalousement qu'elle défend son autonomie contre toute tentative d'hégémonie.

L'histoire des groupements, des hégémonies, des hiérarchies ; leurs phases expliquées par l'histoire politique ou économique ; leurs conséquences sur le progrès religieux et sur l'unification des premiers systèmes théologiques, formeront l'objet d'un premier ensemble de recherches.

II. — Une des suites de la prééminence politique de telle ou telle divinité est de grouper autour de son temple les ressources et les énergies. Le progrès, d'abord d'ordre matériel, est devenu, par la force des choses, d'ordre intellectuel et moral.

Aussi est-il de la plus grande importance pour l'Histoire des Religions de recueillir, de grouper et de comparer les faits qui, dans les diverses religions, ont concouru à *l'organisation* des cultes et des croyances. Ce travail n'a pas encore été commencé, sinon partiellement et sur quelques points de détail. Et cependant, les faits de cette nature, quoique n'ayant rien d'éclatant, ni qui frappe l'attention, ont exercé une action très forte sur le développement religieux. Il a fallu d'abord organiser matériellement le service des dieux, réunir les annales de leur histoire et justifier les faits qui sont l'occasion des grandes fêtes, dresser les calendriers sacrés, établir les bibliothèques où se conservent les rituels et les livres magiques, régler l'administration des richesses appartenant aux temples, etc. Tout cela a été l'œuvre des corps sacerdotaux.

Ils ont été ainsi amenés à introduire l'ordre dans les panthéons. Au commencement, il n'y a que des divinités, maîtresses chacune de leur ville, de leur province et indépendantes l'une de l'autre, les déesses aussi bien que les dieux. On a travaillé à les grouper à l'image de la famille humaine, d'abord par des mariages; ainsi en Égypte, par des triades composées du père, de la mère et du dieu fils [1]. Les assimilations vinrent ensuite, qui firent de divinités, absolument distinctes à l'origine, les divers aspects d'une même divinité. C'est ainsi que presque toutes les déesses égyptiennes en vinrent à être considérées comme des doublets d'Isis-Hâthor, et que les dieux principaux tendirent

---

1. Les « Ennéades » de l'Égypte, comme BUDGE, *Gods of the Egyptians*, l'a soutenu avec raison, témoignent d'une hauteur de vues et d'un progrès dans la pensée religieuse qui doit les faire placer après la création des Triades.

sur la fin à se fondre en un Amon-Râ-Osiris. Ailleurs, le travail fut poussé moins loin, mais partout la tendance fut identique. Si bien que ce mouvement dépassa les limites des panthéons nationaux et s'étendit d'une religion à l'autre, pour aboutir au vaste syncrétisme de l'époque gréco-romaine. Dans ce long travail d'élaboration, qui couvrit d'une apparence d'unité religieuse les croyances diverses de l'ancien monde, il y aura à faire et à marquer la part des divers éléments qui ont concouru au résultat final : l'influence des événements politiques, tels que les conquêtes des Assyriens, celle d'Alexandre et la domination romaine ; le penchant naturel des peuples à reconnaître en tout pays leurs dieux sous des noms divers ; enfin, par-dessus tout, les spéculations inlassables, l'exégèse subtile des théologiens de l'Égypte ou des empires de l'Asie, et, après eux, celle des écoles de philosophes grecs.

III. — La révision des cadres de l'armée divine n'a pas eu pour seul résultat l'organisation des hiérarchies. Les essais disparates d'explication de l'origine ou de la marche du monde, de sa structure, des grands événements qui vont de sa naissance aux temps actuels, ont sollicité l'attention des serviteurs des grands cultes. Il s'est agi pour eux d'en tirer des systèmes s'adaptant tant bien que mal au Panthéon qu'ils ont organisé. L'élaboration des cosmogonies et l'histoire de leurs remaniements méritent de retenir longuement notre attention.

L'explication cosmogonique n'appartient pas au fond réellement primitif de la religion. Aussi les cosmogonies ont-elles bien paru dans toutes les parties de l'univers, mais ce fut probablement assez tard, et le plus souvent sous une forme aussi enfantine que le fond. Ce sont de puériles histoires de génies ou de dieux, auxquelles on ne peut guère donner encore le nom de cosmogonies. Celles-ci sont vraiment l'œuvre, artificielle et savante, des écoles sacerdotales. Gênés par les légendes absurdes, baroques, contradictoires, par les souvenirs de religions locales inconciliables et par les produits spontanés de l'imagination populaire, mais impuissants à s'en débarrasser, les théologiens de l'Égypte ou de la Chaldée se sont efforcés de les concilier, de les coordonner, d'en tirer une cosmogonie théogonique. Ils y introduisirent le fruit de leurs méditations sur la séparation du ciel et de la terre, la formation de celle-ci émergeant des eaux, l'apparition et le retour de la lumière, la marche des astres, les luttes entre les éléments et les cataclysmes qu'ils soupçonnaient à une époque antérieure ; le tout présenté sous la forme d'une histoire des dieux et de leurs combats. Les dynasties divines de l'Égypte, les légendes babyloniennes sur la création et le déluge, les théogonies d'Hésiode et d'autres poètes grecs maintenant perdues sont des spécimens de ces productions savantes[1].

1. L' « astralmythologie » de JEREMIAS et WINCKLER n'aurait pas de place dans un exposé de méthode comparative, si le

Histoire des Religions.

En examinant les divers systèmes, on est surpris de trouver parfois chez les non-civilisés de l'Extrême-Orient des cosmogonies plus rudimentaires, mais ayant encore une certaine suite et une apparence poétique. Il ne faut pas oublier qu'à plusieurs reprises la race malaise fit preuve d'une vitalité puissante, qui ne va pas sans civilisation, et d'une force d'expansion qui porta ses vaisseaux

« panbabylonisme » restreignait ses propositions mythologiques et cosmogoniques au seul groupe des civilisations chaldéo-assyriennes et de celles qui en sont plus ou moins dérivées. (Cf. *Geschichte Israëls*, t. II, 1900; *Babylonische Kultur*, etc., 1902; *Panbabylonisten*, 1907). Mais la prétention de STUCKEN (*Astralmythen*) de l'étendre à tous les peuples de la terre sans exception « avec les premiers humains qui peuplèrent les terres », oblige l'histoire générale des religions à examiner la thèse. STUCKEN a soutenu expressément qu'on retrouvait l'ensemble du système dans toutes les religions, même celles des non-civilisés les plus éloignés, et que l'origine en était à Babylone, au troisième millénaire; et JEREMIAS (*Panbabylonisten*, p. 15) a assuré l'existence « de la formation complète d'un nombre de pensées qui sont d'accord jusque dans les moindres détails, comme un théorème de mathématiques ou comme un rouage d'horloge, non seulement dans l'idée, mais aussi dans l'expression ». Des termes aussi catégoriques ne s'étaient pas vus depuis les tentatives de l'école philologique, avec laquelle le panbabylonisme présente parfois, d'ailleurs, de singulières affinités de méthode et de raisonnement. Cf. sur les procédés de la « Société pour l'Etude des Mythes » les nouvelles critiques de VAN GENNEP, *Mythologie et Ethnographie, Revue Histoire des Religions*, 1911, t. LXIII, p. 41. Une thèse de cette envergure ne peut se discuter en une note. Les spécialistes d'Israël ou de l'Orient classique ont signalé, en leur temps, les invraisemblances de ce système en ce qui regardait ces civilisations, et les excellents travaux de SELER (*Gesammelte Abhandlungen zur amerikanischen Sprach- und Altertumskunde*, I, 602 ff., 1902) mettent les choses au point en ce qui regarde les civilisations de l'Amérique centrale. La réfutation, en ce qui a trait aux non-civilisés, m'appa-

L'ÉVOLUTION

jusqu'à Madagascar d'un côté, de l'autre jusqu'au Japon, sinon, quelques savants l'ont même soutenu, jusqu'en Amérique. C'est à ces temps de grandeur passée qu'on peut reporter les cosmogonies dont on a retrouvé les débris sur plusieurs points de la Polynésie, et la science des Religions vient ici confirmer les données de l'Histoire.

Le rôle de la religion égyptienne en cet ordre de

raît évidente pour les peuples d'Afrique, et de plus autorisés la feront sans trop de peine pour les autres parties du monde. Je me bornerai donc à signaler ici-même que les *Astralmythen*, quoi que l'on tente, sont inconciliables avec la mythologie égyptienne ; et c'est là un vice capital, ce semble, pour une thèse qui veut réduire au panbabylonisme les mythes du monde entier que de se briser, au premier choc, avec une religion munie de textes. Les ingéniosités astronomiques les plus subtiles — par exemple, reculer les origines de 2.000 ans plus haut, par le mouvement solaire à travers les signes du Zodiaque — prouvent seulement un énorme travail de calculs et de science dépensé en pure perte, tout comme dans les essais sur les périodes chronologiques fondées sur le lever héliaque de Sothis en Egypte. Il y avait longtemps, au cinquième millénaire, que les mythes des textes des Pyramides avaient été rédigés, et il n'y en a pas un, à la lettre, que l'on puisse ramener à la théorie de STUCKEN. L'ensemble des données relatives au Râ d'Héliopolis n'est, par rapport aux religions de la vallée du Nil, qu'un système savant, superposé à des systèmes de mythes plus anciens, et au moins au nombre de deux (système du dieu-ciel et système des quatre régions astrales). Et cependant il est lui-même singulièrement plus ancien que le premier des systèmes solaires chaldéens. Voir à ce sujet les intéressantes remarques de CUMONT, *Théologie solaire du paganisme romain*, 1909, p. 449 ff. ; chez les Babyloniens, jusqu'au milieu du troisième millénaire, le Soleil a moins d'importance que la lune, et est considéré comme une des sept planètes. L'accession lente du Soleil au premier rang se suit depuis cette époque jusqu'au *Sol Invictus* de l'Empire. Elle offre des parallélismes instructifs avec l'histoire de l'Egypte. L'étude des non-civilisés révèle partout, à des

recherches ressort assez bien de sa longueur même pour qu'il soit superflu de l'expliquer. Aucun travail ne réclame plus nécessairement des suites de siècles d'histoire sans rupture, des séries de textes et de monuments retraçant, au cours des âges, les progrès successifs des théologiens. On aura donc tout dit en rappelant que les documents de l'Egypte vont des textes préhistoriques des Livres des Morts et des Pyramides au IVe siècle après notre ère.

IV. — Un des plus grands obstacles à la connaissance des origines des dieux et à celles des croyances est le *symbolisme*. Les gloses et les ajustements artificiels des vieux mythes torturés par les sacerdoces nous gênent à un point inimaginable. On peut assurer qu'aucun pays ne peut, mieux que l'Égypte, révéler la variété des artifices

degrés divers, une évolution similaire ; le Soleil n'y est en règle, aux débuts, qu'un personnage beaucoup moins important que la Lune. Voilà pour ce qui a trait à la partie des propositions du panbabylonisme fondées sur le rôle prééminent de la course solaire dans l'élaboration des mythes de l'humanité entière. Il resterait à examiner le fondement même de la thèse que toute mythologie s'occupe exclusivement à ses débuts des événements du ciel. Je dois me borner brièvement à déclarer qu'en ce qui regarde l'Egypte, cette théorie est insoutenable sur chacun des points essentiels. La transposition dans le domaine céleste et astrologique des principales légendes ou énergies des dieux a été une conquête très lente sur l'animisme des débuts ; elle a été le facteur principal qui a dégagé l'Egypte des religions des non-civilisés ; mais les éléments terrestres des débuts sont reconnaissables et vérifiables, pour toutes les parties de ses grands cultes nationaux.

employés et fournir les moyens d'analyser des éléments amalgamés par les clergés. Les théologiens de l'Égypte ont essayé, dans les derniers temps, de donner à leurs dieux un sens plus rationnel, en les considérant comme des « symboles » des forces naturelles. Ainsi Typhon devient le désert et le souffle empoisonné du « khamsin » qui dessèche la terre ; Osiris, c'est le Nil, l'humidité fécondante. Pareil travail combla d'aise l'esprit hellénique, lorsqu'il le trouva en Égypte. En Grèce, les philosophes, et notamment les stoïciens, avaient commencé à interpréter de même les divinités, souvent d'une manière puérile : Déméter était le blé ; Dionysos, le vin, etc. ; tels dieux personnifient le principe igné, le principe humide.

Du symbolisme naturaliste, on s'éleva plus ou moins péniblement au symbolisme moral. Mais toutes ces spéculations ne dépassèrent pas les limites d'un groupe de penseurs très restreint, et ceux-là, mêmes qui s'y livraient continuèrent, en pratique, à croire aux dieux nationaux et à leur rendre le culte auquel ils avaient droit.

Un pareil mouvement d'idées ne fut cependant pas entièrement stérile. Si, au point de vue du progrès religieux, il ne fit qu'ouvrir la voie plus large aux rêveries et aux verbiages creux de la mystique, il eut une influence marquée sur la littérature et sur les formes de l'art. Ainsi, les figures symboliques tirées du fond réel de la religion produisirent en Égypte les hymnes ; le maniement familier de leurs « tropes » engendra, à Thèbes ou à Tell Amarna, des œuvres peut-être un peu surfaites, mais qui n'en sont pas moins des monuments de grand intérêt pour toute Histoire des Religions. La belle allure puissante et imagée de la littérature babylonienne semble bien due également au travail préparatoire de la symbolique sacerdotale. L'influence de celle-ci se révèle plus clairement encore en Egypte dans les œuvres plastiques : la valeur et la combinaison des symboles, traduits en formes canoniques, jouent un rôle considérable dans le plan ou l'orientation de l'édifice, ou dans sa décoration secondaire. Elles règlent tout dans la statuaire, depuis les attributs et les accessoires jusqu'à la soi-disant ornementation des bases ou des trônes, et à l'emploi des diadèmes, coiffures ou couronnes. Une Histoire de de l'Art est impossible en ces pays si elle n'est précédée ou accompagnée d'une histoire de la religion [1]. Il semble bien qu'il en soit de même pour ce qui a trait à l'archéologie des monuments précolombiens [2].

[Un des exemples les plus caractérisés des déformations causées par le symbolisme est, pour l'Égypte, les interprétations simultanées du mythe Osirien. La légende d'Osiris, ancêtre

1. Cf. les excellents prolégomènes de PERROT, *Histoire de l'art*, t. Ier : *L'Egypte*, et ce qui est dit (p. 764) de cette sorte de langue symbolique de l'Art.
2. Cf. pour la démonstration, les constatations des *Gesammelte Abhandlungen* de SELER, t. I, p. 417, 668 ; t. II, p. 107 (*Zweiter Abschnitt*) et 289 (*Archäologisches aus Mexico*), et t. III, p. 563 (*Archäologisches ...aus dens Maya-Ländern*), et les séries de rapprochements entre les formes de l'iconographie de la symbolique religieuse et les plastiques des différents arts de ces civilisations.

des rois d'Égypte et roi des morts de sang royal, puis plus tard de tous les morts soumis aux rites osiriens, avait placé au premier rang des caractères du dieu la donnée de la seconde vie succédant à la mort physique. A travers mille invraisemblances et ajustements pénibles, elle avait réussi à superposer aux systèmes théologiques — tels que celui d'Horus-Sit, ou celui de Râ — ou aux eschatologies provinciales de toutes natures un mythe où Osiris personnifiait la résurrection. Il était inévitable que, plus ou moins tardivement, cette résurrection s'appliquât, par symbolisme, à tout ce qui dans la nature semblait mourir pour renaître, et qu'à l'inverse, par le même symbolisme, ce qui renaissait après une mort apparente fût tenu pour des formes ou des valeurs mystiques d'Osiris. Non seulement, bien entendu, Osiris s'est assimilé par conséquent les divers dieux des morts, par le travail théologique des « doublets » et des « épithètes », mais il est peu à peu devenu un aspect de Râ le Soleil ; et le Râ-Osiris thébain est trop familier à tous ceux qui ont fait tant soit peu de religion égyptienne pour qu'il soit besoin d'insister. Osiris, dans le symbolisme naturiste, est devenu le Nil fécondant, opposé à Sit le désert, et la mort annuelle du fleuve, puis sa vie, revenant avec la crue, ont été matière à d'aisées propositions symboliques. Le fruit de la vigne qui est le sang d'Osiris, le grain de blé enfoui en terre qui germe, verdit et donne l'épi, comme Osiris est mort et revenu à la vie, étaient des formes prévues et pour ainsi dire nécessaires de ce jeu théologique appliqué aux aspects des biens de la terre. La langue elle-même y facilitait, par des allitérations (telles que *ouadsit* = « être vert » et « être en vie »), une série d'images ingénieuses, telles que l' « Osiris végétant », les tertres en silhouette de momie plantés de blé, les cadres où l'on dessinait en terre ensemencée les figures osiriennes, les images des processions de Dendérah, etc. Rien de surprenant que le monde méditerranéen ait pris pour des éléments fondamentaux du vrai Osiris ces spéculations tardives. Il l'est davantage que des modernes, à qui l'égyptologie offre toute sa bibliographie exégétique, viennent renchérir sur ces symbolismes. Entre tous, le *Golden Bough* de G. Frazer a poussé à l'extrême l'usage abusif de la symbolique prise pour l'expression des caractères réels d'une divinité. Non seulement l'auteur (*troisième volume, traduction Toutain,* 1911) réédite les opinions gréco-romaines sur Osiris conçu d'après l'interprétation naturiste ; mais, ce qui est beaucoup plus grave, ce naturisme est plié bon gré mal gré à des concepts non égyptiens, qu'il s'agit à toute force d'étayer au moyen d'une religion aussi importante dans l'histoire du monde que peut l'être la religion osirienne. La thèse de Frazer, préoccupé avant tout de continuer Mannhardt (cité au reste à tout instant en ce volume), peut se résumer ainsi en quelques mots : l' « esprit » de la moisson est sacrifié annuellement au moment de la récolte, pleuré, et ses restes ou ses cendres enfouies en terre après la récolte, pour qu'il y revive et anime de ses forces magiques la moisson de l'année suivante. Nous laissons de côté le lien qui rattache cette thèse à celle, plus générale, du sacrifice du dieu au dieu et du sacrifice communiel. Rien ne coûte à l'auteur du *Golden Bough* pour arriver à faire d'Osiris, avant tout et pour tout, le dieu de la végétation, et plus spécialement l'esprit de la moisson. Nous retrouvons ici tous les procédés déjà signalés à propos du sacrifice : même prééminence donnée aux récits grecs ou romains sur les monuments nationaux, même manière de donner sa confiance, en cas de divergence, à l'auteur dont les conclusions favorisent à point nommé un passage de l'argumentation, quitte, un peu plus loin, à lui refuser tout crédit, au profit d'un autre auteur qui sert mieux sur l'instant les intérêts de sa thèse (ainsi le témoignage de Diodore et de Manéthon, tenu pour si valable p. 176 et 310, note 1, par exemple, est sommairement regardé comme sans autorité p. 181) ; même dédain systématique des textes égyptiens directement cités ; même façon de ne faire intervenir les vues des égyptologues que là où elles confirment sa thèse. Ainsi, dans la théorie de l'Osiris-Râ, dont G. Frazer ne veut pas (p. 181 ff.), la bibliographie moderne qui figure en cet endroit par une exception assez rare, disparaît au moment de la discussion proprement dite, et la réfutation porte exclusivement sur l'antique *Panthéon* (1750), de Jablonski, avec quelques mots insuffisants sur Lepsius (p. 84ff.), et sans que l'auteur prenne garde qu'en instruisant ainsi le procès du symbolisme solaire d'Osiris, il fait justement celui du symbolisme agraire — et qu'il suffit de changer les termes de l'argumentation, mais sans toucher au fond du raisonnement, pour ruiner toute sa méthode à lui. Les lecteurs attentifs protesteront à bon droit contre l'emploi sans critique, comme base de toute la thèse, d'un texte de Porphyre, disant qu'on sacrifiait tous les jours à Héliopolis trois victimes humaines, jusqu'au jour où Amasis y substitua des figures de cire (p. 91). La seule attribution à Amasis (!) d'un pareil exploit aurait renseigné de suite un auteur averti sur l'époque de rédaction d'une telle anecdote, et sur le degré de créance qu'elle mérite. Elle se rattache clairement au cycle de cette « geste d'Amasis », dont Hérodote nous légua tant de fragments, et qui, avec la « geste » de Sésôstris ou celle de Saurid, élabora pour les contes populaires coptes ou arabes la matière de tant de beaux récits merveilleux. Ce sacrifice humain est rattaché insensiblement aux hommes rouges brûlés au moment de la moisson, et dont on jetait les cendres tamisées dans les champs (p. 176). Cette assertion, tirée de Plutarque et de Diodore, a été le grand argument (cf. le même fait cité à nouveau, p. 310 et 540, n. 2). Les hommes *rouges* personnifient non pas Sit, comme nous pourrions le croire, mais l'esprit des grains *dorés*, et donc Osiris (p. 176, 309, 377, etc.). Ainsi l'« esprit du grain » est-il confondu par magie avec l'étranger mis à mort, et ses cendres réincarnent dans la terre l'esprit qui fertilisera de nouveau le sol. Chemin faisant, ceux qui sont au courant de la difficulté que présente la question du calendrier égyptien admireront l'aisance avec laquelle G. Frazer réussit à transformer en une fête nécessairement « agraire » les cérémonies de la mort osirienne du mois de Choïak ou du mois d'Athyr, déplaçant ou refusant de déplacer l'« année vague » suivant qu'il en est besoin ! Isis, difficile à insérer en ce rôle, devient tout bonnement une déesse des grains, p. 178, et G. Frazer semble ignorer totalement les divinités ou génies agraires du tombeau de Setoui Ier, aussi bien que les cultes populaires : celui de Naprit, par exemple. Enfin, il est inadmissible de transformer le *maneros* en un chant des moissonneurs égyptiens avant le sacrifice de l'esprit du blé, sans donner rien qui ressemble à une démonstration, et d'en faire ensuite un des arguments principaux de la théorie (p. 271, 309, 310, 314). De demi-assimilations comme l'Osiris-Lune, ou de légendes comme l'enseignement du labourage, G. Frazer tire en cours de route, des arguments nouveaux additionnels (p. 175 et 188) pour son Osiris, esprit « de la moisson », ce qui l'amène à dire « de la végétation », sans se douter qu'avec ce genre de preuves il serait tout aussi aisé, en religion égyptienne, de démontrer qu'Osiris est avant tout Orion-Sahou, ou toute espèce de dieu ou de principe que l'on désirera. Mais il n'y a peut-être pas d'exemple plus remarquable de la possibilité qu'il y a de démontrer tout ce qu'on veut avec ces procédés que l'exemple du porc. Si quelque chose paraissait certain sur le compte de cet animal en mythologie égyptienne, c'était bien son caractère de monstre ennemi dans le mythe astral (e. g. dans l'éclipse), par suite son caractère typhonien (par conséquent anti-osirien), et enfin sa réputation d'être impur ou immonde ; bref le contraire exact de ce que représente Osiris. G. Frazer arrive (p. 371-377) à faire rentrer le cas du porc égyptien dans celui des animaux qui sont à la fois immondes et infiniment vénérables, qui symbolisent l'adversaire du dieu et ce dieu lui-même, et, rattachant le tout à la thèse que « tout animal sacrifié à un dieu, sous prétexte qu'il est l'ennemi du dieu, était probablement d'abord le dieu lui-même », il fait du porc une forme d'Osiris ! Et ce tour de force prodigieux sert à ramener la légende osirienne, ainsi munie d'un nouveau caractère dont la nécessité échappait à première vue, à tout un cycle de mythes parallèles où il y a des animaux similaires personnifiant « l'esprit du grain » que l'on sacrifie au dieu. C'est un rattachement à la théorie du sacrifice du dieu au dieu. L'excellent chapitre de Budge, *Osiris and human sacrifice* (t. I, p. 196 de son *Osiris and the Egyptian resurrection*) montrera ce qu'il peut subsister du tout quand les faits égyptiens précités sont examinés par un homme compétent. Cf. *ibid.*, p. 384 et 397 ff. pour le mécanisme symbolique qui a pu donner à Osiris successivement tous les aspects des forces éminentes du ciel ou de la terre. Je laisse de côté maintes assertions aventureuses du *Golden Bough* (136, 177, etc.), et il sera suffisant pour terminer ce qui a trait à l'Osiris de G. Frazer de renvoyer à ce qui a été dit à propos de sa théorie du sacrifice égyptien.]

V. — Après l'histoire des grands cultes, l'étude des religions populaires paraît la suite indiquée. En opposition avec le mouvement qu'a déterminé la tendance de l'esprit humain vers l'ordre, — tendance qui produit l'organisation théologique du panthéon, — un instinct, non moins fort que la raison et la logique, a maintenu les religions populaires. Le souvenir opiniâtre des cultes les plus anciens ; le besoin de protecteurs plus proches ; l'attachement aux petits dieux locaux plus familiers, plus accessibles aux pauvres gens ; les relations avec les génies qui habitent le coin de terre qu'ils cultivent, ou qui se font les amis, les auxiliaires de l'homme dans des cas spéciaux, sont les causes les plus visibles de la ténacité de ces cultes.

Plus vivantes et non moins persistantes que les religions officielles, ces religions populaires, qui tournent si facilement à la superstition, se retrouvent à toutes les époques et dans tous les pays. Quoiqu'elles témoignent d'une conception du divin, à première vue, assez basse, elles n'en doivent pas moins tenir une place importante dans l'étude de la vie religieuse. Et il est peu de régions où, mieux que dans l'ancien Orient, on parvienne à démêler la communauté d'origine des deux religions, la grande et la petite, puis à suivre l'enchaînement des causes qui les ont séparées, en donnant aux croyances d'en bas leur physionomie caractéristique. Les cultes populaires d'Égypte et de Chaldée nous sont parvenus — contrairement à l'opinion courante — sous la forme matérielle d'un tel nombre de monuments de toute espèce que l'on n'a pas à craindre de ne pouvoir reconstituer leur histoire et leurs modifications au cours des âges. On les suit de la période ancienne jusqu'aux superstitions coptes ou musulmanes qui en sont le dernier terme [1]. Le danger

---

[1]. La substitution des « laures » coptes, puis des « santons » arabes aux divinités populaires en Égypte ; la légende de l'arbre de Sittê Miriam à Matarieh, de la vache blanche à Dendérah, des rochers miraculeux d'Assouân, des âmes oiseaux de l'Abou Foâah, les survivances des cultes de la Thouéris, de Marit Soghar, d'anciens dieux arbres, et bien d'autres encore sont des faits signalés, dès le siècle dernier, par CHAMPOLLION, WILKINSON, et les premiers égyptologues, et depuis, par MASPERO, LEGRAIN, AMÉLINEAU et BUDGE — ce dernier plus particulièrement pour ce qui

est, au contraire, qu'il y ait tant de documents que l'inventaire et le classement préliminaire ne prennent trop de temps. L'étude de l'Orient classique ne nous mènera pas seulement, sur ce point, à rechercher le rôle des cultes populaires dans l'iconographie méditerranéenne et à nombre de problèmes du même genre. Les phénomènes généraux dont ces cultes ont été la traduction doivent, une fois expliqués et ramenés à leurs principes rationnels, nous donner les moyens d'analyser les cultes populaires de l'Inde ou de l'Extrême Orient, pour revenir à ceux du monde méditerranéen, et finalement à ceux de l'Europe septentrionale.

L'évolution des cultes populaires dans les civilisations encore pourvues d'une histoire permettra de mieux expliquer l'état des croyances chez les non-civilisés. La vie religieuse y apparaît absorbée par le souci des esprits malfaisants, contre lesquels les hommes multiplient amulettes, talismans, fétiches, et demandent secours aux sorciers, qui trop souvent les exploitent et les tyrannisent. A peine quelques croyances d'ordre général se font-elles péniblement jour çà et là. Si dans les nations plus civilisées, ces préoccupations se maintiennent et se propagent dans les classes inférieures, à côté des grands cultes officiels, il y aura lieu de recher-

---

a trait à la Nubie ou au Soudan anglo-égyptien, et dernièrement, pour tout ce qui se rapporte à l'Afrique équatoriale, en son volumineux *Osiris and the Egyptian resurrection*. Les survivances analogues de l'Abyssinie chrétienne sont également bien connues.

cher jusqu'à quel point elles ne procèdent pas des mêmes causes morales ou sociales.

VI. — S'ils y ont contribué en grande partie, ni les faits politiques, ni le travail des temples ne justifient, à eux seuls, la fusion des innombrables dieux du début, pas plus que la disparition pure et simple d'un certain nombre d'entre eux. D'autres causes permanentes y ont mené insensiblement. Les divers éperviers de l'Égypte préhistorique se sont fondus en Horus ou Montou, les divers chacals en Anubis, les divers crocodiles en Sovkou, la série des dieux-soleils en Râ, la foule des dieux provinciaux des morts en Osiris ou Phtah Sokaris. Tout cela ne peut s'expliquer uniquement par l'unification de l'Égypte, ou par la prépondérance temporaire d'Héliopolis, de Thèbes ou de Memphis.

L'étude des religions d'Egypte nous fait comprendre le mécanisme de toutes les opérations telles que les échanges, les séparations, les éliminations par symétrie ou, au contraire, les créations par symétrie également[1], les absorptions sous forme d'épithètes ou de « doublets », les créations de déesses « grammaticales », les fusions par homonymie ou allitération, etc. On ne peut en quelques lignes songer à énumérer les causes de si nombreux phénomènes ; mais on peut dire l'essentiel en rappelant que ces changements dans le nombre ou les traits des dieux correspondent aux façons succes-

---

1. Ainsi les divinités des triades ou ogdoades artificielles.

sives dont on a compris les aspects, les états ou les activités du monde sensible, chacun de ceux-ci ayant paru constituer par lui-même une divinité distincte. De là, en dehors de toute spéculation de caractère théologique, moral ou philosophique, un travail perpétuel d'éliminations ou de reclassements. Les progrès de l'observation et de la réflexion, en ramenant de mieux en mieux les manifestations de l'énergie à un plus petit nombre de causes générales, ont en effet éclairci sans cesse les rangs de la cohue des dieux primitifs — déjà dégagée elle-même, auparavant, des innombrables troupes d'« esprits » — et ont concouru, pour leur part, à l'immense travail mené parallèlement par les sacerdoces [1]. A l'inverse, le perfectionnement de la civilisation matérielle ou intellectuelle a mené à concevoir, en même temps, de nouvelles formes d'activité du monde divin, et à créer des divinités qui les personnifiaient, ou bien à les attribuer en particulier à des dieux de caractère jusque-là assez terne. Ainsi Thot, en raison du progrès des sciences, se démunira d'une partie de ses attributions, et s'adjoindra Safkit-Haboui ; Phtah, avec l'aide de la

---

[1]. Les efforts combinés de ces deux tendances se révèlent à tout instant dans l'iconographie ou dans les litanies. Par exemple dans les adaptations des vieux groupes de « génies » ou « esprits » de la période archaïque, diminués de nombre, ou mis en nombres symétriques, ou classés par groupements réguliers, parfois avec de surprenantes adaptations aux mythes élaborés ultérieurement par les Temples : tel les « Esprits » d'Héliopolis, de Pou et Dapou, de Bouto et d'Eilythia, et leurs congénères.

Sokhit, patronne des plus anciens médecins-féticheurs, se dédoublera en son fils Imhotep, dieu de la médecine, et ainsi de suite[1]. Or l'évolution du monde égyptien est assez bien connue pour que l'on puisse, avec des documents précis, montrer à quel état de la société correspond chacun des changements constatés. L'histoire royale ou féodale, les institutions, la connaissance de l'état social ou économique viennent soutenir et contrôler, à l'aide des monuments, les recherches d'ordre religieux.

Il ne s'agira donc pas de suivre, une par une, les manifestations innombrables de l'esprit égyptien, mais bien d'acquérir en Égypte un instrument d'investigation qui puisse servir à étudier les divinités des autres religions. La plupart du temps, celles-ci se présentent à nous avec un caractère fort complexe, tant elles sont vieilles, et tant leur origine, aussi bien que leur nature première, nous sont difficilement

---

1. Cf. G. Foucart, *Imhotep. Revue de l'Hist. des Religions*, t. XLVIII, p. 362. Les arguments que j'avais présentés alors contre l'évhémérisme de Sethe se sont fortifiés depuis d'un bon nombre d'arguments que je ne puis présenter ici. Ils ont été énumérés, plutôt qu'exposés, à propos des mots *Disease* et *Divinatio*, au t. IV de l'*Encyclopædia* de Hastings. Je puis seulement ajouter ici que les cas de Thot engendrant un doublet de lui-même, sous forme du Thot-Téôs, ou de Khonsou se fragmentant en multiples Khonsou préposés à des activités distinctes, etc., ne sont que des applications particulières d'un procédé général, que j'ai vérifié pour l'ensemble des grands dieux égyptiens. Le tout se rattache à la théorie plus générale encore des « noms », constituant autant d' « âmes » et d' « aspects » d'un même être, et le faisant vivre tout entier en chacune des personnes, cependant distinctes, qu'ils animent — par conséquent en chacune des images ou statues correspondant à ces différents noms. *Cf. suprà*, p. 260.

accessibles. La relation qui existe en Égypte entre telle forme divine et tel état de la société peut servir, alors, à reconstituer la manière dont ont pu se former ailleurs les traits et les attributions d'une divinité déterminée.

Ainsi, nous retrouvons, en un pays donné et à une époque déterminée, un dieu dont l'analyse révèle les caractères complexes, et dont l'étude directe ne peut expliquer la formation ; nous chercherons si le Panthéon égyptien ne contient point, les caractères purement locaux écartés, une divinité ayant les mêmes caractères. Puis nous examinerons quelles sont les conditions du pays dont on étudie la divinité. Si l'état politique, social, si le développement économique ou moral y correspondent, à ce moment-là, à ce qu'était l'Égypte contemporaine du dieu égyptien qui sert de terme de comparaison, il y a bien des chances pour que l'expérience soit bonne. Il est permis de penser que la formation du dieu étranger s'est faite pour les mêmes causes et dans le même ordre qu'en Égypte. Il y a en tous cas présomption que l'on ait trouvé un moyen, sinon de justifier entièrement cette formation, au moins de faire marcher l'enquête dans la bonne voie.

On tentera, en dernier lieu, de déterminer à quoi pouvaient aboutir, sous ce rapport, les diverses religions naturelles, et sous quels traits elles pouvaient finalement représenter leurs dieux. La question dernière sera celle de leur aptitude au monothéisme, aux dieux panthées, ou au concept de ce divin impersonnel qu'a été en Grèce, par exemple, la notion du θεῖον.

Ici, le premier travail sera de démontrer la non-existence des religions prétendues monothéistes à leur origine, soit dans les grandes religions anciennes, soit en Amérique, soit chez les non-civilisés, et de dissiper l'équivoque qui existe dans l'emploi trop peu précis de termes comme « dieu suprême » entendus et confondus, au cours du raisonnement, avec « dieu unique », ou dans la monolâtrie prise pour le monothéisme. Il ne peut entrer dans le cadre de cette Méthode d'aborder le fond de la question, ni d'essayer de résumer, par exemple, les vues de LANG sur le monothéisme primitif, ou la critique et l'anticritique de ce système. Il s'agit simplement d'établir que dans les religions très anciennes, pourvues de monuments écrits et datés, tout concourt à écarter les hypothèses monothéistes.

L'Égypte fournit, pour cette démonstration, des preuves si convaincantes et si nombreuses qu'elle est, plus encore que dans les autres cas, le pays dont on doit interroger l'histoire avant toutes les autres. L'Égypte fractionnée des vieux âges n'a jamais eu un dieu unique pour chacun de ses clans, mais un dieu premier des dieux innombrables du coin de terre où vivait le clan.

Une autre des principales équivoques a consisté à traduire comme signifiant « Dieu », c'est-à-dire un dieu unique, le mot *notir* des textes, autrefois particuliers à une province (ou à une tribu de l'Égypte préhistorique), et qui, parlant du dieu local, spécialement préposé à tel acte de la vie des vivants ou des morts, ne s'occupent que de lui, parce que lui seul est en cause à ce moment-là.

Il ne saurait être question davantage de rechercher un monothéisme originaire dans les textes ou les débris de rituel appartenant à l'Égypte préhistorique. Il y aurait la même erreur d'appréciation que celle qui consiste à vouloir retrouver, dans l'Afrique bantoue ou nigritienne, une trace de monothéisme primitif, en la fondant sur la croyance, à peu près universellement constatée, en un vague être suprême, ordinairement un dieu-ciel; souvent aussi, cependant, un dieu Terre, devenant plus ou moins simple dieu chthonien, comme chez les Bobo du Soudan Français ou les Wa-Rega du Congo Belge. L'état le plus ancien qu'il soit permis d'atteindre en Égypte peut bien révéler un certain nombre de dieux-ciels, ou un dieu-ciel double, ou peut-être même un dieu-ciel un. Mais ce dernier lui-même n'est en rien un dieu unique, — ni même un dieu pouvant être qualifié de suprême. Les principales activités et énergies, non seulement celles de la terre entière, mais celles des corps célestes, appartiennent à des milliers d'« esprits » isolés ou à des troupes d'« esprits », sans lesquels rien ne pourrait avoir lieu dans l'univers [1].

1. Un fait important à ce point de vue, et demeuré à peu près inaperçu, est la valeur de l'expression *Irit Horon* des vieux textes. La traduction « œil d'Horus » acceptée par presque tous les égyptologues, n'est qu'une ingénieuse allitération théologique

L'ÉVOLUTION 323

Le même état a persisté pour l'Égypte divine aux temps de l'histoire. Les hymnes thébains en l'honneur d'Amon-Râ [1] ont fait illusion aux premiers égyptologues. Ils ont lu et compris « le dieu unique » là où il n'y avait qu'artifice lyrique pour louer « le premier des dieux ». Chacun des grands dieux de l'Égypte a été tour à tour ce premier. Aucun n'a jamais eu la prétention ni la capacité d'absorber les autres êtres divins [2]. Certains penseurs

sur le sens des mots *irit* = œil. SCHAEFER, le premier à ma connaissance, a relevé le jeu de mots et proposé le sens « ce qui vient de, ce qui est l'*acte de* ». Mais c'était s'arrêter en bonne voie. Horus n'est, en ces textes, autre chose que l'antique Horou, la voûte céleste, le dieu-ciel qui est aussi dieu-pluie, et, en Égypte, dieu source du Nil terrestre et de toutes les eaux en général. L'épithète « œil d'Horus », sur laquelle jouèrent les exégètes thébains, désignait donc, à l'origine, comme « une émanation de l'acte du dieu-ciel » la série des offrandes du rituel divin ou funéraire. Mais une telle idée revient à tout autre chose qu'à la notion d'un monothéisme plus ou moins nettement conçu, ou à un dieu créateur. Il s'agit des fonctions bienfaisantes et fécondantes d'un dieu « placé en haut », et dont les énergies naturelles sont surtout les nuages, la pluie, l'eau venant de la voûte céleste.

1. Ou ceux d'Amarna en l'honneur d'Atonou. On pourra se faire désormais une idée exacte des idées théologiques maniées par ces derniers hymnes, grâce au beau travail de N. DE GARIES DAVIES qui a réuni, collationné, traduit et annoté la série entière, dans les six volumes qu'il a consacrés à la nécropole d'Amarna (1903-1909). Il est très regrettable qu'un travail analogue n'ait pas été tenté pour les hymnes à Ra thébain, épars sur les murs des hypogées du Nouvel Empire, ou sur les stèles ou autres accessoires que portent tant de statues privées consacrées dans les temples. Un certain nombre de textes appartenant à cette littérature se trouveront au t. V des *Mémoires* de la Mission française du Caire, et dans les premiers chapitres des diverses éditions de la version thébaine du Livre des Morts.

2. On enseigna même autrefois (BRUGSCH, ROROŚ, etc.), que les Égyptiens avaient connu au début la religion du dieu

purent concevoir, sur la fin [1], que les divers grands dieux nationaux étaient les aspects ou les manifestations d'un même être. Mais ils ne le séparaient point du reste des énergies de ce monde, ils n'arrivaient pas à le distinguer par sa nature de la foule des petits dieux qu'ils laissaient subsister, et c'était aux dieux panthées qu'ils aboutissaient finalement.

Les hymnes védiques ont présenté la même apparence trompeuse que ceux de l'Égypte. Là aussi, le dieu que le poète célèbre est appelé dieu unique. Mais, dans un autre hymne, le même titre est donné à un autre dieu. Ce monothéisme, temporaire et changeant de titulaire, est dû à l'exagération lyrique du poète sacerdotal. Il n'a eu aucune influence sur la religion.

Les constatations faites en Égypte auront certainement une grande valeur pour mener ensuite l'enquête sur les traces supposées de monothéisme chez certains prétendus « primitifs ». Les points de

---

unique. Les superstitions l'avaient peu à peu menée à la forme dégradée du polythéisme. Mais les sages ou les initiés savaient reconnaître l'unique principe divin sous le couvert des milliers de formes divines décrites ou figurées dans les cultes. Aucune thèse n'a fait plus de mal aux études mythologiques égyptiennes, et l'on en ressent encore aujourd'hui les effets. Quoique abandonnée à la suite de MASPERO (cf. *Mythologie et Archéologie*, p. 277) par la plupart des égyptologues, elle a été reprise dernièrement, ingénieusement modifiée, par BRUGS, *Gods of the Egyptians*, t. I, p. 118-155.

1. L'équivoque spécieuse sur les termes égyptiens « Dieu » et « le dieu » (= le dieu local) revient à chaque instant dans les textes saïtes.

ressemblance sont nombreux, et bien des particularités invoquées à l'appui du monothéisme originaire chez les non-civilisés s'expliquent tout autrement, une fois que l'on a constaté à quel point elles diffèrent peu des faits que nous relevons en Égypte, et dont nous pouvons en ce pays suivre pas à pas les modes de formation. Au lieu que le débat s'éternise, sans chance d'aboutir, entre ethnologues, parce que l'évolution historique des « non-civilisés » est inaccessible, et parce que l'on y est réduit soit à la pure hypothèse, soit à l'explication psychologique, soit à mille rapprochements plus ingénieux que solides entre les divers « sauvages » actuels. Le résultat le plus net est négatif, autant qu'il résulte au moins des polémiques les plus récentes, engagées au sujet des « primitifs » que sont — ou ne sont pas — les Australiens du Sud-Est, les Andamans, et surtout les Pygmées[1].

VII. — A ce travail sur la fusion croissante des personnes divines, on devra en joindre un autre sur la simplification des multiples âmes qui habitaient un seul et même individu. J'ai indiqué très brièvement l'indispensable au début (voir chapitre II *in fine*) et j'ai signalé plus loin, à deux ou trois reprises, la complexité de cet ensemble d'êtres dont la collectivité constituait les « esprits » qui

---

1. Les débats relatifs au monothéisme « primitif » de certains non-civilisés, et en particulier aux thèses de LANG, sont résumés dans SCHMIDT, *Origine de l'Idée de Dieu*. Pour les Pygmées, voir ce qui a été dit à l'*Introduction* de la présente édition.

habitent ou meuvent les corps. Je n'ai fait nulle part l'énumération de tout ce qui pouvait composer un homme d'Égypte pour ne pas compliquer le sujet [1], et pour ne pas être obligé de fournir, à ce moment-là, les exemples d'âmes multiples si fréquents chez nombre de peuples anciens ou modernes. La donnée de la pluralité des âmes déconcerte au premier abord le moderne civilisé. L'Histoire comparée ne se bornera pas à placer en tête de la première partie de son programme — éléments constitutifs — la preuve de la fréquence de cette notion [2]; elle n'expliquera pas seulement,

1. Les neuf ou dix « âmes » ou énergies constituant des personnes distinctes, dont se composait un individu égyptien, se fractionnaient souvent elles-mêmes chacune à plusieurs exemplaires. Les stèles memphites nous montrent que l'on croyait encore couramment que l'individu avait plusieurs « doubles » (*kaou*). Les chapitres archaïques du Livre des Morts prouvent que les simples mortels avaient deux ou trois *sokhim* (voir plus loin à la note 12), et plusieurs âmes-oiseaux (*biou*). Ce privilège compliqué resta toujours l'apanage des personnes divines, et, naturellement, des Rois leurs descendants.

2. La première série d'exemples a été réunie par TYLOR, *Civilisation primitive*, tr. française, t. I, p. 503-505, et ne comprend que quelques peuples (Malgaches, Algonquins, Dakotas, Karens, Khonds). Une série, tous les jours augmentée de faits nouveaux est venue s'ajouter depuis. Mais aucun répertoire d'ensemble n'en a été dressé. FRAZER lui-même, en son *Golden Bough*, I, 528, s'est contenté d'ajouter quelques nouveaux noms (Caraïbes, Hidatsa, Dayaks, Malais, indigènes des Célèbes et du Laos). Il faut rechercher les différentes attestations des voyageurs ou des ethnologues dans l'énorme bibliographie actuelle des non-civilisés. Principalement en ce qui regarde l'Afrique, la notion de la pluralité des âmes (qui explique cependant si aisément tant de notions soi-disant contradictoires) est à dégager, quelquefois fort laborieusement, de constatations de faits dispersés au hasard de monographies parfois volumineuses (par exemple

en partant de l'exemple égyptien, pourquoi cette pluralité était pour ainsi dire nécessaire aux origines[1], et comment, en effet, chacune de ces « âmes » était, de vrai, un état ou une énergie de l'homme entendus comme constituant une personne distincte. Elle devra s'attacher, dans la partie intitulée évolution, à rechercher et à préciser les

les *Monographies ethnologiques* des peuples du Congo, les Bambaras de HENRY, la *Revue Congolaise* (e. g. l'âme moutima, t. I, p. 426, etc.). L'enquête systématique n'existe, bien entendu, pour aucune grande division des régions terrestres. Les faits américains, australasiens, indonésiens, polynésiens, indo-chinois, etc. doivent être recherchés à grand peine dans les revues, encyclopédies ou monographies et à travers toutes les rubriques. Par exemple, ce sera en passant, et sans y attacher d'autre importance, que l'on aura noté les trois âmes des Euhalayis ou les quatre des Kaï, ou qu'à propos de l'*ancestor worship* BRINTON parlera des trois âmes des Sioux, des quatre âmes des Dakotas, ou STANSBURY HAGAR des deux âmes des Iroquois et des Algonquins.

1. L'importance capitale de ce fait pour l'intelligence de la religion primitive semble avoir été jusqu'ici entièrement méconnue. Un des points les plus faibles de l'animisme de TYLOR, *Civilisation primitive*, t. I, p. 504-505, est d'avoir simplement signalé quelques faits en passant et de les avoir expressément considérés comme d'ordre secondaire. Une autre erreur (*ibid.*, 505) est d'avoir rattaché cette pluralité des âmes au groupe des spéculations helléniques (nous, psyché, pneuma), ou chinoises (existence, apparition, esprit d'ancêtre), et surtout à celles du moyen âge (âme végétative, sensitive, rationnelle). Les traités plus récents inspirés de l'animisme ne semblent pas d'avantage préoccupés de cette question (ex. : BROS, *Religion des non-civilisés*, p. 61). Elle est entièrement méconnue par LEROY, *Religion des primitifs*, p. 141. SCHMIDT, *Origine de l'idée de Dieu* (Anthropos, III, p. 361), s'est contenté de refuser, en quelques lignes, d'admettre l'importance de ces faits. FRAZER *Golden Bough*, t. I, 528, surtout désireux d'établir, à propos des périls et transmigrations de l'âme, une explication du toté-

causes exactes et notamment les progrès dus à l'observation et à la réflexion qui en diminuèrent lentement le nombre, ou qui réduisirent leur valeur au rôle de sortes de reflets, privés par eux-mêmes de vie personnelle, s'ils ne sont point animés par un je ne sais quoi de plus subtil qui est l'âme véritable[1]. Au contraire les races incapables de cet effort d'élimination compliquent, comme à

misme, n'a pas compris l'importance des faits qu'il citait, et a parlé de la « divisibilité de la vie » sans soupçonner tout ce qu'il aurait pu tirer pour ses propres thèses de cette proposition. Les diverses écoles préanimistes ou « dynamistes » ne s'en sont nullement préoccupées, ou bien ont plié les constatations faites en cet ordre d'idées à des thèses d'ordre tout différent : par exemple SIDNEY HARTLAND, on sa *Primitive Paternity*, ch. IV, dont les conclusions auraient été certainement modifiées, s'il avait été tenu plus grand compte de la multiplicité des âmes. (Voir les justes observations de ROBERT HERTZ sur la méthode générale de cet ouvrage, dans la *Revue d'Histoire des Religions*, t. 62, p. 231 ff.) Les destinées des morts, la nature des esprits et des dieux, les rapports avec les uns et les autres, — c'est-à-dire, en somme, la totalité de la religion-magie en ses diverses manifestations — ne peuvent cependant être compris qu'une fois ces définitions préalables acquises sur la complexité de la personnalité primitive. Bien loin de chercher à rattacher ces idées, pour les éclairer, aux spéculations du monde classique ou moderne, c'est le contraire qu'il faut faire : on doit partir de l'Égypte des textes archaïques, et, dans la mesure du possible, des vieilles civilisations de l'Orient ou de l'Extrême-Orient, passer à l'Amérique précolombienne, dresser l'inventaire des non-civilisés, et chercher, mais alors seulement, à retrouver les survivances possibles dans le monde méditerranéen de l'époque classique.

1. Ainsi le double égyptien est-il devenu cette sorte de fantôme admis par l'Église copte, et qui est une substance intermédiaire entre le corps de chair et l'âme, celle-ci également matérielle au début, comme le prouvent les textes. Cf. à ce propos BUDGE, *Paradise of the Fathers*.

plaisir, la définition balbutiante de l'âme, de la vie, de la force; et l'on en voit quelques-unes arriver à supposer qu'un homme a une âme distincte pour chacun des membres ou des organes de son être [1].

On en voit d'autres encore se perdre dans des explications de plus en plus compliquées, et tâcher de concilier avec des masses de phénomènes, dont ils ne discernent pas les corrélations exactes, les manifestations de la vie, de la mort, de la naissance. Telles, par exemple, les diverses sortes d'esprits ou d'énergies qui constituent à la naissance un nouvel être humain, distinct de la mère qui l'a conçu [2].

Un enseignement d'un intérêt plus haut résultera de la comparaison entre les deux efforts, l'un vers le « dieu un », l'autre vers « l'âme une ». Ne procèdent-ils pas d'un progrès commun, d'une intelligence graduellement plus nette, qui sait mieux séparer de la personnalité l'état ou les activités des êtres, aussi bien pour l'ensemble du monde sensible qu'à l'intérieur de nous-mêmes ? L'impuissance de la pensée égyptienne à fondre des groupes irréductibles en un dieu unique, ou à dégager l'âme

1. Par exemple les peuplades des Battaks de Sumatra, ou les Caraïbes, ou encore les « trente âmes » des Laotiens.
2. Une partie des interminables et insolubles discussions sur le « totémisme » serait très probablement simplifiée, sinon même supprimée, si l'on partait de l'intitulé exact des diverses forces et des diverses « âmes », dont la réunion constitue un être ayant sa personnalité. En adoptant ce même point de départ, S. HARTLAND aurait été non moins probablement amené à rectifier un bon nombre des propositions de sa *Primitive Paternity*, et notamment ce qu'il dit au chap. III de la conception et de l'entrée de l'âme dans l'embryon humain.

simple des séries « d'esprits » s'explique, en effet, quand on parcourt la série historique de ses monuments, et elle se justifie par un ensemble de raisons communes. On verra cependant, chemin faisant, comment les Égyptiens touchèrent presque au but ; ils entrevirent par instants le dieu suprême, et ils faillirent avoir le « nom », considéré comme la vraie âme [1], dont le reste des autres « esprits » n'était plus, sur le tard, que des enveloppes, bien plutôt que des entités pourvues d'une activité propre. On notera aussi comment, après les énergies-âmes préhistoriques (telles que la « force » *ousirit*, la « ruse » *sâa*, la « science-magique » *hika*, etc.), persistant uniquement dans certains passages des rituels funéraires, les formes encore les plus grossières d'âmes (l'ombre, le reflet, le fantôme ou « khou » primitif, le « sokhim [2] ») que les peuples sauvages

---

1. On notera les curieuses statues des Stèles Frontières d'Amarna, tenant entre les mains des tablettes où sont gravés les « noms » du dieu Atonou et du Roi, pour exprimer, par l'association de leurs noms, la confusion quasi-matérielle de leurs âmes. Voir plus haut, p. 73-75 et 183-185.

2. Celui des vieux recueils funéraires, du *Zweiwege*, par exemple, ou des textes des Pyramides, et non ce « lumineux » savant et raffiné, tel que, sur le tard, l'entendit la théologie thébaine.

Le *khou* ou lumineux de ces textes les plus anciens correspond bien, comme destinée et comme nature au « fantôme », malgré le désaccord qui règne dans les divers travaux de l'école sur le sens exact qu'il convient de lui attribuer, et surtout sur l'étymologie de ce terme. Le sens de brillant, lumineux, a suggéré à plusieurs égyptologues l'idée que le nom avait été tiré de la phosphorescence des corps en décomposition. D'autres ont pensé à une épithète de révérence, les « resplendissants », donné, *honoris* ou *timoris causâ*, aux esprits des défunts, comme cela

n'ont pas su éliminer, disparurent partiellement à leur tour, et cela dès les plus anciens temps en Egypte, pour ne plus subsister que dans les textes traditionnels, puis s'effacèrent de plus en plus des préoccupations relatives à l'organisation pratique

est le cas dans beaucoup de religions. La vie, plutôt misérable, les fonctions humbles, le peu de résistance à l'exorcisme de ce fragment de la personne humaine s'accorde malaisément avec l'idée d'un titre pompeux. Une dernière hypothèse, non encore examinée, et que je retiendrais plus volontiers, quoique sous réserve, consisterait à voir dans le *khou* cette étincelle lumineuse qui distingue si nettement l'œil des êtres vivants de ceux qui ne sont plus. Il se peut que, comme un certain nombre de non-civilisés actuels, les Égyptiens aient vu dans cette paillette de la vie la manifestation d'une âme spéciale habitant, elle aussi, le corps de l'homme (cf. LEROY, *Religion des Primitifs*, p. 140, 141). Ce serait peut-être une des raisons qui les déterminèrent, lorsqu'ils firent leurs premières statues, à tâcher d'imiter par tous les artifices possibles cet éclat du regard vivant, de façon à attacher le *khou* à l'image. On sait combien est fréquente, dans la sculpture des non-civilisés, cette préoccupation de donner aux regards des statues l'illusion de la vie du regard des vivants, au moyen d'artifices plus ou moins parfaits (éclats de pierre, clous de bois poli, de métal, fragments de miroir, etc. Nos collections ethnographiques abondent en exemples typiques). Le but commun, pour ces images comme pour celles des Égyptiens, semble bien être non l'imitation plastique de la vie, mais le désir de munir la statue d'une *force magique* lui permettant de se défendre contre les « esprits mauvais », et le tout se rattache à la théorie magique de la force du regard. Le *khou* pourrait donc bien être, en dernière analyse, une « âme-force » qui, dans la vie, servait à se défendre par les vertus spéciales qu'a le regard brillant de l'être vivant. Il se rapprocherait singulièrement, au moins en ce sens, du *yé* dahoméen. Cf. LE HÉRISSÉ, *Ancien Royaume du Dahomey* (1911), chap. VI, p. 158. A la mort, il devenait un être jouant le rôle des fantômes dans les religions modernes ou des innombrables sortes de mauvais esprits des non-civilisés. L'idée de parcelle lumineuse, ennoblie, fut reprise ensuite par les théode la seconde vie. Les éléments plus parfaits que représentaient le « double » ou « l'âme-oiseau » auraient peut-être, sur la fin, rejoint les vieilles croyances, n'eût été qu'on avait jadis attaché trop

logiens d'Égypte, et rattachée à l'idée d'une émanation lumineuse, d'une étincelle détachée du Soleil, dieu créateur de la vie.

Le *Sokhim* est une des plus vieilles et des plus curieuses sortes d'âme, mais Maspero, *Revue critique*, 1900, p. 407, et Wiedeman, *Die Toten und Ihre Reiche* diffèrent d'avis sur sa nature, et Budge, *Gods of the Egyptians*, t. I, p. 163, ne se prononce pas entre les sens « puissance », « forme » et « force vitale » qui lui ont été attribués. Les textes que j'ai pu étudier m'engagent de plus en plus à y voir la « force physique » considérée comme une des énergies nécessaires de l'être complet, et par conséquent comme une de ses « âmes » ou « personnes », continuant, après la mort terrestre, à garder sa vie et ses destinées spéciales. Des textes difficiles à interpréter avec certitude, et remontant vraisemblablement à une des périodes les plus anciennes, font allusion à des « apparences » (*kadnou*) que pouvait prendre la personne du mort. Par exemple la « mante religieuse » ou, d'une façon très vague, diverses sortes d'insectes, schématisés dans l'écriture sous forme de trois guêpes (*Rituel de l'Ouverture de la Bouche*). L'étude de toutes ces « âmes » n'a jamais encore été abordée d'une façon systématique, en recueillant tous les exemples où ils sont cités. On s'est surtout attaché à étudier le double, l'âme et le lumineux, parce que ce sont eux qui figurent plus fréquemment dans les monuments religieux d'époque classique. Budge seul à ma connaissance a jadis étudié, avec quelque détail, et avec textes à l'appui, ce qu'était le *sahou* en ses *Gods of the Egyptians*. Il est revenu depuis sur cette première étude, ainsi que sur celle des autres fragments de la personne égyptienne, en son *Osiris and the Egyptian resurrection* (1911), et a entrepris une première série de comparaisons entre la série de ces âmes ou reflets de l'être égyptien et les croyances, en apparence semblables, des non-civilisés de l'Afrique (t. II, chap. xix, p. 116-141). J'ai signalé, à la fin du chapitre ii, comment il était indispensable de partir de l'étude de ces éléments de la personnalité au début de toute méthode comparative.

solidement leur fortune à celle de dieux distincts, que l'Egypte n'arriva jamais à amalgamer totalement. Et la multiplicité de la personne égyptienne refléta l'irréductible multiplicité des aspects du Divin.

VIII. — Parallèlement à l'évolution de la nature et des fonctions des dieux ou des âmes, on devra traiter celle qui a trait à la nature et au rôle des descendants humains de la divinité. L'idée des Rois fils des dieux a naturellement subi le contrecoup de toutes les modifications qui changeaient le concept du divin. La définition de la filiation divine, la façon dont on l'affirmait, l'idée de l'adoption par les dieux, les fonctions du Roi comme serviteur de son père ou comme l'héritier divin, chef de la nation, rien de tout cela n'est resté immobile, en aucune civilisation religieuse. Des demi-civilisations elles-mêmes, comme celles du Dahomey et du Benin, montrent par leur iconographie, leurs statues, leurs bas-reliefs, une série d'idées successives qui supposent de longs efforts de perfectionnement [1]. La pensée sacerdotale n'a cessé de remuer ces idées, et de les adapter à leur époque. Ces transformations successives de l'idée du début ont ici une portée historique et sociale

---

1. Pour les souverains du Dahomey, l'étude d'ensemble la plus complète se trouvera dans LE HÉRISSÉ, *Ancien Royaume du Dahomey* (1911). Voir surtout : chap. 1ᵉʳ, *Le Roi* (p. 5-32) ; ch. v, *Les collèges de prêtres* (p. 135) ; ch. vi, *Décès d'un roi* (p. 178) ; ch. viii, *Union dans la famille royale* (p. 212).

qu'il est superflu de faire valoir. L'Égypte, des Thinites aux Lagides, sera un magnifique exemple à proposer, auquel on joindra celui de ces descendants des dieux que sont les grands empereurs d'Extrême-Orient, ou celui des monarques de l'Amérique précolombienne [1].

Si nombreuses et diverses qu'elles paraissent, les questions qui viennent d'être énumérées se rattachent, en somme, au développement d'une seule des données premières : les idées qui ont créé les dieux les plus anciens. Ce sont ces idées qu'il faut étudier dans la série de leurs évolutions, et suivre dans leurs progrès ou dans les difficultés auxquelles elles se heurtent en route. Au fur et à mesure que s'ouvrent ces histoires secondaires, on a vu les questions se rattacher *naturellement* les unes aux autres. Chapitres et subdivisions se font d'eux-mêmes en cours de route, et non pas d'après un cadre tracé d'avance. C'est un des avantages de l'histoire, substituée aux raisonnements théoriques, dans la reconstitution du passé. Elle suit l'ordre d'apparition des phénomènes, sans prétendre les soumettre à des divisions qui ne sont logiques que pour notre esprit moderne.

On pourrait maintenant appliquer le même mode

---

[1]. On cherchera à ce propos ce que devinrent les descendants des dieux locaux, réduits au rang de seigneurs féodaux ou de grands dignitaires. Les éléments recueillis, d'abord en Égypte, puis en Chaldée, au Japon et au Mexique formeront, je crois, une base solide pour les recherches dans les autres religions.

de travail à chacun des autres éléments constitutifs examinés au début de cet essai. Ainsi, ceux qui sont relatifs au culte ou ceux qui ont concouru à former la morale religieuse. L'étude de leur évolution particulière susciterait chaque fois, comme précédemment, dix à douze questions d'ordre général, se ramifiant, à leur tour, en autant d'études portant sur des sujets spéciaux.

Ainsi, et pour préciser par un cas particulier, l'histoire de la magie, examinée depuis ses principes originaires jusqu'aux temps modernes, forme une série considérable d'histoires secondaires. Sachant que je ne pourrais les traiter ici, j'ai déjà signalé par anticipation, à leur point de départ, quelques-unes des modifications subies par la conception initiale [1]. Rien qu'une seule d'entre elles comporte elle-même la matière de recherches diversifiées à l'infini, mais qui ont toutes une base commune.

J'en prendrai une seule à titre d'exemple: celle qui a trait aux drames mimétiques de la vie des dieux. L'histoire des religions montre comment la donnée première s'atténue, ou plutôt comment elle n'est plus l'élément exclusif. Les actes des dieux sont toujours bien renouvelés ou transportés sur cette terre, et aux dates où jadis ils vécurent les épisodes que l'on reconstitue; mais à cette répétition on joint d'autres idées que celle de la magie imitative et contraignante ou que celle de la force purement astrologique du retour des dates calen-

---

1. Voir plus haut, p. 237-242.

driques. L'homme se préoccupe par surcroît de célébrer, de commémorer, d'honorer les dieux. La procession, l'anniversaire, au sens où nous entendons ces mots, ne se substitueront peut-être pas entièrement à l'imitation magique; ils prendront cependant une valeur de plus en plus grande [1]. Quelques-uns des croyants pourront même donner exclusivement aux actes cette interprétation de plus en plus élevée. Dans un autre ordre d'idées, mais procédant tout aussi naturellement des vieilles cérémonies mimétiques, les épisodes tirés de la vie des dieux, et dégagés de la recherche exclusive de l'effet magique à produire, ont engendré les mystères, les drames sacrés, et ce qui sera un jour le théâtre (danses, tragédie, etc.).

Dans l'autre sens, et à mesure que la magie des grands cultes s'épure pour devenir la « religion », et qu'elle envisage sous une lumière nouvelle le vieux rituel mimétique ou l'incantation de jadis, la magie privée, démunie du soutien des nobles préoccupations, ou celle des non civilisés, qui les sent confusément, mais n'arrive pas à les concevoir, s'attachent plus obstinément que jamais à la valeur littérale, à l'effet matériel [2]. La divergence

---

1. C'est ce que montrent les inscriptions égyptiennes des temples ptolémaïques, lorsqu'elles commentent le sens des cérémonies qu'elles décrivent (cf. e. g. les répertoires des sanctuaires, en partie publiés, d'Edfou, de Kom Ombos, ou de Dendérah, dont on pourra se faire une idée sommaire en parcourant les traductions du grand *Dictionnaire géographique* de BRUGSCH).

2. Cf. e.g. SPIESS, *Zum Kultus und Zauberglauben der Evheer* (Togo) [*Baessler Archiv*, 1911, t. I, fasc. 4 et 5], et pour les idées

croissante apparaît sous une forme d'autant plus intéressante que l'on prend un groupe de faits précis. Ainsi, la donnée des lacs magiques, où tout ce que l'on fait se répercute dans les lacs du ciel, se traduit finalement, avec le temps, de deux manières. Dans les cultes officiels de l'Égypte elle mène à l'emploi des aiguières ou des vasques [1] destinées à des cérémonies purement symboliques [2]. Au contraire les magiciens travaillent exclusivement sur la grossièreté de la donnée sympathique, l'idée concrète de la « force attractive des semblables ». Ils n'ont su que diminuer et rendre plus maniables les objets matériels de l'opération. Ils arrivent à ces bassins de cuivre, où le Psammétique du Pseudo-Callisthène détruit à distance les flottes ennemies, en y culbutant des galères en miniature. De pratique en pratique, on arrive à ces « coupes enchantées » des Arabes, pour lesquelles la littérature merveilleuse de l'Orient foisonne d'exemples [3], à ces bassins divinatoires et à ces

---

relatives à la force magique de certains talismans les curieuses explications recueillies par LE HÉRISSÉ, *Ancien Royaume du Dahomey*, t. I, p. 110-156.

1. Cf. Par exemple, les ablutions du Roi dans LEPSIUS, *Denkmaeler*, IV, 127. Cf. MARIETTE, *Dendérah*, t. III, pl. 78.
2. Cf. la « mer d'airain » des temples chaldéens. La langue aida à ces réductions. De même, le mot « bassin » en français, est susceptible de ces sens successifs.
3. Cf. pour un certain nombre de faits analogues, MASPERO, *Journal des savants*, 1899, à propos de l'*Abrégé des Merveilles*, et dans cette même revue savante, même année, BERTHELOT, l'*Abrégé des Merveilles et les savants alexandrins*. Dans le même ordre d'idées, les bas-reliefs des temples, dont la valeur religieuse s'était ennoblie au cours des âges, deviennent, pour

« miroirs d'encre », dont la magie moderne fait encore un tel usage dans l'Afrique du Nord.

Un autre exemple excellent à proposer de ces histoires secondaires, dont les cadres se font en cours de route, et par rattachement *naturel* des questions les unes aux autres, se trouve dans le domaine des idées relatives à la mort. De l'étude comparée des traitements matériels de la dépouille humaine, on passera, en suivant l'ordre des événements et des préoccupations qui en résultent, à l'histoire de la demeure funèbre, depuis le réduit même qui abrite les restes humains jusqu'aux plus compliquées des extensions de la sépulture. Les funérailles et la mise au tombeau, puis les mobiliers funéraires, aux variétés infinies, et les idées qui s'y rattachent ; l'offrande aux morts, dont le sacrifice n'est qu'une partie, et avec elle, l'élaboration du rituel et du culte mortuaires ; les routes de l'au-delà, et les divers séjours où elles mènent les différents fragments de la personne humaine, après la rupture qu'est la mort physique ; les conditions de la survie en ces séjours, et la durée possible de cette survivance ; enfin toutes les formes de communication avec les vivants, imprévues ou

---

les magiciens de basse époque, des phylactères servant à détruire à distance les armées ennemies, ou avertissant de leur approche, et cette croyance se retrouve dans toutes les compilations arabes tirées des vieux documents coptes. Voir, par exemple, la légende de Dilouka, la Reine-magicienne, dans l'*Egypte* de Mourtadi, dans l'*Abrégé des Merveilles*, et dans la série des auteurs compilés par Maqrizi, en sa *Description topographique et historique de l'Egypte*.

régulières, volontaires ou involontaires, désirées ou subies, leurs modes et leurs époques ; voilà, pour n'en tracer ici que la plus simple esquisse, un plan d'histoire comparative assez souple pour embrasser toutes les questions, et y faire rentrer toutes les religions. Il évite cependant le risque de les ajuster de force à des divisions factices, comme on risque de le faire en procédant, ainsi que cela a lieu trop souvent, à l'établissement de définitions préalables et théoriques sur l'origine du culte des morts, sur la nature des ancêtres ou sur la prière.

VIII

L'ÉVOLUTION

(suite).

ÉLÉMENTS COMBINÉS — DIVINATION — DUALISME. SACRIFICE HUMAIN.

Si vaste que soit déjà un tel champ d'investigations, ce n'est là qu'une partie du domaine.

Chacune des matières qui viennent d'être énumérées ne constitue que l'évolution d'*un* des éléments simples, considéré isolément. Assurément tout phénomène est complexe dans la réalité, et il est la résultante de mille causes diverses à la fois. Mais je veux dire que la dominante, ou, si l'on préfère, l'essentiel de ces phénomènes religieux, dont on vient de dresser une sorte d'inventaire, se ramène toujours à une des données initiales, examinées dans la première partie de notre Histoire. Dans tous les cas déjà cités, l'évolution religieuse, son caractère et ses modes se justifient, en effet, par la nature particulière de telle ou telle de ces données, mise en rapports avec la série des faits géographiques, historiques ou sociaux que la méthode comparative nous présente en leur ordre réel.

Différent est le cas pour de nouveaux sujets qui

s'offrent ensuite à notre programme, et nous font passer progressivement du simple au composé.

Cette fois, les phénomènes procèdent simultanément de plusieurs des éléments originaires ; ils sont le résultat combiné de plusieurs évolutions simultanées. L'étude de cette nouvelle série, de nature composite, suppose donc la connaissance préalable des évolutions propres à chacun des éléments constituants, envisagé d'abord en lui-même.

On peut, pour la commodité de l'enquête, distinguer en ces matières deux groupes principaux de phénomènes religieux.

Les uns relèvent de l'étude de la psychologie religieuse, mais ne contiennent point d'éléments essentiels supposant la connaissance des éthiques. Leur complication apparente résulte surtout de ce qu'ils se rattachent à des pratiques et à des idées ayant déjà subi, chacune prise à part, l'effet d'une série de transformations. Leur histoire est donc relativement aisée à établir, si on ne l'entreprend qu'une fois ces transformations reconstituées isolément.

Ainsi la « *géomancie* » taoïste suppose, pour être bien comprise, la connaissance des croyances de l'Extrême-Orient sur la mort, celle de l'évolution des cultes funéraires, celle de l'astrologie, considérée comme un dérivé de la magie primitive.

Ce n'est là qu'une application de détail. L'énorme amas de phénomènes rangés sous le vocable de *mantique* peut être proposé comme un spécimen plus compréhensif.

La plupart des monographies religieuses se bornent à énumérer pêle-mêle les divers modes de divination. Les traités synthétiques s'épuisent à rechercher toutes les espèces et modalités de mantique ; on prend toutes les façons dont l'homme a cherché à comprendre ou à solliciter la manifestation de la volonté des dieux ou des esprits ; ou bien on cherche à dresser la liste de tous les instruments dont il s'est servi. Dans une histoire comparée des religions, un pareil procédé équivaudrait, ou presque, à lever un catalogue de toutes les actions de l'homme ou des animaux, et des aspects ou des formes de tous les êtres ou objets de la nature ; tant le génie inventif des diverses religions a été chercher de tous les côtés des signes révélateurs ou des moyens de provoquer ces signes. La désespérante richesse de la mantique grecque, de ses traités, de ses subdivisions ; celle de la Chaldée, déjà égale, et demain supérieure en variétés, grâce aux textes nouveaux ; celle de l'Inde enfin ne sont, à elles trois, qu'une fraction de cet inventaire redoutable ; car les modes de mantique des centaines de peuples non-civilisés n'ont rien laissé qui n'ait été à un moment employé comme moyen divinatoire. Une pareille entreprise ne peut mener plus loin que des constatations de faits.

Cet inventaire préliminaire des documents doit montrer la nécessité de classer les « voies et moyens » employés par la mantique tout autrement que ne peuvent le faire des études consacrées à telle ou telle religion en particulier. Il fera mieux ressortir.

la nécessité de distinguer, pour commencer, entre les cas de consultation directe et volontaire, et ceux d'interprétation de l'inattendu ; il séparera les cas d'inspiration directe de ceux qui se rattachent à une vision, supposée plus nette, des volontés divines ; il notera aussi si l'état d'inspiration ou de vision plus lucide est supposé permanent ou non, s'il appartient par définition à tous, ou s'il est réservé à certaines personnes.

Cette répartition provisoire des faits observés amènera à constater qu'ils supposent déjà acquise par l'observateur la connaissance de bon nombre des principes constitutifs et celle de leurs modes d'évolution, s'il veut expliquer l'origine et le développement de la mantique, c'est-à-dire en faire l'histoire. Ainsi l'étude de la divination hellénique, si complète qu'on la suppose, ne pourrait, à elle seule, justifier la totalité des faits de la mantique grecque. Il est nécessaire d'avoir traité l'évolution générale de la magie dans les religions pour comprendre ce qui a trait à l'horoscopie, ou à la théorie du songe ; on doit avoir parcouru celle qui a trait aux progrès de la morale et du rôle des dieux pour dégager les traits fondamentaux de cette divination spéciale qu'on nomme « ordalie », et ainsi de suite. Aucune vue d'ensemble, aucune justification rationnelle ne sont ici possibles par l'investigation directe de la mantique considérée isolément. On en arrive à constater ainsi peu à peu que c'est une erreur de vouloir étudier, en eux-mêmes, comme s'ils formaient un tout se rattachant à un principe initial commun, des phénomènes qui ne se ressemblent que par le but qu'ils poursuivent. Chacun n'est en fait qu'une des applications de détail de principes généraux n'ayant rien de semblable entre eux. Chacun de ceux-ci a engendré, dans la série des pratiques religieuses, un certain nombre de cérémonies, de rites, de données, de façons pour l'homme d'agir sur le monde sensible. Dans le nombre, il y a eu des applications dont le but était de connaître la volonté de certains êtres, ou de déduire de certains signes l'enchaînement nécessaire de certains événements. Leur ensemble peut s'appeler mantique ou divination pour la commodité des recherches. Rationnellement, ils ne se rattachent pas plus à un même élément commun que les ramures et les lianes entrelacées au sommet de la forêt tropicale n'appartiennent en bas à une souche unique.

L'interprétation divinatoire des phénomènes naturels réguliers tient encore à la théorie générale de la magie que j'ai esquissée ici [1]; et l'astrologie, ou la prédiction de l'avenir, par les moyens tirés des aspects ou des influences des astres en est le corollaire. On remonte de là à la divination des phénomènes irréguliers (éclipses, comètes, bolides, aurores boréales, lumière zodiacale, secousses sismiques, aspects étranges des nuées, plus tard apparitions célestes). Les constatations pseudo-expéri-

---

1. Voir par exemple ce qui est dit page 197, à propos de l'influence magique qui amène le recommencement des événements.

mentales tirées de l'examen du ciel, des nuées, des eaux, et les corrélations supposées, mènent à l'observation du vent, de la fumée et des liquides ; mélangées à d'autres déductions tirées du sacrifice, elles conduisent à la théorie de l'examen du sang ou des entrailles des victimes ; l'histoire des cultes zoomorphiques se combine avec le tout pour expliquer les croyances à la valeur divinatoire des apparitions d'animaux, des traces de leur passage, du vol des oiseaux. L'idée d'un langage des dieux ou des morts se manifestant par des combinaisons fortuites de figures, de lignes (runes, baguettes, craquelures des écailles des tortues chinoises) mène à l'idée d'obtenir leurs réponses en provoquant, de main d'homme, ces combinaisons de hasard, réunies de cent manières en recueils ou en collections (ainsi les figures du Yi-King). L'idée du sort avec toutes ses conséquences, n'est qu'une application, particulièrement féconde, de toute cette accumulation de soi-disant observations.

L'évolution de la donnée initiale sur les âmes ou esprits entre, à son tour, en ligne de compte, pour expliquer les moyens de divination tirés de l'idée que l'on peut communiquer avec les dieux ou les morts en certains états extatiques, provoqués par les danses, les chants rythmés, les vapeurs. Elle justifie aussi la théorie mantique basée sur les songes pendant le sommeil naturel ou provoqué (soit avec langage clair des dieux ou des morts ; soit avec visions de phénomènes sujets à interprétation symbolique). Mais qu'est-ce à dire ?

Supposera-t-on une seule théorie universelle à ce propos ? Il semble que jusqu'à présent la question n'ait pas été posée avec la netteté désirable. Le véritable point intéressant est de rechercher quelle est l'explication donnée au phénomène du songe, ou pourquoi, en d'autres termes, l'homme est tenu pour pouvoir entrer plus facilement en communication avec les esprits, les fantômes ou les dieux, pendant le sommeil. Sitôt que l'on entre en cette voie, l'on constate que sous l'apparence d'un système unique, — celui fondé en somme sur l'animisme de Tylor et à peine modifié depuis — le mécanisme du rêve repose, au contraire, sur les fondements pseudo-expérimentaux les plus opposés, et que, par suite, et même en ce domaine déjà restreint de la divination, on ne peut, sans erreur grave de méthode, esquisser aucune théorie sur l'ensemble du rêve considéré en lui-même et en tant que phénomène isolé. Pour ne prendre que l'exemple égyptien, le songe s'y oppose très nettement à tous les systèmes basés sur le départ supposé d'un double ou d'une âme, quittant le corps pendant le sommeil ; il se rattache, au contraire, à une hyperacuité des sens qui permet à l'individu de voir ou d'entendre ce qu'à l'état de veille l'homme ordinaire ne peut percevoir, sauf cependant quand la magie lui donne les moyens spéciaux et momentanés de le faire. C'est juste l'opposé du détachement d'une partie de la personnalité ; c'est au contraire la personne regardée comme ayant à ce moment une capacité et une possession de ses énergies augmentées[1]. Il y a donc, en ce cas, au moins deux théories sur le sommeil qui supposent, à leur tour, des principes de début tout différents. Comment pourrait-on donc classer les rêves de toutes les religions pêle-mêle, et prendre pour base de classement les sortes de rêves et leurs modes, puis prendre les exemples des uns pour élucider les autres, les tenir à chaque fois pour des équivalences, bref, procéder comme on l'a fait jusqu'ici la plupart du temps ?

Si l'on passe à cette branche voisine de la mantique qu'est l'« oracle », des constatations de même ordre s'imposent dès les premières recherches. C'est le mode de communication qui semble avoir servi ordinairement de point de départ. La terminologie y joue un rôle tyrannique. On place dans la classe des « oracles » les façons dont les dieux égyptiens, par exemple, entraient en conversation avec les rois ou les simples mortels, sur le seul dire des auteurs classiques qui, peu soucieux de se rendre compte de la pensée réelle de la religion égyptienne, appelèrent « oracle » tout sanctuaire où l'on pouvait consulter les dieux de la Vallée du Nil. Mieux étudiées, chacune des sept à huit façons de le faire en Égypte suppose, pour recevoir une explication satisfaisante, et pour donner à son tour

---

[1]. Cf. G. FOUCART, *Encyclopædia of Religion*, t. V, au mot *Dream* (Egypt). Je me bornerai à signaler ici le passage caractéristique du « Rituel de l'Ouverture de la Bouche » où c'est pendant son sommeil que l'officiant *Sam*, étendu sur une sorte de lit, placé en face de la momie au jour des funérailles, déclare avoir vu l'esprit du défunt « en toutes ses formes ».

une leçon intéressante d'histoire religieuse, la justification préalable d'autant de principes directeurs spéciaux et sans aucun rapport entre eux, suivant qu'il s'agit d'un Pharaon s'entretenant avec le Dieu « comme un fils qui parle avec son père », d'un malade venant consulter Khonsou-Nofirhâtep, d'un dévôt interrogeant l'Apis, d'un grand prêtre demandant à la statue de son Maître une indication formelle, etc.

Ces exemples, que je ne prétends nullement traiter en ce bref exposé, mais simplement proposer en passant à l'attention, montrent, ce semble, la nécessité de procéder aux recherches en rejetant résolument les divisions factices établies sur la terminologie. Les vieux recueils de jadis avaient tenté de dresser des listes de l'art divinatoire d'après les êtres ou les objets dont on se servait. Le catalogue ne pouvait, par définition, être jamais au complet, parce qu'il n'y a peut-être pas, dans la liste entière, et des phénomènes naturels, et des actions des êtres animés, et des choses qui s'offrent à l'attention de l'homme, un seul qui ne lui ait pas paru, quelque part ou en quelque temps, un moyen de divination. La tentative est aussi vaine que celle de N.-W. Thomas, se proposant, en zoomorphie, de donner la liste intégrale de tous les animaux ayant été tenus en une religion quelconque pour divins ou sacrés. La tâche est impossible parce qu'infinie, et inutile parce qu'arrivé aux frontières de l'animisme, tout animal est la demeure d'un esprit, toujours susceptible de se classer au

nombre des « esprits », dont l'activité amènera
ces rapports spéciaux qui seront, à un moment
donné, l'embryon d'un culte dans la magie-religion.

Ou bien, par une erreur analogue, quoique sous
des apparences plus méthodiques, l'on revient à des
séries inspirées des antiques répertoires des Chaldéens et des classiques, où, en listes sans fin,
s'allongent les intitulés : ornithoscopie, hydromancie, pégomancie, haruspicine, bélomancie, axinomancie, etc., et l'on cherche à ajuster, à la centaine de rubriques ainsi obtenues, tous les faits
relevés chez le plus grand nombre de peuples possible. On a pu obtenir ainsi un catalogue peut-être
plus complet que ceux qui précédaient. On n'a
certainement pas acquis une histoire comparée des
arts divinatoires.

L' « ordalie », avec tous ses genres d'épreuves,
basées sur la croyance à la manifestation de la
volonté des « esprits » ou des dieux, est le moins
simple des phénomènes de cette classe. Sous son
apparente grossièreté, il suppose le mélange et le
remaniement de cinq ou six des éléments que nous
avons appelés « constitutifs », et leur arrivée à un
degré final de grande complication. Il n'est aucunement la marque d'un état « primitif », comme on
est porté à le croire, parce qu'on le retrouve
aujourd'hui chez les non-civilisés. C'est un des
phénomènes complexes qu'il conviendrait au contraire d'étudier en dernier. Les espèces judiciaires
qui donnent lieu à cette épreuve, ou les sortes d'é-

preuves elles-mêmes, sont aussi infinies en variété
que la consultation des dieux pour la divulgation
de l'avenir. Au seul examen des non-civilisés de
l'Afrique, on peut relever au moins cinquante
façons de pratiquer l'ordalie, dont beaucoup n'ont
aucun caractère de mortelle épreuve. A côté de
l'eau bouillante, du fer rouge, du fleuve dangereux,
des divers poisons ingérés ou instillés dans l'œil, et
des autres pratiques les plus fréquemment citées,
on trouve des faits tels que l'indication du coupable
par la pose d'un piège où un rat est ou n'est pas
pris. On rentre par là dans la pure divination générale. Le classement le plus satisfaisant pour
arriver à mieux dégager les fondements soi-disant
rationnels de l'ordalie paraît être, avant toute autre
enquête, de chercher à déterminer les êtres qui sont
tenus pour y intervenir : esprits des ancêtres ou
esprits protecteurs de la partie lésée, esprit de la
victime, divinités ou esprits tutélaires d'une famille
ou d'un individu, etc. La théorie, trop peu étudiée
encore, de la perte de la protection des esprits tutélaires en cas d'infraction à une de leurs règles est à
examiner à ce propos avec la plus grande attention.
Non seulement elle se rattache aux questions que
soulève le problème de l'origine de la conscience
morale, mais elle sert aussi à élucider, pour sa
part, une des façons dont le dualisme, au sens le
plus humble du mot, a tendance à tirer de tous les
faits de la pseudo-expérience primitive les rudiments de son organisation. Enfin il serait intéressant
de noter, à ce propos, sur quel fondement reposait

l'usage de la confession chaldéenne, accompagnée de l'indication des fautes commises, et il y aurait lieu d'examiner à ce propos si, aux origines, la thèse de l'abandon des esprits protecteurs, en cas de faute, ne procédait pas de la même idée fondamentale, et sans plus de noblesse, que les croyances de l'Afrique nigritienne d'aujourd'hui. Ceci mènerait la théorie générale, une fois dégagée par ce rapprochement, à étendre l'enquête aux cas, déjà plus différents au premier abord, des religions de l'Amérique précolombienne.

Ces investigations préalables permettront de ramener l'explication de l'épreuve ordalique, non plus du tout à une seule idée directrice plus ou moins évoluée, comme il a été généralement enseigné, mais, au contraire, à une infinie variété de croyances « élémentaires » indépendantes entre elles. Leur évolution et les fusions de toute espèce, notées suivant la méthode générale indiquée au présent chapitre, permettront d'aborder, en fin de compte, les survivances plus ou moins atténuées que le monde classique propose à notre attention. Les espèces fournies par le monde hellénique, et si bien exposées dans le beau travail de GLOTZ [1] jus-

1. GLOTZ, L'Ordalie dans la Grèce Primitive, 1904. L'évolution de l'ordalie vers l'idée de sort manifestant la volonté des dieux ou des morts, vers l'épreuve de pure forme et enfin vers le serment sont autant de particularités remarquables à signaler, comme concordant de tous points avec une tendance à des résultats identiques, pour nombre d'épreuves, chez les non-civilisés du continent africain que j'ai pu étudier avec quelque détail. Pour la civilisation romaine, cf. S. REINACH, Une Ordalie par le poison à Rome, Revue Archéologique, mars-avril 1908.

tifieront particulièrement les lois entrevues par l'enquête préliminaire.

Il est clair que le contrôle par les documents s'impose durant toute cette reconstitution des sources de la mantique. C'est dire l'importance de littératures religieuses aussi anciennes, aussi riches à cet égard que celles de l'Égypte et de la Chaldée Au cours des recherches, on aura occasion de signaler des questions particulièrement attachantes, qui ont trait en même temps aux institutions et à l'histoire de la morale. Ainsi, en Égypte, la consultation judiciaire de la statue divine [1], sententiant les procès criminels en hochant

---

[1]. La consultation des statues divines en Égypte pour les cas judiciaires est en fait une application particulière d'une théorie beaucoup plus vaste que le concept de l'ordalie. On n'a pas assez noté que les décisions de ce genre (vol, faux en écriture, question de propriété, grâce accordée à des bannis, etc.) ne concernaient en fait que des gens du dieu, prêtres ou employés du temple, et pour des affaires regardant le dieu comme propriétaire ou comme garant. Cette restriction préalable admise, la consultation de l'image pour ces cas de justice se rattache à un système plus général de réponses par oui, par non ou par geste de la statue dans des cas tout différents, et dont le fondement commun est le caractère de chef et d'administrateur attribué à l'esprit divin qui vit réellement dans la statue. Ainsi, on le consulte sur l'opportunité d'envoyer en mission un serviteur du temple (et par extension il valide l'enregistrement d'actes de donation, vente, transactions, etc.). Ce sera enfin la désignation de ceux auxquels l'image déléguait ses pouvoirs. Le cas le plus célèbre est la désignation par la statue d'Amon des rois d'Éthiopie. Les textes que j'ai mentionnés plus haut établissent que sur ce point encore, le royaume éthiopien ne fit qu'appliquer à ses souverains un mode de désignation déjà employé à Thèbes pour le choix du grand prêtre d'Amon. Des indices, encore trop ténus pour constituer un faisceau de preuves scientifiques décisives, laisseraient entrevoir que la

la tête, nous suggère d'abord l'idée d'une sorte d' « ordalie », et a été parfois classée comme telle. Cependant elle est dégagée des pratiques horribles ou ignobles des ordalies sauvages [1] et, par là, elle s'adapte sans efforts aux idées, de plus en plus épurées, qui se font jour dans la société égyptienne. On peut suivre, avec les documents juridiques à

reconnaissance du Pharaon par Amon-Râ devait être accompagnée d'une reconnaissance de caractère divinatoire manifestée par l'image du dieu, et que le rituel thébain, pour ce détail au moins, se rattachait au très vieux cérémonial du sacre d'Héliopolis. Le rite, traditionnel et de pure forme à l'époque historique, aurait donc pu être une réelle épreuve de savoir la volonté du dieu pour désigner son successeur terrestre aux origines. On aurait là un cas extrêmement intéressant à ajouter, dans l'histoire comparée, à la théorie générale de l'origine des pouvoirs des chefs dans les premières sociétés, et à la façon dont l'indication divine était une condition nécessaire. Le tout en l'état actuel de mes recherches ne peut encore être présenté que sous la forme d'une simple hypothèse.

1. Leur nombre infini s'accroît chaque jour des nouveaux documents publiés par l'ethnologie. Pour le seul continent africain, les cas relevés autrefois avec beaucoup de soin par RÉVILLE, et plus récemment par LEROY, ne peuvent être regardés que comme des spécimens, mais nullement comme une énumération limitative, ainsi que le prouvent les variantes nouvelles signalées par DENNETT, par les séries en cours des *Monographies ethnographiques* ou celle des *Notes sur la vie familiale et juridique*, etc. du Musée de Tervueren. Ces dernières publications dégagent mieux que les précédentes le caractère quelquefois purement divinatoire, sans épreuve humaine, de l'ordalie (e. g. chez les Azandé et les Mangbetou) ou, ce qui est plus intéressant, l'importance de l'abstinence sexuelle au moment de l'épreuve (par exemple pour la cueillette des herbes destinées au breuvage, ou pour l'ingestion de celui-ci). Cette dernière constatation est à relier avec ce qui a été dit à propos des conditions nécessaires à l'opération magique, et peut être de nature à mieux délimiter tout un groupe des opérations ordaliques, en justifiant plus clairement la série des éléments constitutifs.

Histoire des Religions.

l'appui, comment elle s'adjoint, progressivement, l'aide d'une véritable enquête judiciaire, avec toutes les garanties de la justice humaine. Si bien qu'en fin de compte, le geste final de la statue, provoqué au su de tous par l'action de l'homme, peut-être tenu pour une manifestation de la volonté divine au sens noble du mot. C'est cette volonté qui guide la main de l'homme, au moment où il met en branle les articulations de l'idole, et c'est déjà presque, pour l'Égyptien de ce temps-là, comme cette inspiration d'en haut que, plus tard, le juge implorera pour éclairer sa conscience, au moment de rendre la sentence [1]. La belle invocation du

1. Le classement des variantes de ces consultations montre que l'on suivait dès le début un cérémonial de rigueur. Seul le roi ou le grand prêtre avait le droit d'interroger directement le dieu. Il commençait par une prière ou plutôt une invocation (âsh), et seulement alors lui demandait s'il consentait à s'occuper de l'affaire. C'est après son assentiment qu'il osait lui soumettre le cas en lui-même. La statue n'était interrogée d'ailleurs qu'à certaines époques déterminées, et, de règle, semble-t-il, aux fêtes ou « sorties » solennelles. La cérémonie de la consultation de l'image d'Amon semble avoir été canoniquement fixée au point du sanctuaire appelé le « pavé d'argent ». Les statues d'Isis à Coptos (PETRIE, Coptos, XIX), d'Amenhotep I divinisé (ERMAN, Sitzungsberichte Akad. Wissensch. de Berlin, 1910, p. 347), comme celles de Khonsou (cas de consultation pour un exorcisme, d'après la célèbre stèle dite de Bakhtan) répondaient de la même façon que l'Amon Thébain (BRUGSH, Reise Grone Oasis, pl. XXII; MASPERO, Æ. Z., 1882; BREASTED, Ancient Records, IV, 275; PLEYTE, P. S. B. A. X, 41; SETHE, Æ. Z., XLIII, 30; MARIETTE, Mon. divers., IX et Abydos, t. II, p. 36-37). Ces divers cas, et la façon matérielle dont le dieu indiquait sa volonté ont été étudiés par G. FOUCART, Encyclopædia of Religion and Ethics, t. IV, au mot Divinatio (Egypt), en même temps que les divers modes de consultation des dieux dans la Vallée du Nil.

prêtre égyptien qui vient consulter la statue de son Maître : « Seigneur, toi qui resplendis au-dessus de tout ce qui est iniquité » peut n'être venue que sur le tard. Elle était déjà en germe dans la conscience de la race, aux temps, perdus dans la nuit de la préhistoire, où s'élabora la légende de l'Être Bon que fut Osiris, ou du Juge Impeccable que fut Thot.

D'autres sujets réclament des constatations expérimentales d'un ordre plus délicat, parce qu'elles exigent la connaissance de l'évolution de la morale humaine dans les différents pays. On a vu plus haut combien celle-ci procédait d'éléments disparates à l'origine [1]. D'autres part, l'enseignement que l'on retire de leur histoire a un bien autre intérêt que celui de la mantique, parce qu'on touche ici aux plus hautes questions. A cette catégorie appartient l'histoire du *dualisme*.

Son histoire se rattache au domaine religieux tout entier, parce qu'il est le produit de toutes les idées à la fois, et qu'il en reflète, au cours des âges, toutes les modifications : données de la magie, nature et fonctions des « esprits » ou des dieux, définitions successives du bien et du mal, morale sociale ou religieuse, sacrifice, nature et condition de la seconde vie, rôle des morts et d'autres encore.

La démonstration par la méthode historique établira la série des progrès : aux débuts, la lutte

---

1. Voir pour ce qui regarde l'Égypte, p. 266-280.

supposée, et de caractère purement physique, entre des êtres concrets (dieux animaux, génies, monstres) au ciel ou sur cette terre ; puis une lutte entre les êtres et les éléments bons ou mauvais au sens social — ou plutôt national — de ces termes : finalement l'introduction (plus ou moins réussie) de l'idée d'un bien et d'un mal de nature morale, en antagonisme perpétuel, soit en ce bas monde, soit même à l'intérieur des consciences. Il s'agira de noter jusqu'où les divers systèmes religieux ont pu mener cette épuration graduelle, ou si même ils ont eu les ressources nécessaires pour l'entreprendre.

Je voudrais au moins dire quelques mots ici de ce sujet si vaste, parce qu'il m'a semblé qu'il n'avait pas encore été traité en cet esprit [1].

Le dualisme, sous sa forme définitive, aurait dû paraître aux hommes une solution logique à bien des problèmes : l'existence du mal physique les y portait, semble-t-il, tout naturellement. Il n'en fut pourtant rien, et la conception du dualisme est loin d'être primitive.

1. On pourra constater dans les divers recueils d'histoires des religions le peu de place que tient l'étude des tentatives de dualisme chez les différents peuples. Rien, ou à peu près, pour les non-civilisés (à part de brèves mentions à propos du chamanisme) ou pour les religions américaines ; pour l'Égypte, on se contente de l'inévitable constatation de la lutte d'Osiris et de Typhon, sans remonter aux origines et sans parler de l'extension magnifique qui le développa dans les derniers siècles ; on procède de même pour la Chaldée, l'Inde, les religions septentrionales, sans tirer jamais des quelques faits cités une hypothèse générale. Tout le travail se concentre, soit sur le système mazdéen étudié en lui-même, soit sur les spéculations des philosophes.

Pas plus que les autres, il ne semble que les Égyptiens des premiers âges aient fait la distinction des dieux bons et mauvais. Tout au moins ne se montre-t-elle ni dans les parties des textes des Pyramides, ni dans celles des « Livres des Morts », où sont conservées les croyances les plus anciennes de la race. A ces primitifs de la vallée du Nil, tous les êtres divins paraissent simplement très puissants, et par là même, dangereux, de mœurs féroces et insatiables de nourriture. Ils accomplissent les actes propres à leurs fonctions, à leurs instincts. Ils sont bons ou mauvais, dans la mesure où l'individu humain en éprouve le contre-coup.

Mais déjà, dès les premières dynasties, l'Égypte a distingué parmi eux quelques dieux plus susceptibles d'une bonté bien déterminée à l'égard de leurs sujets, et ceux-ci s'attachent à gagner leur protection. Le caractère bienfaisant de la plupart de ces divinités déjà bénévoles marque un immense progrès sur un temps plus ancien. Sans doute, l'expérience primitive avait-elle eu une origine très humble. A remonter par les textes les plus archaïques, on voit que le plus clair de l'effort de l'homme avait été de noter les êtres qu'il estimait les plus puissants, puis à chercher à leur dérober leurs secrets magiques, les pièces de leur attirail, des mots de passe, des talismans, des fétiches, des reliques d'eux-mêmes : bref, il avait inlassablement cherché à « faire comme eux » ou à faire croire qu' « il était eux ». Puis il s'était servi de ses acquisitions contre ceux dont il avait le plus peur, ou ceux qu'il voyait toujours vaincus, au cours de ses observations, dans leurs luttes de tous les instants. L'emprunt, devenu régulier et collectif, aux forces et aux secrets de certains êtres, établit, vis-à-vis de groupes déterminés, des rapports, sinon faits de confiance et de cordialité, au moins empreints d'une certaine régularité. Et bien entendu aussi, l'activité inoffensive, et parfois même utile à l'homme, de certains êtres tels que l'ibis, le cynocéphale, etc., vint jouer aussi son rôle, et tendit à attacher un caractère permanent de bonté aux « esprits » qui mouvaient un corps fait à la ressemblance des animaux de ces espèces. Mais on est en droit d'assurer que cet élément, tenu à l'ordinaire pour avoir été le principal, n'a été qu'un appoint dans la formation du dualisme égyptien et qu'il n'expliquerait nullement — bien au contraire — le caractère mauvais d'êtres aux formes zoormorphiques absolument non redoutables ou vice versa. Quoi qu'il en soit, dès lors et graduellement, le monde entier apparut de plus en plus nettement partagé entre les dieux bons et les dieux mauvais, aux prises dans une lutte qui se terminait par la victoire des premiers, *mais qui se renouvelait sans terme.* Loin de céder à la peur, comme l'ont fait les non-civilisés, et de chercher à désarmer par une soumission servile les puissances mauvaises, les Égyptiens prirent hardiment parti contre elles et vinrent en aide à leurs dieux. Ils les soutenaient par la nourriture du sacrifice, qui accroissait leurs forces pour la lutte ; plus tard, par les drames mystiques, où les fidèles prenaient part à la lutte simulée, et dans lesquels la victoire des dieux bons, représentée sur terre, se réalisait magiquement dans l'autre monde [1]. Ce caractère belliqueux est

1. Le couronnement du Roi, dont il a été parlé au chap. v, ne représentait qu'un des épisodes de cette lutte magique. Elle se continuait toute l'année aux anniversaires marqués par le calendrier astronomique des temples. La célèbre Pierre de Palerme enregistre déjà la fête « où l'on tue l'hippopotame », et cette fête, à laquelle font allusion les textes préhistoriques des Pyramides, ou que les bas-reliefs protothébains publiés par Petrie (*Memphis*, t. II, 1910) reproduisent en leur description abrégée du sacre d'Héliopolis, persistait, encore affaiblie, aux premiers siècles du christianisme copte, sous forme de gâteaux en forme d'hippopotame distribués au peuple à la date traditionnelle. Les stèles ou les inscriptions biographiques nous ont restitué, par fragments, les divers épisodes des batailles sur terre ou sur eau qu'Osiris et ses fidèles livraient dans les panégyries qui menaient la statue du dieu de l'Osireion à Nâdit et à Pagar. Soit par les calendriers, soit par les stèles, soit par les mentions insérées dans les compilations dites « Livres des Morts », nous savons comment Latopolis célébrait « la nuit où l'on fait victorieux Osiris sur ses ennemis », et comment vingt autres cités avec elle, mais aux anciens anniversaires des premières religions locales, fêtaient « la bataille où l'on défait le serpent Seba », « la fête de la destruction des Maudits », ou « des Fils de la Révolte », le jour « du Triomphe sur Sit *et ses serpents* », la nuit « de la bataille du Chat de l'Ashdou », celle de l' « exécution de la sentence contre les réprouvés », etc. Comme contre-partie de ces batailles mimétiques, d'autres textes, au moins aussi anciens, nous donnent celles livrées là-haut par les esprits ou les dieux. L'interprétation « stellaire » de nombre de ces textes n'a pas encore été traitée. Un quart au moins des difficiles formules des Pyramides se rapportent aux luttes que les dieux conduisaient au ciel ou dans l'autre monde, et dont les positions des astres ou constellations révélaient les péripéties à l'observation des prêtres d'Héliopolis. Le seul dépouillement du *Thesaurus* ou du *Dictionnaire géographique* de Brugsch suffit à ajouter plus de cent mentions de ces lieux où « Râ s'est débarrassé de ses ennemis », où « Sit a été blessé », le

un des traits les plus particuliers, et peut-être un des moins remarqués de la religion égyptienne. Il a été fécond en conséquences.

Assez tardivement, la lutte d'abord éparse, tout le long de l'Égypte, entre cent dieux locaux, se concentra en Râ-Osiris [1] et Apôpi-Sit-Typhon,

---

tertre où « Horus a mis en déroute les maudits ». En pareil nombre elles signalent les processions ou les drames mimétiques de même espèce, où les figurants et les fidèles de ces cérémonies perçaient de coups, taillaient et lacéraient des monstres de diverses matières personnifiant les « impies ». Le témoignage des classiques nous apporte parfois des renseignements sur tel ou tel détail matériel : par exemple comment tel serpent monstrueux était figuré par une grosse corde bariolée à la ressemblance du monstre, et comment les assistants le tailladaient de leurs armes. Toutes ces fêtes persistèrent jusqu'à la fin des cultes officiels. Les textes ptolémaïques (cf. Brugsch, *Drei Festkalendar*) décrivent les survivances de la bataille de l'Horus d'Edfou et ses partisans. Les flèches décochées aux quatre coins du ciel, l'hippopotame de cire, les crocodiles de terre glaise, les poissons divers simulés en ces mêmes matières sont foulés aux pieds par les prêtres, lardés de coups, « que vos corps périssent de vos blessures... » ...Râ triomphe de ses ennemis, Horus triomphe des maudits. Ces scènes se renouvelaient pendant treize jours aux divers endroits attribués par la tradition aux batailles terrestres du passé légendaire. Hérodote assista à quelques-unes de ces batailles simulées, sans en comprendre la signification. Il vit jouer des épisodes du drame osirien à Saïs (II, 170). Il prit pour des rixes populaires les batailles de Thèbes (II, 42) ou celles de Paprémis (II, 43). On ne lui révéla pas qu'à chacun de ces jours-là, « il y avait grande fête au ciel et sur la terre ».

1. La confusion graduelle et quasi-nécessaire des rôles et des personnes de Râ et d'Osiris a toujours été universellement admise en égyptologie. Le cas isolé de ses conséquences en ce qui regarde le dualisme prouve, une fois de plus, à quel point les vues chimériques de G. Frazer sur Osiris se heurtent à l'enchaînement positif des faits mythologiques bien constatés. La

devenus le résumé, l'un des puissances de lumière, de bonté, de protection des hommes, l'autre des puissances de ténèbres, de méchanceté, de cataclysmes. Le Soleil Roi des Dieux, Seigneur de l'ordre créé par lui, fut représenté dispersant ses ennemis, qui sont aussi ceux des hommes.

Le concept de ce qu'il fallait entendre par le bien et le mal, très bas au début, s'épura et s'affina au cours des âges, et rien n'est plus attachant que d'en suivre les progrès en Égypte. Mais ce fut seulement dans les derniers siècles que les deux dieux ennemis purent représenter à peu près le Bien et le Mal *moraux*. Des classifications puérilement matérielles gâtèrent cette belle tentative. Ainsi on imagina de faire d'animaux, autrefois considérés comme inoffensifs, des animaux typhoniens, dont la destruction était méritoire; c'était une extension maladroite au monde entier du partage et de la lutte entre les deux principes [1].

Aussi, rien de plus inégal que le produit final

marche progressive du dualisme, et toute la leçon d'histoire religieuse qui en découle, deviennent dès lors incompréhensibles, et un des éléments les plus intéressants de comparaison générale est perdu pour l'histoire des religions.

[1]. C'était une manière d'interpréter les vieux mythes incompris et les figurations archaïques, où ces animaux personnifiaient les dieux des peuples autrefois repoussés ou réduits par l'Égypte préthinite. La période de transition dans l'évolution de la symbolique est fournie par les fresques thébaines, figurant le Soleil mettant en fuite les monstres d'outre-monde, dont la troupe se confondit graduellement avec celle des partisans de Set et du mythe osirien. Cf., à ce sujet, la curieuse peinture du tombeau de Siphtah Merenphtah dans Th.-M. Daviss, *Tomb of Siphtah Merenphtah, the flight of the evil demons before the sun*.

de tant d'efforts instinctifs et continus, que rien n'a coordonnés sous une ferme direction. La magie la plus terre-à-terre y voisine avec les expressions de la symbolique parfois la plus haute. L'interprétation ésotérique de telle ou telle figure ou de tel ou tel acte rituel transforme, çà et là, la barbarie initiale des débuts. Nulle part elle n'accomplit sa tâche jusqu'au bout. Et cependant de grands et nobles enseignements se détachent et apparaissent en premier plan. Le geste d'un Ptolémée qui, à son couronnement, capture en nacelle le gibier des marais, peut reproduire un fragment de rituel aussi ancien que la monarchie nationale, et semble se borner à calquer matériellement ce que nous montraient déjà les bas-reliefs memphites. Mais, les textes l'assurent, c'est la destruction de l'impie et du mauvais que le nouveau Pharaon entend, par cette cérémonie, assurer sous son règne; et ce « mauvais » est déjà entendu au sens le plus noble. Et de tous côtés, dans les hymnes comme dans le reste des monuments, apparaissent ici à nouveau les caractères dominants de toute la civilisation religieuse de l'Égypte : l'inclination à la lutte tenace, la confiance active dans les chefs traditionnels, l'instinct (sinon la vision) d'une société disciplinée, où chacun a sa tâche marquée dans la lutte commune, l'idée que la force et la durée de la nation dépendent de la solidarité hiérarchisée, où s'unissent les dieux bienfaisants et leurs descendants, comme les hommes d'Égypte et leurs morts.

A l'inverse, et vu de près, le système fourmille de faiblesses et d'incohérences, de contradictions et de grossièretés. Le bien et le mal « administratifs » y tiennent tristement le premier rang, bien avant la lutte de la vertu contre le mal moral. La merveilleuse organisation matérielle de l'arsenal de la lutte contre les mauvais reste trop bassement attachée aux principes de la magie animiste des débuts. Aucune vue d'ensemble en ce dualisme. Il est resté à l'état d'une tentative, ou plutôt de centaines de tentatives jamais coordonnées. Il remplit toute la religion égyptienne ; il en est, vu de près, le caractère dominant, et pourtant il ne l'a jamais dirigée et n'a jamais pu guider son évolution. Les textes l'expriment ou le laissent deviner inlassablement, sans que cependant une ligne vienne, au moins une fois, en affirmer la prééminence théorique dans l'ensemble des croyances nationales. Jamais la religion n'arriva à harmoniser et à fondre les aspects contradictoires sous lesquels les divers systèmes locaux étaient arrivés péniblement à imaginer les deux armées adverses. Jamais non plus elle ne parvint à séparer, assez complètement, le mal moral du mal entendu au sens de mal physique ou de trouble cosmogonique. Les ténèbres, les éclipses, la crue du Nil, le vent du désert, les dangers courus par le Soleil, par le κόσμος ne cédèrent jamais franchement la place, dans le but et le sens de la lutte, aux préoccupations d'un ordre plus relevé. Jamais enfin le symbolisme ne réussit non plus à faire prendre le

« méchant », l' « impie », le « maudit » pour quelqu'un d'entièrement différent des vieux ennemis des dieux ou des hommes d'Égypte. La tâche restant à accomplir était donc considérable : élaguer les disparates, régulariser la hiérarchie des armées opposées, reléguer à un rang purement rituel les gestes littéralement magiques des luttes simulées, donner franchement le premier rang à l'antagonisme moral du bien et du mal. Et cependant tous les matériaux essentiels d'un dualisme véritable existaient, mais sous la forme de *disjecta membra*. Pour construire avec le tout un édifice rationnel, il eût fallu un architecte. L'Égypte ne put l'avoir. Qui saurait établir les causes exactes de cette impuissance ajoutera, à coup sûr, une page intéressante à l'histoire des religions. J'aurais voulu donner tout au moins un résumé des documents que j'ai pu réunir, et dire le point où m'avaient amené mes recherches. Encore que le travail soit à peu près au point aujourd'hui et susceptible d'un exposé d'ensemble, il suppose une trop longue démonstration, et je vais me borner à en signaler pour l'instant le plus essentiel [1].

Ainsi le dualisme, en Égypte, n'a été qu'ébauché. C'est chez les Mèdes et les Perses qu'il se réalisa complètement. On n'a jamais eu l'idée de comparer

---

[1]. Elle a été l'objet d'une partie de mon cours de 1909-1910 à la Faculté des Sciences de Marseille. Un abrégé en a été donné pour le t. V de l'*Encyclopædia* de HASTINGS, au mot *Dualism* (Egypt), où toute la partie comparative a dû être supprimée faute de place.

les deux systèmes, qui n'eurent pas de rapports historiques entre eux, et qui appartiennent à deux races aussi différentes. Et cependant il y a des points de ressemblance curieux : Ormazd et Ahriman sont les deux frères, tout aussi bien qu'Osiris et Set-Typhon ; il y a des animaux ahrimaniens comme il y avait des animaux typhoniens. Dans l'un et l'autre système, les puissances bonnes luttent sans relâche contre les mauvaises ; les premières l'emportent, mais le combat se renouvelle tous les jours ; puis, ce qui n'est pas moins caractéristique, les fidèles interviennent dans la lutte, et leur action bien réglée n'est pas sans influence sur le résultat. Assurément les différences sont frappantes, profondes, entre l'Égypte et la Perse ; elles tiennent sans doute au caractère des deux races, mais plus encore à la distance qui sépare une conception naturelle et encore incohérente d'un système logique et rigoureusement codifié de toutes pièces. Il est permis de supposer que, si le dualisme des Perses nous est arrivé tel qu'il apparaît à son plein développement, l'Égypte, elle, le présente à l'état naissant, et tel qu'il fut peut-être chez les Iraniens avant la réforme de Zoroastre. Si les choses sont bien telles, on voit quel serait l'intérêt de rechercher pour quelles raisons l'Égypte n'a pas eu, ou ne pouvait pas avoir son Zoroastre. Une telle enquête exige assurément la connaissance exacte de tous les facteurs importants qui ont fait de la société égyptienne ce qu'elle a été dans l'histoire. Sans prétendre en exposer ici le moindre résumé, on peut signaler à l'attention, comme causes générales possibles, l'absence de tout corps théologique capable d'imposer son hégémonie au reste de l'Égypte en matière de doctrine ; l'impossibilité pour un Pharaon de jouer un tel rôle, sous peine de mettre en question une partie des principes mêmes sur lesquels reposait son rôle divin et ses droits au trône de l'Horus ; enfin la constitution rigide de la hiérarchie administrative, qui ne permettait à aucun mortel ordinaire de tenir le rôle d'un prophète, d'un réformateur ou d'un législateur. A regarder, pour tout dire, les choses de plus haut encore, le dualisme déjà pourtant très noble de la vieille Égypte était vicié, par définition, du fait même des éléments qui faisaient en même temps sa force et lui imprimaient son caractère de courageuse énergie. Il ne se proposait pas de perfectionnement, il n'envisageait pas un jour le succès final. Il n'y fut jamais question d'un progrès à acquérir, d'une évolution à réaliser pour la conquête d'un plus grand bien moral ou même simplement social. Le meilleur de son enseignement tendait à prescrire la continuation exacte et traditionnelle de ce qu'avaient fait ou de ce que faisaient encore les dieux, sans la moindre vision d'une amélioration graduelle. Cet ordre, cette *maâit*, dont le maintien était le gain final des énergies quotidiennes, il était, à le bien examiner, depuis que le monde était monde, le même équilibre de forces hostiles, avec les mêmes alternances et les mêmes périls renouvelés. Pas plus qu'il n'y avait une immortalité jamais garantie, fût-ce pour le plus puissant des êtres, mais seulement la possibilité d'une série, indéfinie de fait, de *khopirrou*, de « devenirs », obtenus par l'effort inlassable ou les forces spéciales de certains privilégiés : pas davantage la lutte des bons et des mauvais ne pouvait être tenue pour faire prévaloir peu à peu, dans l'avenir, la suprématie incontestée des bons. Le monde serait ce qu'il avait été, depuis que les dieux et leurs armées se battaient, et tant qu'il y aurait un monde. On ne disait nulle part qu'il durerait toujours. Cette manière de concevoir la lutte marquera si fortement les esprits égyptiens que les croyances nouvelles ne pourront arriver à changer, sur ce point, leur façon d'apprécier le combat du bien et du mal. Un compromis théologique cherche à masquer l'inconciliable. Chaque nuit, dans la religion copte, saint Gabriel et saint Michel, héritiers d'Horus et de ses compagnons, livreront avec leurs anges une lutte victorieuse contre Satan et ses hordes démoniaques, et chaque matin atteste leur victoire. Mais si l'esprit du mal est vaincu, mis en déroute, pendu, roué de coups, il ne périt pas, parce que « son heure n'est pas encore venue ».

Le dualisme ne semble avoir tenu que peu de place dans la religion des Babyloniens et de leurs successeurs. Il est inévitable cependant que l'idée d'une lutte entre les puissances bonnes et mauvaises s'impose aux hommes, et nulle part les ennemis du genre humain ne pullulent autant qu'en Chaldée. Mais chez les Sémites [1], elle a été reléguée dans le passé. Un jour, à l'origine des choses, Mardouk et les dieux célestes qui veulent organiser le monde ont soutenu un combat effroyable contre le dragon femelle Tiâmat et les monstres qu'elle a enfantés. La victoire des premiers a été définitive, et le corps même de Tiâmat, mis en pièces, a servi de matière à la création. Désormais, si la lutte se poursuit encore sur terre entre les génies bons et mauvais, elle est d'ordre subalterne et n'atteint pas les dieux supérieurs.

Il en a été de même dans la religion des Grecs, que ç'ait été chez eux une conception originale, ou qu'elle soit due à une influence lointaine des mythes babyloniens. Une fois pour toutes, les Olympiens ont combattu contre les Titans et les Géants ; leurs adversaires anéantis ou enchaînés, ils sont restés pour toujours les maîtres incontestés, dispensant à leur gré aux mortels les biens et les maux.

Ces constations provisoires devront être le point de départ de recherches plus amples. On examinera pourquoi chez ces deux peuples, la lutte est bornée aux origines. On examinera ensuite quelles ont pu être les conséquences. Ainsi, on doit se demander si la constatation inévitable d'un mal qui persiste quand même, et qui pourtant ne se justifie plus par la continuation de la lutte, n'a pas frappé d'infériorités très graves les conceptions fonda-

---

[1]. On devra donc rechercher si les vestiges des religions dites « sumériennes » dénotent sur ce point les mêmes concepts.

mentales de toute religion qui relègue ainsi la lutte dans le passé : rôle des dieux, progrès moral, perfectionnement de la condition des morts [1]. Ce ne sont là que quelques points de la question proposés à titre d'exemples.

Cet examen permettra dès lors de mieux apprécier ce qui se passe encore aujourd'hui chez les non-civilisés, et donnerait, en partie, l'explication de leur état moral ou social. On sait que l'on trouve, en un grand nombre de ces religions, la notion vague d'un esprit du bien et d'un esprit du mal se disputant le monde. Mais les cas diffèrent beaucoup. Tantôt on y relève des réminiscences encore très distinctes de religions étrangères importées [2]. Tantôt ce sont des dégénérescences de mythes parvenus jadis à une forme plus parfaite, lorsque le rameau ethnique tenait encore à la branche humaine, alors pleine de la vie, de la sève qui fait les peuples civilisés [3]. Nulle part on ne

---

1. On cherchera, à l'inverse, en quelle mesure les idées sur la condition des morts ont agi sur l'organisation du dualisme, et comment la destinée funéraire et la lutte contre le mauvais ont eu, combinées, une influence considérable sur la formation de la morale. Aussi, la coopération des fidèles et des morts égyptiens aux luttes soutenues par les dieux bons (soit aux « processions », soit dans la réalité de l'autre monde) a eu une action manifeste sur la compréhension des devoirs moraux des vivants, et sur l'élaboration graduelle des sanctions.

2. Ainsi chez les Skymos de l'Afrique Occidentale. Cf. *Anthropologie*, 1906, p. 361.

3. Ainsi les débris ethniques des Aïnos vivant encore en Sibérie, et dont les beaux travaux de BATCHELOR font entrevoir la puissance passée. Sur le dualisme de ce peuple, voir *Transactions As. Society of Japan*, t. XVI, fasc. 1. La lutte est sur-

peut avoir la certitude que l'on est en présence d'une tentative d'organisation encore à l'état « primitif ». De toutes façons, la notion abstraite d'une lutte entre les bonnes et les mauvaises puissances ne tient guère que très peu de place dans la vie de ces gens. Pour ne parler que de l'Afrique, on voit presque tous les peuples du Congo se préoccuper avant tout des êtres redoutables et malfaisants qui les entourent. Mais la lutte n'a rien d'organisé ; encore moins cherche-t-on à faire alliance avec d'autres dieux ou esprits pour combattre avec plus d'avantages. Les hommes s'épuisent à satisfaire des génies et des monstres toujours affamés, exigeants, capricieux. Ils multiplient les recettes de détail pour les neutraliser. Fétiches et sorciers concentrent le plus clair de cette activité incohérente [1]. Seuls certains phénomènes astronomiques ou météorologiques semblent-ils leur suggérer, par

---

tout sur la mer, plutôt qu'au ciel ; particularité à noter, parce qu'elle montre bien l'origine du dualisme résultant surtout de l'observation de la lutte du monde physique spécial à chaque race, suivant son habitat d'origine. Les êtres graduellement groupés autour de *Mo-Acha* et de *Shi-Acha*, et la nature de ces derniers offrent avec le dualisme égyptien des rapprochements d'un haut intérêt.

1. Cf. *Annales du Musée du Congo*, t. II, fasc. 1. *La Religion*, p. 148. Les *Monographies ethnographiques*, déjà citées plusieurs fois ici même, ne donnent qu'assez peu de renseignements (sauf pour les *Warega*) sur l'état du dualisme chez les peuples du Congo Belge, et la faute paraît devoir en être imputée à la façon dont le « questionnaire » préalable a été rédigé en ces publications. Les publications de Dennett (*At the back*, etc. et *Nigerian Studies*) donnent des renseignements précieux pour l'Afrique occidentale, mais fort mal classés.

instants, une vague notion ressemblant fugitivement à l'idée dualiste.

L'état balbutiant du dualisme chez les non-civilisés d'une part, et de l'autre les traces non équivoques de la tendance universelle des religions naturelles à dégager une idée dualiste, doivent nous permettre de nous élever graduellement plus haut. La comparaison entre les concepts de ces non-civilisés et ce que révèlent les textes préhistoriques de l'Égypte permet d'assurer que les éléments de début ne différaient que dans les figures matérielles qu'imposaient les différences de la climatologie, des aspects de la nature, de la faune et de la flore.

Quelle est donc, en fin de compte, la cause spéciale qui a permis aux non-civilisés de l'Égypte primitive de dégager de ces éléments identiques la vision d'un conflit permanent et organisé, puis celle d'une intervention possible, prévue et régulière de l'homme, et enfin celle d'une coopération ? L'examen minutieux des faits égyptiens et de leur évolution, attestée par les textes, permet de répondre. Il montre que trois particularités principales, dues à la situation géographique de la Vallée du Nil, ont été des facteurs décisifs : l'opposition saisissante du désert et de la vallée, la pauvreté relative de la faune et de la flore, l'admirable régularité des saisons et des phénomènes successifs qui les accompagnaient ici-bas, et entre tous la crue annuelle du Nil.

Réunies, ces trois particularités ont permis mieux qu'ailleurs de dégager en deux troupes, en deux activités distinctes, les milliers de luttes éparses, dont le foisonnement décourage l'observateur primitif dans les natures trop exubérantes d'êtres terrestres, ou trop tourmentées de chocs incohérents dans les régions de l'air. Le rattachement des événements aux positions des astres, puis l'idée de leur rôle ; l'assimilation de leurs mouvements à des batailles ; le classement des êtres célestes en bons et mauvais ; l'observation de leurs luttes, dont le sens et les conséquences régulières sont élucidés par le calendrier [1] ; l'enrôlement des

---

1. L'importance décisive du calendrier dans l'organisation paisible d'un dualisme régulier voudrait à elle seule une longue démonstration. Ni les calendriers lunaires, ni ceux établis sur les saisons ou les aspects successifs de la nature terrestre n'ont pu arriver à le dégager. L'année fondée sur les aspects et les positions combinés des planètes, des étoiles isolées ou des constellations, a conduit directement la pensée égyptienne à la fois à l'astrologie (basée sur les rapports supposés entre les aspects du firmament et les phénomènes aperçus sur cette terre), à la notion d'une géographie céleste, dont les localités et les êtres sont semblables à celles et à ceux du monde égyptien, enfin, et par-dessus tout, à l'établissement d'un cycle régulier de voyages et de luttes se déroulant là-haut. Leur succession, enregistrée et susceptible de prévision, a été la base de la première organisation de leur répétition mimétique dans les cérémonies qui devaient s'appeler plus tard processions ou drames religieux. La coopération des hommes, assurés de pouvoir intervenir aux dates favorables, s'en est suivie d'elle-même. La perpétuité de la lutte, enfin, était attestée par le spectacle du ciel. Il enseignait en même temps que la lutte ne finit pas, mais que l'effort combiné des dieux et des hommes, si leurs forces et leur vigilance ne les trahit pas, garantit le maintien des succès répétés. Il ne restait plus qu'à épurer la définition des caractères essentiels de cette coopération pour toucher aux devoirs sociaux ou moraux. Ces divers points ont été examinés avec plus de détails par G. Foucart, *Encyclopædia of Religion*, t. III, au mot *Calendar* (Egypt), p. 91-105.

« esprits » bons ou mauvais de cette terre en deux troupes dont les chefs sont là-haut ; la notion d'un « ordre » (*maâit*) et l'idée que les hommes peuvent s'allier avec ses défenseurs, suivie un jour de celle que non seulement ils le peuvent, mais qu'ils le doivent, et, que chacun a en cette lutte sa besogne assignée et son rang dans l'armée des combattants ; la certitude, logiquement acquise, que les représentants terrestres des dieux bons continuent, eux aussi, la tâche de ceux-ci ; enfin, et par voie de conséquence, les devoirs d'abord matériels, puis devenus administratifs et hiérarchiques, puis finalement sociaux ou même moraux de chacun des subordonnés, sujets ou vassaux de ces représentants : ce ne sont là que les principales conséquences des conditions dans lesquelles la nature avait placé l'homme d'Égypte, sans que rien le destinât plus spécialement que tel autre à s'élever par lui-même relativement aussi haut.

C'est appuyé sur ces faits que revenant alors aux non-civilisés, l'histoire comparée pourra justifier, par les conditions de milieu, leur impuissance à aller plus loin. Elle pourra en tirer, dès lors, des propositions plus générales, et tenter d'expliquer, par leur moyen, le degré plus ou moins accentué du dualisme dans les diverses religions plus civilisées. Obligée de se contenter du trop petit nombre de faits enregistrés par une ethnologie qui ne semble pas avoir assez compris l'importance d'une telle enquête, elle tentera de grouper les renseignements fournis actuellement sur les Aïnos, les Aleuths, les Algonquins, les Caraïbes, les Dahoméens, les Dayaks... Elle s'attachera à rechercher, chemin faisant, en quelle mesure y apparaissent, si peu que ce soit, la capacité pour les morts de jouer un rôle quelconque dans la lutte, et le rôle supposé de la marche des astres dans les victoires du bon sur le mauvais.

Elle cherchera, parvenue à ce point, en quelle mesure ce que nous savons des religions précolombiennes permet de contrôler les lois apparemment dégagées par ces constatations. La perfection de l'organisation sociale, le ton de la morale, le haut degré de science ingénieuse acquis en ces royaumes d'Amérique par la science astronomique ou astrologique sembleraient, à première vue, devoir placer leurs concepts sur le dualisme à un point au moins aussi élevé que celui qui s'est formé dans la Vallée du Nil. Et cependant, à premier examen, le dualisme apparaît tenir simplement une place intermédiaire entre celui des non-civilisés et celui de l'Égypte. Y a-t-il donc, dans ce qui forme un système dualiste, un élément qui nous avait échappé jusqu'ici, et dont l'absence en Amérique nous oblige à mieux reconnaître l'influence dans la formation du dualisme égyptien — par exemple le rôle des esprits des morts et leur condition d'outre-tombe ? Ou si l'importance et le degré de perfection du dualisme de l'Amérique précolombienne apparaissent aussi peu, est-ce simplement parce que l'attention des spécialistes de ces civilisations ne s'est pas encore dirigée sur cette enquête ? Personne ne s'est beaucoup occupé du dualisme égyptien, et on vient de voir cependant la place qui lui revenait réellement, en y prêtant quelque soin. Il n'est pas impossible qu'il en soit de même au Nouveau-Monde. Il se peut qu'au delà de tous les mythes ou des mille cérémonies de lutte mimétique, patrimoine commun à ces religions et à celles du monde entier, la bataille simulée à la procession de Xipe Totec, le défi belliqueux du *çacàtali* à la fête de Tlaçolteotl et les danses guerrières de ses prêtres, le jaguar qui attaque le Soleil et menace de le dévorer, etc., il y ait beaucoup plus et beaucoup mieux à trouver là-bas. Jusqu'au moment où la documentation nécessaire lui aura été fournie par les savants compétents, l'historien des religions sera forcé de s'en tenir, avec beaucoup de réserve, aux quelques constatations dont il peut se rendre maître par ses propres moyens.

Dans tous les cas qui viennent d'être cités précédemment à titre d'exemple, le vice fondamental de méthode résulte des mêmes causes. L'aspect extérieur d'un rite ou d'une pratique, la similitude des moyens matériels de réalisation, ou enfin l'application à des civilisations trop éloignées les unes des autres d'une terminologie identique, ont fait grouper, comme constituant une même classe, des phénomènes religieux qui n'ont aucun rapport entre eux ni comme origine, ni comme but, ni même comme modes d'expression des idées fondamentales auxquelles ils se rattachent en réalité. Ce foisonnement de manifestations du phénomène religieux est, en quelque sorte, comparable à la luxuriante végétation de quelque forêt équatoriale, où lianes, herbes, rameaux, feuilles et fleurs sont à tout moment inextricablement entrelacées. A grand peine les yeux peuvent-ils discerner, en suivant leurs lignes enchevêtrées, d'où jaillissent tant de tiges ou de souples linéaments.

L'exemple du *sacrifice humain* ou du *meurtre rituel* peut être, en fin de compte, le plus caractéristique de tous ceux où la méthode initiale a accumulé le plus de confusions. Ce que je voudrais en dire ici même ne se rapporte qu'aux questions de méthode.

Quelquefois, ceux qui ont étudié cette question vont jusqu'à classer sous cette rubrique des faits d'anthropologie qui sont du cannibalisme alimentaire pur et simple [1]. De tels faits doivent être au contraire réservés, et être exclus avec soin de tout

---

[1]. Une erreur plus commune consiste à prendre en bloc les faits d'anthropophagie d'un peuple déterminé, et à ne pas séparer les cas. Ainsi, le docteur Zahn (article analysé dans la *Chronique médicale* de 1911), étudiant les Makas du Cameroun allemand, ne distingue pas le cannibalisme uniquement alimentaire de la pratique de dévorer les morts, également en usage chez ces mêmes indigènes. D'une façon générale, et même dans les études toutes récentes de Mac Culloch, l'immolation *rituelle* ayant un but médical, magique, mythique, ou « totémique » (sans discuter ici la valeur du terme) est perpétuellement mêlée aux faits de caractère alimentaire pur et simple.

ce qui est rituel. Beaucoup plus souvent, et même dans la majorité des études sur la matière, la mise à mort des compagnons, femmes, serviteurs ou esclaves du mort, au jour des funérailles ou à certains anniversaires funéraires [1], est regardée comme un « sacrifice humain ». C'est partir d'une amphibologie provenant de la terminologie. « Sacrifice » veut dire là « immolation », mais aucune des idées (d'offrande alimentaire ou autres) essentielles au sens propre du mot sacrifice n'existe ici. Il y a simplement un « envoi » de « doubles » ou « d'esprits » d'êtres humains, destinés à rejoindre le double ou l'esprit du mort, pour son plaisir ou son service, au même titre que le reste de son mobilier funéraire [2]. Et comme il s'agit d'êtres vivants, cet envoi ne peut être réalisé que par la rupture de l'assemblage de substances qui constitue la vie terrestre de ces êtres, tout comme on frappe, on brise ou on brûle [3] les objets inanimés dont on veut envoyer l'esprit en l'autre monde. De telles pratiques, pour

---

1. Cf. pour les demi-civilisés de l'antiquité classique, les secondes funérailles des Scythes dans Hérodote, IV, 71, 72.
2. La mise à mort peut avoir aussi pour but d'avoir un messager pour envoyer au défunt (ou à un dieu) des nouvelles de ce monde ou pour le mettre à même d'envoyer lui-même, à son tour, des communications aux vivants. Le fondement théorique est en pareil cas le même que pour la victime considérée comme faisant partie du mobilier funéraire.
3. L'incinération du défunt, pour assurer son anéantissement, « timoris causâ », est tout à fait distincte de ces exemples. Ceux-ci tendraient d'ailleurs à rendre bien douteux que pour le corps du défunt lui-même, le désir de destruction définitive ait été jamais l'origine première de cette pratique.

être comprises en leur évolution, ou justifiées dans leurs modalités, doivent donc se rattacher à l'histoire de ce qui a trait aux croyances relatives au mobilier funéraire. Les ranger sous la rubrique de sacrifice humain, c'est prendre l'accessoire — c'est-à-dire le fait que l'objet mobilier est en l'espèce un être humain — pour le principal, qui fait partie des idées sur les conditions de la seconde existence des morts et sur ce qui leur est ou utile ou nécessaire pour la prolonger [1].

Comme corollaire de cette idée fondamentale, ou comme application dérivée, l'immolation de l'être humain peut provenir du désir d'apaiser l'esprit du mort, pour qu'il ne vienne pas tourmenter les vivants, ou qu'il ne soit pas seul et qu'il ne cherche alors à venir prendre de force des compagnons. (Nous ne voulons pas examiner ici si la donnée,

---

1. Il a paru inutile de dresser ici pour ces faits bien connus, de longues listes, — toujours nécessairement incomplètes — des peuples passés ou présents où les victimes humaines sont jointes, au jour des funérailles, au reste des êtres ou objets destinés à la seconde existence du mort. Les ouvrages considérés comme classiques en histoire des religions, depuis TYLOR jusqu'à FRAZER, les études consacrées à la religion des non-civilisés, enfin les monographies relatives soit aux religions précolombiennes, soit aux divers peuples du continent africain fournissent d'innombrables spécimens ou variantes. La documentation la plus complète, en ce qui regarde l'Afrique, se répartit en deux groupes principaux : le Benin-Dahomey, Côte des Esclaves, puis le Congo belge et l'Afrique australe. De bons exemples pour la Guinée, le Gabon nord et sud, le Benguela et le Sud africain se trouvent dans SCHNEIDER, *Rel. Afrikan. Naturvölker*, p. 118, 123, 132, 135, 143 ; pour le Congo belge, dans les *Annales du musée du Congo*, t. I, fasc. 2. *La Religion*, p. 193-195.

plus sauvage, ne serait peut-être pas la première en date, et antérieure à l'« envoi » du harem ou de la domesticité funéraire.) Le cas souvent cité du nouveau-né mis à mort pour apaiser l'esprit d'une femme morte en couches (de manière à préserver le reste des très petits enfants d'un rapt par le fantôme irrité) peut être donné comme un type bien caractérisé. La désignation d'amis ou de parents (pour éviter que le mort ne prenne au hasard des compagnons dans le reste de la population) fournit déjà un cas de transition voisin déjà des « envois » réguliers des « mobiliers et serviteurs »[1]. L'atténuation se décèle dans les mutilations de certains non-civilisés, sacrifiant sur la tombe une main, par exemple, ou un doigt, etc. S'aviserait-on d'étudier de tels actes sous une rubrique « mutilation », qui prétendrait exposer et justifier une théorie générale commune de tout ce qui est mutilation, depuis la circoncision jusqu'aux marques tribales (incisions, sacrifications, mutilations dentaires, etc.)? Pourquoi donc vouloir le faire, lorsqu'il s'agit non plus d'une diminution ou d'une

---

[1]. L'envoi de prisonniers de guerre à un chef tué procède au fond de la même idée, mais elle peut se compliquer ultérieurement d'une idée de vengeance, d'un désir d'apaiser le ressentiment du défunt contre les ennemis. Cf. Réville, *Rel. des peuples non civilisés*, t. I, p. 379. Mais il ne semble pas que ce sentiment complexe soit « primitif ». Le cas des funérailles de Patrocle est quelquefois cité à ce propos. C'est supposer peut-être bien hardiment que la civilisation décrite dans la poésie homérique en est encore à la période des non-civilisés en matière de croyances funéraires.

modification de l'être humain par offrande partielle, mais de la suppression totale de son existence terrestre [1] ?

Le mode de mise à mort, en des cas de ce genre, ne peut pas servir davantage à établir des divisions. Elles seraient purement optiques. Ainsi, c'est bien à la théorie du « service funéraire » que l'on devra ranger, tout comme l'envoi par mise à mort violente (décapitation, combustion, écartèlement, strangulation, etc.), les victimes humaines dépêchées à des « doubles » de chefs ou de notables par lent trépas (tel que par inanition, au Karagoué par exemple, où au décès du roi, cinq jeunes femmes et cinquante vaches étaient enfermées en un enclos sans nourriture, jusqu'à ce que mort s'ensuivît).

C'est au contraire à la divination (ou mieux sous les rubriques spéciales que masque ce vocable, déjà inexact comme titre d'une étude d'ensemble) qu'il convient d'étudier des cas où l'on lâche dans la brousse des esclaves, pour savoir combien de jours ils mettront à succomber à la faim. L'enfant écorché vif, sur lequel les guerriers Nyanza devaient passer avant de partir en campagne, ne

---

[1]. Cf. Réville, *Rel. des peuples non civilisés*, p. 252. La théorie de l'origine de la circoncision ramenée au sacrifice partiel par substitution semble contredite par les faits réunis par L. H. Gray pour les non-civilisés. L'exemple de la circoncision égyptienne est également en désaccord absolu avec cette théorie, ainsi qu'il a été exposé par G. Foucart dans l'*Encyclopædia of Religion*, t. III, au mot *circumcision (Egypt)*.

peut se comprendre qu'en rattachant ce rite à l'ensemble des croyances magiques sur la nature de l'enfant, ses vertus spéciales, ses forces particulières. Il faut réunir les faits de ce genre aux croyances dérivant du même concept général magico-religieux, et dispersés sur des centaines de pratiques de guerre, de chasse, de mantique générale, de rapports sexuels, etc. Mais étudier celui-ci même isolément, comme cela se fait la plupart du temps, tantôt à la rubrique « sacrifice humain » tantôt à celle « divination », ou à celle « chasteté », c'est risquer nécessairement de ne voir à aucun moment l'idée directrice, qui provient, en dernière analyse, des définitions pseudo-expérimentales des forces ou âmes des êtres, de celles des esprits ou démons, des *dawas*, dans la magie primitive, ou bien se rattache aux rudiments de l'idée dualistique, comme dans nombre de cas d'ordalie. De même, que peut-on dégager, comme élément comparatif pour l'intelligence du sujet, du sacrifice des deux frères adolescents et jumeaux, jadis immolés au couronnement du roi du Kordofan, si l'on ne relie pas cette coutume à tout ce qui a trait, du Dahomey au Katanga, aux croyances relatives au fait pour la femme de mettre au monde deux nouveau-nés à la fois, et aux superstitions qui ont trait aux jumeaux ?

Il ne serait pas plus logique d'étudier, en un seul bloc et comme des sacrifices humains, les cas de mise à mort des vieillards parvenus à un âge déterminé, ou celle du chef, roi ou prêtre, après un certain nombre d'années de règne. Des thèses magiques, ayant la prétention d'expliquer toute une partie de l'histoire des religions par ces rites, ont été édifiées sur des collections d'exemples empruntés à toutes les civilisations et à toutes les époques, comme si cette mise à mort devait s'expliquer partout et toujours par le même concept fondamental[1]. Mais, envisagée sous cet angle, la suppression de l'être humain devrait logiquement se compléter des cas de suicide fondés sur la même donnée. Ce n'est plus alors de « sacrifice humain » qu'il s'agit. Ni le terme ni celui qui lui est fréquemment substitué de « meurtre rituel » n'arrivent à couvrir la totalité des espèces.

Devrons-nous nous attacher à étudier isolément, dans toutes ses variétés, l'anthropophagie « ritualistique » ?

Là encore les faits de classes en apparence homogènes procèdent de concepts si différents que vouloir les ramasser en une rubrique commune mène à des résultats aussi décevants. La manducation des viscères (foie, rate, cœur, etc.) des ennemis se

---

1. Un grand nombre d'exemples ont été réunis par G. FRAZER en son *Golden Bough* (Trad. Stiebel-Toutain, t. II, chap. II, p. 13-74). Leur examen révèle l'impossibilité de ramener à une idée réellement directrice cet amas de pratiques seulement semblables par le fait matériel de la mise à mort. On peut de plus signaler, en passant, la valeur quelquefois douteuse des documents fournis : ainsi prendre une farce du carnaval copte de la Haute-Egypte pour une réminiscence d'une coutume pharaonique dont on ne trouve à aucun moment la moindre mention dans les documents égyptiens.

rattache rationnellement aux pratiques qui font dévorer les morts par leurs descendants. Tantôt pour acquérir une âme de ruse ou de courage d'un étranger (localisée dans l'organe consommé)[1], tantôt pour ajouter une âme d'un ascendant à la sienne propre (et continuer ainsi l'intégrité de l' « âme familiale »)[2] le non-civilisé ancien ou moderne qui procède à ces actes agit conformément à ses définitions sur la nature de l'être humain, sur les modes de survie de ses âmes ; et ces cas doivent être étudiés en même temps que ceux qui ont trait à la structure des êtres vivants, ou bien que ceux qui sont relatifs aux destinées *post mortem*.

Les termes mêmes d' « Anthropophagie ritualistique » ont prêté au reste trop fréquemment à l'équivoque. Les cas qui viennent d'être cités en dernier lieu se rapportent, en somme, à des espèces

---

1. L'explication de l'ennemi dévoré pour l'anéantir purement et simplement, et le priver de la seconde existence est moins simple qu'elle ne semble au premier abord. Donnée la nécessité de la survie du « double » ou de l' « esprit » après la mort, elle semble le produit déjà complexe de deux éléments au moins : empêcher la vengeance du fantôme de l'homme mis à mort, et en même temps obliger ce qui survit de lui à s'amalgamer à la substance de celui qui l'a mis à mort.

2. Les indiens du Venezuela « prennent un peu de la chair du mort, laquelle ils rôtissent et trempent dans leur Vin (*sic*) et le boivent, et en ce faisant cuident lui faire grand honneur. » (*Histoire de la narigation* de J. Hughes de Linscot, *Description de l'Amérique*, p. 27, Amsterdam, 1638.) Un cas typique de consommation intégrale des morts par des gens de la famille est fourni par les indigènes actuels des massifs de l'Elgon, ainsi qu'il ressort du *Report by the Governor on a tour through the Eastern Province* (*Colonial Reports.*, C. d. 4524, March 1909, p. 12.)

où la victime n'est *offerte* ni aux esprits ni aux dieux. Il y a une opération magique de transfert d'une « âme » ou d'une « force » à des vivants, et la chose se passe d'humain à humain sans intermédiaire. Une assez grave erreur de méthode consiste donc à s'attacher ici trop étroitement, au fait matériel lui-même de ce que devient la substance charnelle de la victime immolée, dans les cas où, après avoir été sacrifiée, au sens intrinsèque du mot, tout ou partie en est consommée soit par le sacrificateur, soit par les officiants, soit même par tous les assistants. Le fait essentiel est l'*oblation* préalable, et ce n'est plus un cas d'anthropophagie ritualistique que l'on puisse étudier avec ceux qui viennent d'être proposés à titre d'exemples. Un tel partage de la ou des victimes humaines immolées devant les esprits ou les dieux ne saurait être étudié en même temps que ces cas d'anthropophagie. Il doit se rattacher, en bonne méthode, à la théorie du « sacrifice » proprement dit.

Si, restreignant ainsi de plus en plus étroitement le domaine des investigations, nous voulons donc appliquer le terme « sacrifice humain » aux seuls cas où la victime humaine est offerte à une divinité (ce dernier mot entendu au besoin au sens le plus humble), et où elle est mise à mort devant elle, *et pour elle* avant tout, on constate que même alors, les tentatives de théories fondées sur les généralisations systématiques ont fait ordinairement fausse route. Assurément, il n'est pas aisé de s'orienter dans cette liste presque interminable de coutumes où, depuis l'immolation individuelle jusqu'aux hécatombes de milliers de victimes, s'allonge la série des religions qui ont prodigué à leurs esprits ou à leurs dieux le sang humain. Presque partout où la question est abordée et où cet immense répertoire de faits, provenant de toutes les religions et de tous les temps, est plus ou moins complètement dressé, le mode d'assemblage des cas étudiés procède à l'ordinaire de divisions commodes, mais factices. On retrouve fréquemment les procédés de classement vus à propos du sacrifice en général : âge des victimes, dieux auxquels on les offre, circonstances occasionnelles de la cérémonie, procédés matériels de l'offrande, ce que devient la victime, etc.

Pourtant de telles particularités ne sont que purement externes ou ne constituent que des éléments tout à fait secondaires. Aller de là chercher pour chacun des groupes ainsi obtenus une explication commune ou générale à travers les diverses religions, c'est courir à des méprises inévitables, à des systématisations nécessairement fausses [1].

Et en particulier, n'est-ce pas se vouer par avance à ne pouvoir dépasser les pures constatations de

---

[1]. C'est ce que l'on peut constater par exemple, dans les divers cas de sacrifice humain rassemblés par G. FRAZER (t. III, trad. Stiebel-Toutain, 1911) pour démontrer la généralité du sacrifice de la victime incarnant l'esprit de la végétation ou de la moisson.

Histoire des Religions.

faits sans conclusions, ou la seule observation analytique sans synthèse possible, que d'aller rechercher les causes immédiates de ces sacrifices pour en faire le point de départ des divisions rationnelles ? Il n'importe que le sacrifice humain ait été fait pour assurer à l'avance le succès d'une entreprise, pour sceller un traité d'alliance sous les auspices des dieux, pour obtenir la pluie, la crue du fleuve, la fertilité du sol ou la protection des moissons ; pour assurer la transmission du pouvoir royal ou sacerdotal; pour obtenir communication divinatoire ; pour conjurer le courroux présent ou futur des dieux, pour amener la cessation d'un fléau, pour racheter une infraction à une interdiction, pour substituer une victime à un individu ou à un groupe menacés par les dieux, pour commémorer les anniversaires divins belliqueux (et aussi, mais avec un sens déjà très éloigné des origines, à l'occasion de certaines fêtes du calendrier), pour remercier les dieux d'une victoire, etc., etc. [1].

[1]. Les offrandes de victimes humaines aux esprits divins ont été citées ou étudiées en un trop grand nombre de publications pour qu'il puisse être question d'une bibliographie à dresser ici même. Je me propose uniquement de permettre au lecteur de s'orienter pour le début des recherches. Pour les religions dites classiques, on peut, non pas étudier le sujet, mais établir une bibliographie provisoire au moyen des références fournies par le manuel de CHANTEPIE DE LA SAUSSAYE, 46 (Chine), 117 (très insuffisant pour l'Egypte), 156 (même observation pour la Chaldée-Assyrie), 184 (Phénicie), 210-221 (Israël), 340, 343, 427 (Inde), 488, 497, 531, 545, 555 (Grèce homérique et de la période classique), 623 (Rome), 693 (Europe septentrionale), 702 (Celtes). Les références aux non-civilisés et aux religions précolombiennes

Ces essais de répartition méthodique offrent plus d'une ressemblance avec les règles de méthode qui président aux recherches ordinaires sur la mantique. Il ne semble pas qu'il puisse en sortir, au point de vue spécial du sacrifice de la victime humaine aux esprits divins, la possibilité d'édifier

(p. 18, 23, 26-27), sont plus qu'insuffisantes et doivent être cherchées dans la bibliographie ethnologique ou américaine. On ne peut donner ici que quelques indications très générales à titre d'exemples, donnée la masse des documents dispersés un peu partout, surtout pour l'Afrique et l'Amérique précolombienne. Sans parler de Waitz-Gerland et de Bastian, une petite partie de la bibliographie antérieure à 1881 figure dans Reville, *Religion des peuples non civilisés* (t. I, p. 77, 241, 400, et t. II, p. 100, 107, 153) ; le vieil ouvrage de Tylor, *Culture primitive* (Ed. française, II, 352, 495, 500, 512, 518) offre des classements qui auraient besoin d'être remaniés ; mais, au moins comme point de départ, ils sont plus pratiques et plus clairs que les essais ingénieux proposés depuis, un peu partout. Telle quelle l'œuvre peut servir encore de base à des recherches plus approfondies. Elle devra être utilement complétée au début de l'enquête par les exemples nouveaux cités dans le *Golden Bough* de G. Frazer (*Trad. Stiebel-Toutain*, t. I, 61-65 et 71 ; t. II, livre I, chap. I en entier et p. 353-363 ; et t. III, 88, 278, 288 ; cf. également 91, 176, 309 et 541, sous la réserve formelle de la valeur absolue de plusieurs des interprétations ou rapprochements de l'auteur. On regrette que la rubrique du « Sacrifice humain » ne figure pas à l'index). Cf. également Bros, *Religion des peuples non civilisés* (132, 133, 137, 139), où l'on relève de nombreuses confusions entre les sacrifices et les « envois » de caractère funéraire ; la même confusion se retrouve encore plus marquée dans Leroy, *Religion des Primitifs*, p. 316, 356 ; enfin dans Grant Allen, *Evolution of the idea of Gods*. Mac Culloch dans l'*Encyclopædia of Religion*, au mot *Cannibalism*, a joint par erreur aux exemples d'anthropophagie alimentaire un nombre de cas qui peuvent être fort utilement ajoutés aux cas de *sacrifices humains* proprement dits, et donne une bibliographie, sinon complète, au moins fort étendue jusqu'à la date de 1910.

une thèse d'ensemble assez souple et assez compréhensive pour embrasser et justifier tous les faits. Si, par exemple, nous prenions le cas déjà très spécialisé des sacrifices à l'occasion de la victoire, il semblerait que, l'intention étant manifeste, nous avons affaire à un même groupe de sacrifices humains fondés sur une même théorie générale. Un examen un peu plus approfondi des cas proposés montre presque tout de suite qu'il n'en est rien. Dans cet usage d'immoler devant l'autel du dieu les prisonniers de guerre ou les chefs ennemis, il n'y a aucun rapport entre l'idée que se faisaient, sur le sens et le but de ce rite, des Aztèques qui veulent ou nourrir les dieux ou leur donner des serviteurs ; ou un roi d'Égypte qui continue et perpétue « la destruction des impies » — tâche qui lui est assignée par les dieux dont il est le fils et le continuateur ; ou des Scythes (Hérodote, IV, 72) qui, sacrifiant au dieu de la guerre un prisonnier sur cent, désirent lui envoyer une part du butin, pour pouvoir garder légitimement le reste. Pareillement, l'usage général dans le monde classique, de la mise à mort des chefs vaincus (Nicias et Démosthènes après le désastre de Sicile ; à Rome, après le triomphe, Jugurtha, Vercingétorix, etc.) obéit à une idée différente encore. Les divergences de but ou de motif se retrouveraient tout le long de la série, si l'on prenait un à un les cas, soit dans les religions anciennes, soit chez les non-civilisés ou les demi-civilisés. Il devient évident que, pour chaque espèce envisagée, on se trouve en présence de ramifications et parfois d'amalgames de croyances totalement différentes, dont ces faits, matériellement identiques au premier aspect, sont les manifestations finales.

Les difficultés d'une enquête entreprise avec cette méthode seraient encore plus considérables, si l'on se risquait sur le terrain dévolu aux sacrifices humains, offerts pour l'expiation ou le rachat d'une infraction, ou pour l'exonération d'une interdiction. Ce ne seraient pas seulement les divergences les plus nettes sur le résultat final espéré, ou sur le mécanisme par lequel se justifie l'exigence divine. On se trouverait encore amené, bon gré mal gré, à discuter deux grandes questions dans lesquelles le sacrifice humain n'est plus qu'un des aspects occasionnels du problème général, et entre lesquelles il n'existe aucune relation : l'une est celle de l'origine et de la nature de l'interdiction violée, cause du sacrifice ; l'autre se rapporte à la délimitation de ce qu'il faut inclure sous la rubrique « sacrifice », lorsque l'immolation de la victime est pratiquée sur un coupable ou un criminel. Avec l'expiation de l'offense envers les dieux ou les esprits, nous entrons dans le domaine pénal. Ni la solennité ni l'apparence rituelle de la mise à mort n'établissent les limites précises de ce que nous qualifierons de sacrifice. La *vendetta* familiale se rattache, par exemples s'enchaînant sans rupture, à la mise à mort par détermination individuelle. Le cannibalisme pur et simple peut, en certains cas, s'associer à des exécutions qui ne sont plus que de la vengeance, dont le droit est légalisé par la coutume. Ainsi le meurtrier que les Fâns peuvent capturer par surprise — lui ou l'un des siens — juger, mettre à mort et finalement dévorer. Est-ce encore un cas de « sacrifice humain » ou de « meurtre rituel » ? Une série graduelle d'atténuations et de données secondaires élargit alors à l'infini le champ des recherches pour qui a la prétention de justifier à fond la théorie.

On entrevoit la liste des problèmes dont la solution préalable devient aussitôt nécessaire. Et ne soulevons que la première des deux questions dont il vient d'être parlé. L'interdiction suppose l'examen de la fameuse question du « tabou »; celle-ci, à son tour, se décompose à l'infini, puisqu'elle n'est, en fait, qu'une rubrique artificielle (voir au chapitre II). Nécessairement, l'examen s'impose à ce moment-là du transfert à une victime déterminée des péchés ou infractions d'un individu ou d'un groupe, et il ne sera guère possible de ne pas associer à ces recherches les faits de transfert des maux ou des maladies, ce qui ramènera aux opérations de magie animiste, à la nature du mal ou du mal-péché, ou à la nature des esprits du mal. Il serait absurde, également, de vouloir séparer les cas de victime animale, et ceux de victime humaine, sans même examiner, à ce propos, les cas si complexes de substitution. Bref le domaine des investigations devient illimité, ce qui est signe manifeste que la question était mal posée dès les termes de la donnée initiale. C'est en vain que l'on cherchera à délimiter, en se maintenant artificiellement sur certains points déterminés, les autres étant supposés connus ou étudiés déjà par ailleurs. Ainsi, dans les cas de la victime chargée des impuretés ou infractions, il n'est pas très difficile de récolter des masses d'exemples où l'homme (ou bien l'animal) sacrifiés accumulent en eux la masse des choses mauvaises ou redoutables. Il n'est pas non plus bien malaisé d'y joindre les cas de « diminution » de la mise à mort, par bannissement, coups, flagellations, simulacres, etc. Mais on remarquera que l'on sort forcément ainsi du domaine du sacrifice humain, et même de celui du sacrifice tout court. Et le tout finalement n'explique ni la façon dont l'impureté est transférée, ni surtout comment elle est détruite ou ce qu'elle devient, étant donné que cette impureté est *matérielle*, et qu'elle doit devenir forcément quelque chose, une fois amalgamée à l'être en qui on l'accumule.

Il faut donc bien en arriver à préciser ce mal, et la façon dont il consiste, soit dans l'intrusion, à l'intérieur de l'individu, de mauvais « esprits », soit dans l'absence de protection (et dans la démunition de force qui en résulte) des « esprits » bienveillants [1] (voir ce qui a été dit à ce sujet à

---

1. Sans examiner une question aussi vaste, on signalera l'intérêt qu'il y aura — quelle que soit la méthode générale adoptée en fin de compte — à relier les cas de « victime émissaire », chargée des maux de toute espèce par substitution, à ceux où

propos de la morale). Mais, à ce moment, on constatera que l'on revient, par un de ses côtés, au problème du dualisme, problème que soulèvera à nouveau, d'ailleurs, l'hypothèse du sacrifice humain destiné à apaiser le mauvais vouloir permanent de certaines classes « d'esprits » ou de dieux. Car s'il se fonde, comme on l'a dit, sur une notion « a priori » pessimiste : la jalousie ou l'hostilité latente des dieux, héritage des « esprits » primitifs ordinairement mauvais ; si l'on arrive à établir que le sacrifice de la victime humaine est destiné à les

la victime humaine est offerte à l'occasion d'un péché individuel ou collectif commis à l'égard d'une divinité déterminée. Ordinairement, les deux groupes ont été étudiés sans aucune idée de rapprochement. La liaison apparaît cependant avec assez d'évidence. La première série est à la seconde ce que les groupes anonymes et collectifs d' « esprits » sont aux « dieux » individuels. Dans la première, on a affaire à des impuretés ou des dangers hétéroclites, en relation avec des esprits innombrables et mal classés dans leurs énergies vis-à-vis de l'homme. Dans le second, on a déjà des rapports mieux spécifiés avec des êtres déterminés, dont les exigences ou les défenses sont en majeure partie définies ou cataloguées. Le péché proprement dit, se dégageant plus ou moins clairement de l'infraction rituelle ou de l'offense personnelle au dieu n'est plus qu'un progrès plus ou moins rapide, mais normal, dont il a été parlé ici même à propos de la morale. En chacun de ces cas, la délivrance de l'infériorité résultant de l'infraction reste la même, en son mode et en son but, qu'on le déguise sous les noms de transfert, de rachat ou d'expiation. Le sens peut être fort épuré, et prendre en certaines religions plus ou moins de noblesse. Les origines n'en sont pas moins identiques. Tel paraît notamment être le cas pour les sortes de « rachats du mal » par sacrifices humains dans les textes babyloniens et assyro-accadiens étudiés par Ball (*Glimpses of Babylonian Religion, Human Sacrifice*. P. S. B. A., XIV, 149 ff.), où il est parlé du père qui donne la vie de

désarmer, par la douleur ou la privation que s'impose le sacrifiant, on n'a encore rien expliqué. Il faudra justifier par quelle évolution cette sorte de « dîme », issue d'un concept en somme fort sombre, s'est transformée en un tribut payé aux dieux protecteurs des religions déjà évoluées. Et l'histoire du dualisme est seule capable de jeter quelque lumière sur ce point. Le sacrifice étudié en lui-même ne peut répondre à rien sur ces questions d'origine. La théorie de l'évolution du sacrifice don en sacrifice d'abnégation esquissée dans TYLOR n'y a pas répondu davantage.

Finalement, un moyen pratique, en un sujet aussi compliqué, apparaît susceptible d'orienter les

son enfant pour le péché de son âme, la tête de son enfant pour sa tête, etc. (sans entrer dans la discussion entre BALL et SAYCE sur le mot à mot du texte). Un tel sacrifice est, à le bien juger, de même nature que le cas des seigneurs péruviens qui, menacés de maladie mortelle, offrent leur fils à la divinité, en la suppliant d'accepter cette victime à leur place (TYLOR, *Civilisation Primitive*, t. II, p. 518). La nature du « mal » seule a évolué, çà et là, vers un sens moral, mais non l'idée du « transfert » par magie.

On aura ainsi constitué tout un groupe de faits où il n'y a de *sacrifice* que l'apparence. Humaine ou animale, la victime n'est pas *offerte*. Elle devient le réceptable de principes mauvais qu'on livre aux esprits, ou plus tard à des dieux, sans aucune idée de la leur donner en présent. C'est dire à quel point, par ce seul exemple, la rubrique de sacrifice « expiatoire » peut mener à des recherches indéfiniment stériles, puisqu'à côté de ces opérations de « transfert » ou de « substitution », il y a des cas tout différents, où le sacrifice expiatoire a un sens indéniable d'offrande, et où la divinité se repait de victimes — humaines ou animales — qui font l'objet d'un contrat ou d'un vœu (Mexique précolombien, *ver sacrum* des Romains, etc.).

recherches, et capable de permettre un classement provisoire. Si, au lieu de chercher à quelles occasions, de quelle façon et pour quel but on procède à ces actes dits « meurtres rituels », « sacrifices humains », ou « oblations sanglantes », on fait porter l'enquête sur ce que devient la victime, on obtient déjà quelques résultats utiles. Car au lieu d'aborder un problème dont tous les éléments sont des inconnues, nous pouvons partir ici de faits positifs. Une méthode réellement scientifique permet, en effet, si nous nous plaçons à ce point de vue, de prendre comme point de départ ce qui se fait pour les esprits des morts. Or là, et pour les religions classiques, ou pour les autres, civilisées ou demi-civilisées ou non-civilisées, nous avons des renseignements précis. L'envoi de compagnons, de messagers, de serviteurs, et, surtout l'envoi de « forces », d' « âmes », de sang réparateur et vivifiant (c'est l'élément, suivant toute apparence, le plus ancien) la réintégration de l'âme vitale des morts dans le corps des vivants, bref, tous les cas déjà examinés rapidement à propos des mises à mort d'êtres humains aux funérailles ou à leurs anniversaires, voilà ce que nous savons positivement être le résultat de l'immolation dans la presque totalité des cas réunis.

Appliquée ensuite aux « esprits » proprement dits ou aux dieux, cette répartition des victimes suivant leurs destinées semble bien à même de faire rentrer immédiatement en ses cadres une bonne part des espèces de « sacrifice humain ».

Nombre des exemples recueillis un peu partout montrent que l'« envoi » de la victime a pour résultat d'en faire un serviteur de l'esprit ou du dieu, un soldat de ses armées, un suivant de sa troupe (cas des enfants), une femme de son harem, un gardien de ses édifices ou de ses domaines terrestres.

La diminution du nombre des ennemis vivants du dieu ou des siens, la continuation de son œuvre guerrière, l'affaiblissement par ces hécatombes humaines des partisans des dieux ennemis ou rivaux, ressort d'autres sacrifices, où les « âmes » des victimes sont anéanties ou bien réduites à la condition d'esclaves misérables et toujours subjugués à celui à qui on les a offertes. C'est le parallélisme exact de ce que nous trouvons pour une partie des victimes humaines offertes aux « doubles » des morts. Nous avons signalé précédemment que le caractère « primitif » de ces actes était sujet à réserves.

Ces deux classes mises à part, nous avons devant nous une très grosse majorité de cas où la victime humaine est purement et simplement alimentaire, où sa chair et son sang nourrissent les « esprits » divins ou les dieux. Peu importent la cause de cette oblation, ses modes réguliers ou extraordinaires, ses motifs, les modalités des stipulations faites à son sujet. La victime est un aliment, un mets de choix. La célèbre prière iroquoise partout citée depuis Tanner « nous t'offrons ce sacrifice, afin que tu puisses te nourrir de chair humaine, etc, », reste la seule explication réelle des quatre cinquièmes des exemples proposés. La série des variantes, parfois élucidées fort nettement par l'iconographie (par exemple dans le cas de nombre de figurations des sacrifices précolombiens) [1] ou par le rituel oral qui accompagne la cérémonie, permet de plus de distinguer deux subdivisions, correspondant, suivant toute apparence, à deux phases successives des idées sur ce que devenait la substance de la victime.

Dans l'une, le sang ou les diverses substances de l'être sacrifié sont purement et simplement de la nourriture, comme le seraient les substances de toute autre victime. C'est du cannibalisme divin, comme les morts étaient cannibales, ainsi que l'étaient ou l'avaient été, sur cette terre, les vivants qui leur faisaient cette offrande. On vérifiera, à ce propos, que la thèse de la substitution graduelle de l'animal à l'homme, si elle est vraie en un certain nombre de cas, ne l'est pas en toute occasion. Parfois, c'est le contraire qui s'est produit, et la victime humaine est venue, comme une substance plus forte, plus précieuse, remplacer l'offrande de l'animal [2].

---

[1]. L'origine purement alimentaire du sacrifice humain au Mexique est expressément admise par CAPITAN, *Sacrifices humains et Anthropologie Rituelle* (*C. rendus Ac. Inscr. et Belles-Lettres*, mars 1910, p. 110).

[2]. La substitution de l'homme à la victime animale, comme une offrande plus précieuse aux yeux des dieux, et le goût des dieux mexicains pour les vertus spéciales du sang humain, à eux offerts par tous les moyens, sont deux particularités fort clairement notées dans l'article précité de CAPITAN, p. 113.

Dans un concept déjà plus subtil, mais de même nature, les forces vitales, ou « âmes » diverses des sacrifiés rendent aux dieux, mieux que toute autre oblation, ces énergies et ces facultés dont ils ont besoin, et qu'il est nécessaire qu'ils maintiennent pour le bien des hommes et pour le entretien de l'ordre cosmique à la garde duquel ils sont préposés. Les victimes sont bien absorbées par le dieu, comme dans les cas de la première espèce, mais c'est sous une forme moins grossièrement littérale que l'ingestion pure et simple, et les interprétations de plus en plus ingénieuses de cette donnée donnent lieu à de remarquables théories sur la portée et les effets du sacrifice humain.

Les cas de « sacrifices agraires » entre autres, et la prétendue thèse de l'esprit du dieu sacrifié, après incarnation dans la victime humaine, se rattachent à l'une ou l'autre de ces conceptions. Il n'y a pas lieu de distinguer, en ces exemples, les sacrifices où la victime est humaine de ceux où elle est animale. Il est impossible d'examiner à ce propos chacune des espèces réunies par les défenseurs des « cultes agraires », et de faire la preuve pour chacun d'eux [1]. Nous ne nous occupons ici

---

[1]. Dans la plupart des études parues sur la question, on intercale à tort les immolations aux esprits protecteurs de la moisson au nombre des cas où l'on sacrifie un homme incarnant — ou soi-disant — l'esprit de la moisson. Il importe, au contraire, de classer bien à part la première de ces deux séries. Il s'agit là d'abreuver de sang humain les sillons du champ, pour nourrir le dieu ou l'esprit chthonien qui en est le maître. Ce n'est pas un esprit du grain. Un tel rite est identique à celui du sacri-

que de la question de méthode, et on se reportera à ce qui a été déjà dit au chapitre du sacrifice en général.

Le cas parallèle est celui du sacrifice humain communiel, où, qu'il s'agisse ou non en même temps d'un « rite agraire », on voit dans la victime humaine non plus une oblation au dieu, mais l'oblation du dieu. C'est la victime qui deviendrait le dieu, et les assistants s'en partagent les fragments, ainsi tout saturés de divinité. Pas plus que dans les sacrifices à l'« esprit de la végétation » ou à celui « de la moisson », il n'y a lieu d'établir ici une différence entre le sacrifice d'un animal ou celui

---

fice qui peut avoir lieu loin du champ, au temple ou dans une enceinte consacrée, et dans le même but. La seule différence est que la cérémonie, suivant les cas, est exécutée sur l'emplacement même de la récolte locale, ou à la demeure de la divinité préposée d'une façon générale à la fertilité des champs. En cette dernière occurrence, les fragments de la victime peuvent, après l'oblation à la divinité, être répartis entre les divers possesseurs des champs dont on veut assurer la fécondité. Ils y répandent les vertus talismaniques de tout ce qui a été touché par les dieux et imprégné de leur force (voir ce qui est dit plus loin de la divination magique des victimes). Examinée en cet esprit, le triple exemple des sacrifices humains au Lagos et au Bénin pour l'Afrique, au Mexique à la déesse du maïs Xilomen-Centcotl, et en Asie chez les Khonds donne trois bons types des variantes principales. On fait un sacrifice alimentaire à une divinité protectrice, qui n'est pas un esprit du grain, *et il n'est pas question de la tuer*. Pourquoi donc cette confusion perpétuelle, sinon peut-être pour renforcer le nombre apparent d'une pratique supposée *a priori* universelle ? Une équivoque plus subtile consiste à établir d'abord le cas du sacrifice périodique et communiel du « totem » animal ou végétal, où prend place, sans distinction marquée à temps, l'esprit *local* de la végétation, puis d'un être humain. Les échanges ou substitutions, dans l'un ou l'autre sens, sont assez manifestes partout. Nous rentrons donc de nouveau dans le cas du sacrifice sans épithète. Sans faire répétition avec ce qui a été dit à propos du sacrifice, et en laissant le sacrifice du « totem », il suffira de résumer brièvement ce qui regarde la victime homme. Le sacrifice humain a attiré davantage l'attention, en raison de la qualité de la victime, et aussi à cause du luxe de détails que fournissent les religions précolombiennes.

Un examen impartial des faits, disposés en séries, permet d'assurer que l'idée de divinisation de la victime et de communion n'apparaît nullement à l'origine de ces pratiques. Ainsi l'offrande alimentaire aux dieux comme point de départ res-

---

l'esprit de la végétation sans épithète. Cette position acquise, on examine un peu plus loin les cas de sacrifices considérés en général, où il y a eu substitution à l'animal immolé d'une victime humaine ; on y joint des exemples (peu décisifs d'ailleurs) de cas où l'esprit de la végétation est personnifié sous forme humaine. On fait alors état de prétendus simulacres de fêtes agraires, où on retrouverait une survivance affaiblie d'une mise à mort du passant, de l'étranger, etc. On y reconnaît dès l'instant le sacrifice humain originaire, où la victime, devenue « esprit de la moisson » (évolution de l' « esprit de la végétation »), concentre la force de celui-ci, et est immolée pour assurer la fertilité du sol. Aucune de ces constructions si ingénieuses ne vaut un fait précis. Il faudrait un cas net et authentique d'un homme mis à mort en tant qu'esprit de la moisson, et sans oblation à aucun dieu spécifié. Des coutumes de folk-lore ou des plaisanteries de rustres d'Europe ne peuvent tenir lieu d'équivalences suffisantes. J'ai dit ce qu'il convenait de penser des prétendus exemples égyptiens.

sort à l'évidence des centaines de figures des documents américains. Un seul des *Codices*, tel le *Codex Vaticanus* publié par SELER, renseigne clairement sur ce qu'était par essence la destinée de la victime humaine : un aliment [1]. C'est par une longue série de transpositions de cette donnée primitive que l'idée communielle est apparue en certaines religions. Encore conviendrait-il de distinguer plus nettement qu'on ne l'a fait jusqu'ici, et sans équivoquer sur le mot « communiel », entre les sacrifices où les assistants prenaient part à la manducation de la victime humaine en commun avec le dieu, mais sans que cette victime fût en rien divinisée à leurs yeux, et ceux où il est positivement assuré que l'homme immolé est devenu un exemplaire de la divinité. Or sur ce dernier cas, le seul réellement *communiel*, la comparaison montrera que deux éléments principaux ont concouru à diriger vers cette dernière forme l'interprétation finale du sacrifice humain en un certain nombre de religions. L'un a mené à la participation des fidèles ; l'autre, d'abord magique aux débuts, a conduit à une idée de plus en plus mystique sur la nature de l'être offert.

Le premier a été l'extension du partage de l'offrande entre le dieu et ses fidèles. Au début, le dieu ne cédait une partie de l'offrande qu'à

---

[1]. CAPITAN, *loc. cit.*, p. 113, montre le dieu mexicain saisissant le cœur de la victime humaine, comme il le faisait pour les victimes animales.

ceux qui étaient les siens, au chef, à l'officiant. Lorsqu'à son couronnement, le roi de tant de non-civilisés passés ou présents procédait au sacrifice humain devant l'image ou le fétiche des esprits ou des dieux protecteurs, les traces apparaissent encore çà et là qu'il partageait avec eux les morceaux de la victime. Tel était le cas pour l'intronisation à Tahïti. C'est graduellement que ce privilège a passé à un groupe de plus en plus nombreux d'officiants, puis à la masse des fidèles, jusqu'à devenir finalement la consommation en commun avec le dieu, pratiquée par la totalité de l'assemblée. Le second élément, la divinisation de la victime, apparaît né d'abord de l'idée que ce qui appartenait au dieu, touché par lui, réservé en principe pour son repas, avait un caractère *sacré*. On ne disait pas *divin*. On a pu arriver sur le tard à le dire, lorsque la magie sut, par la formule, encore mieux saisir et capter une des énergies ou âmes du dieu évoqué à l'occasion du sacrifice, pour l'insérer dans la victime humaine. Encore n'y avait-il là rien qu'une application particulière d'une pratique générale. Les types les plus caractérisés cités à l'ordinaire sont ceux du Mexique des Aztèques. L'étude générale des cas énumérés montre que la divinisation de la victime y a suivi les règles communes à toute la magie sympathique. Les reliques, insignes ou talismans des dieux, par contact, imprègnent préalablement la victime et font « passer en lui ou sur lui la divinité ». A son tour, la peau et les os de celle-ci, après l'immolation, retransmettent l'énergie divine à ceux qui les manient [1]. Sans toucher à l'âme essentielle du dieu, qui reste intangible dans la règle, la magie pouvait donc sanctifier, et jusqu'à un certain point diviniser l'offrande, pour faire passer, par son moyen, une partie des forces ou des charmes que possède un dieu dans ces chairs, ou dans ce sang, dont une partie va être abandonnée aux assistants. Même à cette limite extrême, et même pour ces cas dont on ne trouve, au reste, qu'un beaucoup plus petit nombre réel que ne le ferait croire la volumineuse série recueillie par l'auteur du *Golden Bough*, il n'y a rien là qui soit la mise à mort, le *meurtre* du dieu par ses fidèles. Le dieu, de gré ou par artifice, imprègne d'une de ses « vertus » la victime humaine, ce qui permet aux assistants de s'en pénétrer par la manducation de ladite victime. A aucun moment, le dieu ne passe *entier* dans la victime, ne s'identifie essentiellement à elle, et surtout ne subit une mort quelconque, comme on l'a répété à satiété. Souvent, au contraire, il est dit par le rituel ou montré par l'iconographie qu'il participe au repas.

L'offrande alimentaire, et l'offrande de choix, c'est-à-dire le cannibalisme pur et simple, pratiqué par les esprits, plus tard par les dieux, tout comme par les défunts et les vivants ; la chair humaine offerte par ceux-ci à ceux-là comme la

---

[1]. C'est ce que montrent à l'évidence les cérémonies de déguisement des prêtres avec la peau ou les restes des victimes, dans les cas racontés par SAHAGUN.

meilleure des choses possibles à présenter, quelle que soit l'intention et le but de l'oblation, voilà ce qui semble finalement ressortir de l'examen des faits et des caractères pour la plus grande partie des diverses espèces de « sacrifice humain ».

Restent un certain nombre de cas qui semblent d'abord irréductibles, ou tout au moins complètement étrangers à ce cannibalisme originaire. Tels, notamment, ceux d'exécution de victimes chargées des « maux » de la collectivité ou de ceux d'un individu, ou d'une famille. Ce qui a été dit un peu plus haut justifie assez, ce semble, qu'il n'y a pas là un « sacrifice », que c'est un très mauvais abus de langage, et qu'il s'agit d'une « destruction ». La victime n'est offerte à personne. Elle concentre en elle tout ce que l'on veut faire disparaître, et le meilleur procédé semble, d'ordinaire, mais non en tous les cas, la mise à mort de celui sur qui a été accumulé le mal, ou les maux, matériellement faits d'ailleurs de démons, d'impuretés, etc.

Échappant également, à première apparence, à la possibilité d'une interprétation justifiant les origines et l'évolution, sont les cas de mise à mort des prêtres ou des rois, après un certain nombre d'années de règne, et dont il a été parlé également un peu plus haut, mais à un autre point de vue. On sait que ces faits ont été l'occasion de longues discussions et de travaux considérables. Tout d'abord, cette série paraît tout à fait indépendante de la donnée de l'« envoi » aux dieux d'un serviteur ou d'un aliment. Mais étudiée non pas, comme on l'a fait à l'ordinaire, en relation nécessaire avec des rites sylvestres ou agraires, mais en elle-même, et sans vouloir *a priori* identifier ces rois ou ces prêtres avec des dieux, des arbres ou des céréales, la série de ces sacrifices apparaît tout autre. Elle se fragmente en espèces qui n'ont aucun rapport entre elles. La préoccupation brutale de maintenir à la tête du groupe humain un homme dans la force de l'âge justifie d'abord une première partie des espèces proposées. Transmettre au successeur l'âme ou les forces magiques de la victime est une simple dérivation de la même préoccupation. Mais ce n'est plus un sacrifice, même s'il a lieu devant le dieu ou en sa demeure. Il n'est pas offert à cette divinité. On rentre, pour cette série et pour les autres de même classe, dans les « meurtres rituels », dont le fondement doit être cherché dans la divination, l'astrologie, les croyances aux esprits des morts, etc., et qui doivent être étudiées à ce propos.

L'histoire comparée des religions devra donc s'occuper à deux reprises de cette question du sacrifice humain.

D'abord, dans la première partie, celle qui traite des éléments constitutifs. A propos de chacun d'eux, et réunie aux autres manifestations religieuses qui en sont la traduction directe, l'immolation de l'être humain sera signalée, avec l'idée que l'on se fait, au début, des résultats obtenus pour les vivants, les morts, les esprits, les dieux, et de ce que devient l'être supprimé, envoyé ou offert.

Dans la partie qui traite de l'évolution, et à propos des mêmes éléments évolués ou combinés, suivant les rubriques signalées rapidement en cette *Méthode*, on reprendra les mêmes faits, en les rattachant toujours aux groupes de phénomènes religieux qui sont les conséquences logiques de l'évolution ou de la combinaison, et sans se préoccuper à aucun moment des ressemblances matérielles ou des modalités extérieures. C'est au songe, au dualisme, voire à la morale, par exemple, qu'il conviendra d'étudier tel ou tel cas de « meurtre rituel » ou de « sacrifice humain ». Il est à peine besoin d'ajouter que les cas d'échanges (animaux, etc.), de substitutions (simulacres, etc.), de diminution (immolation partielle, feinte, etc.), devront s'ajuster dans les différentes séries, et non pas faire l'objet d'une enquête distincte.

C'est seulement après ce double travail qu'il peut être permis de traiter à part, sous la forme monographique, la question du sacrifice humain ou du meurtre rituel.

Une telle étude aura toujours, à vrai dire, un caractère tant soit peu factice. Elle peut, néanmoins, avoir une utilité, étant donné l'intérêt spécial que suscitera toujours, pour ceux qu'intéresse l'histoire des religions, le fait qu'il s'agit de la vie humaine. Elle ne peut être féconde en enseignements qu'à une double condition. D'abord signaler très clairement, à propos des cas examinés, le rattachement aux éléments constitutifs ou à leurs combinaisons, dont il a été parlé ci-dessus. Ensuite, et pour présenter en bon ordre les choses, adopter le cadre historique. Sous peine de n'être qu'une collection de fiches ou un amas de documents, un tel cadre s'impose plus que jamais. L'histoire de la civilisation de l'Égypte pourra une fois de plus servir de base à ce travail.

Il semblerait qu'une nation parvenue au degré de complication religieuse et de perfection magique où en était l'Égypte dès la période protohistorique se prête de premier abord assez mal à un tel rôle. Et cependant, même sur ce point, la vieille civilisation de la Vallée du Nil peut fournir les divisions convenables pour une étude de ce genre, admise la substitution par figures magiques pour un certain nombre de cas. Textes, représentations et même débris réels [1] fournissent tout le néces-

---

1. A part des études de caractère trop mystique comme celles de LEFÉBURE (*Sphinx*, III, 129 et *P. S. B. A.*, XV, 452) ou le commentaire de CRUM (*ibid.*, XVI, 133), le sacrifice humain égyptien n'a jamais été l'objet d'un travail monographique. Les questions de substitution ou de diminution par magie ont été plusieurs fois examinées, à propos des figurines ou poupées de « serviteurs » de toute espèce déposés dans les tombes dès l'époque préthinite (e. g. la nécropole de Diospolis Parva) jusqu'à la fin de l'empire protothébain. Elles ont été soulevées également, mais à tort, à propos des figurines funéraires bien connues, en forme osirienne, dites « répondants » ou *ouasbitiou*. Les scènes célèbres en égyptologie du tombeau de Montou-hi-Kopshou-f, ont été surtout analysées et discutées par MASPERO (*Mission du Caire*, t. V) et par NAVILLE, *Old Egyptian Faith* (trad. CAMPBELL, p. 296-308), qui y voit déjà des scènes de substitution mimétique. La comparaison entre la documentation solide et complète de NAVILLE, et les faits récoltés sans méthode critique suffisante par FRAZER, au t. III de son *Golden Bough* (trad. Stiebel-Toutain, t. III, p. 91, 176, 309-311 et 540, note 2) montrent

saire pour replacer en des séries rationnelles les centaines de faits similaires retrouvés incomplets, ou en trop grand désordre, dans les autres religions anciennes, ou chez celles des non-civilisés. Le sacrifice humain de l'Égypte primitive ne nous est venu,

la différence qui peut exister entre l'examen de tels documents et de tels textes par un spécialiste et leur emploi sans contrôle sérieux. Ainsi, et comme exemple suffisant, le sacrifice humain d'Héliopolis à Râ (*Golden Bough*, t. III, p. 91) d'après PORPHYRE *De abstinentiâ*, t. II, p. 55, qui dit tenir le renseignement de Manéthon. J'ai déjà signalé comment l'attribution à Amasis de la substitution des figures de cire à de réelles victimes aurait averti du premier coup un égyptologue de la date très basse de cette documentation, et indiqué qu'elle fait partie de l'élaboration de la « geste » d'Amasis, dont Hérodote ou les contes populaires nous révèlent la date et les procédés de formation, tout comme celle du légendaire Sésôstris (cf. MASPERO, *Contes populaires*, 1911). G. FRAZER n'a également pas su remarquer que ces figures de cire substituées aux victimes humaines avaient leurs équivalents dans toutes les figures de pâte ou de cire des « méchants » et des « maudits », humains ou animaux, « massacrés » aux processions ou anniversaires par les prêtres. Cf. ce qui en est dit plus haut au dualisme, ainsi que d'autres faits de ce genre cités par NAVILLE, *op. laud.*, p. 307, d'après une inscription d'Edfou, où même la victime animale — l'hippopotame — est déjà imitée en pâte. Cf. également à ce sujet NAVILLE, *Transactions*, t. IV, p. 17-18. Ce sont les πέμματα de SELEUCUS D'ALEXANDRIE, dans ATHÉNÉE, IV, 172. On doit rejeter comme factices les rapprochements esquissés ou proposés çà et là, entre les figures de pâte de l'ancienne Égypte (celles de l'Osiris de Denderah, par exemple), et la statue de pâte du dieu mexicain Huitzilopochtli, partagée entre les « mangeurs du dieu ». Il manque en Égypte les deux éléments essentiels d'une comparaison : le mélange du sang d'une victime humaine, assimilée par magie à la divinité, et la manducation par les fidèles des fragments de l'effigie. Il ne reste qu'une similitude matérielle, d'ordre tout secondaire, dans les substances employées à la confection de l'idole.

il est certain, que sous la forme de débris, et, pour ainsi dire, de fragments de son squelette. Mais les restes en sont si nets encore, et les pièces essentielles si nombreuses, que l'on peut procéder à sa reconstitution avec la sûreté scientifique nécessaire [1]. L'anthropophagie procédant du cannibalisme pur et simple ou déjà ritualistique, se retrouve dans les fameux textes de la Pyramide d'Ounas ou dans la légende Osirienne, telle que Plutarque la présente au *De Iside*. Puis, sans parler des restes trop discutés des nécropoles préhistoriques, préthinites ou thinites [2], l'« envoi » funéraire peut s'étudier sur les « substituts » de bois, de terre ou de pierre des mobiliers funéraires, et dans les survivances réelles possibles figurées dans les scènes des tombeaux de

1. Budge, *Osiris and Egyptian Resurrection* (nov. 1911) vient d'y consacrer entièrement le chap. vi, t. I, sans parler des références aux non-civilisés du continent africain qui y figurent (cf. également, t. II, p. 265). On y trouvera l'essentiel des documents égyptiens disposés dans un cadre différent de celui qui vient d'être proposé ici. La séparation entre les faits de cannibalisme alimentaire, d'envoi funéraire et de sacrifice proprement dit, n'y est peut-être pas assez nette. L'idée de réunir aux exemples monumentaux les allusions des textes du *Totenbuch* ou des livres mystiques des Tombes Royales doit être accueillie avec grande réserve. Beaucoup des cas cités ne sont nullement des sacrifices humains, mais l'exécution légendaire des ennemis d'Osiris, ou les supplices infligés dans les enfers aux ennemis du Soleil, ce qui est tout autre. Ces faits présentent néanmoins un intérêt. On peut chercher jusqu'à quel point, aux anniverversaires, le calendrier des temples n'en ordonnait pas (au naturel ou par substitution) la reproduction mimétique sur cette terre. Budge n'a pas envisagé cette question.

2. Nécropoles d'Abydos et de Neggadêh. Cf. de Morgan, *Origines*, et mieux Petrie, *Royal Tombs*, t. I, p. 14.

Thèbes ou d'El Kab [1]. Les esclaves égorgés pour donner des gardiens aux monuments divins se retrouvent dans le rituel de fondation [2]. Enfin le sacrifice humain proprement dit devant les dieux fournit, pour chaque variété ou à peu près, soit en immolation réelle, soit en substitution, des exemples très clairs : prisonniers sacrifiés dans la tombe de Ramsès VII [3], sacrifices des chefs devant l'autel du dieu, depuis les figurations thinites jusqu'à l'époque romaine [4], etc. Pas plus qu'ailleurs, il ne s'agit de soutenir que l'on retrouvera en Égypte toutes les idées ou tous les rites. Je crois simplement que l'exemple égyptien donnera mieux l'enchaînement des séries. Il peut aussi circonscrire assez étroitement les espèces qui sont, à première vue, étrangères à la civilisation nilotique. Il peut contribuer alors à mieux montrer, par les solutions différentes qu'a trouvées l'Égypte à des préoccupa-

1. Notamment celles de Montou-hi-Kopshou-f (voir p. 406) et de Pahiri (*Ahnas-el-Medineh*, part. 2, p. 21 et pl. V).
2. Cf. MASPERO, *Myth. Arch.*, t. II, p. 103, et QUIBELL, *Ramesseum*, 14.
3. LEFÉBURE, *Mission du Caire*, *Hypogées Royaux*, t. III, fasc. 1, pl. 3.
4. Cf. la « Palette » d'Hiéracopolis, et le récit d'Amenhotep II dans l'inscription d'Amada, plus toute la série immuable, depuis les bas-reliefs thinites du Sinaï jusqu'aux temples ptolémaïques, de la scène canonique figurant le roi frappant de sa massue les prisonniers de guerre. Sur le caractère littéral ou symbolique de toutes ces figures, et sur la persistance du sacrifice humain cf. MASPERO, *Histoire*, t. I, p. 123 n. 2, 167, 168 note 1. Les principales références aux classiques sont à la note 1 de la page 168.

tions communes à toutes les sociétés, le mécanisme exact qui a mené d'autres peuples, soucieux de résoudre les mêmes problèmes, à employer la solution du sacrifice humain.

VIII

L'USURE DU TEMPS. — L'AME DES PEUPLES.

Je ne voudrais pas terminer cette esquisse incomplète sans montrer encore, par deux exemples, ce que l'Égypte, étudiée à fond et directement, dans ses textes et ses monuments, peut jeter de lumière sur la marche de l'évolution religieuse.

Parmi les causes qui ont amené des modifications profondes dans les pratiques et dans les idées, il en est une, presque insaisissable au moment où elle agit, mais dont les effets accumulés se voient clairement lorsqu'on considère une période religieuse d'une longue étendue. C'est ce que j'appellerai *l'usure du temps*. L'Égypte seule a duré assez longtemps pour offrir à l'observation des séries dans lesquelles il soit possible de suivre une transformation qui s'opère ainsi presque insensiblement. L'exemple que je prendrai pour commencer est emprunté au culte des morts.

Nous avons dit plusieurs fois qu'une statue était aux yeux des Égyptiens, le défunt vivant; ils la traitaient en conséquence, la nourrissaient, l'habillaient et n'avaient aucun doute sur la réalité de cette nouvelle existence. C'est ce que nous voyons dans le plus ancien cérémonial du repas offert à l'image du mort ; viandes, pâtisseries, boissons, volailles, gibier étaient apportés en nature. Le défunt les consommait réellement, nul n'en doutait. On en a comme témoin les précautions prises pour donner à l'enveloppe rigide de la statue la souplesse de la vie. Le Livre des Morts, les textes des Pyramides, les différentes versions de l'office de l' « Oouap-Rô » nous ont conservé la série des gestes et des formules magiques, qui servaient à rendre au défunt la vue et l'ouïe, à lui ouvrir la bouche, à assurer le jeu des mâchoires [1] et de toutes les parties du corps qui ont à fonctionner dans l'absorption et même la digestion des aliments — par exemple l'opération de « desceller le fondement » de la statue [2].

1. C'était l'application aux morts des cérémonies magiques successivement inventées et codifiées pour faire manger les statues divines. Égyptiens ou chaldéens, les dieux subissaient avant le sacrifice les mêmes cérémonies. On les habillait, on les oignait d'huiles parfumées, on les couvrait de bijoux, on leur faisait se laver les mains, puis on *leur ouvrait la bouche*. Pour la Babylonie, cf. BALL. *Proceedings Society of Biblical Archæology*, t. XIV, p. 160 ff. *The Gods and their images*, où l'image *Azkar* divine, faite de bois *ashur*, ne peut manger et boire devant que « sa bouche soit ouverte par magie » et lavée d' « eau enchantée ». Pour l'Égypte, cf. BRUGSH, *Drei Festkalender*; PIERRET, *Études égyptologiques*, I, 24, etc. et les allusions du Livre des Morts, chap. XXIII, XXXIX et LV.

2. Je suppose ici, pour plus de clarté, le rituel de l' « Ouverture de la bouche » déjà appliqué à la statue, et non plus seulement à la momie. De fait le rituel, appliqué aux hommes, est singulièrement plus ancien que l'invention de l'effigie humaine comme équivalent de l'enveloppe matérielle de l'âme ou du

Mais déjà, sous l'Ancien Empire, le repas n'est plus reproduit avec le même souci d'être la reproduction littérale de la réalité, et l'affaiblissement des caractères réalistes peut se noter d'une dynastie à l'autre, tant sur les stèles que dans les textes du *mastaba* memphite. Et rien n'est plus instructif à cet égard que de noter le changement graduel qui se manifeste d'une stèle dite « archaïque » de la troisième dynastie à une figuration analogue du début de la VIe. Le mort figure toujours en grand costume, assis sur un siège ; devant lui, un guéridon chargé de mets. On croyait encore que cette image vivait, grâce à la magie, et qu'en touchant de sa main les mets ou les boissons, elle faisait exister ce que ces objets représentaient. Ce n'est déjà plus cependant la donnée initiale dans toute sa rudesse. La parole et la représentation, peintes ou sculptées, tiennent déjà la première place. On affirme déjà que ces offrandes « c'est par la vertu de la voix qu'elles deviennent vraies ». Elles ont multiplié les moyens de donner au mort des choses compliquées, des divertissements raffinés, des honneurs, des charges. Mais quelque chose s'est évanoui, chemin faisant, de la vie, peut-être grossière, mais littérale, qui animait le

double du défunt ; il existait dès la période préhistorique de Neggadèh à tout le moins (voir ce qui en est dit un peu plus loin, note p. 426, ainsi qu'au résumé de la première période, au schéma des croyances funéraires en Egypte). Cette observation ne change d'ailleurs quoi que soit à la démonstration de la diminution graduelle des rituels et des accessoires employés pour la statue.

statue. Celle-ci tend déjà à n'être plus que l'habitation momentanée de l'âme, et la nourriture, en partie simulée, qu'elle reçoit, est à la fois plus savante et moins réelle.

L'affaiblissement de la réalité de l'offrande funéraire se marque plus nettement et sans arrêt d'âge en âge ; lorsque l'on arrive au terme de la série historique, on finit par se contenter d'une oraison, accompagnée de gestes fugitifs, d'une fumigation, d'onctions rapides sur la face de l'image; on récita, comme une litanie, l'énumération des aliments et des boissons gravée sur la table d'offrande ; la formule magique en faisait toujours des réalités et les faisait parvenir au mort. Parallèlement, le matériel du cérémonial s'abrégea en objets de culte minuscules, si bien que nos musées possèdent des sortes de « trousses portatives » qui servaient aux officiants à exécuter à la hâte sur les statues un simulacre rapide de l'ancienne « ouverture de la bouche » aux rites longs et compliqués [1].

Si on passe aux autres essais de reconstituer la vie des morts, on note les mêmes phases succes-

---

[1]. Les instruments de l'ouverture de la bouche sont figurés en groupe, sur une planchette ou un coffre, dans une quarantaine de scènes de funérailles de l'époque thébaine. C'est un procédé conventionnel au point de vue des dimensions absolues, les fouilles ayant exhumé à Abydos des diminutifs du matériel destiné à ce rite, et qui prouvent que, dès la XII° dynastie tout au moins, on se contentait à l'ordinaire d'une série d'objets en miniature ; cf. pour de bons spécimens les références données plus loin à la note de la p. 426.

sives pour l'habillement de la statue que pour sa nourriture. On l'avait traitée au début comme un être réel : on lui avait fardé les yeux au kohol, teint les ongles au hennèh[1] ; on lui avait mis sur la tête une perruque, passé de vrais bijoux autour du cou, des poignets et des chevilles, on l'avait ceinte du jupon appelé *shenti*, et on lui avait mis en main le bâton du commandement. C'était la toilette d'un grand seigneur. Aux phases de cet habillement réel correspondaient d'interminables chapitres de la liturgie. On commençait déjà à abréger ceux-ci dans le texte de la pyramide de Papi II (VIe dynastie)[2].

Dès les Memphites, la perruque fait corps avec la statue ; la bijouterie n'est plus qu'un simulacre en couleur. Restait encore à la XIIe dynastie, au moins pour les statues royales[3], l'ajustement réel

---

1. Ces soins étaient encore donnés aux quelques statues archaïques que nous possédons ; on trouve encore sous les Memphites un assez grand nombre de statues ayant les ongles teints en rouge. Les yeux fardés de vert sont presque de règle pour les images de cette époque, et l'usage en persiste plus ou moins jusqu'à l'époque thébaine.
2. Cf. MASPERO, *Inscriptions des Pyramides*, p. 36.
3. J'entends parler ici des statues « essentielles » en bois déposées dans la tombe (comme celle d'Aoutou-Ab-Ryâ, trouvée en sa pyramide de Dahshour), et dont l'usage, imité des tombes royales, se répandit dans les tombes privées à partir de la période memphite. Il faut encore comprendre en cette même catégorie les images portatives royales, de bois ou d'ivoire, que l'on gardait dans les temples pour les habiller et les promener à certains jours de fête (ainsi que l'attestent les Papyrus de Kahoun, par exemple). L'époque thébaine nous a conservé les spécimens de leurs séries diverses, sous la double forme de

du jupon, du manteau et de quelques accessoires mobiles, comme l'attestent les inventaires de la garde-robe de la statue d'Ousirtasen II. Sous le Nouvel Empire, le cérémonial de l'habillement réel de la statue, supprimé depuis longtemps pour les particuliers, a disparu même pour les effigies royales. Trois grandes statues en bois, provenant des tombes royales des Pharaons de la XIX° dynastie, et aujourd'hui conservées au British Museum, prouvent que l'on avait sculpté et peint sur la statue les vêtements et les bijoux qu'on lui mettait au début[1].

Ces changements matériels, qui ont demandé des centaines d'années[2] accompagnent, traduisent

toutes les petites statues en bois retrouvées par LORET dans les tombes royales du Bîban-el-Molouk, et de ces bas-reliefs ou de ces fresques, où on les voit défiler (« Promenoir » de Thotmès III à Karnak, Temple de Deir-el-Bahri, etc.), ou reposer près de la barque sacrée du Dieu (Temple d'Abydos, tombe de Ioumadouaït, etc.), ou enfin être fabriquées dans les ateliers de la couronne (tombe de Rekhmara, de Ken-Amon, etc.).

1. G. FOUCART, Culte des statues funéraires (Revue de l'Histoire des Religions, t. XLIV), p. 40-61 et 337-369, et pour ce qui a trait en particulier aux statues royales du Bîban-el-Molouk, Annuaire de l'Ecole Pratique des Hautes Etudes, 1900, p. 84-95. L'importance archéologique des trois grandes statues de bois du British Museum semble avoir échappé jusqu'ici à l'attention, et l'on doit se contenter encore des notes trop brèves consacrées à leur description dans le vieil ouvrage de BIRCH, Gallery of Antiquities, etc., t. 2, p. 112 et pl. 47. La taille et l'attitude de l'image trouvée dans la tombe de Sitoui I'' m'engagent à y voir la statue même dont les bas-reliefs de ce tombeau décrivent l'« ouverture de la bouche ». C'est assez dire la valeur d'un tel monument.

2. Cf. MASPERO, Table d'offrandes, p. 73.

— et entraînent à leur tour — des changements dans les croyances. Lorsqu'on nourrissait, lorsqu'on habillait réellement la statue, lorsqu'un rituel long et compliqué assurait l'effet de ces cérémonies, les assistants étaient bien persuadés qu'ils entretenaient, littéralement, l'existence d'un être aussi vivant dans son enveloppe de pierre ou de bois qu'il l'avait été dans son corps de chair et de sang.

Au terme de la lente évolution qui substitue à ces opérations réalistes un simulacre de cérémonie, un rituel abrégé, accompagné de gestes traditionnels, la statue du défunt ne fut plus guère qu'une image. La statuaire saïte ou ptolémaïque pouvait garder les thèmes les plus anciens de la sculpture nationale. L'idée qu'on s'en faisait différait singulièrement des débuts. On rendait bien à l'image, par tradition, un culte, purement révérentiel. Mais jusqu'à quel point vivait-elle, cette image ? Et l'offrande n'était-elle pas, à tout prendre, un acte pieux, un symbole plutôt qu'un repas ?

Si l'on voulait étendre ces recherches aux autres parties du culte funéraire, on pourrait suivre, dans la série des textes et des monuments figurés que nous possédons, l'effet de ces deux tendances, en apparence contraires : *compliquer* et *simplifier*. D'un côté on multiplie les cérémonies, les gestes, les formules, les amulettes, les textes hiéroglyphiques et les figures, parce qu'on pense ne pouvoir jamais prendre assez de sûretés pour réussir. On collectionne et on compile, en un même rituel, l'ensemble des recettes de toutes espèces jadis spéciales à telle ou telle religion locale, comme on l'avait fait pour telle recette de médecine ou telle pratique de magie. De l'autre côté, obéissant à ce qu'on appelle la « loi du moindre effort », on réduit le plus possible les détails d'une cérémonie, chaque fois qu'on croit pouvoir le faire sans amoindrir le résultat utile. Or c'est par une suite ininterrompue de petites mutations de ce genre, sans réforme, *sans doctrine nouvelle*, que les réalités grossières des premiers âges font place peu à peu à des conceptions moins matérielles, et que les idées sur la vie d'outre-tombe se spiritualisent dans une certaine mesure. Il est vraisemblable que cette « usure du temps » a produit les mêmes effets dans les autres religions. Sans doute est-il à craindre que les textes et les monuments conservés soient insuffisants pour y dresser des séries ininterrompues, comme on peut le faire pour l'Égypte. Ce sera néanmoins un effort utile que d'en tenter une reconstitution, même partielle, toutes les fois que faire se peut.

Je viens de parler de l'évolution des idées. On a regretté souvent qu'une partie de l'histoire religieuse, celle qui serait pour nous la plus intéressante, nous échappe presque complètement; ce sont les intentions des individus, leurs croyances personnelles, leurs aspirations vers un idéal, ainsi que les modifications que leurs idées ont subies au cours des temps. Cette sorte de *psychologie reli-*

gieuse, qui vivifierait la connaissance des formes extérieures du culte, n'est guère possible qu'en Égypte. Entre tous les monuments qu'elle nous a légués, les statues humaines consacrées dans les temples ou dans les tombeaux fournissent pour ces recherches des matériaux abondants et d'une date certaine.

La série chronologique des statues de temple étant sûrement établie par les inscriptions qu'elles portent, il est facile de suivre le développement des précautions imaginées par ces hôtes du dieu, qui prenaient part à ses fêtes et qui recevaient une portion de « toutes les choses bonnes et pures qui paraissent sur l'autel ». Une enseigne divine, l'image ou l'attribut d'un dieu, une stèle, un naos, tenus par la statue agenouillée ou accroupie, renforçaient les garanties de sa condition privilégiée, en rappelant les services, les fondations ou les actes de piété particuliers du titulaire. Ce n'était pas assez. Pour mieux faire entendre au dieu ses désirs et ses demandes, l'écriture lui fournit un langage plus explicite, en même temps qu'elle nous donnait, à nous, un de nos plus précieux moyens d'investigation.

On écrivit d'abord sur les accessoires de l'image : le socle de la statue, le pilier auquel elle était adossée, la stèle qu'elle tenait entre ses mains ; puis, faute de place, on en vint à graver les textes sur les vêtements de l'image ; enfin les hiéroglyphes protecteurs envahirent le corps tout entier, sauf les mains et la figure.

De ces textes, les plus intéressants sont ceux où le consacrant, en dehors du formulaire consacré d'offrande ou de prière, s'adresse à son dieu, et fait valoir les titres qu'il croit avoir à sa protection. Il énumère les services rendus au temple et au Pharaon, les donations faites au sanctuaire ; outre les mérites matériels, il rappelle ses mérites moraux : sa justice à l'égard du faible, sa générosité envers le pauvre et le disgracié de la fortune, sa bonté pour sa famille, ses amis et les gens de sa ville, toutes les vertus que l'on pense être agréables à la divinité, et constituer un titre à ses faveurs. Ce sont aussi les supplications qu'il lui adresse de lui accorder une longue et heureuse vieillesse, de bénir sa descendance, de garder à celle-ci son héritage, de maintenir dans le temple la statue en laquelle il revit ; des adjurations aux prêtres de ne pas négliger son service funéraire, et parfois même en ces objurgations intéressées, une ligne est encore assez pleine d'émotion vraie ou d'une pensée touchante pour qu'à travers les siècles qui nous séparent quelque chose vienne encore nous émouvoir. Du fatras de ces inscriptions, qui vont sans cesse s'allongeant, se dégage un langage personnel qui nous fait pénétrer l'âme de ces gens. Elles nous disent ce qu'ils craignaient et ce qu'ils espéraient, quelle idée ils se faisaient de leurs dieux et par quels moyens ils se flattaient d'obtenir d'eux une récompense : un peu dès la vie présente, mais beaucoup surtout dans l'existence d'outre-tombe, ou en faveur de ceux qu'ils laissaient après eux, et qui les « continuaient sur cette terre ».

En même temps, nous vérifions à nouveau comment, peu à peu, on regarda la pratique des vertus comme méritant une récompense des dieux. Et une seconde série d'exemples vient démontrer comment la morale, d'abord indépendante, née de la conscience et des rapports sociaux, se rattacha aux maîtres divins de l'Égypte et leur demanda une sanction.

Les tombeaux, les objets qui les meublent et les statues funéraires nous ont conservé des renseignements encore plus abondants sur les croyances relatives à la mort et à l'autre vie.

La place que ce problème a tenue en Égypte ne doit pas faire illusion. Ce serait une erreur de se figurer un peuple vivant tristement, absorbé dans la méditation de la mort et de ses mystères. Au contraire, l'Égyptien jouissait pleinement et gaiement de la vie ; mais précisément parce qu'elle était douce et facile sur les bords du Nil, il n'eut qu'une idée, la prolonger au delà de la mort et la recommencer, autant qu'il était possible, dans les mêmes conditions.

Deux séries parallèles de documents mettront sous nos yeux les étapes successives de ce mouvement : les textes hiéroglyphiques gravés dans la tombe ou sur le sarcophage et le mobilier funéraire ; toutes deux ont traduit les mêmes idées à la fois par l'écriture et par les formes plastiques. Et comme les tombes d'une même époque se comptent au moins par centaines, on aura la certitude de ne pas avoir affaire à l'opinion personnelle, peut-être isolée, de tel ou tel Égyptien, mais aux croyances que partageait, à ce moment, la masse de la nation. Par conséquent, il sera possible de marquer avec précision à quel moment, pour quelles causes, de quelle manière les doctrines nouvelles se superposent aux anciennes, sans les faire disparaître, quelques contradictions ou quelques difficulté que présente leur juxtaposition dogmatique. De plus, chacune de ces modifications dans les croyances se traduit matériellement et visiblement par des changements dans le langage des inscriptions, dans les sculptures, dans la composition du mobilier funéraire, en sorte qu'à tout moment on peut les contrôler mutuellement.

Il est impossible de retracer en quelques pages l'histoire de croyances funéraires qui couvrent soixante siècles et plus[1]. Ce que je vais en dire n'est donc même pas un abrégé, mais l'articulation pure et simple de la série des résultats généraux acquis, période par période, en ce qui concernait la condition des âmes. Les causes, les modes, les résultats de ces progrès successifs voudraient un volume, fût-ce pour le plus bref des sommaires.

1. — C'est d'abord la période « primitive », si nous entendons par ce terme les premiers efforts de l'homme pour s'imaginer ses destinées d'outre-

---

[1]. J'ai tenté d'étudier, dans le plus grand détail possible et avec de nombreux exemples à l'appui, les phases successives de cette longue évolution dans mon ouvrage manuscrit sur la *Religion et l'Art en Égypte* (couronné par l'Académie des Inscriptions et Belles-Lettres. — Séance du 20 novembre 1908).

tombe. Des textes nous sont parvenus, dont la rédaction orale se transmit jusqu'à l'invention de la notation graphique, sans doute par les moyens qu'emploient encore aujourd'hui, dans l'enseignement des « camps d'initiation », les sociétés qui n'ont pu arriver jusqu'à une écriture. Ils ont gardé, probablement instact, le souvenir de ce que l'homme de la Vallée du Nil concevait du sort de ceux qui quittent le monde des vivants. Ce n'était que misère et angoisse. Le mort était obligé de pourvoir par ses propres ressources à son alimentation. Il était exposé aux attaques des fauves, du lion fascinateur, aux morsures de vingt sortes de reptiles effrayants, aux piqûres des scorpions, aux embûches des crocodiles, à la rencontre de mille dieux ou génies terribles, jamais bienveillants, presque toujours hostiles. Sans cesse en danger d'être réduit à rôder à l'aventure pour en arriver à dévorer des aliments immondes, au besoin à dévorer la substance des vivants qu'il attaque sournoisement à la tombée de la nuit, c'est à grand'peine qu'il prolonge un temps incertain cette existence misérable et précaire. Un fragment de lui-même veut-il chercher plus loin subsistance ? Des cavernes aux dédales pleins de monstres ou hérissés de pièges affreux, aux ténèbres qu'éclairent seules les flammes vomies par des uræus monstrueuses ; des singes géants armés de filets qui capturent et dévorent les ombres ; des lacs d'eau bouillante, des étendues de déserts mornes, où rien n'apaise la soif des ombres ; des esprits implacables qui vivent de cannibalisme et dévorent sans pitié les fantômes trop faibles pour lutter ; ailleurs d'impénétrables fourrés de roseaux, semblables à ceux que connaissait la Vallée de l'Égypte préhistorique, et dont le Bahr-el-Gazal d'aujourd'hui, ou les fabuleux rivages du Bangwéolo [1] avec tous les monstres dont les peuple la légende indigène, peuvent donner aujourd'hui l'idée la plus nette. Le tout décrivait si fidèlement, mais transposé à l'usage des morts, le monde sensible tel que le virent les Égyptiens de la période paléolithique ; le tout s'ajuste si exactement, variantes locales mises à part, à ce qu'ont imaginé ou imaginent encore sur les destinées des morts vingt religions des « non-civilisés » de l'Afrique moderne qu'aucun doute ne semble permis. C'est bien aux premiers essais de divination sur la seconde existence qu'appartiennent, dans le formulaire le plus ancien de l'Égypte, ces descriptions de l'Égypte des morts. Calquée, suivant l'usage, sur l'aspect réel du monde des vivants, elle n'a pu être imaginée que d'après la vision de la vallée réelle du Nil préhistorique — ou plutôt d'après le tableau de ce qui était avant elle : les gradins successifs des lacs bordés de roseaux, les plateaux qui les bordaient, la faune monstrueuse qui y pullulait, et dont les formes, magnifiées comme il est de règle, peu-

---

1. Sur les croyances indigènes relatives aux êtres fabuleux qui habitent les mystérieuses retraites du Bangwéolo inexploré, voir les notes publiées par l'explorateur allemand GRAETZ dans l'*African World* de juillet 1911 et de mars 1912.

plèrent la surface ou les profondeurs du royaume des « Esprits ».

Et cependant, dès ce temps-là, ou, en tous cas, tellement loin dans le passé que nous ne pouvons plus distinguer si les choses eurent lieu presque simultanément ou après de longs intervalles ; si anciennement, de toute façon, que ce que nous appelons « période historique » n'est venu que des milliers d'années plus tard, l'homme d'Égypte se préoccupait déjà d'organiser les moyens de défendre sa seconde existence. Et tandis que ses frères du reste du continent africain en devaient rester à ces visions d'épouvante et à l'impuissance incohérente, aux complications balbutiantes de la sorcellerie occasionnelle, puis finalement tout mêler comme tout craindre, lui savait tirer de l'observation et des expériences de ses « féticheurs », et de leur appareil matériel de talismans, d'amulettes ou d'instruments la substance de ce qui devait être un jour un des plus beaux, un des plus nobles et des plus consolants ensembles de croyances que le génie humain soit arrivé à créer.

Déjà les magies locales, luttant au profit du mort, commençaient à lui venir en aide ; et parce que, sur la terre égyptienne, les féticheurs avaient pu observer et codifier les besoins des morts, les secrets de leurs amis ou de leurs adversaires, on savait faire mieux que de le pourvoir, à l'ensevelissement, des quelques offrandes auxquelles s'arrêtent, aujourd'hui encore, les funérailles d'un homme de l'Ouganda ou du Mayombé ; mieux que, sous l'impression d'une terreur subite, d'une maladie, d'un désastre, songer soudain à nourrir la faim des morts oubliés. Les paroles toutes-puissantes de la formule, avant même qu'elle ne devint la formule écrite, parvenaient à lier les esprits de l'au-delà et à renseigner les esprits des hommes qui quittaient leur corps de chair ; au lieu de s'épuiser à déterminer quel était le coupable de cet assassinat qu'est toujours la mort physique d'un individu, les magies cherchaient, sans s'attarder, les moyens d'assurer l'existence de ce qui survivait de celui-ci. Elles lui enseignaient déjà les grandes routes à suivre vers le monde des morts. Elles lui disait les principaux dangers, les mots de passe à prononcer ; elles le cuirassaient d'incantations victorieuses ; les sciences mimétique et sympathique le munissaient d'armes diverses, imprégnées de la force des « esprits »; elles lui prêtaient des déguisements par lesquels il se ferait passer pour être au nombre des maîtres de l'outre-monde.

Des outils, des onguents magiques, dont les féticheurs de la préhistoire avaient reçu le secret des dieux ou qu'ils leur avaient arraché, soit par la ruse, soit par la force, ils travaillèrent le cadavre rigide ; ils lui restituèrent ses sens, et, par là-même, en assurèrent les libres activités, pour l'autre vie, aux âmes ou « esprits » qui allaient abandonner leur enveloppe de chair [1]. De substances de frag-

---

[1]. C'est ce qui résulte de la présence, dans les tombes préhis-

ments de reliques, provenant des corps qu'animaient, à temps donné, les « esprits » bons ou mauvais ; d'assemblages semblables au début aux amalgames hétéroclites que peut contenir tel sac de « sorcier » congolais, ou le nombril de telle poupée de bois de l'Ouest africain, ils tirèrent les

toriques, d'amulettes reproduisant les formes caractéristiques des instruments employés ultérieurement par le rituel célèbre de l' « Ouverture de la bouche », tel qu'il est constitué à l'époque historique. Archéologiquement, la série est aujourd'hui établie sans rupture entre les outils magiques figurés sur les fresques des tombes thébaines (xviiie-xxe Dyn.), les « trousses » abydéniennes trouvées dans les sépultures protothébaines des Dyn. xii-xiii. (Voir, comme bons spécimens, celle reproduite par Budge, en tête du premier tome de son *Opening of the mouth*, et celle publiée en frontispice par Griffith, en son rapport annuel de l'E. E. F., pour 1909-1910 — paru en 1911 — sur les progrès de l'égyptologie ; ce dernier monument provient des fouilles de Naville et Legge à Abydos) et les objets semblables découverts dans les nécropoles préthinites ou neggadéennes. On peut signaler, comme documents caractéristiques, parmi ces derniers, les « diviseurs de mâchoire » (*pesh-ni-kefa*) exhumés par les fouilles de F. Petrie ou de Naville et Legge (cf. *Abydos* et *Diospolis Parva*), et aujourd'hui au musée de University College à Londres ou au musée du Caire (cf. Quibell, *Archaic Objects*), ainsi que celui conservé au British Museum, et signalé par Budge en son introduction de l'*Opening of the mouth*, p. vii. Cette constatation matérielle est des plus importantes. Elle permet de contrôler l'assertion, à laquelle nous arrivions d'autre part par l'exégèse des textes étudiés isolément, que le rituel de l' « ouverture de la bouche », et les croyances qui en forment la substance remontent à l'Egypte préhistorique. Il y a là une présomption sérieuse qu'il en est de même pour nombre d'autres rituels, pour lesquels nous arrivons aux mêmes conclusions par la philologie ou la mythologie, mais, provisoirement encore, sans la contre-épreuve du document archéologique. Depuis ma première étude parue dans le *Sphinx* (1910) sur le Rituel de l' « Ouverture de la Bouche », j'ai été amené à élargir et à préciser les vues que

talismans ou les amulettes qui domptent là-bas les esprits ou les monstres les plus terribles. De ces séries de phrases brèves, cadencées, alors récitées en même temps sur le cadavre ou sur les objets magiques déposés à ses côtés, devaient sortir un jour les diverses versions provinciales, peu à peu muées en « chapitres », puis en livres. Leur compilation produisit, en fin de compte, cette énorme littérature funéraire, dont le *Zweiwegebuch*, le *Todtenbuch*, le *Livre des Portes*, le *Livre des Respirations* et dix autres encore sont les spécimens les plus caractéristiques.

Déclamé, ou plutôt chanté, le récitatif magique « saisissait » enfin les aliments et le mobilier. Il en détachait la substance vitale, en obligeant celle-ci, par la formule, à aller retrouver, là où elles subsis-

j'avais exprimées alors. Non seulement le rituel est bien antérieur à la formation du mythe osirien, mais il appartient au plus vieux fonds que nous puissions atteindre pour l'instant (le monde divisé en quatre régions « ou demeures » astrales, etc.). En outre, la rédaction codifiée de l'époque historique apparaît, de mieux en mieux, s'être formée d'après les mêmes procédés que le Livre des Morts ou que ces « sommes « de sagesse magico-religieuse qui ont donné naissance aux papyrus médicaux. L' « *Ouap-Rô* » classique est le produit de la compilation et de la collection de plusieurs rituels locaux, élaborés dans les sanctuaires provinciaux de la préhistoire, désarticulés et reclassés plus ou moins habilement, d'après les rubriques, pour obtenir un semblant d'unité, et complétés, en guise d'introduction générale, par le rituel préparatoire des onctions, fumigations, ablutions, etc. Le tout est une preuve de plus, que l'on peut justifier pas à pas, de l'extraordinaire antiquité des éléments fondamentaux de la religion de l'Égypte classique, et permet de remonter, le plus avant qu'on l'ait encore fait, vers les débuts « animistes » de la religion des « primitifs » de la Vallée du Nil.

taient, les diverses âmes des défunts. Et dès les cimetières préhistoriques, on a trouvé, à côté du squelette, des instruments de pêche et de chasse, des figurines de serviteurs, des vases avec décorations à effet magique, des simulacres de barques, de troupeaux, d'aliments en pierre ou en terre, etc. : rudiments de ce mobilier funéraire qui prendra dans la suite un si grand développement ; premier répertoire aussi de la collection de talismans et d'amulettes sur lesquels on récitera plus tard les rituels funéraires, définitivement composés et mis en bon ordre grâce à l'invention de l'écriture.

II. — L'âge historique débute par deux inventions qui transforment les conditions de la vie d'outre-tombe en lui assurant deux garanties capitales. Dès la fin de la période antérieure à l'histoire, l'Égypte avait tenté de soustraire les restes humains à la destruction. Ses tentatives imparfaites avaient épuisé la série des moyens que les non-civilisés du continent africain emploient encore çà et là : bandelettes serrées, étoffes roulées jusqu'à faire du cadavre une sorte de ballot étroitement ligotté, sacs de peau où le mort replié échappe quelque temps à la corruption, corps ébouillantés, squelettes grattés et purifiés de leurs éléments de chair périssable, dépouilles mortelles saupoudrées de matières préservatrices. La nature, en leur fournissant le natron, permit aux hommes d'Égypte de réaliser ce que ceux du reste de l'Afrique n'ont pu encore atteindre pratiquement ; et le principe, une fois établi, le perfectionnement matériel ne fut plus affaire que de ténacité ingénieuse. Dès les Memphites — et probablement, pour les privilégiés, dès les Thinites — l'embaumement assura la relative conservation du corps, en lui gardant (au besoin par tous les artifices) l'apparence de la forme humaine complète et vivante encore.

Puis c'est la statue funéraire, reproduction aussi littérale que possible du modèle vivant, où la magie incarne une des parcelles de l'être du défunt, et fait de l'image un double vivant qui respire (*aônkhou*), et qui est capable, de par sa matière, de résister presque indéfiniment à l'anéantissement.

C'est peut-être assez peu de chose en soi que d'imaginer d'insérer un peu de la vie d'un mort en une image façonnée à sa ressemblance. On peut remplir nos musées de figures d'ancêtres qui sont nourries, parées et priées de par toutes les terres des « non-civilisés » : qu'on m'en cite une seulement qui possède la félicité d'une statue d'Égypte. Ne le voit-on pas à la façon dont la tombe égyptienne se ressent de cette condition nouvelle de celui qui l'habite ? La « demeure éternelle » se modèle à la ressemblance d'une habitation véritable. Elle en simule les chambres, les couloirs, les terrasses et les cours. Ses murs se rehaussent de bas-reliefs où sont tous les métiers, tous les plaisirs, toute la civilisation de l'Égypte. Animés par la magie, ils valent pour l'autre vie tout ce qu'y simulait la ronde-bosse ; ils envoient les esprits de toutes les figures qu'ils représentent divertir, nourrir et servir le fantôme de la statue, ou celui, plus lointain, qui vit là-bas dans les royaumes des morts. Celui qui n'est plus revit son existence passée, mais embellie ou magnifiée. Un peuple de serviteurs, de soldats, d'artisans, de bateliers s'empresse à ses côtés, en figurines à l'ancienne mode, mais ingénieusement spécialisées en mille occupations : il l'amuse, le sert, et l'escorte. Le défunt ressaisit et garde avec lui ses charges et ses dignités, ici-bas ou là-bas. Il possède le train de maison d'un grand seigneur, un luxe qu'il n'a peut-être jamais eu sur terre. Les figures et les quantités sculptées ou énoncées sur sa « table d'offrandes » lui assurent à jamais des repas somptueux, plus impérissables encore que ces aliments de bois ou de calcaire peints qu'avait inventés le progrès, après les rudes modelages de terre crue imaginés par la préhistoire. A l'énoncé du magicien-prêtre, l' « âme » de toutes ces substances simulées « s'en va à la voix » rejoindre l' « âme » du défunt. Et parce qu'il est là-bas un vassal de ceux qui sont, aux empires des ombres, ce qu'était le Pharaon pour cette vallée du Nil, les vivants envoient toutes ces richesses aux suzerains de ceux qu'ils veulent contenter. C'est aux dieux des morts qu'ils adressent l'offrande, à charge pour eux d'en déléguer une part à leurs féaux des peuples de défunts. Intéressés à une police et à un bon état de la vie funéraire, les princes des royaumes d'outre-monde devinrent, sinon justes et bons, au moins sagement attentionnés au maintien de l'ordre d'outre-tombe. On devait bientôt dire qu'ils étaient tutélaires.

Ce qui survit de l'homme dans l'autre monde possède d'ailleurs une condition de mieux en mieux assurée. Ce ne sont pas seulements les contrats intervenus entre les hommes et les dieux suzerains des morts, et qui garantissent aux doubles de ceux qui furent « des respirants sur cette terre » une protection régulière et une part consciencieusement transmise des offrandes envoyées de ce monde. Le mort n'est plus un isolé dans l'au-delà ; il n'est même plus séparé de ceux qu'il a connus et aimés ; car des chapitres, encore sur le mode un peu comminatoire des vieux temps, requièrent les dieux de lui laisser retrouver les siens, ses parents, ses ancêtres, ses proches [1]. Puis, aux fêtes des dieux, il ressort avec eux des ténèbres, revit leurs processions et leurs luttes ; et comme il vient de partager leurs périls, il partage aussi leurs réjouissances. La veille, à la nuit close, cierges en main, les siens sont venus chercher sa statue à l'« étage

---

[1]. Le texte principal à cet égard a été publié par LACAU, en ses *Sarcophages antérieurs au Nouvel Empire*, puis traduit et commenté par BAILLET dans le *Journal asiatique*. *La réunion de la famille dans les Enfers Egyptiens* (sept.-oct. 1904). L'adjuration magique en double rythme, par objurgation de faire et menace au cas où la chose ne serait pas faite est caractéristique et rattache ce chapitre au formulaire contemporain de certaines sections du « Zweiwegebuch », dont j'attribue, jusqu'à nouvel ordre, la rédaction aux débuts de la période memphite. Cette présomption est fortifiée par la mention, en un certain nombre de *mastabas* de Saqqarah, d'une formule de la stèle destinée à faire que les ancêtres du défunt viennent « lui tendre la main » à son arrivée dans l'autre monde (ou quelquefois à l'arrivée de « ses doubles »).

inférieur de l'hypogée » ; ils sont « sortis en procession derrière son prêtre de double, récitant le service à son intention, ainsi qu'on le fait pour les morts vénérés ». En ces quelques heures où il revient sur terre, en brave « suivant des dieux », il se mêle, tantôt invisible et tantôt vivant en sa statue portative, à ceux qu'il a laissés en ce bas monde, à ceux qui sont sa postérité, sa continuation. Aux jours solennels du calendrier local [1], la communion des vivants et des morts réalise déjà de cette noble façon l'alliance, toujours si nécessaire, de ceux qui ne sont plus et de ceux qui luttent encore ici-bas, cette alliance que tant de non-civilisés s'épuisent vainement, depuis les débuts, à réaliser par tant de moyens trop imparfaits.

III. — Un immense progrès s'accomplit derechef par une lente infiltration, dont on note les effets dès la fin de la V° dynastie. A l'exemple du Pharaon, fils et héritier du « Dieu Bon », ses parents, puis les nobles de sa cour, et, à leur suite, les grands seigneurs, les hauts fonctionnaires et les Égyptiens des classes supérieures identifient leurs destinées à celles d'Osiris. Chefs des mondes des esprits ou divinités chthoniennes, plus de cent des dieux africains offrent encore aujourd'hui la matière dont un peuple

---

1. C'est l'origine des principales fêtes locales des morts égyptiens. Elles correspondaient au début, ainsi que je l'ai dit (voir à la « morale » et au « dualisme ») aux jours où les « esprits » souverains des morts faisaient leur « sortie » et venaient se joindre aux « esprits » du monde des vivants et aux vivants eux-mêmes, pour unir en commun leurs efforts contre les ennemis de l'ordre.

Histoire des Religions. 28

pourrait tirer un « Être bon » qui présiderait à l'Empire des Morts. Et les *disjecta membra* dont l'Égypte façonna son « Chef des gens d'Occident » ressemblent, à s'y méprendre, à ce qui constitue l'essentiel d'un *Oro*, d'un *Kalaga* ou d'un de leurs pareils. Le certain est pourtant que ni un Bavili, ni aucun des Wa-Rega ou des Bushongo, ou des Beni-Marungu, ni aucun des mille peuples du continent noir n'a su en faire un Osiris, et c'est peut-être sur ce point capital que s'affirme le mieux les qualités privilégiées dont la nature avait doté les premiers habitants de la Vallée du Nil. Quand leur société se haussa à concevoir un divin archétype des rois terrestres qui, après avoir régné sur cette terre, régnait à jamais sur une Égypte de fantômes, et y gouvernait en maintenant le même ordre nécessaire sous sa ferme et bienveillante autorité, ce jour-là les destinées de l'autre monde franchirent un tournant décisif. Sans doute, l'imitation littérale et matérielle, exclusivement magique en ses procédés ou son but, fut-elle de règle au début. C'est en se faisant embaumer à l'osirienne que l'on devenait comme Osiris; on se confondait avec ses destinées à force de lui ressembler et de subir ce qu'il avait subi de préparations en sa toilette funèbre; les mêmes bandelettes, la barbiche, le masque et tout l'attirail confondaient Osiris et le mort osirien ; les mêmes amulettes étaient employés pour la défense, comme au temps jadis, et ainsi que l'avaient fait alors pour le dieu mort les divinités amies. Et celles-ci mêmes, des prêtres les figuraient au naturel pendant la cérémonie, ainsi qu'on le faisait au reste depuis qu'il y avait une religion, dans les figurations mimétiques des actes de tous les autres dieux. Le Congo est encore plein de féticheurs dont la mimique, les masques, les danses et les costumes ne procèdent pas d'une idée différente ; mais les féticheurs du Congo n'ont jamais pu concevoir l'application de tout leur art mimétique à faire des morts autant de « doubles » des dieux des morts, et ceux de l'Égypte l'ont pu. Pas un de ceux qui président aux envois des mobiliers funéraires des défunts africains de nos jours n'a songé à assurer la force magique des transformations des morts, en modelant en images déposées près du cadavre les divinités suzeraines des ombres, et ceux d'Égypte ont su le faire voici plus de six mille ans. Des séries de statues, de poupées, de figurines, de barques et de talismans reproduisirent au diminutif toute la cérémonie accomplie jadis pour la résurrection d'Osiris, ceux et celles qui l'avaient embaumé, incanté, pleuré, tout comme le navire et la pompe qui l'avaient emmené en Abydos par les flots du Nil [1].

Alors, désormais, le défunt ne fut plus un homme. Il fut et on l'appela l'*Osiris* un tel. Tout un attirail

---

[1]. Elle était d'ailleurs jouée par surcroît au naturel au moment des funérailles, ainsi qu'il ressort des textes et aussi de ces scènes dites « Mystères », figurées en plusieurs tombeaux de Thèbes ou d'El Kab, et dont j'ai parlé à propos de la « magie ».

nouveau lui fournit les moyens de remplir sa destinée ; il put aller vivre en paix dans les domaines du dieu son protecteur, le Pharaon des morts. Il reçut sa part de terres en ces îles des bienheureux, où un dédale de canaux irriguait la terre noire, et où tout était à la ressemblance de l'Égypte, jusqu'en son administration méticuleuse, jusqu'en ses corvées stipulées, et en ce bon ordre nécessaire qui doit présider à toutes choses. Les vingt sortes d'autre monde subsistèrent, qu'avait imaginées l'Égypte de la préhistoire, ceux du « ciel inférieur » comme ceux du « Tourbillon » ou de « l'Abîme », ceux des « Cavernes » et des « Dédales ». Les âmes d'un Herrero, d'un Bavili, d'un Ba-Marungu y sont encore captives. L'Égyptien n'osa jamais supprimer tant de sombres royaumes, et les textes affirmèrent jusqu'au bout leur existence. On fit mieux. On crut fermement qu'un féal d'Osiris ne saurait y entrer, et qu'il n'est pour lui qu'un asile : celui du Dieu Bon.

Et ceci fut le passage par où la donnée funéraire de l'Égypte se dégagea lentement de l'appareil magique qui l'enserrait si étroitement. Il avait été plus difficile que tout le reste de créer un Osiris Roi des Morts ; il fut relativement aisé de décider qu'après avoir subi le traitement d'Osiris mort, il fallait aussi avoir vécu comme Osiris vivant. L'imitation magique du costume et de la résurrection d'Osiris put ainsi se compléter, sans à-coups, par le concept de l'imitation de ce qu'avait prescrit et accompli ce modèle de ferme justice et de mansuétude qu'avait été l'Osiris, premier roi de l'Égypte. Une semence d'idée fut déposée dans le cœur égyptien, que l'Osirien parfait en tous ces points avait droit à une seconde existence, où la félicité serait mesurée suivant la loi osirienne. Elle devait germer et fleurir. Elle devait créer un jour cette belle légende des prêtres de Memphis, où le mendiant misérable fut assis au festin d'Osiris, à la droite du Dieu, magnifiquement revêtu de lin blanc, « parce que Thot avait vérifié qu'il n'avait pas eu sur cette terre son compte de jours de bonheur [1] ».

Cependant; et ici-bas, par le culte funéraire, les vivants restèrent en communication avec leurs morts comme jadis ; ils lui envoyèrent, par surcroît de ce qu'il possédait aux champs Alou, tout ce que leur piété accumulait au tombeau. Ils le voient et l'entendent aux « fêtes des Morts Vénérés » ; ils l'escortent en cette nuit « où l'officiant s'éveille en pleurant », et où, dans la tombe, on tourne, « la proue vers Abydos », les petites barques magiques. Tout l'appareil élaboré dès la préhistoire subsiste, mais perfectionné ; et si le mort est devenu un Osiris aux destinées claires et lumineuses, le lien ne s'est pas rompu entre lui et les vivants, ni entre ceux-ci et les générations qui ne sont plus. La doctrine osirienne s'est annexée le meilleur de ce qui, avant elle, soutenait au cœur des hommes

---

1. Sur cet épisode du cycle légendaire de la geste de Satni-Kamoïsit, voir ce qui est dit par MASPERO, en ses *Contes populaires*, 4ᵐᵉ édition (1911).

l'espérance de ne pas périr ; et elle a coordonné le tout, ou à peu près, sans trop s'attarder à vouloir concilier l'inconciliable.

IV. — Chemin faisant, et au moins dès le premier empire Thébain[1], des cérémonies, des rites, des objets magiques assurent à une autre portion de l'individu un nouveau gage de survivance dans l'au-delà. Comme le faisait, par privilège de naissance, le Pharaon, fils du Soleil, dont les « âmes » ne sont qu'une parcelle de la substance solaire, les âmes des nobles égyptiens peuvent rejoindre, comme passagères, la barque du dieu Râ. La liste serait longue à dresser, de par le monde, des religions où l'Astre du jour a emmené avec lui, sur la route de l'Ouest, les âmes des morts ou au moins certaines fractions de leurs âmes compliquées de primitifs. Long aussi serait l'inventaire des religions qui ont cru, plus spécialement semblables sur ce point à la croyance égyptienne, que le Soleil faisait revenir à lui les esprits des rois ou des chefs, ou même qu'il naviguait ensuite avec elles dans le voyage qu'il accomplit sans cesse autour de ce monde. Aucun de ces peuples, hors l'Égyptien, n'a su cependant en tirer quelque avantage à mettre en valeur pour ses morts. Si plusieurs ont su que

---

[1]. Ce sont les « barques solaires » trouvées dans la nécropole d'El Bershèh (xi-xiiᵉ Dyn.) et étudiées successivement par Daressy et Jéquier. Les groupes de chapitres, dont le 136 de la version thébaine forme le *nucleus*, semblent indiquer que peut-être dès avant la fin de la période memphite, un certain nombre de rituels provinciaux admettaient déjà le rituel magique des destinées solaires à l'usage des particuliers.

le Soleil ramenait avec lui les morts aux rougeoiments de l'aurore, aucun n'en a tiré une doctrine précise ni même une consolation vague. Il y en a eu qui se sont haussés jusqu'au point de simuler par magie, sur cette terre, un soleil ou son esquif; ou même jusqu'à leur faire accomplir un voyage ou un périple mimétiques, et à s'en servir pour conjurer l'éclipse ou quelque autre cataclysme redouté. Pas un d'eux n'a certainement réglé par la magie les péripéties du voyage solaire des âmes, ni trouvé le moyen d'en faire pour les défunts l'occasion de destinées plus enviables. Seules, les âmes des Égyptiens en tirèrent un fragment de plus d'immortalité, un nouveau moyen de ne pas périr. Comme l'âme du Pharaon à sa mort « s'envolait vers le ciel, retournant à Râ qui l'avait créée », l'âme de celui que le rituel héliopolitain savait « équiper et instruire » devint, elle aussi, quelque chose de lumineux et de subtil, de plus léger et de plus conscient que ces projections, trop pesantes encore, que sont un fantôme ou une ombre. Ses destinées s'unirent étroitement, à la mort, à celles de l'Astre dont on enseignait, de plus en plus, qu'elle avait été comme la prolongation, l'émanation, l'effluve, le rayon glissé dans l'être vivant de chair et d'os qu'elle avait mû sur cette terre. Ses destinées précises et très actives remplacèrent, sans secousses et sous des traits mieux arrêtés, ce je ne sais quoi que les hommes de la préhistoire avaient vaguement entrevu, quand ils avaient dessiné, mais sans assez de précision, les contours d'une sorte de « corps astral » ou *sahou*, qui, après notre existence périssable, remontait là-haut, parmi les constellations, ou dans l'espace indéterminé du firmament[1]. Le *sahou* disparut de préoccupations qu'il n'avait jamais pleinement satisfaites ; il restera figé, comme un témoin fossile des âges qui ne sont plus, en quelques-uns de ces textes funéraires enchâssés pour toujours dans les compilations historiques. On dirait que l'Égypte nous les a gardés, pour nous permettre d'assurer que des Amazoulous ou des Basoutos aux Yoroubas ou aux Fâns de l'Ogowé, il n'est pas une des manières de se survivre que la Vallée du Nil n'ait, à un moment de son histoire, possédé en commun avec les autres rameaux ethniques du continent africain. L'âme apparentée au Soleil, s'affirma plus spécialement égyptienne par son énergie et par la possession plus complète chaque jour de sa personnalité. Sous la protection des dieux amis de Râ,

---

1. C'est au *sahou* que semblent se rattacher les textes qui, dès les stèles memphites à tout le moins, parlent de la « traversée du cristal » ou des navigations célestes du défunt. Les mentions du premier type sont trop connues et trop nombreuses pour en donner une liste ici. On trouvera deux bons spécimens de la seconde formule dans Mariette, *Mastabas*, 195 (Stèle de Tapi-am-Onkhou, Mastaba D 10), et dans Capart, *Rue de Tombeaux*, p. 21. Ce que dit ou cite Budge, en ses *Gods of the Egyptians* (t. I, 39, 54 et 164) concorde en somme avec cette interprétation, et la plupart des textes des Livres des morts mentionnant le *sahou* s'y ramènent assez bien. En son *Osiris and the Egyptian Resurrection*, t. II, p. 124 (1911), le même auteur a essayé de comparer le *sahou* à un certain nombre d'« âmes » des non-civilisés de l'Afrique contemporaine.

elle parcourut les deux firmaments, celui des régions inférieures et des grands espaces souterrains, et celui où brille, au-dessus de nous, la splendeur de l'Astre. Elle partagea les luttes répétées contre les monstres qui le menacent sans cesse en sa course; elle mania les armes et les incantations qui permettent au Soleil de franchir les douze heures de la nuit. Au matin, elle reparut avec lui à l'Orient, et put revoir chaque jour la terre d'Égypte. Et, en ce concept même, si trop de magie gâte encore, à notre gré, de si beaux destins, c'est une impression que nous ne devons pas laisser prédominer au point de ne plus discerner ce qu'une telle destinée impliquait, par déduction, de noblesse très réelle. Sans doute, une fois de plus, les procédés matériels de la pure mimétique tinrent-ils une grande place au début. Je concède que ni les barques solaires des seigneurs d'El Bershèh, ni les chapitres des Livres des Morts qui décrivent les moyens de les fabriquer ou de naviguer avec le Soleil, ni les escadres en miniature retrouvées dans les syringes de Thèbes ne révèlent, après tout, rien de bien relevé comme moyen de gagner un peu plus de chances d'éternité. L'idée même de suivre le Soleil en ses courses, lié à son sort et à ses dangers procédait, tout bien pesé, d'idées animistes aussi vieilles que la thèse d'un ciel tout peuplé d'esprits stellaires, qui régissent les forces de ce monde et qui attirent, comme l'aimant le fait du fer, une partie des substances dont est constitué notre amalgame d'homme vivant. La merveille est qu'une Égypte ait tiré parti, et elle seule peut-être, d'une idée que tant d'autres peuples ont ébauchée, remaniée puis finalement rejetée, faute d'en savoir tirer une consolation et une certitude nouvelle contre le néant. Après le double qui survivait désormais en paix chez Osiris, ou avec le reflet qui habitait les salles du Tombeau, l'Égyptien sut y trouver un moyen de persister pour une nouvelle parcelle de ce qui avait fait sa personne vivante. Ce n'était plus le tombeau, prison trop certaine, ni le paradis d'Osiris, exil trop lointain. C'était la liberté de parcourir les espaces, c'était la faculté de revoir la vallée du Nil, ces éternelles préoccupations d'une race passionément éprise de voyages et d'amour de la terre natale. C'était, de vrai, une immortalité rude et combative ; c'était encore l'esclavage que cet enrôlement dans les hordes guerrières qui doivent batailler et batailler encore pour le Soleil la moitié de leur existence. Mais la lutte et la route sans cesse parcourue effrayaient moins une âme d'Égypte que la torpeur des Ténèbres. Des amitiés et des alliances plus étroites sortirent nécessairement de ces périls partagés entre les âmes des Morts et les Dieux féaux du Soleil. Des protections en naquirent, et aussi, avec la compréhension plus nette de leur rôle bienfaisant, des devoirs à remplir par l'homme dès cette vie d'ici-bas, comme un vaillant homme-lige doit le faire, pour aider sur cette terre à l'œuvre qu'il continuera, passée sa vie d'homme de chair, en rejoignant les équipages des navires célestes. La théologie se chargea d'adoucir ensuite ce qu'une telle existence céleste pouvait paraître à la longue avoir de trop sauvage. Elle laissa entendre que l'âme sait, en cours de route, se reposer parfois aux paradis osiriens. Elle insista surtout sur la splendeur des réapparitions de chaque matin, quand Râ et son cortège d'âmes revoyaient en toute sa gloire la vallée égyptienne.

V. — Enfin, sous le second Empire Thébain, un ensemble déjà presque harmonisé se dégage de tant de modes de se survivre. Tandis que l'étincelle du « lumineux » va rejoindre les splendeurs solaires, l'âme proprement dite est moins asservie à la tâche de participer sans répit aux luttes et aux périples des dieux de là-haut. Figurée par l'iconographie sous les traits (si aisés à comprendre que ce langage nous parle encore clair aujourd'hui) d'un oiseau à tête humaine, l'âme de l'Égyptien a conquis sa liberté. Elle jouit des activités et des séjours que les terreurs de jadis concédaient à je ne sais quel revenant hostile et terrifiant qui fut le *khou* des très anciennes croyances. Comme lui, elle peut aller et venir sur cette terre, habiter au besoin la tombe, revoir ce qui fut sa demeure, ses champs. Mais ce n'est plus la faim ni l'angoisse, ni le désir de tourmenter les vivants qui la guident. Ame ailée et satisfaite, elle jouit de cette Égypte qu'elle tremblait de quitter à la mort de l'être physique. Son vol la ramène, à son gré, vers les arbres de ce jardin où se plaisait le corps de chair qu'elle anima naguère ; ou bien elle va revoir au tombeau les restes de ce qui fut, uni à elle, un homme vivant. Elle revient vers la demeure qui fut la « maison du père », et elle sait se faire encore entendre, en langage mystérieux, de ceux qu'elle a aimés. Elle anime encore les images « des ressemblances du temps où elle respirait sur la terre », et qui jadis furent consacrées à son nom dans les sanctuaires des dieux. Elle est là, aux jours des fêtes, aux heures où les siens viennent apporter à l'ancêtre l'offrande du sacrifice, et avec elle les demandes qu'il transmettra aux dieux.

Puis, à sa libre volonté, elle va visiter au royaume d'Osiris ces « doubles » du fantôme humain dont elle était en cette vie le ressort intime, et elle vivifie, par ces voyages incessants, ce qui continue de nous-même une existence quasi-terrestre dans les domaines des champs d'outre-tombe ; ou bien elle s'élance là-haut, vers ces séjours des dieux dont elle partage les destinées sereines, et que l'on s'accorde de plus en plus à placer parmi les splendeurs étoilées de la voûte céleste. N'enseigne-t-on pas déjà que justice, bonté, création et lumière ne sauraient être le fait de deux êtres distincts, et qu'entre Osiris, souverain des Morts bienheureux, et le Soleil auteur de ce monde, il peut y avoir la différence de deux aspects d'un même Être, mais non deux Êtres séparés ? Râ ou Osiris, c'est de plus en plus là-haut qu'Il appelle à lui ces hommes qui vécurent suivant ses lois, et qui deviennent *comme lui*, après qu'on avait dit tant de siècles qu'ils devenaient seulement *lui*, en s'y résorbant. Devenus comme des dieux de leur pays, *notirou nouïtiou*, les morts sont comme les esprits tutélaires, les intermédiaires bienveillants qui intercèdent en haut près du dieu suprême pour ce coin d'Égypte où ils furent des hommes. Doubles ou ombres, fantômes ou âmes, la tendance l'emporte de plus en plus à ne plus les vouloir dispersés en tant de séjours trop séparés. Le « moi » qui faisait une personne vivante de tant d'éléments disparates persiste mieux et mieux encore à maintenir là-haut l'unité de l'assemblage ; et ce qu'une théologie dogmatique, liée par la tradition ou le rituel, n'ose proclamer en termes exprès, mille prières des stèles le laissent entendre ou l'affirment. On dit même que l'antique archipel des îles osiriennes n'est plus situé sous cette terre ni en marge de notre plan terrestre. Il est là-haut, en ces grandes taches blanches que nous appelons la Voie Lactée ; et l'homme, dès cette existence, peut voir ce qui sera un jour son nouveau royaume.

Où qu'elles survivent désormais, les autres fractions de la personne humaine, elles aussi, ont participé à cette félicité croissante. Entre temps, le désir impérissable que la mort — fût-elle une seconde vie — ne nous sépare pas à jamais de ceux qui nous ont été chers s'est, lui aussi, élevé et purifié. La tendresse de la pensée égyptienne ennoblie se révèle sous des formes plus douces que les rudes sommations aux dieux trop durs du temps jadis. Elle sait proposer à notre admiration ces fresques, pleines de majestueuse symbolique, où le double du défunt, à son arrivée dans l'autre monde, va trouver Osiris en son Palais de Roi des Morts, escorté des générations de ceux qui l'ont engendré[1]. Ou bien, en d'autres scènes (dites bien à tort « banquets funéraires »), elle réunit, devant celui qui n'est plus, la famille entière, passée ou présente. Elle associe, en des sortes d'agapes mystiques des vivants et des morts, les parents ou les proches déjà partis pour les royaumes osiriens, et ceux qui, sur cette terre, viennent de mener au tombeau un des leurs. Ainsi s'affirme noblement l'unité de cette grande et forte personne morale qu'est la famille égyptienne, dont les générations vivantes ne sont qu'un des aspects, un des *khopirrou*, dans la série indéfinie des renouvellements.

VI. — Tant de ténacité ingénieuse n'aura pas été déployée en vain ; et tant de précautions accumulées sont parvenues à adoucir, sinon à vaincre, l'effroi de la Mort. Par retouches insensibles et savantes, les derniers siècles s'emploient à harmoniser et à perfectionner de leur mieux ce que les croyances superposées pouvaient avoir de trop contradictoire — quitte, dans les cas impossibles à

---

1. C'est la scène bien connue de la « prière au Palais d'Osiris », plus ou moins abrégée sur les murs de nombre d'hypogées thébains, et dont l'admirable tombeau d'*Ioumadouaït* offre l'exemple le plus majestueux que je connaisse. Quant aux « banquets », l'archéologie égyptienne, de Wilkinson à nos jours, en a trop de fois reproduit les épisodes caractéristiques pour qu'il soit besoin de renvoyer à quelque ouvrage déterminé.

concilier, à ne garder que par pure tradition les
éléments les plus bas. A l'époque primitive, ce
n'étaient que terreurs et angoisses. Vers la fin, aux
temps des Saïtes ou des Ptolémées, le langage des
inscriptions permet de mesurer le chemin parcouru
par l'effort de la pensée humaine. Pour qui a rempli les rites prescrits et entendu l'enseignement
des dieux ; pour qui a accompli ici-bas la tâche
qui lui a été confiée pour le maintien de l' « Ordre »
social ou moral de la *Maâït* en ce bas monde, la
mort n'est plus le début d'une vie misérable, mais
le commencement d'une existence stable et heureuse « pour la durée des siècles sans fin ». Un
souffle de véritable grandeur anime ces textes
empreints d'une sérénité parfois admirable. Cet
au-delà qui s'ouvre devant lui, l'homme y entre,
confiant dans la bonté du dieu et dans l'efficacité
de sa protection, assuré d'y retrouver près de lui
ceux qu'il a aimés. C'est le cœur apaisé qu'il
s'adresse à Osiris : « Je suis venu vers toi, Seigneur, Dieu grand, Maître de l'éternité. »

TABLE DES MATIÈRES

INTRODUCTION :

§ 1. Réponse à quelques critiques, p. xv. — Comment définir la science des religions comparées, p. xxxiii. — Avantages de l'Égypte comme premier terme de comparaison.

§ 2. De la méthode Ethnologique, p. xlv. — Peu de précision de son domaine, p. li. — Le totémisme, p. lxviii. — Progrès de l'ethnologie, p. lxxii. — Incertitudes et insuffisances de sa documentation pour un enseignement synthétique des religions, p. lxxxiv. — Vices fondamentaux de la méthode ethnologique, p. cxii. — Parallèle avec l'Égypte, p. cxxi. — Aide insuffisante de l'archéologie préhistorique, p. cxxvii. — La question des origines n'est qu'une partie de la science des religions, p. cxxxii. — Avantages d'une coopération de l'Égyptologie et de l'Ethnologie, p. cxlv. — Comment elle doit être entendue.

§ 3. Conclusions, p. clv. — Résumé. — Problèmes généraux. — Premières conclusions entrevues, p. clxiii. — Bibliographie de la critique.

TABLE DES MATIÈRES

CHAPITRE PREMIER
Objet de l'histoire des Religions. — Nécessité de la méthode comparative........................... 1

CHAPITRE II
Choix d'une religion pour servir de terme de comparaison. — Avantages de la religion égyptienne. 21

CHAPITRE III
Le culte des dieux animaux en Égypte, et en d'autres pays. — La prétendue religion dite « totémique ». 62

CHAPITRE IV
Le sacrifice. — Comparaison des caractères du sacrifice en Égypte, en Chaldée, chez les Grecs et chez les Hindous................................. 123

CHAPITRE V
La magie. — Opérations magiques en Égypte. — Caractères et origine de la magie primitive...... 176

CHAPITRE VI
Les morts. — La morale. — Le sacerdoce......... 242

CHAPITRE VII
L'évolution. — Rôle de l'ancien Orient. — Examen de quelques questions........................ 299

CHAPITRE VIII
L'évolution (*suite*). — Éléments combinés. — Divination. — Dualisme. — Sacrifice humain........ 340

CHAPITRE IX
L'usure du temps. — L'âme des peuples.......... 411

MACON, PROTAT FRÈRES, IMPRIMEURS.

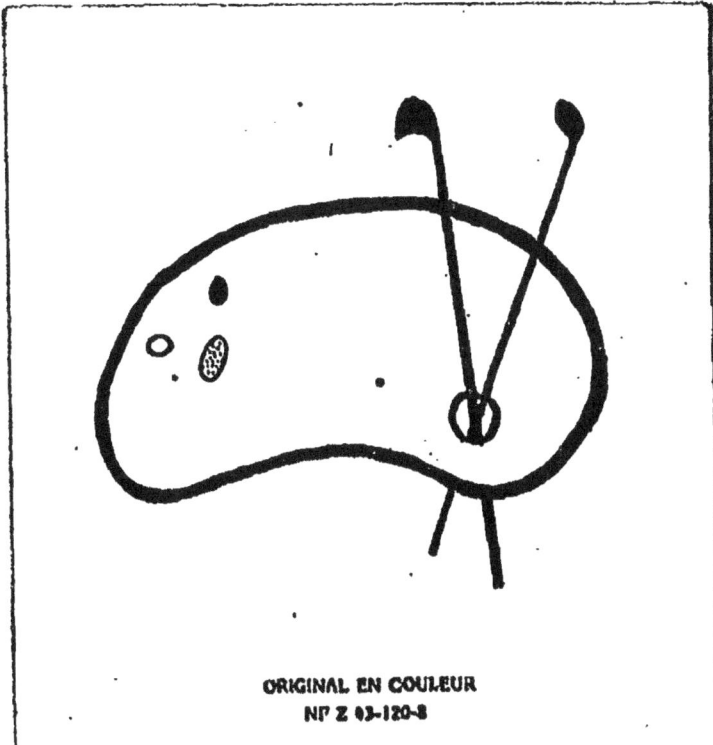

ORIGINAL EN COULEUR
N° Z 03-120-8

www.ingramcontent.com/pod-product-compliance
Lightning Source LLC
Chambersburg PA
CBHW060403230426
43663CB00008B/1378